2020年度教育部人文社会科学研究项目"谢良佐著作整理与研究"（20YJC720002）资助

光明社科文库
GUANGMING DAILY PRESS:
A SOCIAL SCIENCE SERIES

·政治与哲学书系·

谢良佐理学的形成与演变

陈石军 | 著

光明日报出版社

图书在版编目（CIP）数据

谢良佐理学的形成与演变 / 陈石军著． --北京：光明日报出版社，2023.12
ISBN 978-7-5194-7656-4

Ⅰ.①谢… Ⅱ.①陈… Ⅲ.①谢良佐—理学—研究 Ⅳ.①B244.995

中国国家版本馆 CIP 数据核字（2023）第 250218 号

谢良佐理学的形成与演变
XIE LIANGZUO LIXUE DE XINGCHENG YU YANBIAN

著　　者：陈石军	
责任编辑：李壬杰	责任校对：李　倩　乔宇佳
封面设计：中联华文	责任印制：曹　净

出版发行：光明日报出版社
地　　址：北京市西城区永安路 106 号，100050
电　　话：010-63169890（咨询），010-63131930（邮购）
传　　真：010-63131930
网　　址：http://book.gmw.cn
E - mail：gmrbcbs@gmw.cn
法律顾问：北京市兰台律师事务所龚柳方律师
印　　刷：三河市华东印刷有限公司
装　　订：三河市华东印刷有限公司
本书如有破损、缺页、装订错误，请与本社联系调换，电话：010-63131930

开　　本：170mm×240mm	
字　　数：371 千字	印　　张：19.5
版　　次：2024 年 4 月第 1 版	印　　次：2024 年 4 月第 1 次印刷
书　　号：ISBN 978-7-5194-7656-4	
定　　价：98.00 元	

版权所有　　翻印必究

序

在二程的学生中，谢良佐（上蔡）无疑具有重要的地位，黄宗羲曾称谢良佐在程门高弟中应当排第一。但就学术流传的实际情况看，谢良佐的影响力并没有那样大。由于可供使用的资料较少且不成系统，谢良佐学术没有引起后人更多的关注，研究者亦不多。

石军是我的学生，他研究谢良佐学术多年。光明日报出版社即将付梓的《谢良佐理学的形成与演变》，是他承担的教育部人文社科项目的结项成果。在该书中，他按照上蔡学的源流、形成和演变的构架展开研究，重点落在上蔡的生平、上蔡的学术与政治的关联、上蔡学派的传承几方面，最后附有凝聚了他极大心血的谢良佐年谱与著作版本的考察。

该书虽然标称研究谢良佐的"理学"，并以"理学"为问题意识，但并不像通常的理学著作那样，侧重于思想和理论分析，他把问题的重点放在了思想"之外"的理学传承，中心议题是他所构造的从伊川到上蔡再到朱子的理学传承谱系。

二程洛学的传承，通常有两大特点：一是自二程之后，"道南"四传到朱熹，即由杨时开头，经由罗从彦、李侗到朱熹，这是迄今最为流行的"程朱"学派的传承谱系，也即由洛学到闽学，而朱熹集其大成。二是由于"道南"仅指杨时所传，故杨时成为二程诸弟子的中心，代表着程学的正统，其他弟子，如当时可能影响更大的谢良佐等人，受到中年以后朱子的严厉批评，称"伊川之门，谢上蔡自禅门来"，而被划归于别派——谢良佐开启了张九成、陆九渊的心学一脉。

在书中，石军通过对谢良佐生平，尤其是问道于二程事迹的考订，重塑了谢氏在洛学的地位；更提出在上蔡晚年，由于官方禁止程颐讲学，有不少歆慕理学的远方士人转投谢良佐门下，这在客观上为上蔡独立地讲述自己的学问提供了机会，并促成了从伊川学到上蔡学的发展。在这里，一个重要史实考证，是谢良佐入出"元祐党籍"的问题。石军认为，谢良佐从元祐党籍中解除，产生了多方面的影响：一是他正式告别了政治中心，从中央重新回到地方；二是谢良佐脱离了程颐的直接指导，开启了相对独立的学术探索；三是随着谢氏在历仕州县的过程中广泛讲学，接收那些受地域限制或伊川学禁影响无法从学程颐的士子，推动了理学从伊川学向上蔡学发展。这构成了北宋晚期（徽宗执政期间）理学发展的重要篇章。如此的分析颇有新意，值得研究洛学传承的学者思考。

该书的一个重要贡献，是发掘谢良佐最后近二十年（1103—1121）的生平事迹。流行的观点是谢良佐卒于崇宁二年（1103），石军经过自己的考证，认为这是错误的，谢良佐的学术成就也因之被埋没。我们在书中可以看到，谢良佐的学术生命与北宋晚期的政治环境相互影响，谢氏的主要著作《上蔡先生语录》正是在其生命最后的二十年间由门人记录而成，并与他早年的经学著作《论语解》一起，构成了上蔡学的学术主干。

石军认为，在两宋之际的六十余年中，正是谢良佐的《论语解》填补了王安石与朱熹之间《论语》学的空白，南宋的许多学者正是"赖先生（上蔡）之言，以发其趣"，这是宋代《论语》学不可忽略的重要篇章。朱熹"苦读"和两次编《上蔡先生语录》，说明上蔡对朱子思想也产生了影响，但学界对朱子编纂《上蔡先生语录》的学术活动还没有给予应有的重视。朱熹早期道学思想的形成，流行的观点聚焦在拜师李侗和道南学脉的传承。石军对此提出的一个有意思的疑问是为什么从学李侗多年的朱熹，在李侗去世不久后却一度认同张栻传下的湖湘学？石军通过对朱熹搜集整理《上蔡先生语录》这项学术活动的考察，认为胡宪在朱熹早期思想形成中的意义被轻视了。朱熹整理编纂《上蔡先生语录》是一个持续时间相对较长的过程，他以得自胡宪的胡氏家传本为主要底本，后又请胡宪为之作跋，都体现出胡宪对朱熹思想的持续影响。朱熹曾说过，他早年"从三君子游，事籍溪先生最久"，但历来研究对此史实缺乏应有的关注。其实，朱熹早期道学思想的形成具有多样性的学派取向，并非传统看法那样模式化：首先，武夷三先生问学；其次，经由李侗启发弃佛归儒；再次，通过张栻接受湖湘学；最后，又重回道南并集大成的"经典"发展路径。

当然，胡宪对朱熹的影响，不像李侗那样是思想的启发。朱熹是在接触、传授和整理胡氏家传文献的过程中，逐步形成了对以谢良佐为代表的程门学术思想的认知，胡宪在其中发挥了不低于李侗的引导的作用。而且，朱熹这一长时间的整理编纂活动与李侗没有直接关系，他甚至在初编完成后也未曾与李侗谈及。这表明，朱熹自同安归来后，除问学李侗之外，仍保持着一定的学术独立性，也说明朱熹接受洛学道统还有另一脉络，即从谢良佐到胡安国、胡宪的这一脉络。石军的这一考证和研究，虽然论据还需要更加充实，但所提出的应当多角度看待朱熹早期道学思想的形成、朱熹受湖湘学的影响比通常学者认为的要更大，是有启发意义的，补充和丰富了朱熹早期的道学活动及其思想的形成。

石军在书中，从辨析政道与师道的关系入手阐述伊川—上蔡—朱子的学术传承，他论证胡安国学术"师"承谢良佐，也主要依据这一理由。通过对胡安国见谢良佐事的考察，石军集中讨论了谢良佐与湖湘学创立者胡安国的关系，在伊川—上蔡—朱子的学术传承中，实际上嵌入了程颐—谢良佐—胡安国这一学脉，认为它构成了北宋晚期理学发展的一条主要谱系。其缘由，一是朱熹的观点。朱熹曾说过，"毕竟文定之学，后来得于上蔡者为多"，并按《德安府应城县上蔡谢先生祠记》及《朱子语类》等处的记载，胡安国曾执弟子礼拜见上蔡。二是胡安国的学术主要是《春秋》学，而《春秋》学的传承正是伊川、上蔡到文定（胡安国），理由主要是谢良佐与胡安国关于《春秋》学的书信往来。三是政道与师道之间，胡安国所说与谢、杨、游三先生"义兼师友"的关系，应当是"师"重于"友"，黄宗羲《宋元学案》原稿将胡安国列为"上蔡门人"是恰当的，朱熹、黄宗羲都将师道置于政道之上；而全祖望补修《宋元学案》时，认为政道高于师道，改列胡安国与谢良佐的关系为"讲友"，实则并不稳妥。

石军的论证不能说没有理由，但这理由并不是很充分。一是胡安国作为当事人，他自己从未说过谢良佐是他老师，对所言谢、杨、游三先生"义兼师友"的恰当理解，是他转从三先生得二程（主要是程颐）之学，三先生作为引导者起到了"师"的作用，但此"师"显然不是师徒传承意义上的"师"；他修后进礼见谢良佐，亦主要是冀求由此得二程之学，"以弟子礼见"不等于就是弟子；故他与三先生的关系则应当是"友"，是同辈友人而非师生。二是胡安国与谢良佐确有《春秋》学的书信往来，但这并不是排他性的，胡安国与杨时关于《春秋》学的书信交流更多，而且，胡安国与杨时的关系可能更好，胡寅、胡宏兄弟俩都是胡安国引荐给杨时并拜杨时为师的。三是朱熹虽有说文定之学得于上蔡者为多，但并不能据此就将胡安国列为谢良佐门人，朱熹对程门学术传承的权威见解，主要应根据《伊洛渊源录》，它也是理学道统论最重要的文献。在这里，朱熹直接把胡安国置于二程弟子列，而且，在重要性上，谢良佐与苏昞、游酢三人合为一卷，胡安国则是独立一卷，在二程弟子中，只有杨时和胡安国享有这一待遇。朱熹在为胡安国所做的长篇传记中，没有一句话言涉谢良佐传学于胡安国，反而是讲："公（胡安国）不及二程之门，而三君子（谢、杨、游）皆以斯文之任期公。"说明在朱熹眼中，谢、杨、游将传承弘扬二程学术的重任，放在了胡安国而不是他们自己身上。所以，将胡安国视作谢良佐的弟子并不具有充分的理由。当然，对这一问题还可以有更多的探讨。

石军新作出版，可喜可贺，聊厝数语，是为序。

向世陵
于北京昌平寓所

目 录
CONTENTS

序（向世陵） …………………………………………………………… 1

绪论　道学、理学与上蔡学 ……………………………………………… 1
  一、道学、理学与伊川学、上蔡学 ………………………………… 4
  二、从伊川到朱子：为什么要研究谢良佐？ ……………………… 7
  三、研究现状与问题 ………………………………………………… 10

第一章　程门第一：谢良佐生平与从学考 …………………………… 13
  一、生卒、里籍与世系辨正 ………………………………………… 13
  二、"习举业有成" …………………………………………………… 19
  三、程颢与谢良佐 …………………………………………………… 23
  四、程颐与谢良佐 …………………………………………………… 30
  五、三高弟与四先生 ………………………………………………… 37

第二章　学术与政治：谢良佐入"元祐党籍"考 …………………… 40
  一、"名在党籍"还是"偶逃党部"？ ……………………………… 40
  二、"诏对不合"：宋徽宗与谢良佐 ………………………………… 42
  三、三块"元祐党籍碑"中的谢良佐 ………………………………… 51
  四、谢良佐出元祐党籍考 …………………………………………… 62

第三章　从"伊川学"到"上蔡学"：北宋晚期理学的发展 ………… 65
  一、"伊川学"：学术与政治之间 …………………………………… 65
  二、"自相传道"：政道与师道 ……………………………………… 74

1

三、"义兼师友"：谢、胡授受间的政道与师道 …………… 79
　　四、上蔡门人考：谢良佐与北宋晚期的理学传承 …………… 88

第四章　"上蔡学"的形成：从《论语解》到语录 ……………… 100
　　一、经学与理学 ………………………………………………… 100
　　二、《论语解》的著述与意义 ………………………………… 106
　　三、从经学到语录 ……………………………………………… 120

第五章　从"上蔡学"到"朱子学"：《上蔡先生语录》的编撰、成书与影响 ……………………………………………………… 134
　　一、《上蔡先生语录》的记录与编撰 ………………………… 134
　　二、《上蔡先生语录》在宋代的编撰与刊刻 ………………… 147
　　三、朱子编《上蔡先生语录》考 ……………………………… 155
　　四、小结 ………………………………………………………… 166

结语　伊川学与朱子学之间的谢良佐 ………………………… 168

附录一　上蔡谢先生良佐年谱 ………………………………… 171

附录二　《上蔡先生语录》的版本与流传 …………………… 267
　　一、明代《上蔡先生语录》刊刻与上蔡学之转向 …………… 267
　　二、清代《上蔡先生语录》版本系统与上蔡学之流传 ……… 274
　　三、朝鲜、日本《上蔡先生语录》版本与东亚上蔡学 ……… 282
　　四、结语 ………………………………………………………… 285
　　五、附：《上蔡先生语录》抄写刊刻流传图 ………………… 286

参考文献 ………………………………………………………… 287

后记 ……………………………………………………………… 299

绪论

道学、理学与上蔡学

中国宋代的哲学以理学为中心，形成了几乎可与先秦诸子百家争鸣媲美的又一座学术高峰。① 这种辉煌有其历史的缘由，经历了五代十国的战乱，宋代之后的中国进入了一个新的历史阶段，政治、社会、宗教、经济等各方面都发生了重大的变动，以范仲淹等为代表的宋代士人发展了一种"以天下为己任"的宋学精神，表现出重建政治、社会秩序的主体意识。② 同时，在中央以外的地方社会，以义庄、族规、乡约、书院为中心的地域社会秩序亦在重新构建之中。南宋至元、明的地域社会儒学，往往是海内外学者关注的重点。③ 这一方法也影响到北宋儒学的研究范式，近来开始有学者以关中士人为中心进行历史纵贯讨论。④ 相较而言，处于理学形成阶段的北宋理学士人，个体本身的学术行为、生命历程具有开辟性的典范意义。为了了解北宋理学发展的多层样态，除了地域社会与政治秩序的视野之外，士人的生平活动、学术思想、政治行为、著述内容及其创立的学派群体也应该成为综合考察的对象。

本书所要讨论的人物谢良佐，在历史上常被视为北宋理学家程颢、程颐兄弟的杰出门人，他也曾有过"重建秩序"的兴趣，但其方法是理学式的，兼容

---

① 参见张立文：《宋明理学研究》（增订版），中国人民大学出版社，2016年，第1-79页。按，注释引用文献在首次出现时列出完整出版信息，详细情况参见参考文献。
② 参见李存山：《范仲淹与宋学精神》，中国人民大学出版社，2019年，第34-51页。[美]田浩：《朱熹的思维世界》（增订版），江苏人民出版社，2009年，第2页。
③ 如韩明士、包弼德、黄宽重等当代学者对南宋以降江西、金华、徽州、四明等地域学术的研究，包弼德指出地方研究的目标是讨论"理学及理学家如何参与他们所处的社会与政治世界，以及他们如何影响那个世界之后的发展"。参见[美]包弼德：《历史上的理学》，王昌伟译，浙江大学出版社，2010年，第ii页。
④ 参见[新]王昌伟：《中国历史上的关中士人：907—1911》，浙江大学出版社，2017年。诚然，在张载"三代之治"理念的引领下，关中士人以礼化俗，致力于乡约的建设，这正是"局部秩序的重建"的一个生动例证。

了学术与政治两方面。① 在政治生涯的顶点时，谢良佐曾在宋徽宗初年担任书局官，参与《神宗实录》的编修。随着北宋晚期政治的变动，谢良佐备受牵连，他曾历仕州县，先后在秦州、渑池、江州、洛阳、仙乡、应城等地为州县官，在吏治方面颇有建树，是一名出色的地方官员。② 这些活动，许多发生在谢良佐的中晚年，但由于其卒年长期被历史错误记载，多数人认为他在崇宁二年（1103）就在元祐党籍的禁锢中忧郁去世，似乎比他的老师程颐还早辞世。这其实是史料的误载，却使这位理学家人生最后二十年的学术政治生活，几乎不曾引起既往研究者的严肃对待。谢良佐的主要著作《上蔡先生语录》正是在其生平最后的二十年间由门人记录的，甚少有人注意其著作与他晚年生活之间的联系。虽然其生平最后二十年的史料记录为空白，但不影响黄宗羲将其推尊为"洛学之魁"③，这一称谓体现了他在宋明理学史，乃至中国哲学史上的持久影响。

　　谢良佐的学术生命与北宋晚期的时代、政治环境是互相影响的。④ 理学家明体达用之精神注定了其学术与政治必然息息相关，由于谢良佐意识到宋徽宗与理学家追求的"尧舜之道"格格不入，一度为此而入狱。宣和二年（1121年），谢良佐去世；六年之后，北宋的首都汴梁沦陷，他的家乡河南蔡州随即落入金朝的统治。在这变局中，谢良佐的子嗣或为匪寇所害，或为躲避战争搬迁到浙

---

① 在答复胡安国求学的信中，谢良佐本人坦陈："良佐缘早从有道，为克己之学，遂于世味若存若亡。"所谓"世味"，主要指把出仕为宦当作人生终极目标；而"克己之学"则以修身成圣为念。参见［宋］吕本中：《师友杂志》，《吕本中全集》，韩酉山辑校，中华书局，2019年，第1103页。

② 《上蔡语录》卷上："（胡安国）问：'为政如何？'谢子曰：'吾为县立信以示之。始时事烦，吾信既立，今则简矣。……凡胥吏禀吾约束者，申为之约而言不再期，既至而事未集，治其罪不复纵。凡此皆所以示吾信。'"参见［宋］谢良佐：《上蔡语录》卷上，朱杰人、严佐之、刘永翔主编：《朱子全书外编》第3册，华东师范大学出版社，2010年，第8-9页。

③ ［清］黄宗羲原撰、［清］全祖望补修：《宋元学案》卷二十四《上蔡学案》，陈金生、梁运华点校，中华书局，1986年，第916页。

④ 尽管思想本身有着内在的发展脉络，具有超越一般存在的普遍性，但思想家总是生活在具体的时代、场景之中。换言之，思想是普遍的，思想家确是特殊的。无论如何，思想家的思想与其生活之间总是有着密切的关系，思想史、政治史、社会史难以截然分开，这几乎已是专门史领域的共识。对于谢良佐来说，他的理学思想中透露着王安石新学、禅宗学说、道家学说、道教养生功法的痕迹，这与北宋中期科举盛行的"时文"有着密切关系。

江、福建，最终的结局是落魄营生、客死异乡。① 南宋政权稳定之后，二程的学说开始受到官方重视，但谢良佐的成就淹没不显。直到谢良佐最出色的学生之一朱震被召入朝，并向高宗皇帝上表褒扬，他才被恢复到与杨时、游酢并称的位置。②

谢良佐晚年的讲学吸引了许多远方士人，因为官方禁止程颐讲学，所以有不少对理学有兴趣的士人转投其门下问学，这使得他有机会系统陈述自己的学说，在客观上促成了从伊川学到上蔡学的发展。作为一名教师，谢良佐的表现十分突出，南宋最伟大的理学家朱熹曾称赞谢良佐"于夫子教人之法，又最为得其纲领"③。《上蔡先生语录》中记载了丰富的教学场景，谢良佐的言行"能动人"，而这与他几乎"其学不传"的身后事实形成了鲜明的对比，值得琢磨。

谢良佐身上还有许多其他矛盾之处。他曾经雄心勃勃地要"有为"，为此甚至"去色欲"，以求在政治生活中保留足够的精力；④ 他治政有方，在地方为官时对约束吏治的纪律有着成功的经验，但在他得到推荐转入中央任职之后不久，就因飞语入狱而被迫迅速离开，从此对仕途失望；⑤ 他在行为上并不忌讳与宗教人士往来，但在言语间也十分警惕儒、佛之别；他被视为二程门下最高明的人物，但同时也是"实下功夫"的"质小鲁"之人；他的著作曾深刻启发了青年朱熹潜心向学之志趣，"初见其无障碍"，"少时妄意为学，即赖先生之言，以发其趣"⑥，但又遭受了中晚年朱熹最严厉的批评，"今学问流而为禅，上蔡为之首"⑦。清初，朱子学者张伯行曾推许说："谢上蔡盖真有得于亲炙者。"⑧张伯

---

① 靖康之际，谢良佐的三子分散各地，两死一贫，朱震说："虽以朝奉郎致仕，奏补一子克己入官，后克己逢巨贼于德安府，举家被害。一子度岭入闽，死于瘴疠。一子克念今存，流落台州，贫窭一身。朝夕不给。"参见［宋］李心传：《建炎以来系年要录》卷一百一，胡坤点校，中华书局，2013年，第1661页。
② ［宋］李心传：《建炎以来系年要录》卷一百一，第1661页。
③ ［宋］朱熹：《德安府应城县上蔡谢先生祠记》，《上蔡语录》附录，《朱子全书外编》第3册，第48页。
④ 《上蔡语录》卷上，《朱子全书外编》第3册，第12页。
⑤ 谢良佐答胡安国："年来老态浸见，不堪为吏，无复有仕宦意念，修身以毕此生而已。"参见［宋］吕本中：《师友杂志》，《吕本中全集》，第1103页。
⑥ ［宋］朱熹：《德安府应城县上蔡谢先生祠记》，《上蔡语录》附录，《朱子全书外编》第3册，第48页。
⑦ ［宋］黎靖德编：《朱子语类》卷第五《性理二》，王星贤点校，中华书局，1986年，第93页。
⑧ ［清］张伯行：《近思录集解》卷三《致知》，罗争鸣校点，华东师范大学出版社，2015年，第133页。

3

行甚至将上蔡推许为"闽学渊源"①。与此同时,谢良佐也被著名学术史家全祖望判定为背离二程的教诲,"决裂亦过于游、杨"②。这些矛盾集中在同一个人身上,谢良佐在所谓"宋明两代儒家建立新秩序这一大运动"③中扮演何种角色?他身为"洛学之魁""程门第一"④的学术地位又如何形成?这之间的种种对比形成了足够的张力,使得他的学术思想具有研究的空间。

一、道学、理学与伊川学、上蔡学

研究"理学",往往要对该词的内涵做出相应澄清。冯友兰先生在《中国哲学史》中认为:"宋明道学家,即近所谓新儒家之学。"⑤ 在道学家之中,冯友兰又区分"明道乃以后心学之先驱,而伊川乃以后理学之先驱也"⑥。准此,道学之中有心学和理学两派,而明道、上蔡乃心学之先驱,此说盖已成为学界通说,但过于脉络化的叙述未必无商榷之余地。

诚然,从二程的说法来看,他们曾有意将自己的学说称为"道学"⑦,使用"道学"一词似乎更符合二程的意愿。有观点认为,若从词源看,程颐使用的"道学"一词仅能指代二程兄弟及其门人的学说。⑧ 与此相对,一些现代学者认为,"道学"是朱熹等南宋儒者在12世纪以二程学说为基础建构的思想学派,这种建构以《宋史·道学传》的最终完成作为标志。⑨

从北宋中后期的思想界来看,当时学者偏向用"伊川学"一词指代程颐及其门人的学说。在徽宗与蔡京兴起的元祐学禁中,"伊川学"被视为元祐学术的

---

① [清]张伯行:《上蔡语录序》,[宋]谢良佐:《上蔡先生语录》卷前,正谊堂全书同治五年(1866)重刻本。
② 《宋元学案》卷二十四《上蔡学案》,第916页。
③ 余英时:《增订版序一》,[美]田浩:《朱熹的思维世界》(增订版),第4页。
④ 黄宗羲说:"程门高弟,予窃以上蔡为第一。"康有为也推许"谢上蔡为程门第一"。分别见《宋元学案》卷二十四《上蔡学案》,第916页;[清]康有为:《万木草堂口说》,楼宇烈整理,中华书局,1988年,第273页。
⑤ 冯友兰:《中国哲学史》下册,中华书局,2014年,第696页。
⑥ 冯友兰:《中国哲学史》下册,第754页。
⑦ 程颐在门人李籲的祭文中说:"自予兄弟倡明道学,世方惊疑,能使学者视效而信从,子与刘质夫为有力矣。"一般认为,这是"道学"一词的最早出处。参见[宋]程颢、[宋]程颐:《二程集·文集》卷第十一,王孝鱼点校,中华书局,2004年,第643页。
⑧ 参见张立文:《宋明理学研究》(修订版),中国人民大学出版社,2016年,第6页。
⑨ 参见[比]魏希德:《义旨之争:南宋科举规范之折冲》,浙江大学出版社,2015年。

代表之一，该词的出现至少可回溯到北宋中后期。① 以学者之号命名其学术，更能说明学者的独特贡献，张立文先生在《宋明理学研究》中开辟"濂溪学""横渠学""二程学""朱子学""象山学""阳明学""船山学"七大领域论述理学的发展与学说结构。② 既然如此，将谢良佐的生平学术及其开辟的经学解释学表述为"上蔡学"，只要有其合适的内容与外延，未尝不可。概言之，"上蔡学"是指以谢良佐及其门人为中心，经由其著作、言论得到系统表达的理学学说体系。既然为上蔡学，则与伊川学、朱子学必然有外延的界分，而北宋晚期官方对伊川学的禁止，正为上蔡学的独立缔造了客观条件。因此，本书有意承接张先生宋明理学研究的基础格局，在论述谢良佐理学时，以伊川学、上蔡学、朱子学为谋布章节的框架；鉴于上蔡学并非传统固有的术语，着意梳理了伊川学、上蔡学、朱子学三者之关系，以辨其源流。

  理学、道学、新儒学等，常被视为可以互相替换的词汇。有学者认为："'道学'是宋代常用的术语，指的是一批人试图用政治影响来改良社会和政府；而'理学'则是宋代一个不太常用的范畴，而且它则更侧重于抽象和形而上学的哲学概念。"③ 的确，在整个北宋时期几乎未见"理学"之名，到了南宋，朱熹、陆九渊开始使用该词，而"理学"的流行要到黄震《黄氏日抄》的"读本朝诸儒理学书"以后才具有相对独立的品格。④ "自本朝讲明理学，脱出训诂"，黄震使用"理学"一词讲明这支学术的发展，他说："本朝理学阐幽于周子，集成于晦翁。"⑤ 黄震对"诸儒"与"理学"的分界是"理"的有无、多寡，诸儒之书"累千百言而仅一二合于理"，而理学之书"言有尽而理无穷"。⑥ 黄震的"理学"包括了周敦颐、程颢、程颐、张载、朱熹、张栻、吕祖谦、黄榦，而杨时、谢良佐、尹焞三家缀于最后。有趣的是，在尹焞之后，黄震还列举了张九成、陆九渊、陆九龄、李侗、司马光、刘安世、石介的著作，但在标题中

---

① "伊川学"一词最早出自程颐的门人尹焞："今人谓之习'伊川学'。"参见《二程集·外书》卷十二，第431页。
② 参见张立文：《宋明理学研究》（修订版），第1—2页。
③ ［美］田浩：《朱熹的思维世界》（增订本），第4页。
④ 参见向世陵：《理气性心之间：宋明理学的分系与四系》，人民出版社，2008年，第135—161页。
⑤ ［宋］黄震：《黄氏日抄》卷三十三《读本朝诸儒理学书一》，王廷洽等整理，大象出版社，2019年，第188页。
⑥ ［宋］黄震：《黄氏日抄》卷三十三《读本朝诸儒理学书一》，第188页。

删去了"理学"二字，仅列为"读本朝诸儒书"。① 黄震的"理学"既按时间先后排序，如周、程、张、朱之序；也按内容区别，如杨时、谢良佐、尹焞三子被置在理学最后，理由是三人夹杂禅学而不纯，但总体还属于"程学"的范围；而张九成以降诸人已背离程颐，故仅为"诸儒"。② 黄震的"理学"界说实际上已开元儒编《宋史·道学传》之先河。作为一个后起之词，黄震用"理学"概括这段学术源流，确是有创见的。黄震的"理学"，有归纳两宋学术特定脉络之意味；却在学术史的演变中被狭窄化为"程朱理学"，成了与"陆王心学"对立的流派，这是明代以降的学术发展趋势，也与当代中国哲学史的回顾有关。笔者取黄震"理学"一词的源流义，而非其派别义，含摄现代学者的"新儒学"（Neo-Confucianism）之义。

本书以"理学"为问题意识，有以下原因。其一，为了呈现本书的研究对象谢良佐的特征及其对二程学术的继承与发展。程颢的"体贴天理"一语，被视为理学诞生的标志性话语之一，清初儒者孙奇逢在《理学宗传》中即将此语和周敦颐的"圣希天"并列为理学之源头。③ 对于以"理""天理"为最高范畴的思想家，现代学者习惯"用'理学'指称他们的思想体系"。④ 实际上，"明道尝曰：'吾学虽有所受，天理二字乃是自家体贴出来。'"⑤ 这句话并非出自直接记录二程话语的《二程遗书》，而是出自《上蔡先生语录》卷下，是由

---

① 尽管黄震本人承认"本朝理学，虽至伊洛而精，实自三先生而始"，但他仅将宋初三先生之书列为最后且不标以"理学"的行为似已暗示了他的立场。[宋]黄震：《黄氏日抄》卷四十五《读本朝诸儒理学书十二》，第165页。
② 黄震说："本朝理学，发于周子，盛于程子。程子之门人以其学传世者，龟山杨氏、上蔡谢氏、和靖尹氏为最显。龟山不免杂于佛，幸而传之罗仲素，罗仲素传之李愿中，李愿中传之朱晦翁，晦翁遂能大明程子之学。故以晦翁继程子，而次龟山于此，以明其自来焉。上蔡才尤高而弊尤甚，其于佛学殆不止杂而已，盖其所资者僧揔老，其后横浦张氏又复资僧昙老，一脉相承，非复程学矣。故以上蔡次龟山，以明源流，益别之自始焉。和靖虽亦以母命诵佛书，而未尝谈禅，能恪守其师说而不变。"参见[宋]黄震：《黄氏日抄》卷四十一《读本朝诸儒理学书九》，第95页。
③ [清]孙奇逢：《理学宗传·叙》，万红点校，凤凰出版社，2015年，第16页。
④ 陈来：《宋明理学》，华东师范大学出版社，2003年，第9页。
⑤ 《二程集·外书》卷十二《上蔡语录》，第424页。《上蔡先生语录》卷下："明道尝曰：'天理二字，是某帖体出来。'"参见[宋]谢良佐：《上蔡先生语录》，北京大学《儒藏》编纂与研究中心编：《儒藏·精华编》第186册，北京大学出版社，2014年，第300页。按，《朱子遗书外编》本《上蔡语录》以明刻本为底本，故无此句。该句在明代以降重刻的《上蔡先生语录》因传抄而丢失。在南宋刻本《诸儒鸣道》所收《上蔡先生语录》尚可见原貌，"体贴"一词，此作"帖体"，似讹倒。此句又见于《上蔡先生语录》卷上，"明道尝曰：'吾学虽有所受，天理二字却是自家拈出来。'"文字与卷下有所不同，以"体贴"改作"拈出来"，似失却程明道的学问精神。

谢良佐的门人转述，被朱熹从《上蔡语录》中编入《二程外书》的。《上蔡先生语录》在明代正德八年重刻时所依据的是一本有缺失的抄本①，此抄本恰好遗失了包含该书的部分条目，学者主要是从《二程外书》中了解程颢的这句话的，因此有意无意忽略了二程—谢良佐—谢氏门人（胡安国、曾恬、朱震等）的理学发展脉络，而谢良佐却常被视为"心学"的一个环节。②

此外，"道学"一词相对本书的研究对象来说，过于偏向内部视角，有其不足之处。实际上，谢良佐本人确是"道学"一词的使用者之一，他在写给门人朱震的信中有"宅心道学"的说法。③ 但是，道学是一个描述对象内部的词汇，以内观之，难窥全貌，按照道学的标准来看北宋中晚期的学术史，只能得到"道学衰微，风教大颓"的结论。④ 这一评语出自南宋初期的胡宏，他以道学视角，看到北宋晚期"程学传承过程中实际上呈现的是一种缺乏创新的沉寂"⑤。从研究方法来看，本书与黄震的视角近似，意在观其源流，尽管本书得出的观点与黄震不同，但道学是这支源流中的一部分人，是研究的部分对象，而不能代表其全貌。

二、从伊川到朱子：为什么要研究谢良佐？

谢良佐在二程门下与宋明理学发展中占有重要的地位。当前学界关于谢良佐的研究成果不多，与其他程门弟子的研究相比显得不深入，造成这种情况的原因主要有三点。

其一，谢良佐的主要著作缺佚严重。在3部主要著作中，存世较为完整的《上蔡先生语录》由其门人曾恬、胡安国记录，曾杂入南宋学者江公望《辨道

---

① 明正德八年本《上蔡先生语录》是今传明清各刊本的源头，该本的整理者王畤在《上蔡先生语录跋》中说："曩读《上蔡先生语录》，病其讹舛，尝遍求抄本校之。虽粗正一二，而不能尽得其旧者，谨存之，以俟乎其人。中论'尧夫易数甚精'一节，'唯有近事当面可验'云云而以上廿四字，诸本皆无，知为抄录之阙。因取以续之，而右复有衍纸约当录百言而阙者，则漫无所考焉。"取与宋刻诸儒鸣道本《上蔡先生语录》核对，王畤所说的"当录百言而阙"，实际共阙8条。

② 明正德八年本的刊刻者汪正在《上蔡先生语录序》中将谢良佐的学术定位为"传古圣贤之心学"，并有附摘了朱熹、黄榦等诸儒评价谢良佐的语录，带有以朱子学批判上蔡学之心学色彩的目的，这种定位体现出上蔡学在明代理学向心学演变过程中所起的作用。

③ 谢良佐曾"有书答子发云：'康侯（胡安国）谓公博洽，少辈未知。公既宅心道学，之后处之当何如？'"[宋]胡宪：《上蔡语录跋》，《朱子全书外编》第3册，第41页。

④ [宋]胡宏：《与谈子立书》，《胡宏集》，吴仁华点校，中华书局，1987年，第147页。

⑤ 向世陵：《理气性心之间：宋明理学的分系与四系》，第133页。

7

录》等语录，又经过朱子两次编删，其复杂的整理过程，尚未厘清。《上蔡先生语录》在元代、明初流传较少，仅见于《文渊阁书目》等馆阁书目。① 一般士人难以获取，少数学者通过抄写传承，在明代中期重刻以后屡经重刻，各版本之间的文本差异未经系统整理。《论语解》在南宋初期风靡一时，与程颐《易传》、胡安国《春秋传》并称，但其书久未单行，内容被收入朱熹《论语精义》和《论语集注》等书，有待整理。《上蔡文集》几乎完全亡佚，明儒唐顺之称"《上蔡文集》或版在河南"②，委托好友徐阶代为寻找，未果；然其篇目、佚文，尚存片爪只羽，尚待钩稽以存其概。

其二，生平史料保存少，存在彼此扞格的情况。谢良佐曾以直言应宋徽宗诏，廷对不和，随即遭遇元祐党籍案，出监西京竹木务，历任州郡。晚年的仕宦、讲学经历复杂，身没未久而宋室已隳，相关史料损毁。此外，谢良佐的门人子孙遭遇靖康之乱，传承丁零，未能保存相关的谱牒、志铭以供传世。不仅如此，仅存的史料也不可尽信。如关于谢良佐的卒年就有崇宁二年（1103年）、宣和三年（1121年）等说，籍贯有汝南（今河南）、寿春（今安徽）等记载，诸说混乱，有待确凿考证。这些基本史料的缺失，加剧了谢良佐研究的难度。

其三，学术思想层次多元，难以形成统一的评价标准。谢良佐的思想牵涉理学、心学、性学、佛学、道学多元内容，成为南宋理学的重要源头。谢良佐提倡"以觉言仁"，重视心的能动作用，被当作张九成、陆九渊心学之先河。谢良佐提倡"活者为仁"，以"识痛痒"言仁，经胡安国传至胡宏、张栻、吴翌、胡伯逢等人，影响了湖湘学派"察识说"的形成，成为朱子与湖湘学者中和论战的焦点。谢良佐提倡"性体心用"，启发了朱子的中和旧说。此外，谢良佐以佛教语言"常惺惺"论敬，与东林禅僧常总来往密切。谢良佐喜好道教养生术，吕本中的《师友杂志》载其与佛道人士交游频繁。可见，谢良佐的思想不仅涉及儒、释、道之判，也关乎理学内部的传承脉络，其义理层次多元，梳理难度较大。

这些问题涉及的学科层面很多，超出了中国哲学、文学、史学的单一层面，

---

① 《文渊阁书目》卷四（著录3部，其中1部阙），《秘阁书目·性理》（著录1部）、《内阁藏书目录》卷五（著录3部，其中1部为《尹和靖先生言行录》附编），《行人司重刻书目》（著录2本）。参见《宋元明清书目题跋丛刊（四）·明代卷》第一册，中华书局，2006年，第42、226、370、442页。

② 唐顺之："吕与叔大临、上蔡显道良佐，程门之选也……谢有《上蔡文集》，或版在河南。烦兄一为求之，即使今世无版，兄求之多藏台家，抑或可得，能以相寄，为山中读书之助，亦大惠也。"参见［明］唐顺之：《唐顺之集》卷八《答徐存斋相公（一）》，浙江古籍出版社，2014年，第322页。

为此，本书试图以跨学科的方式完成这一题目。当然，跳出中国哲学学科的固有写作方式，也意味着本书的写作重点不在思想、概念、学说、逻辑结构的爬梳。有关谢良佐的思想体系之梳理，学界已有足够丰富且完善的研究。① 因此，详人之所略，对于学界讨论较多的谢良佐"仁说""敬论"等哲学义理的内容，本书不设专章；而主要讨论谢良佐本人的人生历程、学术演变轨迹，关注他同时期的学术世界，包括他的师友、门人与著述，以及当时的学术环境、学术交流等。既有研究对谢良佐本人的生命历程因循旧说、错漏频繁，而且对北宋晚期的学术生态环境也关注极少，本书相关章节不避烦琐，或可弥补这一空白。

当前学界对于宋代理学的研究，"世界"已成为热门范式，对于研究谢良佐理学的形成与演变来说，这是极其有启发的。其中，最有代表性的成果可能是余英时的《朱熹的历史世界》、田浩的《朱熹的思维世界》，他们都相当程度地引发了学界对宋代理学史的争议。"世界"不仅关注理学的内在逻辑结构，更关注理学产生的社会背景、历史影响、学派关系等，以"世界"为视角研究宋明理学，常常可以得出与传统中国哲学史研究方法不一样的别样成果。近年来，如张立文先生的《李退溪思想世界》②、董平先生的《王阳明的生活世界》、陈来先生的《从思想世界到历史世界》等书就是最新的例证。准此来看，谢良佐理学思想的形成与发展，也应当置于宋代理学的世界之中展开多元讨论。

从生平、政治、学派、著作四方面，本书考察了谢良佐开创的上蔡学之形成与流传。这四方面并非独立，北宋晚期的理学发展与政治环境高度相关，必须将谢良佐置于徽宗朝的政治历史背景中考察。对于研究谢良佐而言，还有必要摆脱理学史研究中过度谱系化的叙述，以展现两宋之际学术的多样性。由于未能结合北宋晚期的学术与政治环境进行综合考察，谢良佐长期以来被认为是与伊川、朱子有别的心学一系，因而一定程度上遮蔽了北宋晚期理学形成与发展的特定历史情境。学者夏长朴曾指出这样做的弊病，"学术史的记载产生失真，神宗以下的北宋学界失去了大半活力，除了使道学饱受打压迫害的元祐党禁之外，少有习见的学术活动与论述。"③ 通过对北宋晚期学术活动与论述的讨

---

① 关于谢良佐哲学思想研究的代表性成果，可参见陈来：《宋明理学》，华东师范大学出版社，2003年，第99-107页；陈来、杨立华、杨柱才、方旭东：《中国儒学史·宋元卷》，北京大学出版社，2011年，第262-273页。

② 该书初版原名"李退溪思想研究"，修订版改作"李退溪思想世界"，改题名"世界"的理由，张先生说："思议以退溪思想为'话题故事'的中心……而呈现李退溪思想的历史价值、现实意义和影响效用。"张立文：《李退溪思想世界》，人民出版社，2013年，第4-5页。又见张立文：《李退溪思想研究》，东方出版社，1997年。

③ 夏长朴：《增订版序二》，[美]田浩：《朱熹的思维世界》（增订版），第4页。

论，本书的研究或许可以构建出一条从程颐开启，经由谢良佐传播，最后总结于朱熹的理学脉络。

三、研究现状与问题

当前学界关于谢良佐的研究可做如下归纳。第一，关于谢良佐的著作整理与研究。首先，《上蔡先生语录》文本研究方兴未艾。现存《上蔡语录》皆经朱子整理，胡适《中国哲学史大纲》（1919）质疑朱子删削《上蔡语录》未必合理。荒木见悟《上蔡语录解题》（1979）比较日本藏多种《上蔡语录》后指出："《上蔡语录》非脱离朱子学之见地，予以虚心研读，不为功也。"① 李根德《谢良佐〈上蔡语录〉研究》（2003）一文以国家图书馆藏明正德九年本对校数种清刻本，初步厘清其间关系。② 此后，严文儒先后以上海辞书社藏明刻本、宋刻《诸儒鸣道》丛书本为底本进行点校整理，③ 但版本系统仍不明晰。田智忠《〈诸儒鸣道集〉研究：兼对前朱子时代道学发展的考察》（中国社会科学出版社，2012）通过《上蔡语录》的文字特色、成书过程反推《诸儒鸣道》刊刻时间。《上蔡语录》版本收集愈加完备，为研究其成书过程与版本变迁提供可能，胡适的疑问有望得到解答。其次，谢良佐《论语解》之中的思想受到关注，有学者尝试辑佚文本。《论语解》虽无单行本，但其保存在朱熹《论孟精义》之中流传，随着《朱子全书》的整理，开始受到学界关注。李根德的《谢良佐〈论语解〉的解释特点》④、唐明贵的《谢良佐〈论语解〉的诠释特色》（载《社会科学战线》，2017年第6期）注意谢良佐援引佛、道思想诠释《论语》的仁学特色。游蕙双（台湾师范大学2008年硕士论文）、常慧敏（陕西师范大学2015年硕士论文）皆以《谢良佐〈论语说〉思想研究》为题写作硕士论文。日本的佐藤仁《谢良佐〈論語解序〉によせて》（1972）、山际明利《谢良佐"谢显道论语解"——"仁"说的一展开》（2006）⑤ 也关注其仁学思想。美国学者

---

① ［日］荒木见悟：《上蔡语录解题》，《上蔡语录·鸣道集》，台北：中文出版社，1979年，第5页。
② 李根德：《谢良佐〈上蔡语录〉研究》，北京大学哲学系硕士论文，2001年。
③ 分别收入《朱子全书外编》第3册，华东师范大学出版社，2010年；《儒藏·精华编》第186册，北京大学出版社，2014年。
④ 陈来主编：《早期道学话语的形成与演变》，安徽教育出版社，2007年，第121-148页。
⑤ ［日］山际明利《谢良佐"谢显道论语解"——"仁"说的一展开》，［日］松川健二编：《论语思想史》，万卷楼，2006年。

Thomas W. Selover 的 *Hsieh Liang-tso and the Analects of Confucius*（2005）① 一书比较了谢良佐《论语解》仁学与基督教宗教思想的异同，并将部分文本翻译为英文。一些学者开始研究《论语解》文本，佐藤仁《朱子と謝上蔡（一）》首先注意《论语解》有初、定稿两个版本②；李根德、游意双尝试从朱子《论语精义》辑佚书稿，但尚未能利用善本和它本加以校勘；最后，《上蔡文集》的情况还未得到学界关注，随着相关古籍善本的收集、整理与发现，加上古籍数据库的开发与利用，已为相关研究奠定基础。关于这些文本的辑佚，作者已另外汇整为《谢良佐集》一书。

第二，对谢良佐生平的研究，这方面的若干史料存在争议。首先，籍贯的争议。《宋史·谢良佐传》作"寿春上蔡人"（今属安徽淮南），清庞钟璐编《文庙祀典考》与历代县志多持此说。朱子《伊洛渊源录》、邓元锡《函史》仅作"上蔡人"。徐远和《洛学源流》注意《二程外书》作"蔡州"（今属河南驻马店）。③ 其次，卒年的争议。朱震、叶适记载谢良佐卒于元祐党禁时期。周汝登《圣学宗传》称卒于崇宁二年（1103 年），钱椒《补疑年录》、梁廷灿《历代名人生卒年表》（1930）、麦仲贵《宋元理学家著述生卒年表》（1968）皆同，至今流传最广。杨玉成《二程弟子研究》（1987）、李裕民《宋人生卒行年考》（2009）认为早游酢三年而卒，在宣和三年（1121 年）。④土田健次郎《道学之形成》（2002、2010）也认为谢良佐卒年应当晚于程颐，在宋室南渡之前。⑤ 吴国武《两宋经学学术编年》（2015）虽注意上述争议，仍系谢良佐卒于崇宁二年。⑥ 其卒年的诸说之间相差近 20 年，其晚年活动事涉程颐卒后理学从伊川学到上蔡学的转向，关乎两宋理学史的书写，亟待清理。

第三，对谢良佐哲学义理的多元阐释，其中仁学与心性论成为研究焦点。牟宗三《心体与性体》（台北：正中书局，1968；长春：吉林出版集团，2015）、张永俊《读〈上蔡语录〉所见》（见氏著《二程学管见》，东大图书公司，1988）、陈来《中国近世思想史研究》（商务印书馆，2003）、李根德《谢良佐

---

① Thomas W. Selover, HsiehLiang-tsoandtheAnalectsofConfucius: HumaneLearningasAReligiousQuest, NewYork: OxfordUniversityPress, 2005.
② ［日］佐藤仁：《朱子と謝上蔡（一）》，广岛哲学会：《哲学》（友枝竜太郎教授御退官记念特集），第 31 辑，1979 年，第 2-14 页。
③ 徐远和：《洛学源流》，齐鲁书社，1987 年。
④ 参见杨玉成：《二程弟子研究》，台湾政治大学中国文学研究所硕士论文，1986 年，第 39 页；李裕民：《宋人生卒行年考》，中华书局，2009 年。
⑤ ［日］土田健次郎：《道学之形成》，朱刚译，上海古籍出版社，2010 年。
⑥ 吴国武：《两宋经学学术编年》，凤凰出版社，2015 年。

哲学思想研究》（北京大学哲学系 2006 年博士论文）、王光红《谢良佐仁学思想研究》（湘潭大学 2008 年硕士论文）、黄继新《真我之觉——谢上蔡哲学研究》（中山大学哲学系 2009 年博士论文）皆注意上蔡以觉言仁的思想特色，并关注其与朱子仁论之关联。王立新《谢良佐及其影响》（载《朱子学刊》，1998）、陈利娟《谢良佐哲学思想研究》（南昌大学 2010 年硕士论文）、薛书洁《谢良佐仁论研究》（河北大学 2013 年硕士论文）注意谢氏仁学对湖湘学派的影响。陈立胜《仁·识痛痒·镜像神经元》（载《哲学动态》，2010 年 11 期）运用医学知识观照明道、上蔡至阳明的仁学脉络。心性论也是研究的重点之一，陈来《朱子哲学研究》《宋明理学》、朱军《从谢良佐到张九成：洛学心本体的建构》（载《科学经济社会》，2013 年第 2 期）注意谢良佐"性体心用"思想的历史影响。王巧生《二程弟子心性论研究》（湖北人民出版社，2016）关注谢良佐与其他程门弟子在心性论方面的异同。此外，钱穆《朱子新学案》（1971）、田智忠《朱子论"曾点气象"研究》（巴蜀书社，2007）论述了上蔡的曾点气象观。另外，谢良佐在会通儒佛的贡献与文学方面的成就也开始受到关注。王建龙《精神超越和心性本然的回归——试论谢良佐理学思想中的佛道倾向》（载《中州学刊》，2001 年第 3 期）与朱汉民、汪俐《"常惺惺"的儒学化演变》（载《孔子研究》，2016 年第 2 期）关注儒佛会通。陈忻《宋代理学家谢良佐的文学思想》（载《长江师范学院学报》，2013 年第 6 期）注意谢良佐的文学成就，但限于材料不足，无法深入。

就此而言，当前研究至少还留下这些问题有待解答：第一，就生平而言，谢良佐的中晚年活动有待全面考证，补充其空白的生平记载，促进二程后学与北宋晚期理学的研究。第二，就著作而言，胡适在百年以前提出了关于《上蔡先生语录》之疑问，他曾质疑《上蔡语录》是否真混入江民表的语录，亦质疑朱子对其删削是否合理。[①] 此外，究竟朱子具体删去了哪些内容？这一问题尚未得到解决。第三，从学术史的发展脉络看，二程、谢良佐、杨时与朱熹之间，未必可截然分明地分成从伊川、龟山到朱子，以及从明道、上蔡到湖湘的两系。将谢良佐置于历史的视野之中进行观察，可跳出传统理学史门派之争与单向描述，系统梳理谢良佐的哲学义理间架，厘清其学派的形成、传承与发展，丰富两宋理学史之研究。

---

① 胡适：《中国哲学史大纲（上）》，商务印书馆，1926 年，第 11 页。

第一章

程门第一：谢良佐生平与从学考

谢良佐（1050—1121），字显道，蔡州上蔡县人，晚号逍遥先生，学者称上蔡先生，谥文肃。① 谢良佐被列入"程门四先生"，是二程门人中的代表人物。程颢深许谢良佐之用功，曾语人曰："此秀才展拓得开，将来可望。"程颐称赞谢良佐为"切问而近思者"。朱子早年认为上蔡之学"皆力行深造之所得"，因此"光明卓越，直指本原"，视在杨时之上。黄宗羲指出"程门高弟，予窃以上蔡为第一"；《宋元学案》曾推崇谢良佐为"洛学之魁"。康有为也向弟子赞许"谢上蔡为程门第一"②。这一形象，究竟是如何形成的？这即是本章讨论的重点。

一、生卒、里籍与世系辨正

关于谢良佐的生平与学术，《宋史·道学传》如此记载：

> 谢良佐，字显道，寿春上蔡人。与游酢、吕大临、杨时在程门，号"四先生"。登进士第。建中靖国初，官京师，召对，忤旨去。监西京竹木场，坐口语系诏狱，废为民。良佐记问该赡，对人称引前史，至不差一字。事有未彻，则颡有泚。与程颐别一年，复来见，问其所进，曰："但去得一'矜'字尔。"颐喜，谓朱光庭曰："是子力学，切问而近思者也。"所著《论语说》行于世。③

---

① ［宋］徐光溥：《自号录》，清嘉庆宛委别藏本，第7a页。按，"文肃"之谥在南宋理宗景定三年（1262）由台州守王华甫建临海上蔡书院时请于朝。参见［清］谢敷华纂：《永嘉蓬川谢氏宗谱》卷前《谢良佐传》，道光己丑（1829）重修，转引自杨周靖主编：《上蔡先生语录译注》，中州古籍出版社，2021年，第274页。
② 《宋元学案》卷二十四《上蔡学案》，第916页。［清］康有为：《万木草堂口说》，楼宇烈整理，中华书局，1988年，第273页。
③ ［元］脱脱等：《宋史》卷四百二十八《道学二·谢良佐》，中华书局，1985年，第12732页。

在《宋史》仅百余字的传记中，关于谢良佐的记录有两处错误。其一，寿春府在北宋属于淮南西路，下辖庐、蕲、和、舒、濠、光、黄七州；南渡以后，淮南西路分为安庆、寿春两府，下辖庐、蕲、和、濠、光、黄六州，皆与蔡州无关。① 实际上，蔡州在宋代属汝南郡，蔡州下辖汝阳、上蔡、新蔡等十县。② 蔡州地区的地方史志也有关于谢良佐故居的记载。《（康熙）上蔡县志》说："谢显道故里，在县南郭道左关门，题曰：'景贤关。'"③《大清一统志》也说："上蔡先生祠在上蔡县南门外，宋儒谢良佐居址存焉。"④ 因此，《宋史》本传的"寿春上蔡人"有误，应当作"蔡州上蔡人"为是。⑤

其二，《宋史》所谓"坐口语系诏狱，废为民"，指谢良佐在建中靖国初年受宋徽宗诏对，得书局官之后去朝之事。次年，因讨论徽宗建中靖国年号，谢良佐有"恐亦不免一播"⑥ 之说，随后又牵连《神宗实录》陷入元祐党籍，所谓"坐口语系诏狱，废为民"即指此时。此后，谢良佐在崇宁二年已出党籍，先后历仕德安府应城县令、西京洛阳监竹木务等职，最终以"朝奉郎致仕，奏补一子"⑦。

在《宋史》本传的基础上，明代学者周汝登（字继元，号海门，1547—1629）《圣学宗传》补充说：

> 崇宁癸未卒，年五十四。所著有《论语说》《文集》《语录》行于世。⑧

癸未是徽宗崇宁二年（1103年），按照卒年逆推五十四年，谢良佐生于仁

---

① ［元］脱脱等：《宋史》卷八十八《地理四·淮南西路》，第2182页。
② ［元］脱脱等：《宋史》卷八十五《地理一·京西路》，第2116页。
③ ［清］杨廷望纂修：《（康熙）上蔡县志》卷一《舆地志》，清康熙二十九年刊本，第38a页。
④ ［宋］谢良佐撰，［宋］曾恬、［宋］胡安国辑录，［宋］朱熹删定：《上蔡语录》附录，朱杰人、严佐之、刘永翔主编：《朱子全书外编》第3册，华东师范大学出版社，2010年，第49页。
⑤ 徐远和先生指出："下蔡宋属寿州，也称北寿春，今属安徽省寿县。……蔡州今属河南省汝南县，故谢良佐乃河南汝南人。"可作参考。参见徐远和：《洛学源流》，第192页。
⑥ 《朱子语类》："或谓建中年号与德宗同，不佳。上蔡云：'恐亦不免一播。'后下狱，事不知。"［宋］黎靖德：《朱子语类》卷第一百二十七《本朝一·徽宗朝》，王星贤点校，中华书局，1986年，第3048页。
⑦ ［宋］李心传：《建炎以来系年要录》卷一百一，中华书局，1988年，第1660页。
⑧ ［明］周汝登：《圣学宗传》卷之七，张梦新、张卫中点校，浙江古籍出版社，2015年，第645页。

宗皇祐二年（1050年）。清《（永嘉蓬溪）谢氏宗谱》："谢良佐，字显道，诰公三子……皇祐二年八月十六日子时生，崇宁癸未十月十五午时卒。"①周汝登关于谢良佐生卒年的说法，与《谢氏宗谱》一样。此处的生年与上蔡生平活动基本吻合，应该是可信的，然而，问题在于谢良佐的卒年。在崇宁二年以后的史料中还能见到许多与谢良佐有关的活动记载。例如，杨时（字中立，号龟山，1053—1135）《校正伊川易传后序》：

> 伊川先生著《易传》，方草具，未及成书而先生得疾。……政和之初，予友谢显道得其书于京师，示予，而错乱重复，几不可读。②

程颐卒于大观元年（1107年）九月庚午③，临终托付《易传》给门人张绎，然而张绎又卒于次年。按照杨时的说法，《伊川易传》在政和初年（1111年）由谢良佐在京师获得④，此时距周汝登所谓的"崇宁癸未卒"已过去8年。因此，周汝登的卒年之说实不可信。关于谢良佐去世的情况，朱熹《伊洛渊源录》卷九载：

> 游公为志其墓，今访求未得。⑤

朱熹《德安府应城县上蔡谢先生祠记》：

> 先生之没，游公定夫先生实识其墓，而丧乱之余，两家文字皆不可见。⑥

游公，即游酢（字定夫，号廌山、广平，1053—1123）。游酢的文集已基本失传，仅存清人辑本，其《谢上蔡墓志铭》已在靖康之难的战乱中丢失。宋室

---

① ［清］谢敷华纂：《（永嘉蓬溪）谢氏宗谱·谢良佐传》，道光乙丑（1829）年版，转引自杨周靖主编：《上蔡先生语录译注》，第273页。
② ［宋］杨时：《杨时集》卷二十五《校正伊川易传后序》，林海权整理，中华书局，2018年，第675页。
③ ［宋］朱熹：《伊川先生年谱》，《二程集·遗书附录》，中华书局，2004年，第345页。
④ 详见本书《附录：宋上蔡谢先生年谱》"政和元年"条。
⑤ ［宋］朱熹：《伊洛渊源录》卷九，朱杰人、严佐之、刘永翔主编：《朱子全书》（修订本）第12册，上海古籍出版社、安徽教育出版社，2010年，第1039页。
⑥ ［宋］朱熹：《德安府应城县上蔡谢先生祠记》，《上蔡语录》附录，第47页。

南渡以后，杨时的门人陈渊（字知默，号默堂，1067—1145）也曾寻找过这篇墓志，其《与胡康侯侍读书五》：

> 定夫所撰《思复行状》《显道墓志》，与龟山所撰《定夫墓志》，皆无本。①

虽然已没有办法通过游酢写的墓志来了解关于谢良佐的更多情况，但陈渊提到的杨时《御史游公墓志铭》仍保存在《龟山集》中，杨时说：

> 昔在元丰中，俱受业于明道先生兄弟之门，有友二人焉，谢良佐显道，公其一也，三年之间，二公相继沦亡，存者独予而已。②

也即说，谢良佐与游酢二人的去世时间在"三年之间"。当代学者李裕民《宋人生卒行年考》对此解释道：

> 这是说谢与游之死前后仅三年，而游卒于宣和五年八月（同上），又谢卒在游之前，游为之作墓志铭。……谢之卒必在游卒前三年，即宣和三年（1121年）。③

可见，谢良佐实际上卒于北宋徽宗宣和三年。周汝登有关谢良佐"崇宁癸未卒"的错误说法应该得到纠正。遗憾的是，从清代学者钱椒《补疑年录》，到当代的梁廷灿《历代名人生卒年表》等书皆误袭了周汝登的说法，这是学界在研究北宋理学时需要注意的。

谢良佐去世不久，谢氏家族就因靖康之变随赵宋王朝南迁。根据《谢氏宗谱》记载，谢良佐父讳诰，字官授，授奉议郎，妣陈氏安人，累赠太子少傅。

---

① 曾枣庄、刘琳主编：《全宋文》第一百五十三册，上海辞书出版社、安徽教育出版社，2006年，第212页。
② [宋] 杨时：《杨时集》卷三十三《御史游公墓志铭》，第824页。
③ 李裕民：《宋人生卒行年考》，中华书局，2009年，第402-403页。

谢诰有子五人，分别是良夫、良弼、良佐、良传、良肱。① 其中，谢良弼的长子谢克家，字任伯，在南宋初期曾官至参知政事。谢良弼一系在宋朝南渡以后，迁居浙江台州，谢克家有子四人，分别是伋、倚、伉、垂。谢伋，字景思，居黄岩，曾著有《四六谈麈》。此外，南宋天台人谢杰，《全宋文》录有其遗文《吕生传》一篇，《全宋文》编者述其生平：

> 谢杰，字景英，上蔡（今河南上蔡）人，居台州（今浙江临海）。良佐后裔，与陈傅良、楼钥为忘年交。曾任提干、参议等幕职，淳熙中通判信州、温州。奉祠主管云台观，卒。②

按，"良佐后裔"误，谢杰实为谢克家后裔。楼钥《攻媿集》卷八三《祭谢云台杰文》："爰自上蔡，斯以道鸣。继以大参，又有列卿。"③ 可证，大参即指参知政事谢克家。此外，《宋元学案补遗》卷二十四引《台州府志》："谢敷经，字子畅。临海人，上蔡先生之裔孙也，乾道八年进士，授永丰尉。"谢敷经是朱熹门人，实际也不是谢良佐后裔。王梓材辨云："梓材谨案：水心叶氏记上蔡祠于嘉定时，甚言其后之式微。先生在嘉定前，疑非上蔡之后。"④ 王梓材所

---

① 浙江地区多种《谢氏宗谱》的世系皆载谢诰有五子，但行年次第略有不同，此据《（永嘉蓬溪）谢氏宗谱》，参见谢宗楷编著：《谢氏谱牒知见与浅议》，福建谢氏委员会编印，2001年，第61页。按，另有一种世系图，前三者相同，良肱行四，良传行五，参见浙江《（永嘉蓬溪）谢氏宗谱》，参见杨周靖主编：《上蔡先生语录译注》，第275页；谢秉初、谢椒生纂修：《（浙江上虞）盖东谢氏族谱》表六《谢氏前谱》，1925年，第1-2页。此外，目前有四种谱牒存有谢良佐像，分别为《（浙江上虞）盖东谢氏族谱》《（浙江上虞）古虞谢氏宗谱》，此二谱现藏中国国家图书馆；又见陈崇实纂：《台临八叠谢氏宗谱》（1926年木活字本）卷一有"宋理学文肃公良佐"遗像，卷二有"诰公派图传"，此谱现藏台州临海县八叠乡八叠村，笔者未能访见，相关情况参见谢宗楷编著：《谢氏谱牒知见与浅议》，第48-50页。［清］谢堧辑：《（浙江台州章安）谢氏宗谱》，清光绪丁丑（1877）重修，此谱现存台州市椒江区店溪村、店内村，亦刻有"宋理学谥文肃显道公"图像。
② 曾枣庄、刘琳主编：《全宋文》第二百五十九册《谢杰》，上海辞书出版社，安徽教育出版社，2006年，第343页。
③ 曾枣庄、刘琳主编：《全宋文》第二百六十六册《楼钥》，第223页。
④ ［清］王梓材、［清］冯云濠编撰：《宋元学案补遗》卷二十四，沈芝盈、梁运华点校，中华书局，2012年，第1614页。

辨甚是，谢敷经为上蔡谢氏之后，但非谢良佐一系的裔孙。①

关于谢良佐一系的子嗣、后裔，南宋绍兴六年，谢良佐的弟子朱震曾向高宗皇帝进表说：

> 良佐……以朝奉郎致仕，奏补一子克己入官，后克己逢巨贼于德安府，举家被害。一子度岭入闽，死于瘴疠。一子克念今存，流落台州，贫窭一身，朝夕不给。②

结合《谢氏宗谱》的有关记载，谢良佐有子嗣三人，长子曰克己，以恩荫补参议，在两宋之际的德安府寇乱中死于暴乱；③ 谢克己有子二人，分别是谢伦、谢杰。次子曰克念，南渡后迁浙江台州临海，经过朱震的奏言，荫补迪功郎，谢克念有子一人谢偕。谢良佐三子曰克举，在南渡以后入闽为避战乱而死。④ 虽然南渡以后谢良佐仅存的子嗣谢克念被朝廷追补了官职，但其生活境况似乎没有得到改善。宋理宗嘉定五年（1212），朱熹的门人黄䇞（字子耕，1150—1222）出知台州，曾寻访谢良佐子孙。叶适（字正则，号水心，1150—1223）《上蔡先生祠堂记》：

---

① 谢敷经"娶葛氏，葛家嫁妆丰厚。在家乡，因有感于家族多为贫困，因而将葛氏的房资购田，得斥卤弃地，筑堤捍海潮，得田以赡养其族，又买官山以葬族之无归者，共花费了五千缗"。参见方丽璠：《从〈名公书判清明集〉看宋代妇女的婚姻生活》，载宋代官箴研读会编：《宋代社会与法律——〈名公书判清明集〉讨论》，台北：东大图书公司，2001年，第101页。相关事迹可参见［清］赵藩：《台州谢子畅义田续记》，《（嘉定）赤城志》卷十二。
② ［宋］李心传：《建炎以来系年要录》卷一百一，中华书局，1988年，第1660页。
③ 谢良佐晚年曾在德安府应城县为官，这可能是谢克己居住在德安府的原因。陈规、汤璹《守城录》记载，德安府自靖康元年十二月至绍兴二年六月，先后遇王在、党忠等巨寇九次，至多有五万余人，官民赖死以守，谢克己一家应该卒于这数年间。
④ 参见浙江《（永嘉蓬溪）谢氏宗谱》，转引自杨日靖：《上蔡先生语录译注》，第275页。谢良佐三子的情况，诸谱所载间有不同，恐年久流传失实。例如，谢挹芬等编纂《（浙江上虞）古虞谢氏宗谱》卷一《乔迁录》（1939年），此谱载谢氏迁居浙江之后情况，第三十三世有谢克勤（良佑长子，居临安）、谢克俭（良佑次子，居临海）、谢克念（良佐次子，居临海）。（第6页）该谱卷三又载："克念，又名诜，赠齐国公。配□氏，生一子景之，居临海。"（第44页）按，此说不确。据《盖东谢氏族谱》载："子三曰克己、曰克念、曰克俊。"此谱克己无考，克念居台州、克俊居果州。第三子名与《（永嘉蓬溪）谢氏宗谱》不同。参见谢秉初、谢椒生纂修：《（浙江上虞）盖东谢氏族谱》表六《谢氏前谱》，1925年，第2页。

谢良佐……诸子避虏迸逸，一死楚，一死闽，独克念者，落台州，绍兴六年，给事中朱震子发奏官之，寻亦死。克念有子偕，偕三子，无衣食，替人承符，引养老母。嘉定五年，太守黄䵻子耕修郡志，访求故家得之，请见，抗宾主礼，给冠带钱米，买田宅，祠显道于学，在二程后。郡人惊异曰："自黄太守来……政通化达，生死润赖，此吾等所知也，惟上蔡事不可解。"……解子耕之举者，宜曰："独上蔡事尤长，非不切也。"昔正考父饘粥于鼎，循墙而走，其后孔子生，而孟僖子命其子学礼焉。谢氏之困于庸奴久矣，子耕既洗沐之，列于士大夫，安知无达人出，复佐二程之道！斯可以占天意矣。然则余之不切不愈甚乎！①

按照叶适的记载，谢克念在绍兴六年不久之后就去世了，而克念的三子已贫困窘迫到无衣食的境况。为了侍奉母亲，谢偕的三个儿子都以承符为生。承符，是与弓手、散从、胥吏相当的衙役，主要负责官方文书的往返与地方案件的通知等。按照宋代的社会阶层，劳役没有办法入县学、州学，也没有办法参加科举考试，已经不是士大夫群体，这就是叶适所说的"谢氏之困于庸奴久矣"。谢偕等人的窘迫令黄䵻感到儒学之道有"斯文扫地"的风险，于是在台州建造了"上蔡先生祠堂"，并为谢偕一家购买士大夫的衣服冠带，购买田地、宅邸，使谢良佐的后人重新"列于士大夫"。② 黄䵻修建台州上蔡祠堂的时候，谢良佐已去世91年。谢良佐曾说："祖考精神，便是自家精神。"③ 这一事例正是其学术、人品所凝聚的精神之生动体现。

二、"习举业有成"

关于谢良佐在从学二程之前的学问情况，《二程外书》卷十二引《和靖语录》：

---

① 曾枣庄、刘琳主编：《全宋文》第二百八十六册《叶适》，上海辞书出版社，安徽教育出版社，2006年，第90-91页。
② 河南上蔡县的官员也曾在明代买田供谢氏子孙奉祀谢良佐。《（嘉靖）河南通志》卷十八："上蔡先生祠。在上蔡县南一里，正统五年重建，祀宋谢良佐。成化十五年，知府钱钺买田三十亩，令其后裔主之以供祀事。"参见［明］明邹守愚修、［明］李濂纂：《（嘉靖）河南通志》卷十八，明嘉靖三十五年刻本，第62b页。
③ 《上蔡语录》卷上，《朱子全书外编》第3册，第13页。

19

谢显道习举业，已知名，往扶沟见明道先生程颢受学，志甚笃。①

这里指出，谢良佐已经通过"习举业"在当时的士人圈中拥有了一定的名气。什么是"举业"呢？从谢良佐生活的时代来看，主要是指"时文"，包括诗赋、经义与策论，是"按时下科场流行的格式写作、专用于'举业'的文章"②。谢良佐精通四六文体。谢伋《四六谈麈》曾说：

叔祖逍遥公，旧为四六极工，极其精思。尝作《谢改官启》云："志在天下，岂若陈孺子之云乎。身寄人间，得如马少游而足矣。"（有杂编事类，号《武库》，兵火后亡之。）③

宋代的公牍文书以四六文体进行写作，凡是出仕的士人都必须精通。四六要求用典故，为了便于作文，学者往往以"类书"的形式预先编好典故，以便参考。谢良佐曾经编有名为《武库》的类书，今已失传。南宋吕祖谦也有名字相似的《诗赋武库》一书，乃初学者作诗文的典故类书，内容应当与谢良佐《武库》相似。叶梦得《避暑录话》卷上云："前辈作四六，不肯多用全经语，恶其近赋也。……自大观后，时流争以用经语为工；于是相与衰次排比，预蓄以待用。"④ 这颇可反映"武库"等类书在两宋的受欢迎程度。

四六文体为官方公文使用，强调格式，与"文以载道"的古文不类。尹焞说：

欧阳公及第后，弃其所业，与伯祖师鲁习古文。近来如谢显道、杨中立，皆因及第后来随伊川。⑤

伯祖师鲁，指北宋名臣尹洙，是北宋推动古文复兴的代表人物之一。按尹焞之说，四六仅是谢良佐科举之手段，并未以此为念。不过，尹焞说"及第后

---

① 《二程集·外书》卷第十二，第432页。
② 祝尚书：《宋代科举与文学》，中华书局，2008年，第247页。
③ [宋]谢伋：《四六谈麈》，《丛书集成初编》第2615册，商务印书馆，1935年，第5页。
④ [宋]叶梦得：《避暑录话》卷上，徐时仪整理，大象出版社，2019年，第45页。
⑤ [宋]尹焞：《和靖尹先生文集》卷六《师说上》，北京大学《儒藏》编纂与研究中心编：《儒藏·精华编》第221册，北京大学出版社，2018年，第840页。

来随伊川"有误，谢良佐在元丰八年及第，而其早在元丰元年就已经在二程门下问学了。

谢良佐传世文章，如今仅存《论语解序》一篇为全文，被吕祖谦收录在《皇宋文鉴》中得以保留。不过，谢良佐提出的一些文学理论对宋代诗文创作有着不小影响。叶适《题刘潜夫南岳集稿》说：

> 昔谢显道谓："陶冶尘思，摹写物态，曾不如颜、谢、徐、庾留连光景之诗。"此论既行，而诗因以废矣。悲夫！潜夫以谢公所薄者自鉴，而进于古人不已，参《雅》《颂》、轶《风》《骚》可也！①

此处点名谢良佐与刘克庄在文学立场上的对立。刘潜夫即南宋江湖派的诗人刘克庄（1187—1269），号后村。颜、谢、徐、庾分别指颜延年、谢灵运、徐陵、庾信，皆为六朝诗赋创作代表人物。此段谢良佐语出自《论语解序》，"陶冶尘思、摹写物态，曾不如颜、谢、徐、庾留连光景之诗"，本义是形容《论语》语言的简朴；而"留连光景"指诗文对客观自然事物的描写，被视为与道德无关的"技艺"，潜台词是指文章的义理价值高于描写景物的艺术价值。这种理学文论的流行，使得描摹景物成为诗之下品，"诗因以废"。而刘克庄则将道德修养与诗歌创作相分离。在叶适看来，刘克庄的诗文技艺，可以与《诗经》的境界媲美，这与谢良佐的文学立场是很不一样的。

然而，江湖派的诗人对理学的诗论也有同情。该派的戴复古《论诗十绝》化用谢良佐语："陶写性情为我事，留连光景等儿嬉。锦囊言语虽奇绝，不是人间有用诗。"② 戴复古认为，谢良佐的"陶写性情"道出了诗文创作的真正目的，诗文应当追求自然情感的流露与天真道德的合一，而那些从类书等"锦囊"中套用典故的文章，对于世人的风俗与教化没有任何帮助。戴复古试图将谢良佐的理论融入江湖派的创作中，可见，谢良佐有关道德与诗文关系的论述，至少是南宋诗坛创作理论的重要来源之一。③

此外，谢良佐提出的"脱去凡近"一说，也构成了宋代以后文艺理论中境

---

① ［宋］叶适：《叶适集》卷二十九《题刘潜夫南岳诗稾》，刘公纯、王孝鱼、李哲夫点校，中华书局，2010年，第611页。
② ［宋］戴复古：《戴复古诗集》卷第七，金芝山点校，浙江古籍出版社，2012年，第228页。
③ 参见［美］孙康宜、［美］宇文所安主编：《剑桥中国文学史》上卷，生活·读书·新知三联书店，2013年，第542-546页。

界论的主要内容。《论语解序》提出：

> 脱去凡近，以游高明；莫为婴儿之态，而有大人之器；莫为一身之谋，而有天下之志；莫为终身之计，而有后世之虑；不求人知，而求天知；不求同俗，而求同理。①

其中的"脱去凡近，以游高明"一句，对南宋以后的文学境界论极有影响。宋人韦骧以"脱去凡近"作为诗歌性情的评价标准："点窜云烟，纾写情性，洒然脱去凡近，追逐淳古，深可尚也已。夫言志者诗也，见其诗知其志。"② 元人王元恭称赞袁桷的诗文说："始从剡源戴表元学绩文，脱去凡近。"③ 杨维桢也说："孙曰晖者，益喜文史，善赋诗，脱去凡近，雄健有法度，予甚喜之。"④ 明儒陈献章说："脱去凡近，所作万古常新。此可以意会，难以言传也。"⑤ 李东阳更进一步将"脱去凡近"与诗文复古联系起来："其为诗，深厚浓郁，脱去凡近，而古意独存。其为文，典而不俗，邕而不泛，约诸理义，以成一家之言。"⑥ 此后，"脱去凡近"，几乎成为诗文创作境界的代名词。夏敬观《忍古楼词话》评吕贞伯："诸词皆具天生吐属，已能脱去凡近，而入词人清丽之境也。"⑦ 谢良佐"脱去凡近"本义是对读《论语》之人的性情要求，但在流传的过程中渐渐被用来作为文学批评的标准，这虽未必符合谢良佐之原意，却恰好反映了谢良佐的理论水平。

谢良佐的"举业"之学也浸透了当时科场流行的道家学说。司马光《论风俗札子》曾说：

> 近岁公卿大夫好为高奇之论，喜诵老庄之言，流及科场，亦相习尚，

---

① [宋] 吕祖谦：《宋文鉴》卷第九十二《论语解序》，齐治平点校，中华书局，1992年，第1303页。
② [宋] 韦骧：《钱唐韦先生文集》卷第十七《赠司徒王公诗序》，李玲玲、郜同麟整理，浙江古籍出版社，2019年，第580页。
③ [元] 袁桷：《袁桷集校注》附录二，杨亮校注，中华书局，2012年，第2264页。
④ 李修生主编：《全元文》卷一三二六《杨维桢四四·东白说》，江苏古籍出版社，1998年，第227页。
⑤ [明] 陈献章：《陈献章集·诗文续补遗》，孙通海点校，中华书局，1987年，第979页。
⑥ [明] 李东阳：《李东阳集》卷之四《鲍翁家藏集序》，周寅宾编，岳麓书社，2008年，第979页。按，鲍翁，指吴宽，字原博，长洲人。
⑦ 唐圭璋编：《词话丛编·忍古楼词话》，中华书局，2005年，第4763页。

新进后生，未知臧否，口传耳剽，翕然成风。……今之举人，发口秉笔，先论性命，乃至流荡忘返，遂入《老》《庄》。①

而谢良佐《论语解》多引《老子》《庄子》，其中引《庄子》达15次，这与当时科举时文章的风气有一定联系。祝穆《古今源流至论》前集卷四提到当时的学风说："国朝自熙宁之间，黄茅白苇，几遍天下，牵合虚无，名曰时学；荒唐诞怪，名曰时文。"② 晁公武《郡斋读书志》还指出：

  王介甫《论语注》，其子雱作《口义》，其徒陈用之作《解》，绍圣后皆行于场屋，为当时所重。

按照晁公武的说法，神宗、哲宗时期的科举考试中广泛流行着王安石《论语注》、王雱《论语口义》，以及王安石的门人陈祥道《论语全解》。因此，这三本《论语》著作对参加过科举的士人都有着相当的影响。今观《论语解》一书引"介甫云""介甫曰"有9处，"元泽曰"有5处，而引用程颐的论述仅1处，作"程侍讲"。③ 这固然与《论语解》成书时程颐尚未注《论语》有关，亦侧面反映谢良佐对王安石父子新经学的了解程度。关于谢良佐《论语》学与荆公新学、伊川学的关系，本书第四章会有详细讨论。

三、程颢与谢良佐

元丰元年，程颢知扶沟县，程颐侍奉父亲程珦同往扶沟居住数月。程颢到扶沟之后，在当地创设县学，以倡明道学为己任，程颐还从京师邀请了游酢前来担任扶沟县学教授。④ 在这样的背景下，谢良佐前往扶沟向二程兄弟问学。

（一）"程子弗问，谢处安焉"

谢良佐初见二程时，已有一定的名气，程颢对他很客气，但当谢良佐表现出自己的拜师意愿后，程颢对他有一番考验。王应麟《困学纪闻》记载：

---

① ［宋］司马光：《司马光集》第二册，李文泽、霞绍晖校点，四川大学出版社，2010年，第973—974页。
② 转引自祝尚书：《宋代科举与文学》，中华书局，2008年，第448页。
③ 出自《论语·述而第七》"子在齐闻韶"章，谢良佐注云："程侍讲以'三月'为'音'字。"［宋］朱熹：《论孟精义》卷第四上，朱杰人、严佐之、刘永翔主编：《朱子全书》（修订本）第7册，上海古籍出版社、安徽教育出版社，第258页。
④ 姚名达：《程伊川年谱》，《民国文存》第30册，知识产权出版社，2013年，第70页。

上蔡初造程子，程子以客肃之，辞曰："为求师而来，愿执弟子礼。"程子受之，馆于门侧。上漏旁穿，天大风雪，宵无烛，昼无炭，市饭不得温。程子弗问，谢处安焉。如是逾月，豁然有省，然后程子与之语。①

从天大风雪的气象描述来看，谢良佐拜师之时应当是在元丰元年冬天。程颢将谢良佐安置在"上漏旁穿"的陋室中，缺乏照明的烛火、取暖的炭火，只能食用集市贩卖的冷饭，而且程颢故意对其不闻不问，这种困难的生活维持了一个月，对于出身富家的谢良佐来说，大概很不容易坚持。② 这样的行为更接近程颐的严肃风格③，而一向以和乐待人著称的程颢，为何如此苛刻地对待谢良佐呢？《上蔡语录》卷下记载：

伯淳谓正叔曰："异日能尊师道，是二哥。若接引后学，随人才而成就之，则不敢让。"④

可见，程颢是"随人才而成就之"，针对每位学生的特殊品性施于特定的教学。

（二）"可谓玩物丧志""存意思""且静坐"

谢良佐曾说："克己须从性偏难克处克将去，克己之私，则心虚见理矣。"⑤ 所谓"克己"，即克去一己的私欲。在程颢看来，谢良佐有以下的"私欲"需要加以克制。

第一，以记诵为学，"可谓玩物丧志"。谢良佐擅长举业，记忆力超群，能

---

① ［宋］王应麟：《困学纪闻》卷十五，《全宋笔记》，大象出版社，2019 年，第 98 页。又见［清］黄宗羲原撰，［清］全祖望补修：《宋元学案》卷二十四《上蔡学案》，第 928 页。
② 《朱子语类》载："上蔡家始初极有好玩，后来为克己学，尽舍之。有一好砚，亦把与人。"从谢良佐早年喜欢收集古玩的习惯来看，谢氏应当是比较富裕的家族。
③ 二程门人王萍初见程颐，经过七十天才得程颐一句教诲。"庭先见予书王信伯始见伊川事，以为侍立七十余日，止'不为血气所迁'一句。庭先以为七十余日不语便是矣，正不在此一句止。此庭先具眼处，但只此一句，亦不是容易。"［宋］施德操：《北窗炙輠录》卷下，虞云国、孙旭整理，大象出版社，2019 年，第 51-52 页。尹焞也有类似的境遇："某在先生（伊川）席下数年，后方学《易》。序有七十二家《易传》，先生教某，或只看得一象、一爻，须说尽诸儒解。"见［宋］尹焞：《和靖尹先生文集》卷七《师说中》，《儒藏·精华编》第 221 册，第 845 页。
④ 《上蔡语录》卷下，《朱子全书外编》第 3 册，第 35 页。
⑤ 《上蔡语录》卷下，《朱子全书外编》第 3 册，第 34 页。

完整地记诵史籍的内容，初见程颢时，有意以此展示自己的博学。《胡氏传家录》记载上蔡："先生初以记问为学，自负该博，对明道先生举史书不遗一字。明道曰：'贤却记得许多，可谓玩物丧志。'谢闻此语，汗流浃背，面发赤。明道却云：'只此便是恻隐之心。'及看明道读史，又却定行看过，不差一字。谢甚不服，后来省悟，却将此事做话头，接引博学之士。"① 侯师圣在《侯子雅言》中也说："明道谓谢子虽小鲁，直是诚笃，理会事有不透，其颡有泚，愤悱如此。"② 从科举之学的角度来说，超群的记忆力是难得的天赋，但仅凭记诵文字的方法无法领会事关身心性命的学问。程颢很准确地发现了谢良佐学问中存在的问题，加以纠正。

谢良佐擅长文学，这点也得到了程颢的关注，程颢提醒他要注意"文"与"道"之间的关系。《上蔡语录》卷中记载："学者先学文，鲜有能至道。至如博观泛览，亦自为害。故明道先生教予尝曰：'贤读书，慎勿寻行数墨。'"③ 所谓"寻行数墨"，是指关注文字的字面含义，而对文字背后传达的道理与修养欠缺反省。

第二，减少对语录的文字依赖，以"存意思"为主。跟随二程兄弟学习的人，许多都记有语录，谢良佐经过程颢的纠偏，有意不记语录，以"存意思"为主要学习方法。《上蔡语录》卷下载："昔从明道、伊川学者多有语录，唯某不曾录。常存着他这意思，写在册子上，失了他这意思。"④ 不过，今本《二程集·遗书》卷三有谢良佐记录的"二先生语"一卷，朱子云："此书盖追记云。"⑤《遗书》卷三的内容都是精要简短的一两句话，应当确属"追记"。

不记语录，不意味着完全不用文字。相反，在学期间，谢良佐每日作课簿，反省日常行为是否有不合礼节之处。《上蔡语录》卷中："昔日作课簿，以记日用言动视听是礼与非礼者。昔日学时，只垂足坐，不敢盘足。因说伯淳终日坐如泥塑人，然接人则浑是一团和气。所谓望之俨然，即之也温。又云：昔日用工处甚多，但不敢说与诸公，恐诸公以谓须得如此。"⑥ 谢良佐的"日作课簿"，

---

① 《伊洛渊源录》卷九，《朱子全书》第12册，第1040页。又见《上蔡语录》胡安国记："明道见谢子问甚博，曰：'贤却记得许多，可谓玩物丧志。'谢子被他折难，身汗面赤，先生曰：'只此便是恻隐之心。'"见《上蔡语录》卷中，《朱子全书外编》第3册，第33页。
② 《伊洛渊源录》卷九，《朱子全书》第12册，第1040页。
③ 《上蔡语录》卷中，《朱子全书外编》第3册，第29页。
④ 《上蔡语录》卷下，《朱子全书外编》第3册，第34页。
⑤ 《二程集》上册，第2页。
⑥ 《上蔡语录》卷中，《朱子全书外编》第3册，第23页。

内容是记载每日的言行举止，这点对后来的理学家有极久远的影响。明代初期的学者吴与弼，曾每天记载《日录》①，内容包括读书、待人、接物等，把日记作为工夫的方法，应当说谢良佐有以启之。

第三，听讲言语之外，更应重视力行，主要方法是"且静坐"。静坐一般被认为是从杨时、罗从彦到李侗的道南学派的相传指诀。实际上，谢良佐在程门弟子当中可能是最擅长"静坐"之人。《二程外书》卷十二记尹焞语："明道一日谓之曰：'尔辈在此相从，只是学某言语，故其学心口不相应。盍若行之？'请问焉。曰：'且静坐。'"②《朱子语类》记载说："明道教上蔡且静坐，彼时却在扶沟县学中。明道言：'某只是听某说话，更不去行。'上蔡对以'无可行处'。明道教他且静坐。"③ 在知与行的关系中，听老师"说话"，属于知；切身行动，属于行。在程颢的教学中，静坐是使知与行统一的方法。

谢良佐对"静坐"的理解，与杨时略有区别。杨时门下的"静坐"强调体验未发气象，而谢良佐则将"静坐"与"知仁"联系在一起。《上蔡语录》卷中有门人"问：'一日静坐，见一切事平等，皆在我和气中，此是仁否？'（上蔡）曰：'此只是静中工夫，只是心虚气平也。须于应事时有此气象方好。'"④ 在谢良佐看来，静坐还不足以达到仁的境界，静坐属于"静中工夫"，是个体的独立行为，而仁指向了与外物的接触，这要求将静坐时观察的气象推类到应接事物的阶段。谢良佐的静坐法，不仅强调静的工夫，也强调动的工夫。

经过程颢的指点，谢良佐的学问有了较大的长进，因此，程颢对谢良佐寄予厚望。《上蔡语录》卷上记载："明道初见谢，语人曰：'此秀才展拓得开，将来可望。'"⑤《二程粹言》卷二也说："谢良佐既见明道，退，而门人问曰：'良佐何如？'（程）子曰：'其才能广而充之，吾道有望矣。'"⑥ 这说明，谢良佐的才华受到程颢的充分重视，而谢良佐对于自身存在的不足之处，也能很快加以改正，这种"展拓得开"的精神面貌，是程颢对谢良佐有着很高评价的缘由。

---

① 临川章衮谓："其（吴与弼）《日录》为一人之史，皆自言己事，非若他人以己意附成说，以成说附己意，泛言广论者比。"[清]黄宗羲：《明儒学案》卷一，沈芝盈点校，中华书局，2008年，第16页。另外，吴与弼的弟子娄谅也著有《日录》四十卷，娄谅是王守仁的老师之一。
② 《二程集·外书》卷第十二，第432页。
③ [宋]黎靖德：《朱子语类》卷第二十六《论语八》，第656页。
④ 《上蔡语录》卷中，《朱子全书外编》第3册，第28页。
⑤ 《上蔡语录》卷上，《朱子全书外编》第3册，第18页。
⑥ 《二程集·粹言》卷二，第1233页。

（三）"切脉最可体仁"与"昨日之会"

元丰四年（1081年）四月，韩维（字持国，1017—1098）知颍昌，亲自为程氏治室，延请二程至颍昌居住。① 根据余英时先生的考察，当时，反对新法者如范纯礼、范镇等皆居颍昌，几人成立一个"反新法"的政治中心。② 二程的许多早期门人都在这一年来到颍昌问学。例如，杨时在这一年调官京师，与建安林志宁一起从京师到颍昌从学程颢，此时谢良佐亦在场。《外书》卷十二《龟山语录》记载：

> 明道在颍昌，先生（杨时）寻医，调官京师，因往颍昌从学。明道甚喜，每言曰："杨君最会得容易。"及归，送之出门，谓坐客曰："吾道南矣。"先是，建安林志宁，出入潞公门下求教。潞公云："某此中无相益。有二程先生者，可往从之。"因使人送明道处。志宁乃语定夫及先生，先生谓不可不一见也，于是同行。时谢显道亦在。谢为人诚实，但聪悟不及先生，故明道每言杨君聪明，谢君如水投石，然亦未尝不称其善。③

这则语录说明同时问学的人至少有游酢、杨时、谢良佐、林志宁等人。该条语录是杨时的门人所记，对杨时的褒扬较多，而对谢良佐的评价一般，主要是讲谢良佐"诚实"，但悟性不够。

谢良佐在颍昌的时候，曾与程颢一起切脉，明道告之："切脉最可体仁。"谢良佐的门人郑毂云：

> 尝见显道先生问此语，云："是某与明道切脉时，坐间有此语。"④

切脉体仁，主要是强调仁的生生之意。这是用儒家哲理来解释医书，体现了理学的实践特色。程颢还说：

> 医书言手足痿痹为不仁，此言最善名状。⑤

---

① ［宋］韩维：《明道先生墓志铭》，载《伊洛渊源录》。另见姚名达：《程伊川年谱》，第81页。
② 余英时：《朱熹的历史世界》，第71页。
③ 《二程集·外书》卷第十二，第428-429页。
④ 《二程集·遗书》卷第三，第59页。
⑤ 《二程集·遗书》卷第二上，第15页。

同在颍昌的游酢所记《二程遗书》卷四亦云：

> 医书有以手足风顽谓之四体不仁，为其疾痛不以累其心故也。夫手足在我，而疾痛不与知焉，非不仁而何？①

这则语录与谢良佐所记载的意思相同，这是谢良佐在场的旁证。程颢与谢良佐皆重视医术，程颢尝论不懂医理而侍亲，是为不孝。《上蔡语录》卷下记载：

> 明道云："病卧于床，委之庸医，比于不慈不孝。事亲者亦不可不知医。"②

此外，程颢、程颐率谢良佐见范纯礼（字彝叟，一作夷叟，1031—1106）剧地黄，也是证据之一。《上蔡语录》卷下：

> 范彝叟欲同二程先生看剧地黄，明道率谢子，谢以前辈为辞，明道曰："一般是人。"③

地黄是药物的一种，这说明二程在颍昌极注意学医之事。综上来看，"切脉体仁"之语最可能出自程颢侍父居住在颍昌的期间。

在颍昌期间，谢良佐曾与程颢、程颐、韩维、范纯礼、范镇、范祖禹、杨时、游酢、李籲、刘绚等泛舟颍昌西湖，此行论及儒释哲学之辨，相关著作中多次提及，可谓盛会。④《遗书》卷十九载程颐："一日，某与持国、范夷叟泛舟于颍昌西湖。"⑤《遗书》卷第三，谢良佐追记明道先生语："一日游许之西

---

① 《二程集·遗书》卷第四，第74页。
② 《上蔡语录》卷下，《朱子全书外编》第3册，第37页。
③ 《上蔡先生语录》卷下，《儒藏·精华编》第186册，第300页。按，此条仅载《诸儒鸣道》所收《上蔡先生语录》，故《朱子全书外编》本未收。
④ 余英时将此事系于元丰三年四月，但程颢三年四月仍在扶沟任上，六月才去职，故此事当在四年四月。参见张新国：《〈二程遗书〉'昨日之会'考释》，载《安徽师范大学学报（人文社会科学版）》，2015（04）。另外，关于此会的详细细节，请参看本书附录《上蔡谢先生良佐年谱》"神宗元丰四年"条。
⑤ 《二程集·遗书》卷第十九，第260页。

湖，在石坛上坐，少顷脚踏处便湿，举起云：'便是天地升降道理。'"① 颍昌西湖之会，与会士大夫所谈内容多涉及禅学，因此发生了一次儒、佛之辨。吕大临曾追记二程之语：

> 昨日之会，大率谈禅，使人情思不乐，归而怅恨者久之。此说天下已成风，其何能救！……持国之为此学者三十年矣，其所得者，尽说得知有这道理，然至于"反身而诚"，却竟无得处。②

从其他语录来看，这应当是程颢之语。《遗书》卷一：

> 伯淳先生尝语韩持国曰："如说妄、说幻，为不好底性，则请别寻一个好底性来，换了此不好底性着。道即性也。若道外寻性，性外寻道，便不是。圣贤论天德，盖谓自家元是天然完全自足之物，若无所污坏，即当直而行之；若小有污坏，即敬以治之，使复如旧。所以能使如旧者，盖为自家本质元是完足之物……"③

程颢提出的"道即性"主要是为了分辨儒学与佛学，这对谢良佐的佛学观有着直接的影响，也奠定了谢良佐学术的主要取径。《上蔡语录》卷上、卷中的第一章，内容都与分辨儒、佛之别相关。照程颢之说，儒家将"性"看作先天本具的"完足之物"，而佛学则认为"性"是虚妄的、应去除的对象。然而，对于儒、佛之间为何对"性"有分歧的理解，谢良佐指出：

> 心者何也？仁是已。仁者何也？活者为仁，死者为不仁。今人身体麻痹不知痛痒，谓之不仁。桃杏之核可种而生者，谓之桃仁、杏仁，言有生之意。推此，仁可见矣。学佛者知此，谓之见性，遂以为了，故终归妄诞。圣门学者见此消息，必加功焉。④

这段对"仁"的论述，前半句以身体的知觉论仁，与程颢完全一致。谢良

---

① 《二程集·遗书》卷第三，第60页。
② 《二程集·遗书》卷第二上，第24页。
③ 《二程集·遗书》卷第一，第1页。
④ 《上蔡语录》卷上，《朱子全书外编》第3册，第2页。

佐更进一步补充，桃仁、杏仁等种子蕴含的生命力，也是仁。谢良佐把程颢对仁的理解与儒、佛之辨结合起来，佛学也能看到万物内在本具的生生之力，但将这种生生之力视为虚妄的"见性"，缺乏了接物的实践工夫。在谢良佐看来，仁是通过心的觉知能力表现出来的生命力，而人具有仁心的这一特征谓之"性"。他说：

> 佛之论性，如儒之论心。佛之论心，如儒之论意。循天之理便是性，不可容些私意。才有意，便不能与天为一。①

又说：

> 血气之属有阴阳牝牡之性，而释氏绝之，何异也！释氏所谓性，乃吾儒所谓天。释氏以性为日，以念为云，去念见性，犹披云见日。释氏之所去，正吾儒之当事者。……明道有言：以吾儒观释氏，终于无异，然而不同。②

佛学之所以以"见性"为虚妄，在谢良佐看来，是由于错误地混淆了心、性之别。佛学的"性"如儒学讨论的"心"，又是儒学所说的"天"。在这里，谢良佐有将"心"与"天"等同起来的倾向，与程颢更加相似，而与程颐强调的"圣人本天，释氏本心"③之说有所区别。

四、程颐与谢良佐

程颢对谢良佐的教导，主要是指明其进入理学的学问方向，包括静坐工夫、存养意思等方面，还有从切脉延伸出的以觉言仁之学。程颢与谢良佐的气象相似，二人都比较高明，但与程颢相比，谢良佐高明而不中庸，谢良佐曾回忆：

> 昔伯淳先生教予，予只管看他言语。伯淳曰："与贤说话，却似扶醉汉。救得一边，倒了一边，只怕人执着一边。"④

---

① 《上蔡语录》卷中，《朱子全书外编》第3册，第28页。
② 《上蔡语录》卷上，《朱子全书外编》第3册，第15页。
③ 《二程集·遗书》卷第二十一下，第274页。
④ 《上蔡语录》卷中，《朱子全书外编》第3册，第23页。

因此，在程颢的"接引来学"之外，还须补充程颐的"尊师道之教"，谢良佐接受二程理学的过程才能得到完善说明，而程颐对谢良佐的影响恰是以往学界较为忽略的。①

（一）"被一句转却"

程颢去世之后，谢良佐往学程颐，他用"天下何思何虑"之语概括自己的学问方向，程颐指出他已偏离儒学。《上蔡语录》卷上：

> （谢良佐）曾往见伊川，伊川曰："近日事如何？"某（谢良佐）对曰："天下何思何虑？"伊川曰："是则是，有此理。贤却发得太早在。"（胡安国）问："当初发此语时如何？"（谢良佐）曰："见得这个事经时无他念，接物亦应副得去。"问："如此却何故被一句转却？"曰："当了终须有不透处。当初若不得他一句救拔，便入禅家去矣。伊川直是会锻炼得人，说了又却道恰好着工夫也。"问："闻此语后如何？"曰："至此未敢道到何思何虑地位。始初进时速，后来迟，十数年过却如梦。"问："何故迟？"曰："如挽弓，到满时便难开。然此二十年闻见知识却煞长。"②

这则语录由胡安国记录在《上蔡语录》卷上（《谢子雅言》）中，为胡安国独记，主要内容是胡安国在崇宁四年（1105年）初见谢良佐的语录。前推二十年在元丰八年（1085年）左右，而程颢正卒于是年六月。元丰八年春，谢良佐登进士第；是年秋天，曾侍程颐视程颢坟茔工事。③ 因此这段语录，很能反映程颢去世之后谢良佐的思想发展情况。

谢良佐这里说的"天下何思何虑"，主要是一种工夫达成之后的效验、境界，这是他在程颢教导下的收获。所谓"何思何虑"，按照谢良佐自己的解释，效果是"见得这个事经时无他念，接物亦应副得去"。也即，能够以无偏私的境

---

① 谢良佐记述与二程学习的情况云："伯淳谓正叔曰：'异日能尊师道，是二哥。若接引后学，随人才而成就之，则不敢让。'"《上蔡语录》卷下，《朱子全书外编》第3册，第35页。又见《二程集·外书》卷十二，第427页。
② 《上蔡语录》卷上，《朱子全书外编》第3册，第18页。《伊洛渊源录》在这则语录前还记载了另一个版本："释氏只要个绝念，某初得似释氏。明道问：近日用心。对曰：近日之用何思何虑一句。伯淳曰：有此理，只是发得太早。"朱熹注云："案，前段与此小异，盖前段曾氏所记，而此段胡氏所记也。未知孰是，姑两存之。"见［宋］朱熹：《伊洛渊源录》卷第十，《朱子全书》第12册，第1041—1042页。
③ 《上蔡语录》卷中："正叔视伯淳坟，侍行，问儒佛之辨。"见《上蔡语录》卷中，《朱子全书外编》第3册，第25页。

界去见物、接物，这其实是相当高明的境界。程颢在《识仁篇》中说："学者须先识仁。仁者，浑然与物同体。义、礼、知、信皆仁也。识得此理，以诚敬存之而已，不须防检，不须穷索。"① 程颢的识仁，究竟是工夫，还是效验，在南宋引起了朱熹等人的争论，这是后话。在此时的谢良佐看来，他没有很明显地意识到工夫与效验之别，而是将工夫与效验等同起来，实质上忽略了工夫。程颐很敏锐地提醒谢良佐注意这一区别，只讲效验而不讲工夫，将流入禅学的境界论之中。通过这"一句救拨"，可以说，程颢去世之后，程颐理学对谢良佐的影响更进一步地体现了出来。

朱熹曾评价说：

> 谢子虽少鲁，直是诚笃……其所闻必皆力行深造之所得，所以光明卓越，直指本原。姑以《语录》《论语解》之属详考即可知矣。②

谢良佐在得到程颐的"一句转却"后，能够根据从老师处听闻的道理实做下学工夫。谢良佐认为自己"至此未敢道到何思何虑地位"，就如同开弓一般，越到后面越难以进步，只有"闻见知识却煞长"。不过，在朱熹看来，正是由于谢良佐持续力行，最终达到了"光明卓越、直指本原"的学问境界。

（二）"此人为学切问近思者"

谢良佐的"贤却发得太早"得到程颐纠正。此后不久，在司马光与二程的门人朱光庭面前，程颐给予了谢良佐很高的评价。《上蔡语录》卷上记载：

> 谢子与伊川别一年，往见之，伊川曰："相别又一年，做得甚工夫？"谢曰："也只是去个'矜'字。"曰："何故？"曰："子细检点得来，病痛尽在这里。若按伏得这个罪过，方有向进处。"伊川点头，因语在坐同志者，曰："此人为学，切问近思者也。"③

这里所说的"去矜"，指矜伐，也即自视过高，无法融入与他人和谐交流的社会秩序中。对于矜伐的问题，谢良佐指出："择术之要，莫大于不伐，久之，

---

① 《二程集·遗书》卷第二上，第 16-17 页。
② [宋]朱熹：《答汪尚书》，《晦庵先生朱文公文集》卷三十，见《朱子全书》第 21 册，第 1293-1294 页。
③ 《上蔡语录》卷上，《朱子全书外编》第 3 册，第 11 页。

则凡可以矜己夸人者，皆为余事矣。"① 只要将不矜伐自夸作为修养的方法，那么，随着习惯，那些可以用来自夸的事物，会逐渐变成多余的事物。通过"去矜"的工夫，谢良佐最终打破了势利关，能够以平常心对待生活的日用器具，他说："当初大故做工夫，拣难舍底弃却。后来渐渐轻，至今日于器物之类置之，只为合要用，却并无健羡底心。"② 不过，儒家也不完全否定"矜"的意义，《论语·卫灵公》："子曰：君子矜而不争。"谢良佐解释为："自矜则与人有别异之道，然不期于争。"③ 因此，矜伐最大的问题实际是"争"，与人计较高下、长短，这即谢良佐所说的"利心"。

与程颐、谢良佐交谈的这位"在坐同志"，是朱光庭。《二程外书》卷十一记载："朱公掞以谏官召过洛，见伊川，显道在坐，公掞不语。伊川指显道谓之曰：'此人为切问近思之学。'"④ 元丰八年，六月二十六日戊子，朱光庭因司马光之荐除谏官。⑤ 十月，朱光庭过洛见程颐。朱光庭起初一语不发，因为不了解同时在坐的谢良佐，为此，程颐向他介绍谢良佐能"为切问近思之学"。⑥

那么，如何理解程颐所说的"切问近思之学"呢？从二程著作来看，程颐所谓"近思"约有二义。

其一，"近思"指谢良佐擅长的推类言仁之法。《遗书》卷二十二上载："范季平问：'博学而笃志，切问而近思，仁在其中，如何？'曰：'仁即道也，百善之首也。苟能学道，则仁在其中矣。'亨仲问：'如何是近思？'曰：'以类而推。'"⑦ 此处的"以类而推"颇值玩味，类推言仁乃谢良佐论仁的特色。谢良佐曾与来学《论语》的吕大忠云："世人说仁，只管着爱上，怎生见得仁？只如'力行近乎仁'，力行关爱甚事？何故却'近乎仁'？推此类具言之。"⑧ 谢良佐又曾教胡安国读《左传》："推此类，可以见其余。"⑨ 以读一书、一例而推类其余，推明《春秋》大义，此正是谢良佐近思之学的特色。

---

① ［宋］朱熹：《论孟精义》卷第三下，《朱子全书》第7册，第219页。
② 《上蔡语录》卷上，《朱子全书外编》第3册，第12页。
③ ［宋］朱熹：《论孟精义》卷第八上，《朱子全书》第7册，第532页。
④ 《二程集·外书》卷第十一，第412页。
⑤ ［宋］李焘：《续资治通鉴长编》卷三百五十七，第8553页。
⑥ 姚名达：《程伊川年谱》，第104页。按，朱光庭在元丰八年六月得荐，何时至洛会见伊川，未有详载，考《续资治通鉴长编》，司马光所荐余官皆十月至京赴任，姚名达《程伊川年谱》系朱光庭过洛于十月。
⑦ 《二程集·遗书》卷第二十二上，第283页。
⑧ 《上蔡语录》卷上，《朱子全书外编》第3册，第6页。
⑨ 《上蔡语录》卷上，《朱子全书外编》第3册，第11页。

其二，"切问近思"指着力下学切实工夫，避免空谈高远之论，乃程颐教人读《论语》之法。《二程外书》卷十二："郭忠孝每见伊川问《论语》，伊川皆不答。一日，伊川语之曰：'子从事于此多少时，所问皆大。且须切问而近思！'"① 与郭忠孝相比，谢良佐强调读《论语》的方法在于从内心反省自己与圣人之道的关系，谢良佐《论语解序》云："是书远于人乎？人远于书乎？盖亦勿思尔矣。能反是心者，可以读是书矣。"② 通过"反是心"来读《论语》，将经典体贴于心、切实力行，亦是谢良佐的近思之学。谢良佐正是以程颐教授的这种方法写成了宋代理学思潮的第一部《论语》注释著作。③

（三）"汝之是心，已不可入于尧、舜之道"

在跟随二程学习之前，谢良佐精通科举之业，即所谓"俗学"。二程兄弟"倡明道学"，自然有比科举更高的追求。二程最早的门人吕希哲说："二程之学，以圣人为必可学而至，而己必欲学而至于圣人。"④ 学为圣人，是二程道学的目标。二程兄弟不反对门下弟子参加科举进入仕途，但他们认为科举仅是入官的渠道，是实现圣人之学与士大夫理想政治的手段，而不应该将科举与仕宦当作求学目的。⑤ 程颐曾说：

> 人多说某不教人习举业，某何尝不教人习举业也？人若不习举业而望及第，却是责天理而不修人事。但举业，既可以及第即已，若更去上面尽力求必得之道，是惑也。⑥

在程颐看来，学圣人是学天理，而举业则是人事。人事与天理之间通过"志"联系在一起，他说：

> 或谓科举事业夺人之功，是不然。且一月之中，以十日为举业，余日足可为学。然人不志此，必志于彼。故科举之事，不患妨功，惟患夺志。⑦

---

① 《二程集·外书》卷十二，第432页。
② [宋]吕祖谦编：《宋文鉴》卷第九十二《论语解序》，齐治平点校，中华书局，1992年，第1303页。
③ 关于《论语解》著述的形成、意义与影响，详见第四章第一、二节。
④ 《二程集·外书》卷第十二，第420页。
⑤ 参见余英时：《朱熹的历史世界》，第136页。
⑥ 《二程集·遗书》卷十八，第185页。
⑦ 《二程集·外书》卷第十一，第416页。关于理学与"志"的联系，本书第三章第一节与韦伯的"志业"进行了比较讨论，可参看。

第一章　程门第一：谢良佐生平与从学考

当举业妨碍了学者求圣人之学的志向，程颐就会加以劝阻。在谢良佐向二程求学早期，曾发生过谢良佐为了应试之便，决定从太学改换到故乡蔡州取解的故事。①《二程遗书》卷四，游酢记载：

> 人有习他经，既而舍之，习戴《记》。问其故，曰："决科之利也。"先生曰："汝之是心，已不可入于尧、舜之道矣。夫子贡之高识，曷尝规规于货利哉？特于丰约之间，不能无留情耳。且贫富有命，彼乃留情于其间，多见其不信道也。故圣人谓之'不受命'。有志于道者，要当去此心而后可语也。"

游酢没有明确指出这位为了"决科之利"的人是谁，大概是游酢为其友人讳也。不过该条语录的小注说："谢显道将归应举"，可知此人就是谢良佐。祁宽记尹焞语录对此事有所补充：

> 谢显道久住太学，告行于伊川云："将还蔡州取解，且欲改经《礼记》。"伊川问其故。对曰："太学多士所萃，未易得之，不若乡中可必取也。"伊川曰："不意子不受命如此！子贡不受命而货殖，盖如是也。"②

解试是州一级的考试，北宋各州的解试一般在八九月份进行，俗称"秋解"。蔡州（今河南汝南）在北宋是属汝南郡、淮康军节度，属于京西路。宋代时期各个地区的文化水平发展不一致，南方地区的士子参加考试的人较多，取解难度高；而西北、北方诸路的取解难度相对要低很多。陆佃《乞添川浙福建江南等路进士解名劄子》曾指出："诸路州军解额，多寡极有不均。如京东西、陕西、河东、河北五路，多是五六人辄取一人；而川、浙、福建、江南，往往至五六十人取一人。"③ 可见，不同地区的取解难度，甚至可达到十倍的差别。谢良佐的籍贯是蔡州上蔡县，同时他也在太学读书，因此根据当时的解法，可

---

① 程颐劝谢良佐留太学应试一事发生在何时，历来有着元丰元年、元丰二年、元丰六年、元丰七年等多种说法，但都有待商榷。本书附录的《上蔡谢先生年谱》经过详细考证确定此事当在元丰四年（1081）夏的颍昌，时间稍晚于西湖之会，详见"神宗元丰四年"条。
② 《二程集·外书》卷第十二，第433-434页。
③ [宋] 陆佃：《乞添川浙福建江南等路进士解名劄子》，《全宋文》第一百一册，第111页。顺便一提，谢良佐在元丰八年登进士第时的主考官就是陆佃。

以在蔡州、太学两地之中选择一处参加秋天的解试。当时北方诸路、军取解难度较低，而太学汇集了来自全国各地的学者，中举难度较大，所以谢良佐有归蔡州取解的计划，这其实是相当"理性"的利益衡量。在程颐看来，谢良佐的"决科之利"是一种利心，"汝之是心，已不可入于尧、舜之道矣"，这即是不相信有德者必受命的必然性，在根本上背离了圣人之学的志向。

经过程颐的提醒，谢良佐明白了"知命"的重要性。《遗书》卷二上（吕大临《东见录》）有一段文字："蔡州谢良佐虽时学中因议州举学试得失，便不复计较。建州游酢，非昔日之游酢也，固是颖，然资质温厚。南剑州杨时虽不逮酢，然煞颖悟。"① 这段话道出了程门三大弟子的气质与特色，谢良佐"展拓得开"，性格比较疏朗、豁达，因此其日后的学问成就也以"高明""善启发人"为特色。

谢良佐后来曾对门人胡安国如此回忆此事：

> 某缘早亲有道，为克己之学，遂于世味若存若亡。昨经忧患，仕意浸薄矣。②

世味，谓功名宦情也。谢良佐晚年回顾自己从政经历，又说：

> 知命虽浅近，也要信得及，将来做田地，就上面下功夫。余初及第时，岁前梦入内庭，不见神宗，而太子涕泣。及释褐时，神宗晏驾，哲庙嗣位。如此事直不把来草草看却。万事真实有命，人力计较不得。吾平生未尝干人，在书局亦不谒执政。或劝之，吾对曰："他安能陶铸我，我自有命。"若信不及，风吹草动便生恐惧忧喜，枉做却闲工夫，枉用却闲心力。信得命及便养得气，不折挫。③

这段话叙述了谢良佐生命中的三件要事。"知命虽浅近，也要信得及"对应程颐规劝他的"贫富有命，彼乃留情于其间，多见其不信道"一句，这是谢良佐从科举之学彻底转向理学的关键事件。"初及第"指的是谢良佐元丰八年登进士第，当时刚好神宗驾崩，嗣位的哲宗尚且年幼，由偏向洛学的太皇太后高氏

---

① 《二程集·遗书》卷第二上，第44-45页。
② ［宋］李幼武：《宋名臣言行录外集》卷七，台湾商务印书馆影印文渊阁《四库全书》本，第0449册，第720a页。
③ 《上蔡语录》卷上，《朱子全书外编》第3册，第13页。

听政，程颐等理学家迎来了施展政治抱负的时机，故谢良佐说"万事真实有命"。"在书局"，指的是建中靖国元年时，谢良佐在京师担任书局官，这是他唯一在朝为官的经历，但很快就陷入元祐党籍的风波之中，"风吹草动"即指谢良佐因讨论建中靖国年号而入狱一事。这段语录表明，程颐的"知命"之说在谢良佐人生的关键时刻都有着持续的影响。

由此看来，元丰四年（1081年）程颐劝阻谢良佐归蔡州取解一事，彻底转变了谢良佐的学问取向。需要注意的是，此时也是谢良佐与程颢学习的关键时候，前言在颍昌的"西湖之会"正发生在是年春夏之间。可见，谢良佐从学二程的早期，程颐对他就已有了关键的启发。西湖之会主要与程颢有关，而同年的"归蔡取解"则主要受程颐的点化。应当说，在谢良佐理学世界的早期形成中，程颐已发挥了不亚于程颢的影响作用。

五、三高弟与四先生

程颢、程颐兄弟"体贴天理"，开创了理学之后，王夫之说："一时之英才辐辏于其门。"[1] 在二程门人中，谢良佐有时被认为是最卓越的一位，如南宋学者周必大说：

> 方其盛时，伊川程公正叔之门从学者众，上蔡谢良佐显道最为高弟。[2]

周必大将谢良佐视作程门弟子最出色的一位，当代学者陈来先生也说谢良佐"是程门中最有才华的"[3]。

除此之外，二程的代表门人，还有"三高弟""四先生"等几种说法。其中，三高弟指杨时、游酢、谢良佐，这个说法出现得较早。早在北宋宣和年间，杨时《御史游公墓志铭》就称："昔在元丰中，俱受业于明道先生兄弟之门，有友二人焉：谢良佐显道，公（游酢）其一也。"[4] 杨时是从学友的角度谈三人关系，但也暗含着二程门人内部关于自我群体身份的内定。其后，有志于理学的胡安国，因崇宁学禁未能直接访学程颐，他主要是通过谢、杨、游三人来学习二程理学。到了南宋初，胡安国《龟山墓志铭》称：

---

[1] ［清］王夫之：《张子正蒙注·序论》，王孝鱼点校，中华书局，1975年，第3页。
[2] 曾枣庄、刘琳主编：《全宋文》第二百三十二册《卷五一七七·周必大一六四·籍溪胡先生宪墓表》，上海辞书出版社，安徽教育出版社，2006年，第298页。
[3] 陈来：《早期道学话语的形成与演变》，安徽教育出版社，2007年，第4页。
[4] ［宋］杨时：《御史游公墓志铭》，《杨时集》卷三十三，第824页。

宋嘉祐中，有河南二程先生得孟子不传之学于遗经，以倡天下，而升堂睹奥，号称高第，在南方则广平游定夫、上蔡谢显道与公三人是也。①

朱震向宋高宗奏言也称：

臣窃谓孔子之道传曾子，曾子传子思，子思传孟子，孟子之后无传焉。至于本朝西洛程颢、程颐，传其道于千有余岁之后。学者负笈抠衣，亲承其教，散之四方，或隐或见，莫能尽纪，其高弟曰谢良佐、曰杨时、曰游酢。②

胡安国、朱震的说法证明，从北宋末年到南宋初期，理学中人已形成了将游酢、谢良佐、杨时三人并称的共识。不过，从朱熹开始，对三人之学提出了比较多的疑问。《朱子语类》记载：

游、杨、谢诸公当时已与其师不相似，却似别立一家。

朱熹认为三先生之学，已与二程不同。原因在于：

程门高弟如谢上蔡、游定夫、杨龟山辈，下梢皆入禅学去。

朱熹和他的门人蔡元定对早卒的吕大临评价较高，朱熹说：

吕与叔《文集》煞有好处。他文字极是实，说得好处，如千兵万马，饱满伉壮。③

蔡元定进一步将吕大临与三高弟并称，《朱子语类》记载蔡元定与朱熹的对话：

蔡云："上蔡老氏之学多，龟山佛氏之说多，游氏只杂佛，吕与叔高于

---

① [宋]胡安国：《龟山墓志铭》，[宋]朱熹：《伊洛渊源录》卷十，《朱子全书》第12册，第1048页。
② [宋]李心传：《建炎以来系年要录》卷一百一，中华书局，1988年，第1660-1661页。
③ [宋]黎靖德编：《朱子语类》卷第一百一《程子门人》，第2557、2556页。

诸公。"曰："然。这大段有筋骨，惜其早死！若不早死，也须理会得到。"①

朱熹、蔡元定肯定吕大临的理学成就高于三高弟。之后，南宋官方史官在介绍程颐门人时，也往往有四先生之说，例如陈均说：

> 史臣谓学者出其门最多，渊源所渐，皆为名士。刘绚、李吁、张绎、苏昞、吕大钧皆班班可书，而谢良佐、游酢、吕大临、杨时在其门，号四先生。②

到了元代编《宋史》时，其中《吕大临传》称：

> 大临字与叔。学于程颐，与谢良佐、游酢、杨时在程门，号"四先生"。③

此外，《宋史·谢良佐传》也称："与游酢、吕大临、杨时在程门，号'四先生'。"④ 这是"四先生"之说的由来。由于吕大临与张载的关学联系更紧密，且其早卒，有时也将谢、杨、游三人与尹焞合称为四先生，但不是主流的说法。应当说，在北宋晚期的理学发展中，当二程去世或遭到学禁的情况下，谢良佐、杨时、游酢三人承担着传播与发展理学的重要任务，而程门三先生之学的分歧，也说明了二程学的理论潜力中隐藏着不同方向的可能性。准此来看，确有必要将谢良佐之学置于北宋晚期的理学世界中进行特殊的考察。

---

① ［宋］黎靖德编：《朱子语类》卷第一百一，第2558页。
② ［宋］陈均编：《皇朝编年纲目备要》卷第二十七《徽宗皇帝·大观元年》，许沛藻、金圆、顾吉辰、孙菊园点校，中华书局，2006年，第693页。
③ ［元］脱脱等：《宋史》卷三百四十《列传第九十九·吕大临》，第10848页。
④ ［元］脱脱等：《宋史》卷四百二十八《道学二·谢良佐》，第12732页。

第二章

学术与政治：谢良佐入"元祐党籍"考

谢良佐晚年郁郁不遇，与宋徽宗年间兴起的元祐党籍有极大关系。学术之形成，固以学者本人能否提出创见为内因，然而，时代政治环境亦直接影响学术的一时显晦，甚至可能直接改变学术发展方向，这对以"得君行道"为目标的理学来说尤为如此。关于谢良佐与元祐党籍的联系，夷考两宋史料，目前可得有三则原始史料，但所言前后不一，究竟谢良佐是否入"元祐党籍"，其名字是否被镌刻在所谓"元祐党籍碑"中，说法分歧颇大。本章考察此事，既为澄清谢良佐生平一大公案，亦有助于考察元祐党籍与北宋晚期理学之间的关系。

一、"名在党籍"还是"偶逃党部"？

绍兴六年五月，朱震（字子发，1072—1138）的一则进言将元祐党籍与谢良佐晚年不遇的事实联系起来。李心传《建炎以来系年要录》记载其过程：

> 蔡州进士谢克念特补右迪功郎，用朱震请也。震言："臣窃谓孔子之道传曾子，曾子传子思，子思传孟子，孟子之后无传焉。至于本朝西洛程颢、程颐，传其道于千有余岁之后。学者负笈抠衣，亲承其教，散之四方，或隐或见，莫能尽纪，其高弟曰谢良佐、曰杨时、曰游酢。时晚遇靖康、建炎之间，致位通显，诸子世禄。酢仕至监察御史，出典州郡，亦有二子仕宦。独良佐终于监竹木务，名在党籍，著于石刻，终身不遇。虽以朝奉郎致仕，奏补一子克己入官，后克己逢巨贼于德安府，举家被害。一子度岭入闽，死于瘴疠。一子克念今存，流落台州，贫窭一身，朝夕不给。窃见党籍诸人，及上书得罪，身后无人食禄者，陛下皆宠之以官。良佐之贤，亲传道学，举世莫及，又遭禁锢而死，诸子衰替，最为不幸。伏望许依党人及上书人例，特官其子克念，使奉良佐之祀。以昭陛下尊德乐道之实。故有是命。"①

---

① ［宋］李心传：《建炎以来系年要录》卷一百一，第1660-1661页。

第二章 学术与政治：谢良佐入"元祐党籍"考

朱震的进言不仅勾勒了孔、曾、思、孟的儒家传道谱系，还通过二程三大高弟的说法，将谢良佐、杨时、游酢系于儒家道统的最新结点。根据朱震的描述，在二程早年的三大门人中，谢良佐的晚年遭遇最为不幸，二子已死，而仅存的儿子谢克念也流落异乡，朝不保夕。最终，谢克念被南宋朝廷特补迪功郎，以补偿"亲传道学"的谢良佐在北宋晚期被列入元祐党籍的不幸遭遇。

为了答谢宋高宗的恩补，谢伋（字景思，1099—1165）代为向朝廷作《谢启》：

> 叔祖逍遥公初不入党籍，朱震子发内相以初废锢，乞依党籍例命一子官。伋代作《谢启》云："念昔先人，亲逢命世，升堂传道，有自渊源，刻石刊章，偶逃党部。上元丰太常之第，奉建中宣室之咨，忤彼权臣，斥从常调。"①

此处"叔祖逍遥公"指谢良佐。谢伋是谢良佐从孙、南宋初参知政事谢克家之子，这则《四六谈麈》的记录提供了两个信息。其一，谢良佐"初不入党籍"，也即未曾入元祐党籍，因此"刻石刊章，偶逃党部"；其二，谢克念得官是由于"乞依党籍例"，言下之意即破例授补，而非遵循授补元祐党籍人士子孙的常例。朱震进表已经讲明谢良佐"名在党籍，著于石刻"，为何谢伋又说谢良佐"初不入党籍"呢？南宋学者费衮《梁溪漫志》卷五"四六谈麈差误"条：

> （谢伋《四六谈麈》）又云："叔祖逍遥公（谢显道也），初不入党籍，朱子发（震）内相以初废锢，乞依党籍例，命一子官，伋为作谢启云：'刻石刊章，偶逃部党。'"按，景思记此二事皆误。……谢显道崇宁元年入党籍，至四年立奸党碑时，出籍久矣。一子得致仕恩。仅监竹木务而卒，故子发为请于朝，复得一子官。其奏牍云"名在党籍"，是也。景思记当时所见，偶尔差舛，恐误作史者采取，故为是正之。②

按照费衮的说法，他订正谢伋《四六谈麈》的错误，谢良佐在崇宁元年确曾入党籍，但未入崇宁四年党碑。也即，应将"元祐党籍"与"元祐党籍碑"区别为两事，谢良佐曾入党籍，但在四年立"元祐党籍碑"时，因为谢良佐已

---

① ［宋］谢伋：《四六谈麈》，《丛书集成初编》第2615册，第5页。
② ［宋］费衮：《梁溪漫志》卷第五，上海古籍出版社，1985年，第57-58页。

经出党籍，故未刻名石碑。

费衮之说又带来两个问题。其一，徽宗朝曾三次立元祐党籍碑，分别在崇宁元年、二年、三年，但崇宁四年并未立碑；其二，徽宗三立元祐党籍碑，所收人员、所刻名字、所立范围皆有变动，朱震明说"名在党籍，著于石刻"，亦与费衮之说不合。此外，元祐党籍是个统称，除了元祐党籍碑刻之外，还有一些因为元符三年、建中靖国元年上书而被列入"邪等"的士人，受到相等的处罚，一般也被认为是元祐党籍。

由此，谢良佐究竟是否曾名列元祐党籍？如是的话，何时被列入元祐党籍，又在何时出党籍？其名字是否曾被刻入元祐党籍碑？如是的话，被刻在哪一次元祐党籍碑？凡此问题之考察，不仅事关谢良佐个人晚年之行实，亦可得窥北宋晚期理学发展之轨辙。

二、"诏对不合"：宋徽宗与谢良佐

谢良佐对徽宗的执政风格不满意，这成为他被牵连入元祐党籍的直接原因。要考察谢良佐与元祐党籍的联系，必先着眼于谢良佐与徽宗本人的直接联系。徽宗初期的执政路线，主要是通过宰执韩忠彦、曾布两人实行。谢良佐如何参与徽宗初期的朝政？徽宗如何一步步地转变了其执政纲领"神宗法度"，又是如何重新被确立为徽宗的执政路线？从中挖掘谢良佐对徽宗的态度，是解答这些问题的关键。

（一）"不谒执政"：韩忠彦与谢良佐

徽宗建中靖国元年十一月，起居郎邓洵武绘制《爱莫助之图》：

> 如史书年表，别为旁通，分为左、右。左曰"绍述"，右曰"元祐"，自宰执、台谏至馆阁、学校分为七隔，左序助绍述者，宰执中温益一人而已，其余如赵挺之、范致虚、王能甫、钱遹是也。右序举朝公卿百执事，皆在其间。又于左序别立一项，用小帖书蔡京名。洵武以为非相蔡京不可。①

这幅图由时为副宰相的曾布呈送徽宗，得到徽宗的认可，成为徽宗早年政治变革主张的一个标志事件。

---

① ［宋］李埴：《皇宋十朝纲要校正》卷第十六《徽宗·辛巳建中靖国元年》，燕永成校正，中华书局，2013年，第432页。

第二章 学术与政治：谢良佐入"元祐党籍"考

崇宁元年五月，韩忠彦罢宰相，标志着徽宗正式舍弃了在熙丰、元祐两派中执中维稳的执政纲领，决意效仿神宗、哲宗的父兄之志，推进北宋的制度改革。这意味着以司马光、苏轼、范纯仁、程颐等人为代表的元祐一系列学术、政治正式被否定，宋朝开启了新一轮的新旧党争。当月，台谏官吴材、王能甫、邹浩、郭熙等率先对元祐人士发起攻击。在他们看来："元祐党臣秉政，紊乱殆尽，朋奸罔上……今奸党姓名具在，文案甚明，有议法者，有行法者，有为之唱者，有从而和者，罪有轻重，情有浅深，使有司条析区别行遣，使各当其罪，数日可毕。"① 五月乙亥，宰相曾布提供了一份包括司马光、吕公著、文彦博、吕大防、范纯仁、刘挚的名单，共四十四人②，皆被徽宗下诏降复、夺官，其中"参议郎程颐追所复官，依旧致仕"③。紧接着，徽宗再次下诏，公布了一份包括哲宗元祐、徽宗元符进言攻击新法的名单：

> 诏："元祐并元符末今来责降人，除韩忠彦曾任宰臣，安焘系前任执政官，王觌、丰稷见任侍从官外，苏辙、范纯礼、刘奉世、范纯粹、刘安世、贾易、吕希纯、张舜民、陈次升、韩川、吕仲甫、张耒、欧阳棐、吕希哲、刘唐老、吴安诗、黄庭坚、黄隐、毕仲游、常安民、刘当时、孔平仲、徐常、王巩、张保源、晁补之、商倚、张庭坚、谢良佐、韩跂、马琮、陈彦默、李祉、陈祐、任伯雨、陈郛、朱光裔、苏嘉、郑侠、刘昱、鲁君贶、陈瓘、龚夬、汪衍、余爽、汤馘、程颐、朱光庭、张巽、张士良、曾焘、赵约、谭扆、杨俿、陈侚、张琳、裴彦臣凡五十余人，并令三省籍记，不得与在京官职。"④

比较崇宁元年五月份的两份"元祐党籍"名单，第一封诏书主要涉及司马光等元祐年间官员，与元符末年上书进言的苏辙等人，其中如司马光、刘挚等

---

① ［清］黄以周等辑注：《续资治通鉴长编拾补》卷二十《徽宗·崇宁元年》，顾吉辰点校，中华书局，第677页。
② 四十四人之说，据黄以周注："四十四人误。据李氏《长编》，元祐自司马光至孙固追夺及免夺官凡二十一人。元符末自苏辙至张巽，降夺官凡二十八人。"则合计当为四十九人。［清］黄以周等辑注：《续资治通鉴长编拾补》卷二十《徽宗·崇宁元年》，第682页。
③ ［清］黄以周等辑注：《续资治通鉴长编拾补》卷二十《徽宗·崇宁元年》，第680页。
④ ［宋］陈均：《皇朝编年纲目备要》卷第二十六《徽宗皇帝·崇宁元年》，许沛藻、金圆、顾吉辰、孙菊园点校，中华书局，2006年，第660页。又见《纪事本末》卷一百二十一、《续资治通鉴长编拾补》卷二十。

43

人早已去世，对他们的处罚是追夺徽宗在元符年间的复官，谢良佐不在其中。第二封诏书正式罗列从韩忠彦、苏辙到陈瓘、程颐、谢良佐的五十七人，与前份名单相比，这些人多数都还在世，对他们的处罚是放逐到地方，不得授予在京的差遣，也不得入京为官。

谢良佐当时在朝中担任书局官，他与宰相韩忠彦一同离京去地方任职。二人的相识，据《曲洧旧闻》卷三：

> 谢良佐，字显道，韩师朴在相位，闻其贤，欲招之而不敢，乃遣其子治以大状先往见之，因具道所以愿见之意，士大夫莫不惊怪。或曰："嘉祐、治平以前，宰执稍礼下贤士者，类皆如此，自是近人不惯见也。"①

韩师朴即韩忠彦，他曾两次任宰执官。其一，在哲宗期间，从元祐四年至绍圣三年，凡七年。其二，在徽宗期间，凡二年。元符三年正月，徽宗即位，二月除韩忠彦门下侍郎，四月除尚书右仆射，正式拜相。② 崇宁元年五月，罢左仆射，出知大名府兼北京留守，其间为相凡两年。③ 韩忠彦第一次拜相的时候，谢良佐在秦州、江州、渑池等地方任官，与韩忠彦当不相识。因此，《曲洧旧闻》记载的韩忠彦请其子韩治修书延请谢良佐的故事当发生在徽宗初年（约崇宁元年七月，下详）。对于韩忠彦的邀请，谢良佐似乎不感兴趣，他曾对门人说：

> 吾平生未尝干人，在书局亦不谒执政。或劝之，吾对曰："他安能陶铸我，我自有命。"若信不及，风吹草动便生恐惧忧喜，枉做却闲工夫，枉用却闲心力。④

谢良佐此处所说的"不谒执政"，应当与韩忠彦盛情相邀一事有关。此时，韩忠彦以首相身份提举史院，负责《神宗实录》等史书的编修，⑤ 正好是在书

---

① ［宋］朱弁：《曲洧旧闻》卷三，张剑光整理，大象出版社，2019年，第253页。
② ［宋］徐自明：《宋宰辅编年录校补》卷之十一，第659、662页。
③ ［宋］徐自明：《宋宰辅编年录校补》卷之十一，第691页。
④ 《上蔡语录》卷上，《朱子全书外编》第3册，第13页。
⑤ 建中靖国元年八月，曾布答陈瓘弹劾："今日提举史院乃韩忠彦。而瓘以为臣尊私史。压宗庙，不审何谓也？"参见［清］黄以周等辑注：《续资治通鉴长编拾补》卷十八，第650页。

局任官的谢良佐的上司。此外，同一时期，担任执政官的还有陆佃、范纯礼、安焘、蒋之奇、章楶、李清臣、温益、曾布等人。陆佃是谢良佐登元丰八年进士科的主考官。范纯礼、安焘与谢良佐曾在元丰四年同游颍昌西湖。① 李清臣是偏向保守的官僚。温益是新法的支持者，也是元祐党籍的主要编造者之一。温益与邹浩、范纯仁、刘奉世等元祐人士极不合，② 数次上章弹劾。因此，在温益等人罗织元祐党籍时，新旧党的纷争再起，谢良佐所谓"他安能陶铸我，我自有命"，应当也与这一期间日益严肃的朝野环境有关。

（二）谢良佐与宋徽宗的"神宗法度"

谢良佐为何名列崇宁元年的外放名单呢？详玩崇宁元年五月名单，五十七人之中，刘安世、朱光庭、谢良佐、贾易与程颐最有关系。刘安世、朱光庭曾从学程颐，但他们在学术上与司马光的联系更加密切，刘安世、朱光庭都因司马光之荐在元丰八年入京为官。其余人中，谢良佐、贾易都是程颐的代表门人。贾易在元祐年间的洛蜀学之争中扮演重要角色，他任谏官时曾多次上章弹劾苏轼、苏辙、秦观，甚至攻击文彦博、范纯仁等人，他是元祐初期重要的政治人物，应当是以"元祐党臣"的缘故被列入党籍。谢良佐元祐期间在地方为官，与朝政的联系不大。杨时、游酢、吕大临等其余程门代表弟子都不在这份名单里，谢良佐被列入名单，应该与程颐门人身份无关。

除此之外，徽宗即位初期曾诏对谢良佐，据《朱子语类》记载：

> 徽庙初，上蔡初召，上殿问对语不少。然上蔡云："多不诚。"遂退。只求监局之类去。③

"多不诚"，指谢良佐认为徽宗在诏对时所谈的内容不是发自诚心，乃是帝王权谋之术，更深层次的原因应当是谢良佐已意识到徽宗对于元祐学术不置可否的态度。"上蔡初召"一事发生在徽宗即位初年，到元年五月谢良佐被列入党

---

① 详见本书附录《上蔡谢先生良佐年谱》"元丰四年""元丰八年"条。
② 《东都事略·温益传》："益除给事中兼侍读。左正言陈瓘论益守潭日，邹浩贬新州，道其郡，投宿僧寺，益差兵卒逼浩登舟，使冒风涛夜渡。范纯仁、刘奉世、韩川、吕希纯、吕陶皆贬湖南，并为益所侵困，当时大臣以为是，而天下以为非。陛下以此察之，则益之为人可知矣。遂以龙图阁待制知开封府。是年迁吏部尚书，拜尚书右丞。崇宁初，迁中书侍郎。"转引自［清］黄以周等辑注：《续资治通鉴长编拾补》卷十九，第676页。
③ ［宋］黎靖德：《朱子语类》卷第一百二十七《本朝一·徽宗朝》，王星贤点校，中华书局，1986年，第3048页。

籍为止，共有元符三年（1100年）、建中靖国元年（1101年）、崇宁元年（1102年）三种可能。考程颐元符三年自涪州归洛阳之后，谢良佐曾来访学十几天。冯忠恕《涪陵记善录》记载："先生晚年，显道授渑池令，来洛见先生，留十余日。"①《二程外书》卷十二，吕坚中记尹焞语云："伊川归自涪陵，谢显道自蔡州来洛中，再亲炙焉。"② 两则材料结合，元符三年，谢良佐尚在蔡州，时任渑池令。那么，徽宗诏对谢良佐之事，应当在建中靖国元年、崇宁元年之间。

经过这次诏对，谢良佐得官书局，入为京官。《朱子语类》讲谢良佐退朝之后"求监局"去，当不太精确。此条出自杨方所记饶州《朱子语录》，杨方的语录被认为细节"多有可疑"。朱熹《德安府应城县上蔡祠记》记载谢良佐生平稍详：

> 建中靖国中，诏对，不合，得官书局。后复转徙州县。③

可见诏对不合之后，谢良佐先担任书局官。谢良佐从孙谢伋作《谢启》亦云：

> 念昔先人……上元丰太常之第，奉建中宣室之咨。忤彼权臣，斥从常调。④

《二程外书》卷十一云：

> 谢显道崇宁间上殿不称旨，先生闻之喜。已而，就监门之职。陈贵一问："谢显道如何人？"先生曰："由、求之徒。"（或云建中间。）⑤

所谓"不合""不称旨"，都是指上文《朱子语类》所载的"多不诚"一事。谢伋、朱熹将谢良佐诏对事系于建中靖国元年，《二程外书》将诏对事系于崇宁年间，必在崇宁元年五月的党籍名单之前。《二程外书》小注"或云建中

---

① [宋] 朱熹：《伊洛渊源录》卷十二，《朱子全书》（修订本）第12册，第1042页。
② 《二程集·外书》卷第十二，第434页。
③ [宋] 朱熹：《德安府应城县上蔡祠记》，《朱子全书外编》第3册《上蔡语录》附录，第48页。
④ [宋] 谢伋：《四六谈麈》，《丛书集成初编》第2615册，第5页。
⑤ 《二程集·外书》卷第十一，第416页。

间",显然编者也有疑问,那么此次诏对发生在何时,还需稍加考察。

从徽宗的执政风格来看,元符三年时期,在向太后的影响下,徽宗大量召用元祐旧派人士,追复元祐人士的官职,程颐就由此得赦免,从涪州归来。元符三年的徽宗初即位,未有独立的政治路线,对元祐人士较为偏爱。到了建中靖国元年,向太后在正月去世,徽宗任命曾布为相,采取在元祐、绍述两条路线折中的执政纲领,有意在新、旧党之间取得平衡,这是徽宗独立执政的尝试。此时,徽宗虽在新、旧之间的路线未能遽然取舍,处于观摩学习的阶段。但在六月罢谏官陈祐的过程中,徽宗与宰执的交谈中已表现出对"神宗法度"的偏好。① 同时,范纯礼也因议论"朝廷是元丰而非元祐"而在六月被罢,出知颍昌。可以说,此时的徽宗已对元祐诸臣"多不诚"。

建中靖国元年七月壬戌(三日),徽宗让曾布提供两份名单,一份是"元祐中,诋毁先朝政事人多不详姓名,可悉录来",另一份是"人才在外有可用者,亦具名进入"。② 也就是说,徽宗要对元祐年间对神宗、王安石的新法不满的官员开始清算;另一份,详列可以提拔到京中为朝官的地方官。曾布的应答直接揭开了徽宗的用意:"陛下欲持平用中,破党人之论,以调一天下。"他还引用了谏官江公望之语:"今日之事,左不可用轼、辙,右不可用京、卞。"曾布的理由是,苏轼、苏辙、蔡京、蔡卞之人,都有过强的党派立场,如让他们在朝,一定会兴起党争,达不到"和平安静,天下无事"的垂拱之治。徽宗对曾布的回答很满意,宰臣们"因具内外之材可称者数十辈以闻,并具诋訾先朝绍圣、元符不许叙复人姓名进入",为徽宗提供了两份名单。③ 这次提拔人选中最出名的是陈瓘(1057—1124,字莹中,号了斋),原拟授其实录检讨官,因为陈瓘的推辞,最终授予右正言,迁左司谏,但不过一月就被黜职。八月,陈瓘不满《神宗实录》大量采纳王安石《日录》,特意进呈《日录辨》,还责让曾布专权,在《神宗实录》的编修上以"私史而压宗庙",违背了神宗的意志,这引起了徽宗和曾布的极度不快,最终陈瓘出知泰州。

谢良佐被徽宗诏对,并除授书局官,应当与徽宗在建中靖国七月这封求

---

① 建中靖国元年六月,右司谏陈祐弹劾曾布担任向太后山陵使之后没有按例离开相位,被罢为滁州通判。曾布将这份弹劾解读为"众人谋欲逐臣,聚其党与,复行元祐之政",徽宗回答说:"若更用苏轼、辙为相,则神宗法度无可言者。"参见〔清〕黄以周等辑注:《续资治通鉴长编拾补》卷十七,第639页。
② 〔清〕黄以周等辑注:《续资治通鉴长编拾补》卷十七,第639页。
③ 〔清〕黄以周等辑注:《续资治通鉴长编拾补》卷十七,第641页。又见《纪事本末》卷一百二十、卷一百三十。

"人才在外有可用者"的诏令有直接关系。其一，谢良佐在去年从蔡州到洛阳见程颐问学时，官职是渑池令，属于地方的州县幕职，在选人系列，而书局官是京朝官。由选人改授京官，除了累积磨勘资历，还需有举主的举荐。据朱熹所言，谢良佐"建中靖国中，诏对，不合，得官书局"①。显然，正是这次诏对使得谢良佐改授京官。其二，所谓书局，是宋代官方编书机构，一般是修史机构、修敕令格式、类书等修书机构的泛称。② 当时提举史院的宰执恰好是首相尚书左仆射韩忠彦。根据前引《曲洧旧闻》，韩忠彦对谢良佐极为欣赏，"闻其贤，欲招之而不敢，乃遣其子治以大状先往见之，因具道所以愿见之意"③。按照陈瓘的例子推论，并检讨徽宗建中靖国时期的材料，当时朝中最重要的政事是编修《神宗实录》，以获得对"神宗法度"的理解与确立。作为主持史院的韩忠彦延见谢良佐，理当与《神宗实录》的编修有关，这也正好对应了书局官的职责。

徽宗在心中既已倾向"神宗法度"，在与谢良佐的诏对谈话中，所表现出来的诚意可想而知，谢良佐感觉徽宗上意"多不诚"，也在情理之中。从"多不诚"的评价推测，徽宗在诏对谢良佐时应当还在表面维持了对元祐人士的笼络。以徽宗的执政路线变化来看，到了崇宁元年，有意绍述神宗、哲宗的父、兄之志的徽宗，已经彻底倒向了改革一派，不可能再有诏对谢良佐的事情发生，更加不需要隐藏内心的"不诚"而在表面示好元祐人士了。

（三）吕祖谦、李焘、朱熹论谢良佐"元祐党籍"始末

由于遭遇靖康之变，北宋晚期的史料丢失散乱，谢良佐身陷党案的细节，到了南宋已经模糊不清。李焘编撰《续资治通鉴长编》的时候博集史料，有意编次"党籍本末"，但也对谢良佐一事感到困惑。为此，李焘曾专门向吕祖谦请教。吕祖谦《与李侍郎仁父》第六书云：

> 史事诸志，近略见涯绪，但《职官》《选举》一两志未就条理耳。同舍去来不定，故难见功也。党籍本末，想类次已成编。谢上蔡曲折，当以问朱元晦，得报即拜禀。④

---

① ［宋］朱熹：《德安府应城县上蔡祠记》，《朱子全书外编》第3册《上蔡语录》附录，第48页。
② 龚延明：《宋代官制辞典》，第262页。
③ ［宋］朱弁：《曲洧旧闻》卷三，张剑光整理，大象出版社，2019年，第253页。
④ ［宋］吕祖谦：《东莱吕太史集·外集》卷第五《与李侍郎》，黄灵庚点校，浙江古籍出版社，2017年，第647页。

<<< 第二章 学术与政治：谢良佐入"元祐党籍"考

　　李焘从乾道五年起就关注徽宗朝的史事，建议对"疏舛特甚"的《徽宗实录》从元符三年开始"每事开具"，按照纲要的形式进行重修，作为编修国史的史料基础，元祐党案是徽宗初年的重大事件，自然在其关注之列。① 淳熙三年（1176年）李焘被孝宗擢为权同修国史，此信所云"职官""选举"都与国史的编修有关，吕祖谦也在淳熙三年升秘书郎兼国史院编修官，二人既是同事，又都是史学名家，吕家还掌握大量的中原文献，但都在谢良佐陷入元祐党案一事上碰到了难题。吕祖谦与李焘的第五书有"朱元晦辞南康，已有不许辞免便道之官指挥"，这是史浩推荐朱熹知南康军一事，便道之官指孝宗特指让朱熹可以直接从家赴任，不需到临安入朝谢恩，此事在淳熙五年（1178年）八月。朱熹曾在八月致书吕祖谦（《晦庵文集》卷二十五《答吕伯恭》"递中两辱"书），让他代为向朝廷疏通推辞，吕祖谦多次以书劝告朱熹以泽民为重（《与朱侍讲》第二十书"近因便拜书"）。与李焘第七书，吕祖谦提到"岁晚忽感末疾，重为医者所误……此一月来，手足间皆能自如"，指五年冬天十二月十四日生病。那么《与李侍郎仁父第六书》大约在淳熙五年的秋天。这一期间，吕祖谦在秘书省任职，有阅览官府藏书的资格。孝宗也对国史编修的事情很关心，根据《年谱》记载，孝宗曾在淳熙五年九月十二日，"车驾幸秘书省观书"，还以诗词赐予吕祖谦等史臣。② 孝宗虽未必直接关心元祐党案的细节，但淳熙年间他以史浩为相，开始任用理学一派的官员，正是准备"大有为"之时。我们未必不能推测，吕祖谦、李焘等人对元祐党案的澄清与梳理，帮助孝宗认识了北宋晚期党争的复杂情况，至少也为他在淳熙末年一系列平衡朝中各派的布局提供了知识性的储备。毕竟，孝宗在淳熙后期以"皇极"为国是，按照儒家经典的解释，皇极即为"建中"，这与徽宗在元祐党案兴起之前以"建中靖国"为国是，具有高度的相似性。③

　　吕祖谦虽不清楚谢良佐入元祐党籍的细节，但他在回信中说"当以问朱元晦"，要代为向朱熹咨询相关情况，"得报即拜禀"。检阅吕祖谦、朱熹文集中两人在淳熙年间的通信，都未提及谢良佐入党籍事，似此信已经佚失。吕祖谦《与李侍郎》第八书：

----

① ［宋］李焘：《请重行刊修徽宗实录劄子》，见《全宋文》第二百一十册，卷四六六一，第185页。
② 杜海军：《吕祖谦年谱》，中华书局，2007年，第230页。
③ 参见余英时：《朱熹的历史世界（下）》第十章《孝宗与理学家》、第十二章《皇权与皇极》，生活·读书·新知三联书店，2004年第524-622页、第686-853页。

49

> 垂谕《夏小正》及谢显道出处,暨检《元祐军防篇》,病中未能及此。①

此信承前引第六书之意,当在淳熙六年春天。是时,李焘正在湖南常德府任上,以史局自随,着手《续资治通鉴长编》(以下简称《长编》)的修订。② 李焘告诉吕祖谦自己"复刊辑《长编》",应该是在此间收集了有关谢良佐出处的材料,故写信告知吕祖谦。遗憾的是,由于《长编》的篇幅浩繁,徽宗、钦宗两朝成书后未能刊刻,久已佚失在历史的烟海中了。幸而,李焘《长编》的部分材料被南宋陈均《皇朝编年纲目备要》、李埴《皇宋十朝纲要校正》、杨仲良《皇宋通鉴长编纪事本末》等书采集改编,我们还能赖以窥见元祐党籍案之一斑(详见下节)。

吕祖谦为何认为谢良佐有关事迹可以找朱熹询问呢?这可能与朱熹父亲朱松有关,朱松曾在绍兴初年受谢克家举荐。《宋史·朱熹传》附朱松:

> 父松,字乔年,中进士第。胡世将、谢克家荐之,除秘书省正字。③

谢克家是谢良佐仲兄谢良弼长子,南渡后官至参知政事。谢、朱两家自此有因缘,朱熹在绍兴二十一年(1151年,22岁)时赴临安铨试后,曾经黄岩灵石山访问谢克家之子谢伋,并有酬诗往来。④ 因此,朱熹对谢家的情况比较清楚,上引《朱子语类》(以下简称《语类》)卷第一百二十七"上蔡初召"条下,朱子云:

> 或谓建中年号与德宗同,不佳。上蔡云:"恐亦不免一播。"后下狱,事不知。⑤

此条杨方在乾道六年庚寅(1170年)所记,于《语类》所收诸家为最早,更早于吕祖谦、李焘通信八九年,当与李焘修《长编》时类次"党籍本末"的工作无关。不过,《语类》这则材料为揭示谢良佐进入"元祐党籍"的原因提

---

① [宋]吕祖谦:《东莱吕太史集·外集》卷第五《与李侍郎》,第648页。
② 王承略、杨锦先:《李焘学行诗文辑考》,上海古籍出版社,2004年,第25—28页。
③ [元]脱脱等:《宋史》卷四百二十九,中华书局,1985年,第12751页。
④ 束景南:《朱熹年谱长编》上册,第144页。
⑤ [宋]黎靖德:《朱子语类》卷第一百二十七《本朝一·徽宗朝》,第3048页。

供了线索。唐德宗李适（742—805）曾用"建中"作为年号，其间因推动节度使制度改革，发生藩镇叛乱，为李唐的灭亡埋下伏笔。唐德宗建中年间的朝政混乱，如颜真卿在此期间被陷害致死，名臣陆贽也被外放。谢良佐与何人讨论唐德宗事，不详。谢良佐的门人周遵道（字正夫，生卒不详）曾说：

> 人有话当与通晓者言之，与不通晓者言，徒尔费力，于彼此无益，反复之余，只令人闷耳。陆宣公之于德宗，横说直说，口说笔说，不知说了多少话，德宗卒不晓，其后宣公竟不免忠州之行。①

周遵道之语正好可以为谢良佐作注脚，陆贽与唐德宗之间的对话是"与不通晓者言，徒尔费力"，这几乎与谢良佐、徽宗建中诏对的场景一模一样。谢良佐将唐德宗与宋徽宗相提并论，一是"建中"与"建中靖国"年号的相似处，二是他参与《神宗实录》编修，已经看出徽宗对"神宗法度"的憧憬，也察觉到徽宗持续任命改革派的心意所系，心知徽宗对元祐派的示好只是暂时的妥协。谢良佐所谓"恐亦不免一播"，说明他已预料徽宗对元祐派的清洗将很快到来。朱熹说他"后下狱"，应当指次年掀起的元祐党籍一事。

三、三块"元祐党籍碑"中的谢良佐

为了厘清谢良佐在元祐党籍案中的本末经过，我们有必要对徽宗掀起党案的过程梳理一下。元祐党案的焦点是"元祐党籍碑"，从崇宁元年（1102年）五月在皇宫第一次立碑开始，到崇宁五年（1106年）因彗星灾异毁碑为止，其间一共三次刻元祐党籍碑，所立地址与所刻名单皆有不同。此外，在徽宗的授意下，蔡京在崇宁元年还罗织了一份元符三年进言的正、邪七等名单，一般称其中的邪四等为"元符上书邪人"，这份名单没有刻成石碑，但其中人员也受到了相似的处罚，因此也被列在元祐党人的范围里，在南宋初受到高宗的追封。此外，哲宗绍圣年间由章惇掀起的名单一般被认为是元祐党籍的起源，而徽宗在御书端礼门石碑之前又多次下诏处罚元祐党人，这些也属于元祐党籍的范围。其中哪几份名单里面包括了谢良佐，他何时入党籍、何时罢官、何时复官、何时出党籍，都需要在这些名单的复杂与彼此差别间仔细鉴别，才能对朱震、谢伋、费衮等人的不同说法做出合理的判断。

---

① ［宋］施德操：《北窗炙輠录》卷上，虞云国、孙旭整理，大象出版社，2019年，第12页。

（一）元祐党籍之兴起

一般认为，元祐党籍起源于宋哲宗绍圣时期，由章惇在重修《神宗实录》时首次制造，当时一共有73人。王明清《挥麈后录》云："改元绍圣……以谓《神宗实录》诋诬之甚，乞行重修，由是立元祐党籍，凡当时位于朝者，次第窜斥，初止七十三人。"① 这份名单也有计作"七十八人"，如费衮《梁溪漫志》载："元城云：'元祐党人只是七十八人，后来附益者不是。'又云：'今七十七人都不存，惟某在耳。'元城为此言时，实宣和六年十月六日也。"② 元城即司马光、程颐的门人刘安世。党案兴起时，绍圣元年的礼部试策问诛元祐党人，程颐门人尹焞因此退试，终身不再应举，得到了程颐的称赞。③ 费衮对元祐党案的了解主要来自刘安世，但他们认为的"后来附益者"其实是徽宗再次掀起党案罗陷的人员。应该说，由于党案的发展和演变愈演愈烈，即使当事人也未必能完全了解全貌。这是绍圣年间由哲宗、章惇制造的第一份名单，谢良佐当时还只是地方官员，没列在其中。

上节指出，建中靖国元年（1101年）七月，徽宗要宰执提供两份名单，一份即前面所说的曾布等人推荐的数十位"人才在外有可用者"，包括陈瓘、谢良佐等人皆在此列。徽宗想要的另一份名单是"元祐中诋毁先朝政事人"。④这两份名单，前者为徽宗编修《神宗实录》提供了新的人手，后者则为徽宗清算元祐人士提供了清单。两宋时期，曾先后四次编修《神宗实录》，每次都引发了新旧派之间的党争。⑤ 九月，在陈瓘上书对《神宗实录》过多采用王安石《日录》不久，徽宗明确表示对元祐人士的不满："元祐人逐大半，尚敢如此。"徽宗开始意识到"先朝法度，多未修举""元祐小人，不可不逐"⑥。也是在此背景下，谢良佐预感到以建中靖国为年号的朝廷"恐不免一播"，这预示崇宁党禁已呼之欲出。

崇宁元年（1102年）五月十一日，有臣僚揣测徽宗之意，上书进言"神宗法度"遭到"元祐党臣"的破坏，他们以哲宗绍圣时的党案为依据，建议再次

---

① ［宋］王明清：《挥麈录·后录》，上海书店出版社，2009年，第51页。
② ［宋］费衮：《梁溪漫志》卷第三《元祐党人》，金圆整理，大象出版社，2019年，第33页。
③ ［宋］李心传：《道命录》卷第一，朱军整理，上海古籍出版社，2016年，第10页。
　 ［清］黄宗羲原撰，［清］全祖望补修：《宋元学案》卷二十七《和靖学案》，第1002页。
④ ［清］黄以周等辑注：《续资治通鉴长编拾补》卷十七，第639页。
⑤ ［宋］晁公武：《郡斋读书志校证》卷六，张猛校证，上海古籍出版社，第231页。
⑥ ［清］黄以周等辑注：《续资治通鉴长编拾补》卷十八，第657页。

设立"元祐党籍":"今奸党姓名,具在文案甚明……罪有轻重,情有浅深,使有司条析,区别行遣,使各当其罪。"① 于是,宋徽宗先后多次下诏,先是追回元符三年司马光、吕公著等人的赠官,此后又在五月二十一日正式下诏将苏辙、范纯礼、刘安世、吕希哲、谢良佐、陈瓘、程颐、朱光庭等57人罢官,对他们的处罚是:"令三省籍记,不得与在京差遣。"② 这份名单以绍圣党案为依据,他们被定性为"必一变熙宁、元丰之法度,为元祐之政而后已"③,随后蔡京就被任命为尚书右仆射,担任次相的位置,实际上已经宣告了崇宁"元祐党籍"的正式到来,谢良佐在这份名单中排在第29位。

(二) 第一块元祐党籍碑

随着徽宗对"神宗法度"的愈加向往,蔡京与曾布的矛盾持续扩大,曾布所代表的"建中"执政路线已被徽宗舍弃。结果,曾布也稀里糊涂地被列为"共成元祐之党",成为"败坏神考之法度"的罪魁祸首,在六月被罢相落职,差提举明道宫,太平州居住。④ 八月,徽宗又下诏将已经去世的司马光、吕公著、苏轼、范纯仁等21名元祐党人,其"子弟并不得与在京差遣",将处罚扩大到家族子弟。⑤ 先是,元符三年,徽宗初即位时曾以"四月朔日当食,诏求直言"⑥,于是群臣积极上书进言,此后,徽宗又多次诏求直言。结果这年的上书埋下了祸根,这些元符上书人成了元祐党案的一大组成部分,那些上书攻击神宗、哲宗新政的人,也在此时被追查。崇宁元年八月,有臣僚上言:"陛下即位之始,渊默不言。尝开献书之路,而以书献者,……或志在觊望,侥幸名器,无忠嘉一定之论,有奸憸两可之语,附下罔上,累先烈而害初政,则于此时,岂可以置而不问?"⑦ 于是,上书直言之人,被分为正、邪两派,其中邪派主要是元祐一派人士。九月十三日,徽宗下诏把元符三年应诏上书直言的人分为正、邪共七等,一共582人,名单登记在中书省。其中,邪上尤甚的有范柔中等39人,邪上有梁宽、周遵道等41人,邪中有赵越、朱光裔、邵伯温等150人,邪

---

① [清] 黄以周等辑注:《续资治通鉴长编拾补》卷十九《徽宗·崇宁元年》,第677页。
② [宋] 杨仲良:《皇宋通鉴长编纪事本末》卷一百二十一《禁元祐党人上》,第2025-2026页。[清] 黄以周等辑注:《续资治通鉴长编拾补》卷十九,第682页。
③ [清] 黄以周等辑注:《续资治通鉴长编拾补》卷十九,第683页。
④ 《皇宋通鉴长编纪事本末》卷一百二十一、一百三十。[清] 黄以周等辑注:《续资治通鉴长编拾补》卷十九,第687-688页。
⑤ [清] 黄以周等辑注:《续资治通鉴长编拾补》卷二十,第705-706页。
⑥ [清] 陈邦瞻:《宋史纪事本末》卷四十八《建中初政》,中华书局,2015年,第467页。
⑦ [清] 毕沅:《续资治通鉴》卷八十八,中华书局,1957年,第2242页。

下有王革等312人，共542人。这份名单除了少数缺漏与重复外，基本还保留在《皇宋通鉴长编纪事本末》和《东都事略》中，其处罚的对象主要是元符三年上书进言的官员。名单中没有谢良佐，当时谢良佐为渑池令，应该没有上书进言。

崇宁元年九月十七日，五月份的57人名单被扩大化，徽宗御批交付中书省一份补充名单，第一次刊刻成"元祐党籍碑"。这份名单，由蔡京与其子蔡攸，门客强浚明、叶梦得制造，"等其罪状，谓之奸党，请御书刻石于端礼门"，这就是第一块"元祐党籍碑"。

该碑由徽宗御笔亲书，"以为天下臣子不忠之戒"，包括"元祐责籍并元符末叙复过当之人"①，司马光等"元祐奸党"共计约119人的姓名被刻在石碑之上立在皇宫中，仅有一块。端礼门是东京皇宫文德殿的南门，文武百官每日入朝必经端礼门入宫，在文德殿上朝议政。② 因此，端礼门的元祐党籍碑，百官每日都会看到。列在党籍碑上的人，不得被授予在京官职，不许赴缺，子孙不得与宗室有婚姻。关于第一块元祐党籍碑的人数，说法不一，有114人、117人、119人和120人等几种说法。

其一，按照宋人李埴、《宋史》、明人陈邦瞻《宋史纪事本末》的记载，这份名单"凡百二十人"。《宋史·徽宗纪》九月己亥，"籍元祐及元符末宰相文彦博等、侍从苏轼等、余官秦观等、内臣张士良等、武臣王献可等凡百有二十人，御书刻石端礼门。"③ 李埴《皇宋十朝纲要校正》载九月己亥，"籍元祐、元符宰执文彦博、侍从苏轼、余官秦观凡一百有二十人，御书刻石端礼门。"④ 但李埴与《宋史》未详载120人之名，《宋史纪事本末》则详列名单，关于其来源，陈邦瞻注云："据陈均《编年》《长编本末》一二一补。"⑤ 按照陈邦瞻所列，包括"宰执"司马光以下25人，"曾任待制以上官"苏轼以下35人，"余官"程颐以下48人，"内官"张士良以下8人，"武臣"王献可以下4人。谢良佐列在余官第2人，排在程颐之后。

其二，南宋陈均《皇朝编年纲目备要》崇宁元年九月"刻御书党籍端礼

---

① ［清］黄以周等辑注：《续资治通鉴长编拾补》卷二十，第714页。
② 陈乐素：《桂林石刻〈元祐党籍〉》，载《学术研究》，1983（06）。
③ ［元］脱脱等：《宋史》卷十九《本纪第十九·徽宗一》，中华书局，1985年，第365页。
④ ［宋］李埴：《皇宋十朝纲要校正》卷第十六《徽宗·壬午崇宁元年》，燕永成校正，中华书局，2013年，第436页。
⑤ ［清］陈邦瞻：《宋史纪事本末》卷四十九《蔡京擅国》，第482-482页。

门"条，刻石碑共119人。人数、排序与陈邦瞻略有不同，其中"文臣曾任宰相执政官"文彦博以下24人，"曾任待制以上官"苏轼以下35人，"余官"秦观以下48人，"内臣"张士良以下8人，"武臣"王献可以下4人。①《皇朝编年纲目备要》人数虽与《宋史》不同，但排序一样。与陈邦瞻《宋史纪事本末》比较，少一人为宰执吕公亮，谢良佐列在余官第44位。

其三，南宋杨仲良《皇宋通鉴长编纪事本末》列有114人名单。该书据李焘《续资治通鉴长编》改写为"纪事本末"体，可补李焘《长编》缺乏徽宗、钦宗之缺憾。其九月乙亥（十七日）条，徽宗御书："应系元祐责籍并元符末叙复过当之人，各具元籍定姓名人数进入，仍常切契勘，不得与在京差遣。"（李焘注："诏书及《宣和录》俱有此。"）这份名单，"文臣曾任宰相执政官"文彦博以下22人，"曾任待制以上官"苏轼以下35人，"余官"秦观以下45人，"内臣"张士良以下8人，"武臣"王献可以下4人。② 与陈均《皇朝编年纲目备要》相比，该名单又少5人，分别是宰执少韩忠彦、郑雍2人，余官少刘昱、鲁君贶、韩跂3人；此外，余官张仙保，陈均、陈邦瞻皆作"张保源"。其中，谢良佐列在余官第44位。

此外，清毕沅《续资治通鉴》采纳李焘《长编》列有一份117人名单，然其来源似不详。其考异云：

> 此据《长编》所列姓名、人数。李焘曰："七月二日，鲁君贶、刘昱、李常、吕仲甫、朱光裔、马琮、刘当时、谢良佐、陈彦默八人已出籍。恐此姓名不当又见九月十七日。"十七日即己亥也。今按，《宋史·徽宗纪》："崇宁元年九月己亥，籍元祐及元符末宰相文彦博等、侍从苏轼等、余官秦观等、内臣张士良等、武臣王献可等凡百有二十人，御书刻石端礼门。"而《长编》所列姓名，止一百十七人，尚少三人，恐有遗脱。其出籍八人，又不当在内，则所阙共十一人矣。又二年九月，从臣僚之请，颁端礼门石刻于天下。③

按，毕沅所谓"一百十七人"似误。李焘《续资治通鉴长编》一书原书共

---

① 〔宋〕陈均：《皇朝编年纲目备要》卷第二十六《徽宗皇帝·崇宁元年》，许沛藻、金圆、顾吉辰、孙菊园点校，中华书局，2006年，第666页。
② 〔宋〕杨仲良：《皇宋通鉴长编纪事本末》卷一百二十一《禁元祐党人上》，李之亮校点，黑龙江人民出版社，2006年，第2029-2030页。
③ 〔清〕毕沅：《续资治通鉴》卷第八十八，第2245页。

980卷，但神宗、哲宗、徽宗、钦宗四朝未曾镂版，久佚，明代修《永乐大典》时已无足版流传。清初徐乾学得到一个传抄残本，至英宗而止。乾隆年间修《四库全书》时，馆臣从《永乐大典》辑得520卷，但已缺少英宗、神宗、哲宗的部分条目，而徽宗、钦宗二朝全缺。此后，清黄以周等人据陈均、杨仲良等人之书作《续资治通鉴长编拾补》，亦未全功。① 毕沅所处时代，已在四库之后，当不见《长编》全书，此处所说"据《长编》所列姓名、人数"，与同样源自《长编》的陈均、杨仲良皆不同，未详何据。考毕沅所列117人，宰执文彦博等22人，待制以上苏轼等35人，余官秦观等48人，内臣张士良等8人，武臣王献可等4人。经过比较，与杨仲良的114人名单大致相同，仅在余官最后多刘昱、鲁君贶、李常三人。

综合来看，各家所列崇宁元年端礼门御书《元祐党籍碑》皆源自李焘《续资治通鉴长编》，故人数大同小异，差别主要集中在宰执、余官两处。为简明起见，列表2.1如下。

表2.1 崇宁元年端礼门御书《元祐党籍碑》各史料人员差异表

作者	史料	宰执	待制以上	余官	内臣	武臣	总计	变动	差异	谢良佐
[宋]杨仲良	《皇宋通鉴长编纪事本末》	22	35	45	8	4	114			余官第44人
[宋]陈均	《皇朝编年纲目备要》	24	35	48	8	4	119	宰执增2人：韩忠彦、郑雍 余官增3人：刘昱、鲁君贶、韩跋		余官第44人
[清]毕沅	《续资治通鉴》	22	35	48	8	4	117	余官增3人：刘昱、鲁君贶、李常		余官第44人

---

① [宋]李焘：《续资治通鉴长编》卷前《点校说明》，第1-2页。

续表

作者	史料	宰执	待制以上	余官	内臣	武臣	总计	变动	差异	谢良佐
[宋]李埴、[元]脱脱、[明]陈邦瞻	《皇宋十朝纲要校正》《宋史》《宋史纪事本末》	25	35	48	8	4	120	宰执增3人：吕公亮、韩忠彦、郑雍 余官增3人：刘昱、鲁君贶、韩跋	排序不同；余官"陈彦默"作"陈彦"	余官第2人

　　端礼门御书党籍碑的四种名单中，最大的区别是宰执和余官。宰执中，吕公亮之名仅见《宋史纪事本末》，正史不载，其生卒皆不考，以《长编》为基础的南宋各家纲要史书中也不见其名，不详其所出，似为陈邦瞻编书偶误。韩忠彦、郑雍皆为元祐时期的宰执，是太皇太后高氏垂帘时期的内樨成员。其中，韩忠彦在崇宁元年五月被罢相，出知大名府，同月落职，与安焘、王觌、丰稷共同作为现任执政列在57人名单之前；郑雍已经去世，在崇宁元年五月与司马光等人同时被追夺赠官。韩忠彦、郑雍理应被列在端礼门御书党籍碑。此外，余官三人中刘昱、鲁君贶二人被多家史料同列，而韩跋、李常之间，李常仅见列毕沅《续资治通鉴》，似当以韩跋为是。以上除吕公亮一人绝不可信外，其余皆难详考。总之，御书端礼门党籍碑的名单当以119人为是。这份崇宁元年九月的端礼门御书党籍碑，各书所载名单虽有小异，但谢良佐皆列在"余官"中，无损于本书主旨。

　　（三）第二块、第三块元祐党籍碑

　　崇宁二年（1103年）七月乙巳，将程颐之子程端彦从鄢陵县尉任上放罢，理由是违反了元祐党人"子弟不得任在京、府界差遣指挥"。九月庚寅，针对元祐党人家属的处罚进一步完善，诏令元祐党籍人"其子弟系选人者……不许注在京及府界差遣"[①]。不能入京、赴缺，就没机会改授京官，也就是，即使在地方担任州县幕职的初级官员，也只准领取俸禄，不能有实际的官职任命。为了让各地切实落实这些处罚，九月辛丑，有臣僚指出，端礼门的御书石刻立于禁中，仅在京的朝官有机会目睹，传播不广，各地州县许多人都不知道相关人员

---

① [清]黄以周等辑注：《续资治通鉴长编拾补》卷二十二《徽宗·崇宁二年》，第761、771页。

已被列入党籍。为了起到昭示惩戒的作用,有人建议:

> 近出使府界,陈州士人有以端礼门石刻元祐奸党姓名问臣者,其姓名朝廷虽尝行下,至于御笔刻石,则未尽知也。……乞特降睿旨,具列奸党,以御书刻石端礼门姓名下外路、州、军,于监司长吏厅立石刊记,以示万世。①

这项建议得到徽宗采纳,将御书名单发放各地,要求各路、州、军在主要办公场所都刊刻党籍碑。这是第二块"元祐党籍碑"。

与第一次"元祐党籍碑"相比,本次立碑的区域从中央扩大到各州、军一级,同时,人员也有所不同。由于有部分人员已经出籍,发往各地的"元祐奸党"名单已与崇宁元年有所不同。根据杨仲良《皇宋通鉴长编纪事本末》所列的名单,与御书端礼门原碑的119人相比少21人,"曾任宰臣"自文彦博以下8人,包括韩忠彦,"曾任执政官"自梁焘以下16人,包括郑雍,宰执共24人,与陈均《皇朝编年纲目备要》所载相同;"曾任待制以上官"苏轼以下共35人,"余官"39人。崇宁二年的第二次"元祐党籍碑"名单一共98人,谢良佐已不在其中。

两份名单相比,何以有21人之差呢?清黄以周分析:

> 据臣僚上言云云,则此所颁石刻,即元年九月己亥徽宗手书之碑,而此所籍记姓名,通计祇九十八人,与元年九月碑人数不同者,以此从元年七月乙酉所出籍记,因截去其碑尾吕仲甫、徐常、刘当时、马琮、谢良佐、陈彦默、刘昱、鲁君贶、韩跂九人,遂不及武臣,内臣等姓名,故祇九十八人。其所列姓名次序有不同者,传写有颠倒也。毕沅《续通鉴考异》,屡致疑于此,由未细核尔。②

按照黄以周的说法,崇宁元年的御书石碑,先后分为宰执、待制以上、余官、内臣、武臣五类人员。由于分发各州的石碑,是以崇宁元年端礼门的御书石碑为底样,而原碑中"余官"类最末尾的谢良佐、吕仲甫等9人此时已出党

---

① [宋]杨仲良:《皇宋通鉴长编纪事本末》卷一百二十一,第2036页;[清]黄以周等辑注:《续资治通鉴长编拾补》卷二十二《徽宗·崇宁二年》,第773页。
② [清]黄以周等辑注:《续资治通鉴长编拾补》卷二十二《徽宗·崇宁二年》,第774-775页。

籍，不能制作到颁列各州的石碑中。在抹去"余官"类末尾9人的姓名时，将后面的内臣8人、武臣4人也一并抹去，最后就剩下了98人。黄以周的说法有理有据，是可采信的，至于谢良佐出党籍一事，留待下节分别论述。

崇宁三年（1104年）六月，宋徽宗进一步将元符末上书之人与元祐时期"奸党"的两份名单整合，去其重复，删除已出籍之人，最终得到一份"元祐奸党"的新名单。除了之前的五类人之外，该碑新增了"为臣不忠"的2人，把章惇等新法支持者也列入其中。因此，被诟病为"其中愚智混淆，不可分别，至于前日诋訾元祐之政者，亦获厕名矣"①。徽宗本人重新书写了最新的"奸党"名单，"刻石朝堂"；宰相蔡京亲书名单副本，发送天下各州县，刻石立碑。这是第三块"元祐党人碑"，一共309人，谢良佐不在其中。

不过，广义的"元祐党人"仍包含元祐奸党、元符上书邪等人两部分，许多在309人名单之外的上书人士仍持续受到惩罚。元符上书邪等人之外，还有一些因为建中靖国编修《神宗实录》时，与曾布等宰执不合，或对执政路线表示不满而获罪的，如陈瓘、谢良佐皆属此列。部分元符上书邪等人被刻入最新的"元祐党籍碑"。例如，王公彦在绍兴三年"进秩二等，以元符上书入籍故也"，封赏的理由是元符应诏上书。王公彦位列"元符上书邪下等邪第八十八人，党籍余官第一百三十六人"②。范柔中，在元符三年上书言事，进《春秋见微》，结果被徽宗停官，送雷州羁管，他位列"选人邪上尤甚第一人，党籍余官第六十六人"③。但也有仅列"元符上书邪人"，而不被刻在党籍碑的人，这些人也属于"元祐党人"，在南宋初期受到高宗的追封。例如，邵雍之子邵伯温，在元符末以上书得罪，位列选人邪中籍第三十五人，他"书名党人，坐废者四十年"④。邵伯温的名字，不在第三块"元祐党籍碑"的309人之中。

至此，在徽宗的实际授意下掀起的元祐党案达到了顶峰，从东京皇宫的端礼门到各地府、州、县学，到处竖立着这块由徽宗题写碑额、蔡京撰写内容的石碑。该碑的原石在南宋初年就皆毁难寻，原石的拓片亦不存世。但南宋绍兴年间追封元祐党人，眷顾极荣，故有许多后人覆刻该碑以昭耀族勋，至今在广西仍存有该碑两种南宋覆刻本，一为桂林市龙隐岩南宋庆元四年（1198年）覆刻本，一为广西融水县真仙岩南宋嘉定四年（1211年）覆刻本。其中，真仙岩

---

① ［宋］王明清：《玉照新志二则》，引自［宋］詹大和等撰：《王安石年谱三种·王荆公年谱考略》卷首之一，裴汝诚点校，中华书局，1994年，第192页。
② 《建炎以来系年要录》卷六十九，第1174页。
③ 《建炎以来系年要录》卷九十一，第1518页。
④ 《建炎以来系年要录》卷九十二，第1532页。

碑为党人沈千曾孙沈暐所刻，嘉定四年（1211年），沈暐权知融州（今广西融水），按家藏"元祐党籍碑"拓本，重新请人刻成石碑，立于融水城郊的真仙岩老君洞之内，其跋云"以家藏碑本镵诸玉融"，故被认为是"重刻原崇宁本"，但已有学者指出该碑改动了布局和少量文字。① 该碑现收藏于广西融水县民族博物馆，中国国家博物馆亦藏有该碑拓文。

表2.2 历次元祐党籍名单中的谢良佐

	时任宰相	时间	范围	人数	谢良佐的排序
绍圣初立党籍	章惇	绍圣元年（1094年）	诏书	73/78	无
元祐初、元符末今来责降人	曾布	崇宁元年（1102年）五月	诏书	57	第29人
元符上书邪等人	蔡京	崇宁元年（1102年）九月	诏书	582	无
第一块元祐党籍碑	蔡京	崇宁元年（1102年）九月	京师端礼门立碑	119	余官第44人
第二块元祐党籍碑	蔡京	崇宁二年（1103年）九月	监司长吏厅立碑	98	无
第三块元祐党籍碑	蔡京	崇宁三年（1104年）六月	京师、监司长吏厅立碑	309	无

将历次元祐党籍的情况制成表2.2，可以较为清楚地看见谢良佐入党籍的始末。绍兴初，朱震奏补谢良佐次子谢克念为迪功郎，谢伋代作《谢启》曾云：

> 念昔先人……上元丰太常之第，奉建中宣室之咨。忤彼权臣，斥从常调。②

谢伋简短概括了谢良佐与北宋皇帝的三次交集，元丰太常之第指八年中进士第，建中宣室之咨指七月诏对，"忤彼权臣"对应陷入元祐党籍的风波之中，从表2.2来看，"权臣"指曾布。正是韩忠彦与曾布之间的权力斗争，成为点燃徽宗掀起党籍案的火苗，韩忠彦与谢良佐之间的关系甚深，那么曾布将谢良佐

---

① 参见林京海：《〈元祐党籍〉石刻考》，《碑林集刊》，2001（03），第106页。张彦生：《善本碑帖录》，中华书局，1984年，第163页。
② [宋]谢伋：《四六谈麈》，《丛书集成初编》第2615册，第5页。

第二章　学术与政治：谢良佐入"元祐党籍"考

列在排除的对象，也是情理之中。南宋费衮《梁溪漫志》曾补充谢伋的说法："谢显道崇宁元年入党籍，至四年立奸党碑时，出籍久矣。"① 需要注意，费衮误将崇宁的第三块元祐党籍碑系于崇宁四年。

崇宁五年（1106年）正月，有"彗星出西方"，徽宗臣僚"直言朝廷阙失"，这时候中书侍郎刘逵上书劝皇帝"碎元祐党碑"，"悉罢蔡京所造"。于是，徽宗下诏将宫中与各州县的元祐党籍碑都摧毁：

> 应元祐及元符末系籍人等人，合既迁谪，累年已足惩戒，可复仕籍，许其自新。朝堂石刻，已令除毁。如外处有奸党石刻，亦令除毁，今后更不许以前事弹纠，常令御史台觉察，违者劾奏。②

据《朱子语类》记载："徽宗因见星变，即令卫士仆党碑，云：'莫待明日，引得蔡京又来炒。'明日，蔡以为言，又下诏云：'今虽仆碑，而党籍却仍旧。'"③ 在蔡京的阻拦下，徽宗没有直接解除"元祐党籍"，不过在随后的几年内陆续恢复元祐党人的官职。最终，在靖康元年，迫于外敌入侵的压力，徽宗禅位给钦宗，才真正终结了"元祐党籍"。

到了南宋时，蔡京与其代表的崇宁新政已被视为北宋灭亡的罪魁祸首，而他们所反对的元祐党籍，作为对立面被视为正确的"被迫害者"。南宋初，高宗赵构为笼络士人，有意褒奖元祐党人，但"元祐党籍及元符上书三等邪人，渡江籍记，各已散失"，只好让党人各家子孙"各录告敕于照自陈"。当时，直秘阁黄策"于平江因析卖蔡京家产，乃得京旧所藏亲奉圣语劄子手迹"④，他掌握了较多与蔡京有关的文书档案，提供了两份名单：一为蔡京所书党碑，即《元祐党籍碑》，此即上文所言"第三块元祐党籍碑"，共309人；一为国子监刊印党籍上书人名，即"元符上书邪人"⑤。还有一些人，"多故之后，无籍以考"。不过，黄策提供的这份名单随后在宫中遭遇火灾，不慎被焚毁。⑥ 于是，许多侥幸附会者伪造碑文，骗取封赏。绍兴四年，吏部侍郎陈与义进言建议："间有子

---

① ［宋］费衮：《梁溪漫志》卷第五《四六谈尘差误》，第64页。
② ［清］黄以周等辑注：《续资治通鉴长编拾补》卷二十六《徽宗·崇宁五年》，第868页。又见《皇宋通鉴长编纪事本末》卷一百三十六。
③ ［宋］黎靖德编：《朱子语类》卷第一百二十七，第3048页。
④ 《建炎以来系年要录》卷六十七，第1138页。
⑤ 《建炎以来系年要录》卷四十八，第857页。
⑥ 《建炎以来系年要录》卷七十三，第1213页。

61

孙自陈者,乃以胥吏私钞之本,定其是非,望再行搜访。"① 此后,徽宗曾派朱震等人查考元祐党籍名单,因此,朱震关于谢良佐"名在党籍,著于石碑"的说法,可信度是比较高的。

四、谢良佐出元祐党籍考

崇宁元年七月乙酉,徽宗重新下发了一份诏令,要求台谏官弹劾错漏人员,并重申了"依崇宁元年五月二十一日的指挥籍记姓名"。此外新列出一份17人的名单,分别是:

> 曾肇、陆佃、王觌、丰稷、王古、李格非、谢文瓘、邹浩。鲁君贶、刘昱、徐常、吕仲甫、朱光裔、马琮、刘当时、谢良佐、陈彦默。②

关于这17人名单,《皇宋通鉴长编纪事本末》引李焘《长编》原注云:

> 已上更不籍记姓名,此据《祐、圣故事》所录,在洞真后宫。已上臣僚上言与故事同,但俱无月日,诏诰册在七月初间。蔡京三年六月二十一日所书党籍,犹有朱光裔姓名。此九人,内除光裔一人累历崇宁元年九月十七日。陆佃入编党籍当在七月初,不在九月分半也。③

按,所谓"祐、圣"指哲宗元祐、绍圣两年年号。需注意的是,这份《祐、圣故事》的出籍名单,"俱无月日",没有标明具体的时间,李焘仅是根据诏册判断在七月份。《皇宋通鉴长编纪事本末》没有对这17人的名单做出区别,黄以周认为,这17人当分为两类:

> 玩李《注》所言,自曾肇至邹浩八人是初入籍记者也。鲁君贶以下九人,是不复籍记者也。《纪事本末》连书诸人姓名,殊少别白。又李《注》以为"出籍九人内除朱光裔一人"。窃谓是年五月三省籍记姓名有朱光裔、韩跋等,二年九月辛丑及三年六月甲辰所书党籍,皆无韩跋而有朱光裔,

---

① 《建炎以来系年要录》卷七十三,第1214页。
② [宋]杨仲良:《皇宋通鉴长编纪事本末》卷一百二十一《禁元祐党人上》,李之亮校点,黑龙江人民出版社,2006年,第2027-2028页。
③ [宋]杨仲良:《皇宋通鉴长编纪事本末》卷一百二十一《禁元祐党人上》,第2028页。

则此出籍姓名，宜无朱光裔而有韩跂矣。李《注》亦知其一，不知其二也。①

杨仲良《皇宋通鉴长编纪事本末》在转录《长编》时连书17人姓名，未能对其身份做出区别，致有混淆。黄以周对这17人做出辨别，颇有启发。根据陈均《皇朝编年纲目备要》（按，此书亦主要采纳李焘《长编》）所载：

> 七月，又诏知和州曾肇罢，右丞陆佃、知海州王觌、知常州丰稷、知随州王古、宫观李格非、知濮州谢文瓘、永州安置邹浩八人，并依五月乙亥诏籍记。②

可知，曾肇、陆佃、王觌、丰稷、王古、李格非、谢文瓘、邹浩等8人是在七月份，经过台谏官弹劾补漏，徽宗"又诏"新增入党籍的名单，其史料来源是徽宗的诏册，故有明确日期。

余下的鲁君贶、刘昱、徐常、吕仲甫、朱光裔、马琮、刘当时、谢良佐、陈彦默九人，考崇宁元年五月的57人名单，此九人确实皆在。由此看来，谢良佐等9人属于"更不籍记姓名"，也即出党籍了。但需注意的是，此9人名单的史料来源是所谓"俱无月日"的《祐、圣故事》，本来就没有标明具体的日期。黄以周区别17人名单为两份，但未能进一步考辨两份名单的史料来源，以致错误地将鲁君贶、谢良佐等9人出党籍的时间也系于七月二日，这是不对的。那么，谢良佐等9人，究竟是何时出党籍的呢？考《皇宋通鉴长编纪事本末》七月二日乙酉条，有臣僚上言建议：

> 伏望圣慈详酌，更赐指挥，下所属检会元祐责降人，除今来见行遣外，有漏落及轻重失当之人，令详具闻奏施行。

要求查缺补漏，以及对处罚过重的人做出纠错。此条上言之后，命有司检会五月圣旨：

---

① [清] 黄以周等辑注：《续资治通鉴长编拾补》卷二十《徽宗·崇宁元年》，第699-700页。
② [宋] 陈均：《皇朝编年纲目备要》卷第二十六《崇宁元年》，中华书局，2006年，第661页。

> 检会崇宁元年五月二十一日三省同奉圣旨：应元祐初、元符末今来责降人，令三省籍记姓名，不得与在京差遣。除韩忠彦曾任宰臣，安焘见系前任官，王觌、丰稷见任侍从官外，自苏辙至裴彦辰五十七人（姓名见丑月乙亥），三省同奉圣旨，并依崇宁元年五月二十一日籍记姓名。①

从"检会"的结果来看，七月二日臣僚上言之后重申了五月二十一日的党籍名单，既没有扩大，也没有缩减。此后，在九月十七日的第一块"元祐党籍碑"119人名单下，李焘注云：

> 七月二日，鲁君贶、刘昱、徐常、吕仲甫、马琮、刘当时、谢良佐、陈彦默八人已出籍，恐此姓名不当又见九月十七日。②

按，李《注》误也。李焘所提供的这份出籍名单是"据《祐、圣故事》所录，在洞真后宫，已上臣僚上言与故事同，但俱无月日"，实际上没有标明具体的月份、日期，仅能确定七月初有臣僚的上言和诏诰，故李焘将出籍系于七月二日，未必准确。据陈均《皇朝编年纲目备要》："其后，吕仲甫、徐常、刘当时、马琮、谢良佐、陈彦默、刘昱、鲁君贶、韩跂九人，并出籍。"③ 陈均仅说"其后"，没有记载这9人出籍的原因、时间，似较李焘稳妥。既然《祐、圣故事》的"已上更不籍记姓名"之下没有写明月、日时间，李焘根据"检会"名单的诏书日期将谢良佐出党籍时间推断在崇宁元年七月，似可不必。实际上，谢良佐名列崇宁元年九月端礼门的第一块元祐党籍碑，而不见崇宁二年九月颁发州县党的第二块元祐党籍碑，这是比较确实的证据。那么，我们认为，谢良佐出元祐党籍时间在崇宁元年末、崇宁二年初之间，他名列第一块元祐党籍碑，而在第二块元祐党籍碑发出之前已经出党籍，这应是比较稳妥的说法。

随着谢良佐从元祐党籍之中的解除，他也正式告别了政治中心，从中央重新回到地方，在历仕州县的过程中广泛讲学，接收那些或由于地域、或由于伊川学禁而无法从学程颐的士子，推动了理学从伊川学向上蔡学的发展，这正是北宋晚期徽宗执政期间理学发展的重要篇章。

---

① ［宋］杨仲良：《皇宋通鉴长编纪事本末》卷一百二十一《禁元祐党人上》，第2027页。
② ［宋］杨仲良：《皇宋通鉴长编纪事本末》卷一百二十一《禁元祐党人上》，第2030页。
③ ［宋］陈均：《皇朝编年纲目备要》卷第二十六，第666页。

第三章

从"伊川学"到"上蔡学":北宋晚期理学的发展

从来讨论理学发展,多关注二程学术之南传,此即"道南学派"一脉。程颢目送杨时南归,对家中来客说:"吾道南矣。"这一标志事件构成了叙述理学的谱系。道南学派从洛中先后传至闽、楚等地,而其真正形成主要在南宋初期,既包括杨时、罗从彦、李侗,也包括胡安国、胡宏、胡宪等胡氏家族,最终两派汇集到朱熹。[1] 然则,道南学派的发展细节,还需补充谢良佐在湖北等地的讲学,才足以勾勒北宋晚期理学的全貌。需要注意,"吾道南矣"一语是程颢在杨时等早期门人从学时的表述,难以包含北宋晚期到南宋初期士人群体中流传的"伊川学"。此外,北宋晚期理学在官学与私学之间的传授困境,以及学者在困境之中"自相传道"的努力与尝试,都尚未被很好的梳理,从而理学传播的多样性也随之被遮掩。

作为二程学派研究中常被忽略的情况,理学早在北宋中晚期就已通过谢良佐传至湖湘等地,而其内容是"伊川学"到"上蔡学"的转变。本章围绕谢良佐的讲学与师弟授受之情况,检讨北宋晚期理学的发展情况,彰显其中蕴含的学术与政治之间的张力。

一、"伊川学":学术与政治之间

1917 年,当代德国思想家马克斯·韦伯(Max Weber)在慕尼黑举办了主题为"学术作为志业"的演讲,听众席挤满了年轻的大学生,也有知名学者参与;一年之后,在同一个地方,韦伯又做了"政治作为志业"的主题演讲。这两篇演讲稿被集合为《学术和政治》出版,成为 20 世纪的重要思想文献。该书译者指出:"韦伯的生平和学术,都和他的政治关怀有着密切而直接的关系。"[2] 在学术与政治都被专业化的时代,韦伯提出了"志业"伦理作为精神工作的原

---

[1] 参见刘京菊:《承洛启闽:道南学派思想研究》,人民出版社,2007 年。申绪璐:《两宋之际道学思想研究——以杨龟山为中心》,复旦大学哲学学院博士论文,2011 年。

[2] [德]马克斯·韦伯:《学术和政治》,钱永祥译,上海三联书店,2019 年,第 47 页。

动力。志业思想的提出，使得学术、政治工作具有了超凡的品格，超越了谋生手段的职业，成为一种具有神圣号召般的天职。可以说，在志业中，学术与政治是一体的。

韦伯的"志业"对于理解北宋中后期理学与政治的关系具有启发的意义。当二程兄弟在十四五岁向周敦颐问学的时候，被命以体会"孔颜乐处"之所在。所谓"乐"，指的是一种儒学家的精神境界，乐存在于天与人的和谐关系之中，为人的社会生活提供了超越的精神动力，与韦伯的志业颇有异曲同工之妙。周敦颐的教学为二程兄弟提供了学术的精神契机，但没有告诉二程具体的答案。此后，程颢"出入佛、老几十年"才有所悟，谢良佐记载他的话说："吾学虽有所受，天理二字却是自家体贴出来。"程颢在体贴、吟咏之间感受到来自天理的精神动力，因此再见周敦颐的他有"咏而归"的快乐（谢良佐记）。与此相应，进入太学学习的程颐，碰见了他的第二位老师——提倡"明体达用"的胡瑗。据载，胡瑗在苏州、湖州的地方学校教育中取得了巨大的成功，他分科教学，提倡经义与治事的结合，培养了一批既具有道德节操又具有专业技能的年轻人才。胡瑗成功的教学经验被范仲淹引介到太学，成为程颐在太学所接受的教育背景。在一次太学的考试中，十八岁的程颐写下了著名的《颜子所好何学论》，文中提出的"圣可学而至"的观点脱胎于周敦颐的《通书》，却震惊了胡瑗。《通书》"志圣人之所志，学圣人之所学"，成为程颢、程颐终身志行的目标。面对周敦颐提出的"孔颜乐处"，程颢看到了天理的精神动力，这属于"志"的一面；程颐则发现了通往圣人的方法，这属于"学"的一面。二程兄弟的答案相结合，即为所说的"道学"。程颐在为一位英年早逝的学生所写的祭文中提出："自予兄弟倡明道学以来，世方惊疑。"[1] 惊者如胡瑗是也；由惊而喜，如吕希哲为程颐在太学的同学，亲执弟子礼问学。疑者亦不少，如王安石与程颢之间著名的"对塔说相轮"之喻，嘲讽其空疏；而后来的苏轼也嘲笑程颐效仿古人的言行为迂腐。

二程从学周敦颐的机缘是侍奉父亲程珦官南安，奉父命问学，属于私学的性质，不在官方的学校体制内。胡瑗推广的苏、湖教学，太学教学，虽然等级有别，但都属于官方机构，具有官学的性质。比较二人教学的内容，周敦颐偏向精神境界的传授，而胡瑗更突出经世致用的功能。精神境界以私人的内在感受为主，而通经致用则离不开社会交往与政治组织的配合。二程兄弟创立的道学，将周、胡二人之长进行结合，由此也兼有了二人学术的品格。这一品格很

---

[1] ［宋］程颐：《祭李端伯文》，《二程集·文集》卷十一，第643页。

<<< 第三章 从"伊川学"到"上蔡学":北宋晚期理学的发展

大程度上通过官学、私学的角逐得到了体现。在哲宗、徽宗以降的北宋中晚期,理学的形成和发展与官、私学之间的张力有着明显的关系。

为此首先需谈及北宋中后期官学的组织架构,可以从中央与地方两方面看。在庆历、熙宁兴学的促进下,北宋中央层面形成了国子监、太学的教育体制。国子监以教授宗族、勋贵子弟为主,而太学面向了广大的士大夫群体,规模迅速扩大。庆历年间,太学仅200人名额,到了熙宁初年,迅速扩增至300人,继而增加到900人。熙宁四年(1071年),王安石主持颁行了"三舍法",将学生分为外舍、内舍、上舍,生员规模也扩大为外舍700人、内舍200人、上舍100人。此后,太学规模持续扩大,到徽宗崇宁元年达到了3800人的空前规模。[1]

与此相应,地方官学也得到了政治制度的支持,地方学校分为州学、县学两个级别。熙宁六年(1073年),州学的学官由自辟改为朝廷选差;元丰元年(1078年),全国设立了53位府学、州学教授。虽然此后有所增删,但大体而言,大州以上的学校教授皆需由中央朝廷委派,教授是许多进士的初仕官,例如,谢良佐登第以后就被授予了秦州州学教授。州学教授主掌地方学校,是文教由中央传向地方的枢纽。在神宗推行"一道德同风俗"的政教背景下,其重要性逐渐提升。元丰七年(1084年),经过讨论,专门设立试取之法择取州学教授,由学士院主理选拔,试群经大义五题,应试者需为科场获隽之进士,其结果"上等为博士,下等为(太学)正录,愿就教授者听"[2]。当时,御史中丞胡宗愈进言,学者初登科不宜遽专师席,于是诏内外学官需经一任,且年至三十后方得选为学官。[3] 州学教授之重要,绝不可等闲视之,马端临曾评价:"天下之有教授者只五十三员,盖重师儒之官,不肯轻授滥设故也,观其所用者,既是有出身人,然又必试中而后授,则与入馆阁翰苑者同科,其遴选至矣。"[4] 崇宁年间,徽宗任用蔡京为相,而蔡京在学校改革建设上推进了王安石的制度,完善了县学一级的建设,县学经费"由本县委令佐擘画地利及不系省杂收钱内椿充费用"[5]。蔡京执政期间,从崇宁元年(1102年)开始,前后20余年,其间官学的规模持续扩大,基本建立了覆盖中央、州、县的完整教育体系,办学

---

[1] 乔卫平:《中国教育制度通史》第三卷,山东教育出版社,2000年,第75-88页。
[2] [元]马端临:《文献通考》卷六十三《职官考十七·教授》,上海师范大学古籍研究所、华东师范大学古籍研究所点校,中华书局,2011年,第1903页。
[3] 赵铁寒:《宋代的州学》(上)(下),《大陆杂志史学丛书》第一辑第五册《宋辽金史研究论集》,大陆杂志社编印,第45-52页。
[4] [元]马端临:《文献通考》卷四十六《学校考七》,第1341页。
[5] 《宋史纪事本末》卷一百二十六,《宋会要·崇儒》二之二,转引自《续资治通鉴长编拾补》卷二十,第705页。

场所、机构、经费、教官、选拔都有制度的支撑，中央的太学在鼎盛期间有3800名学生。地方州学也得到飞速发展，以建州州学为例，元祐八年（1093年）有学生500人，崇宁三年（1104年）有1200余人，到了政和四年达到了1300人。①学校扩大以后，相应的教学内容也必然得到统一，由此培养了大批思想风格较为统一的士人。这期间，除了专门的医学、算学、武学等专科之外，官方学校教授的内容主要是以王安石编撰的《三经新义》为中心的新经学。为取得政治与教化的统一，政和年间还一度废除科举，提出了"八行"取士的方法，真正实现了神宗与王安石的"一道德、同风俗"的目标。

官学规模如此之大，直接影响了北宋学术思想界的格局。北宋中后期的士人无论秉持何种学术思想，几乎都有官学的教育背景，这在程门弟子中也得到了体现。程颐本人就出自太学，以二程门人为例，游酢、杨时在从学二程之前已是太学生，谢良佐"久住太学"②。周行己"自太学早年登科，未三十，见伊川"③。元符末年，当程颐从涪陵归来后，从游者规模最盛，"鲍若雨、刘安世、刘安节数人自太学谒告来洛"④。又如，周孚先"旧讲习太学，建中靖国庚辰冬，过洛阳，游伊川先生之门，预群弟子之列，亲炙模范"⑤。即使是出身较低的张绎，也曾"入县学府学"⑥，经过谢良佐、周行己的推荐而决意向程颐学习。

太学生为何纷纷从官学远道求学程颐等理学家呢？这从他们初见学所问的内容可以窥得端倪。官学教授的内容绝不是毫无争议的。谢良佐问学向程颐告归时，为科举之便，要回蔡州取解，被伊川警告"汝之是心，已不可入于尧、舜之道矣"⑦。鲍若雨、二刘等人初见伊川问"尧舜之道"⑧，其间提出新思想的学者往往会遭到排挤。行尧舜之道，在行为上自有不同之处，穿着亦有别，"伊川常爱衣皂，或博褐绸袄，其袖如常人。所戴纱巾，背后望之如钟形，其制乃似今道士谓之仙桃巾者。不知今人谓之习'伊川学'者，大袖方顶何谓？"⑨这里几乎将程颐的"伊川学"与特殊的衣服形制联系起来了。程门传授的学术内

---

① 乔卫平：《中国教育制度通史》第三卷，第85页。
② 《二程集·外书》卷第十二，第433页。
③ 《二程集·外书》卷第十二，第434页。
④ 《二程集·外书》卷第十二，第431页。
⑤ 《二程集·文集》卷第九《答周孚先问》，第615页。
⑥ 《伊洛渊源录》卷十二，《朱子全书》第12册，1079页。
⑦ 《二程集·遗书》卷第三，第69页。
⑧ 《二程集·外书》卷第十二，第431页。
⑨ 祁宽所录尹和语。《伊洛渊源录》卷四，《朱子全书》第12册，第981页。

第三章 从"伊川学"到"上蔡学":北宋晚期理学的发展

容和日常穿着都引起旁人的惊诧,程颐的门人曾说,"观太学诸生数千人,今日之学,要之亦无有自信者。如游酢、杨时等二三人游其间,诸人遂为之警动,敬而远之。"① 结果,敬而远之的同时,起到了相应的宣传效果。此外,还有一些制度上的原因值得反思。太学为了防止博士与学子之间"近亲繁殖",防止私请、杜绝贿赂,实行了一系列防范师生见面的制度,结果"博士、诸生禁不相见,教谕无所施,质问无所从,但博士月巡所隶之斋而已",而且博士的巡学也流于形式。太学按五经分斋,但"不可以随经分隶也,故使兼巡,如《周易》博士或巡治《礼》之斋,《礼》学博士复巡治《诗》之舍"②,教师与学生之间除了礼节性相见,几乎没办法产生有意义的学术交流,教学效果大打折扣,学生几乎学不到有用的内容,必然要寻找"私学"传授,此景仿如今日之"课外辅导",不足为怪。还有,太学的集体住宿制,也是学术思想推广的一个途径。胡安国入太学的时候,"同舍有颍昌靳裁之,尝闻西洛程先生之学,独奇重公,与论经史大义,公以是学问益强"③。谢良佐在洛阳监竹木务时,也吸引了太学的学生朱震、朱巽兄弟一同前来问学。

除了道德、言行的教育之外,官学僵化的经典体系无法满足学生们获取道德知识的需要。二程围绕《大学》设立了一套新的经典体系,"《大学》乃孔氏遗书,须从此学则不差"④,程颐还着手重建了以《易》为中心的五经注解。其中,最为引人注意的是《春秋》,程颐曾委托门人刘绚作《春秋传》,但他对刘绚最后的遗著并不满意。⑤ 王安石认为《春秋》如果不得其法而读,是"断烂朝报",非学者当务之急。杨时在太学的时候,不得《春秋》之闻,他向程颢问学南归福建之后,曾有两封《寄明道先生》,信中所问的内容全部有关《春秋》学,他以"《春秋》之学不传久矣,每以不得从容左右,亲受直诲为恨"⑥。对杨时来说,《春秋》是孔子唯一亲笔著述,其中的微言大义关系儒学的真相,"窃观近世名儒,自安定而下,如欧公辈,无不学《春秋》者。熙宁更科不用,其学遂废。六经唯此书出于圣人之笔,余皆述之而已。微辞奥旨,烂如日星,

---

① 《二程集·外书》卷第十,第 406 页。
② [宋]李焘:《续资治通鉴长编》卷三百七十七,第 9169 页。
③ 《伊洛渊源录》卷十三,《朱子全书》第 12 册,第 1092 页。
④ 明道语。《二程集·遗书》卷第二上,第 18 页。
⑤ "昔刘质夫作《春秋传》,未成。每有人问伊川,必对曰:'已令刘绚作之,自不须某费工夫也?'刘《传》既成,来呈伊川,门人请观。伊川曰:'却须着某亲作。'竟不以刘《传》示人。"见《二程集·外书》卷第二十二,第 432 页。
⑥ [宋]杨时:《杨时集》卷十六《寄明道先生一》,第 445 页。

以为不可读,无是理也"①。除《春秋》之外,寻找新的经典注释,也是太学生们转向私家问学的动力。程颐的《易传》,在刊刻之前已在京师流传,甚至连谢良佐、杨时都是在京师间接得到《易传》。胡寅在太学时,得到谢良佐的《论语解》,当时还有"同舍建安谢袭智崇传于马震知止"②。可见,在官学教育系统内,学子们形成了学术团体,他们之间通过学术交流,共同关注最新的思想著作,间接促进了以理学为代表的私学流传。

我们应注意,上述这些官学的学生来向二程问学的时候,多数时间是属于私家讲学,并没有官方学校的制度支持。在这种情况下,介于官学与私学之间的书院为私学的传播提供了便利条件。章如愚《山堂群书考索》记载:"太祖建隆三年,始开国子监聚徒讲学。当是时也,斯民新脱干戈,文风未大兴起,学者尚寡。天下已平,儒者往往依山林即文人以讲授,大率多至数十百人,嵩阳、岳麓、睢阳、白鹿四书院为尤。"③ 这就是所谓的"四大书院",书院起初是私学形式,与官学国子监相对应,作为官学教育的补充,对地方的政治、教育与风俗的维持起到了重要作用。书院往往由群居讲学发展而来,例如,孙复在泰山讲学时,"于泰山之阳起学舍构堂,聚先圣之书满屋,与群弟子而居之"④,泰山书院是由孙复私人营建的教学场所。《元丰官志》载:"宋初但有书院,庐山白鹿洞书院、嵩阳书院、岳麓书院、应天府书院,未建州学也。景祐四年,诏藩镇始立学,他州勿听。庆历四年,始诏诸路州、军、监各立学,如学者二百人以上,许更置县学。自是州郡无不有学,始置教授。"⑤ 各州县立学,有些即就书院之址转为学校,至此,部分书院亦有了官学的性质。不过,书院始终保持了相对独立的学术性质,因此亦有宋人谓之"乡学",以区别于太学、州学、县学。南宋的吕中说:

> 我朝京师有学,诸州有学,下至一邑亦有学,其制备矣。然古人比闾族党莫不有学,则复白鹿书院,其亦乡学之意欤。孔子以《诗》《书》《礼》《乐》教弟子,盖三千焉。则传道育才不在辟雍、泮水,而在杏坛之上、洙

---

① [宋] 杨时:《杨时集》卷二十二《与秦丞相》,第599页。
② [宋] 胡寅:《斐然集》卷十九《上蔡论语解后序》,第365页。
③ [宋] 章如愚:《群书考索·后集》卷三,台湾商务印书馆影印文渊阁《四库全书》本,第0937册,第407d页。
④ [宋] 石介:《徂徕石先生文集》卷一九《泰山书院记》,中华书局,1984年,第223页。
⑤ 龚延明:《宋史职官志补正》七《府州军监·教授》,中华书局,2009年,第469页。

泗之间。于此见乡学之有功也。国家肇造之初，为书院者有五，曰嵩阳书院，曰石鼓书院，曰岳麓书院，曰应天府书院，曰白鹿书院……回视州县之学，不过世俗之书、进取之业，其相去岂数百驿而已哉。①

在宋人的眼中，官学主要传授"世俗之书、进取之业"，其教育的最终目标是科举登第。作为乡学的书院，其目标是"传道育才"，敦厚风俗，与官学有着截然不同的性质与目标。书院实质上构成了私学的传播场景，嵩阳书院，便是程颢、程颐兄弟在熙宁、元丰年间聚徒讲学的场所之一。在元祐之后，随着官学的扩大化，书院与私学的空间相应被压兑。虽然程颐曾经多次被除授西京国子监教授的职位，但他长期居住在洛阳，来学者往往是私人的访学。对程颐来说，他的学说仅在元祐初担任经筵教育年幼的皇帝时具有了官方的性质。② 相对程颐来说，程颢似乎更加注重官学的建设，他期望自己的学术由"私学"变为"官学"，成为国家政治教化的基础。程颢在扶沟、颖昌任官的时候，都曾建设过地方学校。其中，在扶沟兴办县学的时候，程颐还亲自替他邀请了游酢来担任县学教授。③ 程颢还曾上《请修学校尊师儒取士劄子》，建议"择其学业大明、德义可尊者，为太学之师"，"渐自太学及州郡之学，择其道业之成、可为人师者，使教于县之学，如州郡之制"，在太学、州学、县学之间设立选拔、黜落制度，他还建议通过太学"岁论其贤者、能者于朝"的方法来"选士"。④ 这些制度设想，几乎与王安石、蔡京关于学校的建设如出一辙。因此，我们绝不能从学校制度的层面来将二程与王安石、蔡京的教育主张截然对立起来。实际上，北宋晚期兴起的禁讲元祐学术事件，正是在学校制度的前提下角逐官学、私学的地位。胜利者，其教学内容进入官学三级学校得到推行；失败者，其学术只能在私家讲学，甚至会被禁止。因此，抓住官学、私学的变迁，是理解北宋中晚期学术思想发展的一条重要线索。

这里还需补充一种特殊的官学，即专门针对皇帝的教育制度——经筵。经筵，即由学士、讲读官专门向皇帝讲授各类经典，与太学、州学、县学的制度化过程相似，北宋第一次实现了经筵的制度化。汉代、唐代的经筵多数是临时

---

① ［宋］刘时举：《续宋中兴编年资治通鉴》卷十《宋孝宗三》，王瑞来点校，中华书局，2014年，第226页。
② 姜鹏：《北宋经筵与宋学的兴起》，上海古籍出版社，2013年；方诚峰：《北宋晚期的政治体制与政治文化》，北京大学出版社，2015年。
③ ［宋］程颐：《二程集·文集》卷第十一，第630-639页。
④ 《二程集·文集》卷第一，第448-450页。

的,并无定制。在两宋时期,每年二月至端午、八月至冬至是固定的经筵时间,隔日一讲。元祐元年(1086年),程颐被司马光推荐为崇政殿说书,担任年幼的哲宗皇帝的老师。程颐要求皇帝"凡动息必使经筵官知之",理由是:"臣以为天下重任,惟宰相与经筵。天下治乱系宰相,君德成就责经筵。"① 将位极人臣的宰相与经筵讲官相提并论,这再次印证了在理学家眼中,学术与政治是一体之两面。非唯宰相,即使是政治权力的顶峰,也应与学术达致一体。被视为宋明理学集大成者的明末儒者王夫之曾总结:"天下所极重而不可窃者二:天子之位也,是谓治统;圣人之教也,是谓道统。"治统,即政治;道统,即学术。二者的关系,王夫之说:"儒者之统与帝王之统并行于天下,而互为兴替。其合也,天下以道而治,道以天子而明。及其衰,而帝王之统绝,儒者犹保其道以孤行而无所待,以人存道而道可不亡。"②将王夫之的说法与韦伯的"学术与政治"进行对比,可以说,"道"就是理学家们追求的"志业"。

程颐担任的崇政殿说书,是经筵官中最低的一等,却不可忽视其意义。考虑程颐此前一直为布衣身份,却被直接召入内庭,这使得二程兄弟的学说迅速风靡。以程颐担任经筵为中心,我们略微考察一下程门弟子在官学中的任职情况。最早从学的吕希哲是程颐太学的同学,其父亲吕公著"判太学,命众博士即(伊川)先生之居敦请为太学正",理由是"太学诸生,愿得以为师"。③ 吕希哲在元祐中也担任讲官二年,"劝导人主以修身为本"④。门人刘绚,曾担任京兆府学教授,因为精通《春秋》,在元祐元年被擢为太学博士。⑤ 吕大临,元祐中为太学博士,除秘书省正字,范祖禹还要进一步举荐其担任经筵官,未及用而卒。⑥ 游酢早年曾被推荐为太学录,在元祐年间担任颍昌府学教授,又随范祖禹入朝被推荐为太学博士。⑦ 谢良佐在元祐年间任秦州州学教授。杨时曾担任荆南教授,在南渡以后担任太学兼国子祭酒,是太学的负责人。⑧ 结合前文所云从太学投奔来学的弟子,可以发现,程门的主要代表弟子多在官学体系中担任教职,这是一股不容忽略的学术势力。

程颐在元祐担任经筵的经历,一定程度上,使得当时的理学获得了官学的

---

① [宋]李焘:《续资治通鉴长编》卷三七三,第9031页。
② [明]王夫之:《读通鉴论》卷一,中华书局,1975年,第429页。
③ 《伊洛渊源录》卷四,《朱子全书》第12册,第961页。
④ 《伊洛渊源录》卷七,《朱子全书》第12册,第1010页。
⑤ 《伊洛渊源录》卷八,《朱子全书》第12册,第1022页。
⑥ 《伊洛渊源录》卷八,《朱子全书》第12册,第1032页。
⑦ 《伊洛渊源录》卷九,《朱子全书》第12册,第1044-1045页。
⑧ 《伊洛渊源录》卷九,《朱子全书》第12册,第1051页。

性质。当程颐在洛中讲学的时候，"伊川学"一类的称呼，开始被尹焞等后期门人用来指代程颐的学说。① 如果我们把北宋学校乃至宋学的形成分阶段来看，宋太祖、太宗、真宗年间的儒学还处于萌芽阶段，经学承隋唐、五代之遗绪，国家在文化事业上除了编撰类书之外，最重要的活动是刊刻国子监版的经注、疏，② 几乎未有独立的品格；直至仁宗庆历年间，"范仲淹等意欲复古劝学，数言兴学校，本行实"，才意识到紧跟汉唐经学亦步亦趋的弊端，所谓"务先声病章句以拘牵之，则夫英俊奇伟之士，何以奋焉？"的问题随之出现。③ 于是，范仲淹、胡瑗、王安石等围绕着学校建立了一系列制度，从而培养了刘敞、张载、二程等一批有着全新学术方法的学者，宋学由此取得了独立的品格。④ 宋学的核心命题是天、性、道、教与理、气、性、心等，然而这些命题的内容与彼此的关系，却又错综复杂，莫衷一是，未能取得一致的想法。⑤ 这为熙宁（元丰）学术与元祐学术，也就是荆公新学与洛学、溯学、蜀学之间的对立留下了空间。通过以上对洛学门人的分析，不难发现，学术对立的形式化就是教育制度与教学内容的矛盾。当崇宁年间，徽宗用蔡京执政，决定继续神宗与王安石的学校体制建设，就必然触碰这一核心问题——官学与私学之间的关系如何处理？尤其是，官学与私学产生思想冲突时，应如何协调两者的矛盾呢？

为了打压私学，将士人统一到官学之中，徽宗初年做了许多筹备，其中最为重要的是采取各种行政手段禁绝"伊川学"的流传。崇宁元年，春夏之间，程颐"自去冬来，多在伊川，见谋居伊"⑥，正考虑从洛阳迁伊川定居，这时还有周孚先、杨迪、唐棣等学者初见程颐问学。然而，官方的政治局势很快发生转变。五月，蔡京拜尚书左丞。七月，蔡京拜为右相，他立即创建了"讲议司"，作为制度改革的指挥所，由他本人亲自负责，第一件事情就是推行学校建

---

① 尹焞本人亲自说："今人谓之习'伊川学'。"《二程集·外书》卷十二，第431页。随着崇宁禁程颐之学，伊川学转入私相传授的阶段，到了南宋绍兴年间，伊川学又掀起了一股新的潮流。例如，程颐的门人范冲说："家有颐书，镂板传布，谓之'伊川学'。"《建炎以来系年要录》卷八十八，第1477页。绍兴六年，陈公辅上书："在朝廷之臣，……辄以私意取程颐之说，谓之'伊川学'，相率而从之。"《建炎以来系年要录》卷一百七，第1748页。
② 叶纯芳：《中国经学史大纲》，北京大学出版社，2016年，第278-286页。
③ 《续资治通鉴长编》卷一百四十七《仁宗·庆历四年》，第3563、3564页。
④ 漆侠：《宋学的发展和演变》，河北人民出版社，2002年，第283-312页。陈植锷：《北宋文化史述论》，中华书局，2019年。
⑤ 参见［日］小岛毅：《宋学の形成と展開》，東京：創文社，1999年；向世陵：《理气性心之间：宋明理学的分系与四系》，人民出版社，2008年。
⑥ 《二程集·文集》卷第九《答杨时书》，第615页。

设。八月，蔡京建议"以学校为今日先务"，除了改变各地的贡举解额之外，还加强各级官学的管理，严格学职的选任，并要求"禁不得教学生非经、史、子书文字"，明确教学范围。① 十二月，徽宗正式下诏令"诸邪说诐行，非先圣贤之书，及元祐学术政事，并勿施用"②，政治的变迁终于要与学术取得同步。在蔡京的主持下，颁行了新的学制，在州学、县学教育有成就的选人，如果"能训导学生中太学上舍数及八分者"，就可以"依太学博士正录法改官"③，直接跳过磨勘、举荐而改选为京官，官学教育成为地方底层官员升迁的捷径。官学的势力扩张到前所未有的规模，这意味着伊川学之类的私学必然受到波及。崇宁二年四月，下诏让国子监刊印书籍发放到各州、县学，进一步统一了官学的内容。随后，三苏与苏门学士黄庭坚、张耒、晁补之、秦观、马涓、范祖禹、范镇、刘攽、僧文莹等人书籍的印版都被下令焚毁。苏学、溯学之后，立即有人将矛头对准了已经致仕的程颐，"伊川学"被视为"学术颇僻，素行谲怪，专以诡异聋瞽愚俗"的俗学代表，还"议法太学，则专出私见"，妄图以私学颠覆官学。④ 还有言者上疏："自元祐以来，俗学得志，以私义相结，而以私智自高，所守甚坚，确然不变。"⑤ 经过一系列的定性，伊川学被视为私学的重要代表，并将其与"俗学"等同，其特征是"私义""私智"，挑战了官学的组织模式，有与官学对立的教学内容。因此，程颐被追毁出身以来文字，革除功名，"其入山所著书，令本路监司常切觉察"，还限制了人身自由，被迫迁居龙门，止四方来学者："尊所闻，行所知，可矣，不必及吾门也。"⑥ 此外，蔡京还通过讲议司下发命令，除了没有置官学的偏远地方之外，"天下之士皆不得在外私聚生徒"，尤其是严禁讲授"元祐政事学术"，正式禁绝了"私下聚学之家"。⑦ 从此，北宋晚期的私学处于违法状态，开启了长达二十四年的元祐学术政事之禁，亦改变了伊川学在北宋晚期的传播形态。

二、"自相传道"：政道与师道

自钱穆《中国近三百年学术史》、陈寅恪《论韩愈》以来，韩愈为宋明理

---

① ［清］黄以周等辑注：《续资治通鉴长编拾补》卷二十，第704-705页。
② 《宋史》卷十九《徽宗本纪一》，第366页。
③ ［清］黄以周：《续资治通鉴长编拾补》卷二十一，第739页。
④ ［清］黄以周：《续资治通鉴长编拾补》卷二十一，第742页。
⑤ ［宋］李心传：《道命录》卷二《言者论伊川先生聚徒传授乞禁绝》，上海古籍出版社，2016年，第15页。
⑥ 姚名达：《程伊川年谱》，第184页。
⑦ ［清］黄以周：《续资治通鉴长编拾补》卷二十二，第762页。

第三章 从"伊川学"到"上蔡学":北宋晚期理学的发展

学之源头,已几乎成为学界的共识。陈来《宋明理学》、杨立华《宋明理学十五讲》等书,皆从韩愈论述理学精神的形成。然而,韩愈之为源头,究竟为宋明理学带来了什么呢?以上的论述主要集中在"道统论",也即韩愈《原道》一篇所提出的:

> 尧以是传之舜,舜以是传之禹,禹以是传之汤,汤以是传之文、武、周公,文、武、周公传之孔子,孔子传之孟轲。轲之死,不得其传焉。①

韩愈勾勒的尧、舜、禹、汤、文、武、周、孔、孟为宋儒构建儒学传统谱系提供了最为充分的灵感与依据。然而,尧舜等圣人所"传"之"道"的内容究竟为何呢?余英时先生指出,"道"在朱熹的《大学章句序》与《中庸章句序》有"道学"与"道统"两个内涵。在余英时看来,从"上古圣神"到周公是"道统"的时代,这一阶段是道、学、政的统一,达到了儒家理想的内圣外王之境;从周公以后,道、学、政已经分裂,圣王的时代随之逝去,内圣与外王之间不再有必然联系,这就是孔子开创的"道学"。②虽然余英时先生将"道统"与"道学"划分为截然断裂的两个时代,颇受学界质疑,但他对"道"之两重内涵的分析,对我们理解宋明理学的发展与传承极有启发意义。

借助余英时先生的分析,我们可将理学家所讲的"道"剖判为"政道"与"师道"两个层次。"政道"一词固为儒家所习见,"师道"一词,当始于韩愈《师说》:

> 古之学者必有师。师者,所以传道受业解惑也。人非生而知之者,孰能无惑?惑而不从师,其为惑也终不解矣。生乎吾前,其闻道也固先乎吾,吾从而师之;生乎吾后,其闻道也亦先乎吾,吾从而师之。吾师道也,夫庸知其年之先后生于吾乎?是故无贵无贱,无长无少,道之所存,师之所存也。嗟乎!师道之不传也久矣,欲人之无惑也难矣。③

在韩愈看来,儒家之道统的传承是以师者为媒介,师生之间对道的共同追求,构成了儒家道统先后相传的动力。在师道之下,没有贵贱、长少的身份区

---

① [唐]韩愈:《韩愈文集汇校笺注》卷一《原道》,刘真伦、岳珍校注,中华书局,2010年,第4页。
② 余英时:《朱熹的历史世界》上册,生活·读书·新知三联书店,2004年,第15页。
③ [唐]韩愈:《韩愈文集汇校笺注》卷二《师说》,第139页。

别，一定意义上可以说，韩愈所谓"师道"超越了具体现实的政治、社会伦理，具有相对于"政道"的独立性。

因此，从韩愈提出传道说开始，"政道"与"师道"之间内在蕴含的张力，就为理学的传播与发展留下了丰富的空间，这也为我们讨论北宋晚期理学提供了视角。因此，要讨论理学在北宋晚期的发展，就必须在程颐的代表门人求学、问学的经历中勾勒这一过程。黄震曾如此描述程颐几大弟子：

> 吕与叔深潜缜密，资质好，又能涵养，文字极是实。上蔡高迈卓绝，有过当处，自禅门来。龟山朴实简易，文字却弱，先看《庄》《老》熟了，游定夫学无人传，晚年嗜佛。张思叔敏似和靖，持守不及和靖。和靖不观他书，只是持守得好。郭仲晦，西北人，重厚淳固，但见识不及侯师圣，粗疏。①

黄震拈出的吕大临、谢良佐、杨时、游酢、张绎、尹焞、郭忠孝、侯师圣几人，其中吕大临、张绎早卒；尹焞、侯师圣主要是笃行，不善著述讲学；郭忠孝擅《易》学，然见道较浅。游酢晚年入禅，与伊川学渐行渐远。因此，谢良佐与杨时成了北宋晚期理学传承的重要人物。其中，杨时的影响力主要在南宋初期体现，而谢良佐在崇宁、大观、政和年间成为伊川学的传承者。

从谢良佐本人的学术历程来看，崇宁以后代表了他的学术成熟期的独立阶段。由于元祐党籍的禁制，以及官学扩张对私学的挤压，程颐被禁止与学者接触，谢良佐等已出仕的门人都无法与之直接来往。从客观的角度来看，谢良佐也因此脱离程颐的直接指导，开启了相对独立的学术思想探索。我们从《上蔡先生语录》中可以看到，程颢、程颐对谢良佐的影响是深远且根深蒂固的，谢良佐之学当然属于上节所谓"伊川学"的范围。从客观的史料证据来看，由于程颐被禁止接触求学的士人，学子只能退而求学于二程的代表门人。因此，谢良佐的主要门人可以说几乎都是在崇宁党禁以后才登门问学的。

南宋胡寅的一则记录道出了伊川学在北宋晚期的传承事实：

> 其（程颐）修身行法，规矩准绳，独出诸儒之表。门人高弟莫或继焉。虽崇宁间曲加防禁，学者宗之，不可遏也。……本朝自嘉祐以来，西都有

---

① [宋]黄震：《黄氏日抄》卷三十七《读本朝诸儒理学书五》，大象出版社，2019年，第336页。

‹‹‹ 第三章　从"伊川学"到"上蔡学"：北宋晚期理学的发展

邵雍、程颢及其弟颐，关中有张载，皆以道学德行名于当世，公卿大夫之所钦慕而师尊之者也。会王安石当路，重以蔡京得政，曲加排抑，其道不行，深可惜也。①

伊川学在日常生活的修身方面有超越其他学术的独到性质，然而官学的挤压，使得伊川学的师道无法挺立，其结果是"其道不行"。然而，师道与学术毕竟有独立的发展空间，亦不可能为政治所绝对禁止。《朱子语类》记载：

刘聘君言，在太学时，传写伊洛文字者，皆就帐中写，以当时法禁重也。②

胡寅读谢良佐《论语解》时亦指出在师道不行之际，只能传写二程及其门人著作来问学：

师友道废久矣！欲求吾资，莫与为方圆，欲得吾助，莫与为切磋，所可决信而不疑者，独圣贤所余纸上语尔。③

其从兄胡宪从家学中听闻洛学：

从文定公学，始闻河南程氏之说，寻以乡贡入太学。会元祐学有禁，乃独与乡人白水刘君致中阴诵而窃讲焉。④

胡宪、刘勉之皆朱熹少年之老师，同在太学"窃讲"二程之学。时人朱弁《曲洧旧闻》总结了当时士人学习伊川学的途径：

崇宁以来，非王氏经术皆禁止。而士人罕言其学者，号"伊川学"，往往自相传道。举子之得第者，亦有弃所学而从之者，建安尤盛。⑤

---

① ［宋］胡寅：《斐然集》卷二十五《先公行状》，第521页。
② ［宋］黎靖德编：《朱子语类》卷第一百三十，中华书局，1986年，第3136页。
③ ［宋］胡寅：《斐然集》卷十九《上蔡论语解后序》，第365页。
④ ［宋］朱熹：《晦庵先生朱文公文集》卷九十七《籍溪先生胡宪行状》，《朱子全书》（修订本）第25册，第4503页。
⑤ ［宋］朱弁：《曲洧旧闻》卷三，张剑光整理，大象出版社，2019年，第252页。

崇宁年间，荆公学与伊川学互相角逐。荆公学为官学，为科举取士的制度所支持，而伊川学为私学。朱弁指出，学者在科举中第之后，亦有弃旧学转投伊川学的。在崇宁之后的学校体制下，王安石之学得到官学采纳，成为政道与师道合一的学术形式。那么，被斥为"俗学""私学"的伊川学，又是如何传播的呢？学者为了学习伊川学，面临着违背政道的政治风险，缺乏"师道"的支持，无从拜师问学，只能"自相传道"。按照朱弁的说法，福建建安的学子尤为热衷伊川学。

朱弁"自相传道"一语道破了伊川学在北宋晚期的困境。政道与师道的分裂，使政治上被斥为非法的伊川学面临师道的中绝，学者无法得到"师者所以传道受业解惑"的学术支持。正是在这一困境中，无法直接向程颐问学的学者，将求学对象聚焦到伊川门人群体中，谢良佐的上蔡学由此得以形成。

何谓"自相传道"呢？实际上，程颢本人没有留下著作，而程颐最重要的著作《易传》此时也还没有向外传授。所谓"传道"，主要是学者们通过二程平时与学者交谈形成的"语录"来学习，正是在此背景下，二程的语录开始广为传播，在福建地区尤为兴盛。一般认为，朱熹编撰的《二程遗书》与《二程外书》萃集了二程主要的语录。黄震曾经记载福建地区流传的一种十二卷本语录："《伊川至论》者，绍兴六年四月，建阳施孙硕所序，而麻沙镇刻本也。"[①] 麻沙镇，即建安地区，由此可见伊川学对建安士人的吸引力。

关于伊川学在程颐去世后的发展情况，杨玉成在《二程弟子研究》中指出：

> 程门之发展与当时之政治局势关系密切，盖北宋锢于党禁，颇称沉寂。至南宋初，赵鼎与张浚为相，杨时、胡安国、范冲、朱震之见用，始大为兴盛，故群弟子之宦途兴落实亦颇影响洛学之发展，研治洛学者亦不当忽诸。[②]

杨论诚是，南宋绍兴年间褒崇程门诸弟子，使得伊川学摆脱了"自相传道"的私学困境。然而，如果仅将目光聚焦在南宋初期，对于北宋崇宁、大观以后的理学情形就没办法得相应的解释，故须进一步讨论。

---

① [宋]黄震：《黄氏日抄》卷三十三《读本朝诸儒理学书一》，大象出版社，2019年，第209页。
② 杨玉成：《二程弟子研究》，政治大学中国文学研究所硕士论文，1986年，第39页。

三、"义兼师友"：谢、胡授受间的政道与师道

虽然程颐被禁止与学者接触，但其早年弟子在崇宁以后已经进入学术成熟期，士人之间逐渐形成以谢良佐、杨时、游酢三子为程门代表的共识。除了早逝的吕大临之外，《宋史·道学传》所谓"程门四先生"，此时成了传承伊川学的主要干将。这里我们以建安士人胡安国为例，考察伊川学是如何通过程门弟子尤其是谢良佐之手得以传播的。在胡安国求学谢良佐的过程中，伊川学在师道与政道之间的张力得到了最集中的表现。

（一）"文定之学，后来得于上蔡者为多"

胡安国，字康侯，建州崇安人，崇宁末、大观间奉亲居荆门，得与谢良佐从游，晚更卜居衡阳，是理学湖湘学派的创始人，以《春秋》学名于世。崇宁元年，杨时出为荆州教授，代胡安国任，安国从此开始与程门三子有了直接的学术接触。胡安国撰杨时墓志铭云："崇宁初，代余典教渚宫，始获从公游。"① 根据《杨时集》的通信来看，杨时与胡安国之间在崇宁初期的交流，主要集中于伊川《春秋》学的相关讨论。此后，崇宁四年，胡安国从太学出任湖北提举学事。这时，胡安国下请杨时修书，表示想请见谢良佐问学的要求。朱熹描述了这一过程：

> 文定却从龟山求书见上蔡。既到湖北，遂遣人送书与上蔡。上蔡既受书，文定乃往见之。②

朱熹在《德安府应城县上蔡谢先生祠记》中补充说：

> （谢良佐）建中靖国中，诏对不合，得官书局。后复转徙州县，沈沦卑冗，以没其身。而处之浩然，未尝少挫。中间尝宰是邑，南阳胡文定公以典学使者行部，过之，不敢问以职事。顾因绍介，请以弟子礼见。入门，见吏卒植立庭中，如土木偶人，肃然起敬，遂禀学焉。其同时及门之士，亦皆称其言论闳肆，善启发人。今读其书，尚可想见也。③

---

① ［宋］朱熹：《伊洛渊源录》卷十，《朱子全书》（修订本）第12册，第1053页。
② ［宋］黎靖德编：《朱子语类》卷第一百一，王星贤点校，中华书局，1986年，第2586-2587页。
③ ［宋］朱熹：《德安府应城县上蔡谢先生祠记》，《上蔡语录》附录，第48页。

胡安国见谢良佐，已在元祐党籍之后，以谢良佐学术生涯算，属于谢良佐晚年的学术成熟期。是时，谢良佐因"忤彼权臣""诏对不合"之缘故，经历入狱的风波后，已经由京朝中出任到地方历仕州县。朱熹说谢良佐"尝宰是邑（应城县），南阳胡文定公以典学使者行部，过之"①。可知，谢良佐在湖北任应城县令时，胡安国通过杨时的推荐修书求见。这次问学经历被胡安国记录为《谢子雅言》，保留在今本《上蔡先生语录》卷上中。

谢良佐对胡安国的教导主要有两方面。第一，关于修身之学的教导，这补充了王安石等官学偏重政治制度的不足。谢良佐后来曾写信给胡安国："闻公进道甚笃，德业日美，所到岂可涯涘，真可畏也。更以其大者移于小物，作日用工夫，尤佳。"② 谢良佐向胡安国指出，修身是伊川学的核心要旨，"游于河南之门者甚多，不知从事于斯，则见功不远，行之方可信此语也。"③ 第二，是有关《春秋》与《中庸》学的传授，这挑战了官学的经典体系，"《春秋》大约如法家断例也，折以中道耳。恐因是及《中庸》，因中有权与取两者之中之说"④。

朱熹曾指出："毕竟文定之学，后来得于上蔡者为多。"⑤ 谢良佐对胡安国的影响深远，实际上，程颐—谢良佐—胡安国之间的学术传承构成了北宋晚期理学发展的一条主要谱系。对于胡安国来说，谢良佐讲学，相比杨时、游酢有独到的优点。胡宪《上蔡语录跋》道破谢良佐讲学的特性："宪大观初年在长沙侍文定公左右，每听说上蔡先生之学问，以为其言善启发人。"⑥ 谢良佐善于指物譬喻，在曾恬记录的《上蔡先生语录》中卷中，多次提到谢良佐"以扇喻""以所坐亭喻""以学射喻""因指小树子"，这种教学方式对学生的培养是极为成功的。

（二）伊川、上蔡与文定的《春秋》学传承

受谢良佐之影响，胡安国的经学重视实用，避免了训诂的烦琐。关于经学

---

① 朱熹：《德安府应城县上蔡谢先生祠记》，《晦庵先生朱文公》卷八十，见《朱子全书》第24册，3794页。
② ［清］黄宗羲原撰，［清］全祖望补修：《宋元学案》卷三十四《武夷学案》，第1179页。
③ 《上蔡语录》卷下，《朱子全书外编》第3册，第38页。
④ ［宋］李幼武：《宋名臣言行录外集》卷七，台湾商务印书馆影印文渊阁《四库全书》本，第0449册，第719d页。按，《上蔡语录》收此信经朱熹删减，略有不同。
⑤ ［宋］黎靖德编：《朱子语类》卷第一百一，王星贤点校，中华书局，1986年，第2586-2587页。
⑥ ［宋］胡宪：《上蔡语录跋》，《上蔡语录》附录，第41页。

<<< 第三章 从"伊川学"到"上蔡学":北宋晚期理学的发展

注释的方法,谢良佐认为"圣人之言,不可以训诂形容其微意"①。胡安国经学的集大成之作《春秋传》体现了这一原则,他认为《春秋》"实经世大典,见诸行事,非空言比也。义理精奥,尤难窥测"②。建炎中兴时,高宗面临着执政合法性的问题,故有"消平僭暴,克复宝图,使乱臣贼子惧而不作"的要求,因此对强调大义名分的《春秋》较有兴趣。由于《春秋》艰深晦难,高宗"闻卿深于《春秋》,方欲讲论",将点句《左传》的任务交给胡安国。胡安国认为学习《春秋》有助于高宗中兴,也劝谏高宗不要耽玩文采,"莫若倾心仲尼之经,则南面之术尽在是"。绍兴六年(1136年)年底,胡安国撰成十余万字的《春秋胡氏传》,进呈高宗。高宗认为该著"深得圣人之旨",将之置于座右,每日退朝午食过就捧读,"率二十四日读一过"③。王梓材补修《宋元学案》,将胡安国《春秋》学追溯到孙复,"先生为泰山再传弟子,可知其春秋之学之所自出矣",列为泰山再传,徒生枝节。实际上,孙复《春秋》学主讲尊王之道,河南伊洛《春秋》学以理说义,是为宋儒《春秋》学两条分支。胡安国的《春秋》学显然与谢良佐有着直接联系。

在程门弟子中,杨时、刘绚、谢湜、杨时、谢良佐等人皆有相关记录,而晚年的唐棣保留的语录多有提问《春秋》,说明程颐对《春秋》的理解是较为持久的发展过程。程颐《春秋传》以理解释《春秋》,提倡《春秋》为"百王不易之大法",对胡安国的"攘夷"说有直接的影响,程颐提出孔子"假天时以立义",也启发了胡安国的"夏时冠周月"之说。程颐对胡安国《春秋》学的影响,既有胡安国从著作上的继承,也与杨时、谢良佐的转介有关。《二程遗书》卷三,谢良佐记程颐语:

> 子丑寅之所建,岁三月为一时之理。秦强以亥为正,毕竟不能行。孔子知是理,故其志不欲为一王之法,欲为百王之通法,如语颜渊为邦是也,其法度又一寓之《春秋》。④

由此可见,《春秋》通过"天时"寄寓"百王之通法"之说,谢良佐已从程颐处得知。谢良佐应当是胡安国接受程颐这两个说法的中介。

---

① [宋]吕祖谦编:《宋文鉴》卷第九十二《论语解序》,齐治平点校,中华书局,1992年,第1302页。
② [宋]胡寅:《斐然集》卷二十五《先公行状》,岳麓书社,2009年,第516页。
③ [宋]李心传:《建炎以来系年要录》卷一百十五,中华书局,1988年,第1857页。
④ 《二程遗书》卷第三,《二程集》上册,第88页。

81

此外，今存谢良佐《答胡康侯手柬》、杨时《答胡康侯书》，皆可看见胡安国与二人讨论《春秋》学，并经由二人得闻程颐《春秋学》绪论。杨时《答胡康侯书》第三书、第五书、第六书皆论《春秋》事例，兼及程颐、刘绚《春秋》学。就谢良佐而言，从《上蔡先生语录》《宋名臣言行录》《师友杂记》等书中可辑得谢良佐与胡安国通信八封，其中答胡安国初见问学的两封谈及了《春秋》。谢良佐答书云："如《春秋》之说正如此，幸亮之。《春秋》大约如法家断例也，折以中道耳。"① 谢良佐将《春秋》比作"法家断例"，程颐说："五经之有《春秋》，犹法律之有断例也。"② 这是经由谢良佐而转述了程颐《春秋》学。此外，谢良佐还将《春秋》与《中庸》相提并论，对胡安国《春秋传》中的人心、道心之说也有启发。

谢良佐又有答书云："《春秋》之学，向见河南先生言：须要见诸家说，因能熟读《左氏》为佳。人之情伪，文章根本，备于是矣。自昔有志之士，未有不玩心于此者。"③ 这也是介绍程颐《春秋》的观点。从两封信来看，谢良佐对《春秋》的理解都以程颐为主。因此，若从《春秋》学的义理继承来说，谢良佐没有提出特别创新的说法。而从教学的角度来看，若离开了谢良佐，胡安国似乎亦缺乏直接获悉程颐《春秋》经说的机会。谢良佐对胡安国《春秋》学的影响主要也在此。如果离开了谢良佐、杨时，胡安国在当时不太可能得到伊川《春秋》学的著作，又谈何"自有来历"呢？

（三）"卿学何所师承？"《先公行状》所见胡安国师承自述

胡寅《先公行状》中记载了胡安国两则关于师承的自述。这两则皆是面向皇帝诏对时的谈话，这是理解胡安国学术来源的直接证据。

第一则发生在绍圣四年胡安国登进士第时，哲宗与胡安国问对：

> 至陛前。俄有圣语宣问师何人？公对曰："久处太学。"在廷者皆以为名对。④

此时，胡安国在太学中从程颐友人朱长文、靳裁之交游，但似乎未对洛学有直接的兴趣。太学是国家的公共学校，设定了一系列制度防止师生亲密接触。胡安国"久处太学"，与程颐的许多门人相似，他们皆有"久处太学"之举，

---

① 《上蔡语录》卷下，《朱子全书外编》第 3 册，第 38 页。
② 《二程遗书》卷二上，《二程集》上册，第 34 页。
③ ［宋］吕本中：《吕本中全集·师友杂志》，中华书局，2019 年，第 1102 页。
④ ［宋］胡寅：《斐然集》卷二十五《先公行状》，第 486 页。

<<< 第三章 从"伊川学"到"上蔡学":北宋晚期理学的发展

然后才登程门问学。但胡安国在绍圣年间主要从事学校教育,他对官学的认可度较高,在太学、府学担任教授等职位,对私学不太留意。从胡安国早年出仕的经历来看,他主要担任各级学官,最终出湖北道、湖南道提学。崇宁四年,到了湖北之后,胡安国与杨时、谢良佐有了直接接触,才对洛学为代表的私学产生了兴趣。而从崇宁二年蔡京推广新式学校之后,宋朝执政者希望通过官方的学校统一全国的学术。用学校制替代考试制,为了保证推举的公平性,必然要求有统一的学习标准,客观要求遵守官学,于是禁止伊川学等私下讲授。胡安国却在此时转向私学,这可能是胡安国最终被罢落学职的根本原因。

第二则答语发生在靖康二年六月,在场的皇帝有徽宗(已退位的"渊圣")、钦宗("孝慈皇帝")二人。这则对话的背景是徽、钦二帝的制度交替问题。徽宗建立了一套庞大的政治制度,但迫于金军入侵的压力,他引咎将帝位传于钦宗,此时的实际掌权者仍是徽宗,因此宋朝没有改变相关制度。然而,从国家运行的角度思考,此时的宋朝面临解体的危机,已不足以支持徽宗建立的庞大国家体系。胡安国在徽宗、钦宗的对话中建议钦宗"以正心为要","扫除旧迹,乘势更张",确立"一定不可易之计",其言下之意是要求在场的徽宗放弃政治权力,交由钦宗亲自主政。《先公行状》云:

渊圣领之。良久,问曰:"卿学何所师承?"对曰:"孤陋寡闻,莫逃明鉴。"①

胡安国的建议引起了徽宗的深思,有意采纳。徽宗利用蔡京、耿南仲等王安石门人建立的一套国家制度,若要"扫除旧迹",按照北宋的朋党政治传统,对新党、新学皆要黜落。徽宗有意问胡安国的师承,其实是明知故问,徽宗亲自主持了多次元祐党禁,还刻成元祐党籍碑,他对胡安国的学术立场是很清楚的。他思考良久才说"何所师承",意在提醒胡安国,若要进行"乘势更张",必然引起新学的反对。《先公行状》下文记载了王安石门人耿南仲对胡安国的攻击,"往者不事上皇(徽宗),今又不事陛下(钦宗)"②,印证了徽宗的顾虑。因此,徽宗此处看似在问胡安国的师承,其实意指向的是新党与元祐旧党之间的冲突,胡安国"莫逃明鉴"之答正是对此而发。总之,《先公行状》两则胡安国师承的对话,第一则发生在胡安国与谢良佐接触之前,第二则有着特定的

---

① [宋]胡寅:《斐然集》卷二十五《先公行状》,第490页。
② [宋]胡寅:《斐然集》卷二十五《先公行状》,第490页。

83

政治背景。两则对话皆受限于特定的政治环境,而未直接谈及师承的具体对象,这反映了胡安国师承问题背后的特殊性。

(四)"执师道而过焉":全祖望对谢良佐的批评

以上所列的事实说明,谢良佐与胡安国之间已构成了"师道"的传承。然而,问题不止于此,当时胡安国"提举湖北学事",代表中央到地方巡视教育情况,而谢良佐是地方的县令,负责地方的风俗、政教建设。从二人的政治身份来看,谢良佐是下级官僚、胡安国是上级巡学;但从学术的角度看,谢良佐在当时已成为程颐的代表门人,故而对伊川学心存敬意的胡安国"不敢问以职事",乃至于"以弟子礼见"。徽宗与蔡京设立典学使者的目的在于督察各地学校的执行情况。对谢良佐与胡安国来说,此次见面的性质是伊川学的授受传承,具有传道之意味。因此,身为下级官僚的谢良佐没有按照政治礼仪做出迎接,当时"僚属惊异,吏民耸观"。胡寅记载胡安国问学时的情况:"谢为应城宰,公质疑访道,礼之甚恭,来见而去,必端笏正立目送之。"① 谢、胡二人的共同好友邹浩(字志完,1060—1111)称赞道:"将军北面,帅师降敌,此事人间久寂寂。"邹浩的看法是谢良佐与胡安国之间超越了僚属之间的关系,复兴了"久寂寂"的古道。

在清代学者全祖望看来,胡安国见谢良佐实质上还表现了官学与私学之间的对立,其《论谢上蔡应城事》:

> 胡文定公为湖北提举时,上蔡知应城县,文定因自杨文靖公求书见之。既至湖北,遣人先致书,已而入境,上蔡不迎,吏民皆惊,以为知县何可慢监司?文定径修后进之礼入谒。愚谓文定之所以自处者,是也。若上蔡则执师道而过焉者也。
>
> 夫监司者,天子所以莅有司,使上蔡不为知县,则虽闭户可也。布衣之于显者,分不相干,而以道自重,固不必因监司而屈也。既为知县,则监司之属吏,非监司之得而属我,乃天子属我于监司也。监司之问道于知县,为私交;知县之致礼于监司,为庸敬。故监司可忘其尊,而知县不得自倨其学。朱子乃谓上蔡既已得书,自亦难于出迎,是何言欤?以知县迎监司,非必遽有贬于知县之学,乃为天子尊监司也。……或曰:"上蔡盖有感于师道之不立,而抗古谊而为之也。"然吾观文定自交上蔡以后,虽得其所学为多,究未尝在弟子之列也。然则上蔡之以师道自居,而岸然不修属

---

① [宋]胡寅:《斐然集》卷二十五《先公行状》,第524页。

第三章 从"伊川学"到"上蔡学":北宋晚期理学的发展

吏之仪。揆之于礼,似尚有未安者。朱子言上蔡天资高,凡如此者,殆亦贤智之过欤?虽然今世亦安得有如文定其人者,而惧蹈上蔡之过乎?是吾之多言也夫。①

全祖望为何认为谢良佐是"执师道而过焉者"呢?谢良佐任湖北应城县宰,胡安国"以典学使者行部,过之,不敢问以职事"。从官方身份而言,胡安国是谢良佐上司;从私学授受而言,谢良佐于胡安国有传授之实。谢良佐未能出县迎接,引起了全祖望的争议,认为不合职分。在全祖望看来,胡安国代表中央朝廷到地方监察学事,乃是"天使",是天子的使者,具有政治上的优先性。若用儒家通用的话语来说,胡安国之行代表了"政道"。胡安国执弟子礼请见,是为了学术思想的授受传承,谢良佐禀受二程之学,代表了儒学道统的最新传授,这属于"师道"。这么一来,谢良佐、胡安国之间的从学与见面,就呈现出政道与师道之间的张力,究竟应该是政道屈从师道,还是师道服从政道呢?

全祖望的言下之意,当然是认为政道的优先性高于师道。全氏的理由有三点。第一,谢良佐身为应城县令,是具有政治意义的身份,与普通的布衣平民不一样,应当按照政治的规则行事。第二,地方官员谢良佐不迎接代表天子巡视四方的胡安国,使得"吏民皆惊",不仅破坏了地方社会的政教秩序稳定,违背了尊卑之礼,也削弱了中央对地方社会的支配力度。第三,从师道的角度,全祖望还指出,谢良佐与胡安国之间的学术传承不构成实质的传授意义,胡安国"究未尝在弟子之列也"。全祖望的前两条理由,都是从政道的原则立论,他的第三条理由乃是曲为师道言之而已的遁词,理由并不充分。全祖望说谢良佐"执师道而过焉",实际上是默认了"师道"应用应该保持在合理的范围之内,不能与政道有直接的冲突。

实际上,胡安国未到湖北之前,已私下请杨时修书,要求请见谢良佐。对于这一见面的性质,朱子说:

人皆讶知县不接监司。论理,上蔡既受他书,也是难为出来接他。既入县,遂先修后进礼见之。毕竟文定之学,后来得于上蔡者为多。②

---

① [清] 全祖望:《鲒埼亭集外编》卷三十七,朱铸禹:《全祖望集汇校集注》,上海古籍出版社,2000年,第1527—1528页。
② [宋] 黎靖德编:《朱子语类》卷第一百一,王星贤点校,中华书局,1986年,第2586—2587页。

朱子已看出谢良佐"难为出来接他"的师道困境。首先，胡安国请前辈杨时代为修书，有投书问学之意，已自列为后进。按，朱子认为胡安国以"弟子礼""后进礼"见谢良佐，所以他在《朱子语类》《德安府应城县上蔡谢先生祠记》等处都将胡安国列为谢良佐门人。

黄宗羲《宋元学案》原稿也将胡安国列为"上蔡门人"，承认了二人之间的"师道"之实高于"政道/君道"。然而在全祖望补修《宋元学案》时，将胡安国与谢良佐的关系改列为"讲友"。全祖望说：

> 祖望谨案：朱子所作《上蔡祠记》有云"文定以弟子礼禀学"，梨洲先生遂列文定于上蔡门人之目，非也。……梨洲谓先生得力于上蔡，不知但在师友之间也。①

全祖望认为：

> 私淑洛学而大成者，胡文定公其人也。文定从谢、杨、游三先生以求学统，而其言曰："三先生义兼师友，然吾之自得于遗书者为多。"然则后儒因朱子之言，竟以文定列谢氏门下者，误矣，今沟而出之。②

全祖望所持胡安国本人"义兼师友"的说法，出自《伊洛渊源录》卷十收录胡宏与胡安国《龟山志铭辨》：

> 宏又问，"《（龟山）行状》云：'胡公之徒，实传其学'，此事如何？"答曰："吾与谢、游、杨三公皆义兼师友，实尊信之，若论其传授，却自有来历。据龟山所见在《中庸》，自明道先生所授；吾所闻在春秋，自伊川先生所发。汝但观吾《春秋传》，乃是白头六十岁以后所著，必无大段抵牾，更有改易去处。其书十万余言，大抵是说此事，试详阅之，必自知来历矣。"③

胡安国分别"尊信"与"传授"，又分辨先生有二义，其一为后进对先进之尊信，如欧阳修之尊孙复；其二为弟子对师父之侍学，如吕大临对张载之伦。然而，若我们详味《龟山志铭辨》，那么朱子之说，似乎更为妥帖。胡安国的答

---

① ［清］黄宗羲原撰，［清］全祖望补修：《宋元学案》卷三十四，第1173页。
② ［清］黄宗羲原撰，［清］全祖望补修：《宋元学案》卷首，第7页。
③ ［宋］朱熹：《伊洛渊源录》卷十，《朱子全书》第12册，第1057页。

语主要表达了两个理由。其一，胡安国与谢良佐之间的关系是"义兼师友"，尊信他的人品、学问，既然兼具"师"与"友"，那当有一定的师承关系，不能纯当作是同辈讲友。其二，胡安国的"论其传授却自有来历"，主要指继承了程颐的《春秋》学大旨。这一继承离不开谢良佐的介绍，正如上文所言，谢良佐与胡安国《春秋》学之间的联系是极为明显的。再味胡安国与谢、杨之间通信款曲。谢良佐答胡安国书云"承谕进学加功处，甚慰甚慰"。杨时《答胡康侯书》，第二书云"某辱示问"，第三书"示谕别后持五戒，益知进学之力，欣慰欣慰"，第八书"承示问政事先后缓急之序"，等等。① 其间长幼之序固已判然，若谓朱熹、黄宗羲列胡安国为上蔡"门人"固有可商处，但若如全祖望仅列为"讲友"，似更不稳妥。

总之，胡安国所谓与谢、杨、游三先生之间"义兼师友"，其问题的实质是在伊川学被官方禁止，学者之间被迫"自相传道"的现实压力下体现出来的政道与师道之张力。胡安国与三先生之间，其"师"的成分更大一些。论其"师"之一面，崇宁初年间，胡安国因谢良佐、杨时得闻伊洛《春秋》学绪论，秉持后进之礼，既听其人、学其说，其时尊谢、杨、游为"师"。论其"友"之一面，崇宁五年底，胡安国坐李良辅诬告落职，故"某之出处，自崇宁以来皆内断于心，虽定夫、显道诸丈人行亦不以此谋之"，形成独立的人品、学问，然胡安国也自承"后亦少悔"。对于胡安国之独立学行，谢良佐也十分赞赏，曾对门人朱震说："胡康侯正如大冬严雪，百草萎死，而松柏挺然独秀者也。"② 不过，既曾对谢良佐修"后进礼"，就不必因胡安国后来达到的学问成就而讳言其曾经的问学经历。全祖望认为"梨洲先生天资最近乎此，故尤心折于谢"，以为黄宗羲推崇谢良佐太过，而全氏本人则不满意谢良佐之学"堕入葱岭处"③，故他必欲分离谢良佐、胡安国为两条学术脉络，徒生一枝节，似大可不必。朱熹、黄宗羲与全祖望有关胡安国"上蔡门人"之身份的分歧，其本质是三人对政道与师道关系的不同看法，朱熹、黄宗羲将师道置于政道之上，全祖望则视政道高于师道，造成这一对立的直接原因，乃是北宋晚期理学在官学打压下的"自相传道"之现实，这正是谢良佐、胡安国授受之问题复杂性之所在。

---

① 《上蔡语录》卷下，《朱子全书外编》第3册，第38页；[宋]杨时：《杨时集》卷二十，第537、540、546页。
② [宋]胡寅：《斐然集》卷二十五《先公行状》，岳麓书社，2009年，第524页。
③ [清]黄宗羲原撰，[清]全祖望补修：《宋元学案》卷二十四，第916页。

四、上蔡门人考：谢良佐与北宋晚期的理学传承

正如上节所言，除了"自相传道"之外，一些未被党籍禁止接触学者的程颐门人，成了学习"伊川学"的途径。在崇宁、大观之后，已出党籍的谢良佐、未列党籍的杨时等人在此时都"收罗"了大批前来访学的士人。关于谢良佐门人，《上蔡学案》列有朱震、朱巽、曾恬、詹勉、郑毂五人，事多未详，不足以呈现上蔡门下问学之全景。以下更为补全，这些上蔡门人，他们的弟子身份虽不如胡安国那般复杂，但通过考察各门人从学之年月、时间、目标、方式，亦能进一步证明谢良佐之讲学实乃程颐的"伊川学"之延续与新发展。

（一）上蔡门人

1. **詹勉**，字力行，福建南剑州人，大观、政和年间从学。《宋元学案》记载詹勉：

> 从上蔡游，兼师了翁，穷幽极微，期于自得。操履坚正，于新经之学无浼焉。晚以贫，就一官，监合同场。不求苟合，鲜有知者。陈默堂尝荐之，以为躬行无倦，老成之人。①

了翁即陈瓘，建中靖国元年与谢良佐同在京师编修《神宗实录》而被列入元祐党籍。谢良佐《答胡安国》曾提及：

> 良佐同在京师，来相访者多仙乡士子，其间爽固异北人，一闻当便知趣。然学之所贵，有诸己之为难，闻詹君辈勇进可喜，能更觑得破一切物累，尤佳。若觑不破，未论行险侥幸，而气已弱，志已丧矣。②

此信的"詹君"当即詹勉。信中说"良佐同在京师"，指政和元年谢良佐与杨时在京中见面，得程颐晚年《易传》为之校定（详本书附录《年谱》政和元年、二年、三年条）。詹勉的生平不详，据此信推测，他与胡安国的关系密切，从学时间又在政和之前，应该也在大观年间。其学以力行、自得为宗旨，以"勇进"得到谢良佐的称赞，而当时尚未能"觑得破一切物累"。南宋初，

---

① ［清］黄宗羲原撰，［清］全祖望补修：《宋元学案》卷二十四，中华书局，1986年，第937页。

② ［宋］吕本中：《吕本中全集·师友杂志》，第1103页。

陈渊《默堂集》卷十四《荐詹力行札子》：

> 渊等伏睹本州岛迪功郎、监合同场詹勉，学问粹深，操履坚正。方崇、观、政、宣间，学校之士务为诡词曲说，追逐时好，唯恐不售，而勉独以谢显道、陈可中为师，穷幽极微，期于自得。晚得一官，为贫就禄，不求苟合。可谓自信甚笃，躬行无倦。老成之人，而沈匿下僚，鲜有知者。伏望钧慈考其所学，特赐旌别。庶几晚进有所激劝，不为无补。①

按，陈渊，字默堂，陈瓘之子，与詹勉同为南剑州人，故荐称"本州"。陈瓘形容詹勉的学术"期于自得"，因此"鲜有知者"，这与谢良佐晚年之学的风格是一致的。

2. 郑毂，字致远，号九思，福建建安人，登政和八年（重和元年，1118）进士，约在大观元年（1107年）后从学。郑毂著作失传，陈渊《默堂集》卷一九有《与郑致远知县书》一封。此外，据诸书可收得其遗语四条。

《（弘治）八闽通志》卷六十五：

> 字致远，建安人。父镇。毂初就学能知圣人之道在《中庸》，其父奇之。既冠入太学，所为文不尚时好。执父丧，有吁天止火之异。屡举未第，乃走河南，而程子已逝。因游谢显道之门。政和六年，以八行举。已而第进士，调御史台主簿，以秘书郎守临江，遂丐祠，归，自号九思。②

程颐在大观元年（1107年）去世，郑毂向谢良佐求学在此之后，亦可见从"伊川学"到"上蔡学"的演变过程。《建瓯县志》载郑毂读《中庸》：

> 昼夜诵《中庸》不息，父戏之曰："此篇句读，易读耶？"毂拱而对曰："读书止于句读，安用之？窃意圣人之道在此书。"③

---

① 曾枣庄、刘琳主编：《全宋文》第一百五十三册《陈渊五·荐詹力行札子》，上海辞书出版社；安徽教育出版社，2006年，第161页。
② ［明］陈道监修、［明］黄仲昭编纂：《（弘治）八闽通志》卷六十五，明弘治刻本，第9a页。
③ 詹宣猷修、蔡振坚纂：《建瓯县志》卷三十二，1929年铅印本，第4a页。又见杨应诏《闽学源流》卷六。

89

郑毂在南宋初期传播谢良佐之学颇有功。郑毂与朱熹的父亲朱松同年登第，谢良佐之学亦多经由郑毂传到朱熹。据束景南先生考证，朱熹见郑毂约在绍兴十九年己巳（1149年）。当时朱熹20岁，而郑毂已70余岁，束景南考证是时正在朱熹苦读上蔡《论语解》。① 那么，朱熹年轻时对上蔡之学的兴趣，可能与郑毂不无关系。

郑毂曾记录了谢良佐讲学的生动场景。《二程遗书》卷三"谢良佐追忆平日语"收有郑毂求学谢良佐的语录三条：

其一，程颢曾与谢良佐讨论："切脉最可体仁。"

郑毂云："尝见显道先生问此语，云：'是某与明道切脉时，坐间有此语。'"②

其二，谢良佐曾编录《五经语》为一册，被程颢批评"玩物丧志"。

郑毂云："尝见显道先生云：'某从洛中学时，录古人善行别作一册，洛中见之，云是玩物丧志，盖言心中不宜容丝发事。'"③

其三，郑毂最重《中庸》"鸢飞戾天"与"鱼跃于渊"两句，曾以此求教谢良佐。

郑毂云："尝问此二句，显道先生云：'非是极其上下而言，盖真个见得如此，正是子思吃紧道与人处。若从此解悟，便可入尧、舜气象。'"④

谢良佐从"道与人"的分际切入尧舜气象，正是其一贯所强调的下学而上达之道，也符合郑毂少时读《中庸》所求圣人之道。郑毂也曾将谢良佐讲学场景告诉朱熹，郑可学记《朱子语类》载郑毂语录一条：

毂尝云："曾见上蔡每说话，必覆巾掀髯攘臂。"（杨）方录云："郑毂言：'上蔡平日说话到掀举处，必反袖以见精采。'"某曰："若他与朱子

---

① 束景南：《朱熹年谱长编》上册，第128页。
② 《二程集》卷第三，第59页。
③ 《二程集》卷第三，第60页。
④ 《二程集》卷第三，第61页。

发说《论语》，大抵是如此。"曰："以此语学者，不知使之从何入头！"①

谢良佐讲学"能近取譬"，是所谓"近思"之学。谢氏善于指物为喻，如上节所云"以射喻""以所坐亭喻"等，此处的"覆巾、掀髯、攘臂""反袖"，也当属于此类，这正是其讲学"善启发人"的生动体现。朱熹少时为学，亦赖谢良佐以发其趣，《朱子语类》录此语在中晚年，心境与初学时不同，未可作一概论也。

3. 曾恬（？—1152），字天隐，泉州晋江人，晚寓常熟，崇宁、大观年间求学，记有《逍遥先生语录》两卷，南宋初刊于吴中。

曾恬是北宋名相曾公亮的曾孙，出身世系名门，他对"存心养性之学"感兴趣，因而求学杨时、谢良佐、陈瓘、刘安世等人。《泉州府志》记载：

> 曾恬，字天隐，公亮曾孙。少从杨龟山、谢上蔡、陈了翁、刘元城诸贤游，为存心养性之学。绍兴中仕至大宗正丞，秦桧当国，恬自守不为诎。求外祠，得主管台州崇道观，寓常熟僧刹，有《上蔡语录》二卷。②

韩元吉《高邮军曾使君墓志铭》更进一步道明了"王氏新书"的官学与程门"性命之理"的私学之对立：

> 虞部之子讳恬者，君父也，字天隐。方崇宁、大观间，天下学者趋时好，溺王氏新书，以弋声利。奸臣擅朝政，至禁锢诸儒之说，俾不得传。而天隐独欲探性命之理，从上蔡谢先生、龟山杨先生游，以讲明圣人之道，善类至今称之，以其字行。③

曾恬来学时间在崇宁、大观间。今本《上蔡先生语录》卷中、卷下，皆曾恬所记。以《上蔡先生语录》内容推论，上卷（胡安国《谢子雅言》）主要记于崇宁四年胡安国初见谢良佐时，而曾恬未得与闻，故知曾恬四年尚未来学。《上蔡先生语录》中卷，胡安国、曾恬皆有记录，当在五年以后。曾恬晚年寓居常熟僧刹十余年，似不太重视儒、佛之辨，这点与胡安国颇为不同。《谢子雅

---

① ［宋］黎靖德编：《朱子语类》卷第一百一，第2564页。
② ［明］阳思谦修：《（万历）泉州府志》卷十六，明万历刻本，第12b页。
③ 《全宋文》第216册，第318页。

言》首条问儒佛之别,而曾恬《逍遥先生语录》下卷混杂有佛语百余章,颇为朱熹诟病。

4. 朱震(1072—1138),字子发,荆门军人(一说福建邵武人),学者称汉上先生,著有《汉上易传》,大观年间从学。

《(万历)邵武府志》卷六十三《丛谈》:

> 朱震,字子发。初,震以八行荐,时上蔡谢良佐在西京,震谒之。①

旧说多将朱震从学谢良佐系于崇宁元年、二年左右,误。徽宗大观元年(1107年)始下诏举八行,朱震必在此之后才与上蔡结识。朱震自太学往西京从学,可由此反证得谢良佐在西京洛阳担任监竹木务一职在大观年间。朱震在谢良佐处所学,主要是经学方面。此后,注重发扬经典中蕴藏的圣人之道,成为了朱震学术的一大特色。胡宪《上蔡语录跋》:

> (朱震)云先生监西竹木场日,自太学往见之,坐定,子发进曰:"震愿见先生久矣,今日之来无以发问,不知先生何以见教?"先生曰:"好与贤说一部《论语》。"子发愕然,意曰刻如此,何由歆其讲说。已而具饮酒五行,只说他话。及茶罢,掀髯曰:"听说《论语》。"首举"子见齐衰者、冕衣裳者与瞽者,见之虽少必作,过之必趋"。又举"师冕见,及阶,子曰阶也,及席,子曰席也。皆坐。子告之曰某在斯某在斯"。"子张问曰:与师言之道与?子曰:然。固相师之道也。"夫圣人之道无显无微,无内无外,由洒埽应对进退以至于天道,本末一贯,一部《论语》只恁地看。②

朱震与谢良佐之师承关系,是较为明确的。黄宗羲《宋元学案》原稿也将朱震列为"上蔡门人"归入《上蔡学案》之中。全祖望补修《宋元学案》,另辟《汉上学案》为一卷。绍兴四年(1134年),朱震被召,向胡安国问出处之宜:"公曰:'子发学《易》二十年,至有成说,则此事当素定矣。'"③ 前推二十年,朱震学《易》约在政和四年(1114年),大概在这时,朱震开始在谢良佐之学的基础上发展了自己独立的汉上易学体系。绍兴六年,朱震向朝廷进言

---

① [明]韩国藩修;[明]侯衮、[明]吴起龙等纂:《(万历)邵武府志》卷六十三,明万历四十七年刻本,第5a页。
② [宋]胡宪:《上蔡语录跋》,《上蔡语录》附录,第41页。
③ [宋]胡寅:《斐然集》卷二十五《先公行状》,岳麓书社,2009年,第524页。

第三章　从"伊川学"到"上蔡学"：北宋晚期理学的发展

"良佐之贤，亲传道学，举世莫及"，讲明了谢良佐在理学传承中的地位与作用。经过朱震的推荐，谢良佐之子谢克念得以补官。

然而，朱震晚年与理学的关系似有微妙。绍兴六年（1136年），陈公辅上书高宗，要求禁止"伊川学"，批评传承伊川学的学者都是"趋时竞利饰诈沽名之徒"①。朱震当时身为经筵官，却对此事不发一言，颇为后人诟病。

5. 朱巽，字子权，朱震弟，荆门军人，一说福建邵武人。与兄朱震同在太学，在大观年间偕从谢良佐问学，早卒。

朱巽与兄朱震并称"二朱"，擅文学。《荆门州志》卷二五记载：

> 朱巽，字子权，震之弟，少擅文，誉。与兄读书东堡山麓，筑台其上，即孙何兄弟东山书院也。既而得震理学真传，与俱入太学，从谢显道讲学，遂与兄齐名。时人语曰："岳岳东堡，连出名儒。前有三孙，后有二朱。"今读书台遗址犹存。②

朱巽在从学谢良佐之前，主要从事举业之学。此后，朱巽先后从吕希哲、胡安国学，得闻科举之外别有"根本学问"。吕本中《师友杂志》记载：

> 建中靖国元年冬，荥阳公出守曹南，属李瑞粹老以荆门朱巽为荐。巽为人淳谨无他，专意时文。从予家至相州、邢州，至京师取解被黜，遂归荆门。时胡安国闲居荆门，巽慕其科第，又有操行，常见之。康侯知其曾游荥阳公之门也，再三问公寻常语言及动作等，巽不能详对，但言别公时尝求公诗，得诗之卒章，言："他日稍成毛义志，再求师友究渊源。"康侯再三谓巽："此乃吕公深教左右为学未是，使左右登科后别为根本学问也。"由是，巽与其兄震子发，始皆发愤，力为学问，因从谢显道学，久之皆有所成。巽先死，震后遂为时用。③

荥阳公指程颐门人吕希哲，康侯即胡安国。胡安国在崇宁末、大观年间闲居荆门，据胡寅《先公行状》，胡安国崇宁五年年底以李良辅诬告勒停，至大观四年才复官，其间居荆门侍亲。朱巽从学谢良佐在胡安国"闲居荆门"时。此

---

① ［宋］李心传：《道命录》卷第三，第26页。
② ［清］舒成龙纂修；［清］李法孟、［清］陈荣杰纂：《（乾隆）荆门州志》卷二五《文学》，清乾隆十九年刻本，第2b页。
③ ［宋］吕本中：《吕本中全集·师友杂志》，中华书局，2019年，第1097页。

外，曾恬所记《逍遥先生语录》有"朱曰"数条，可知还与曾恬同学，也在大观初。

《二程遗书》卷十九，杨遵道记云：

> 谢良佐与张绎说："某到山林中静处，便有喜意，觉着此不是。"先生曰："人每至神庙佛殿处便敬，何也？只是每常不敬，见彼乃敬。若还常敬，则到佛殿庙宇，亦只如此。不知在闹处时，此物安在？直到静处乃觉。"绎言："伊云，只有这些子已觉。"先生曰："这回比旧时煞长进。这些子已觉固是，若谓只有这些子，却未敢信。"（胡本注云："朱子权亲见谢先生云：'某未尝如此说。'恐传录之误也。"）①

此处"胡本注"，指胡安国整理的《二程语录》，其作者应当是胡安国，二朱与胡安国的联系可见一斑。

6. 石子殖，一作"石子殖"，山东曹州曹南人。与赵鼎臣同在太学为官，曾恬《逍遥先生语录》有其名，在大观年间从学。《上蔡先生语录》卷下：

> 举莹中道"吕源明只会作宰相"，石子殖论其家学修相业。云："有之，宰相也不难做，只是公其心可以为相……"

按，源明，吕希哲字；莹中，陈瓘字。石子殖之名见于《上蔡先生语录》卷下，可知与曾恬同时在学，在大观年间。

崇宁初，石子殖与吕本中相识于曹南，吕本中《叔度、季明学问甚勤而求于余甚重其将必有所成也因作两诗寄之其二》：

> 念我少年日，结交皆老苍。曹南见颜石，甬上拜饶汪。（自注：颜平仲、石子殖、汪信民、饶德操。）敢幸江海浸，得沾藜藿肠。诸郎但勉力，余事及文章。②

《宋元学案》列为"元城学侣"，未确。冯梓材："晁氏书作石子殖，而

---

① 《二程集·遗书》卷十九，第255-256页。
② ［宋］吕本中：《吕本中诗集校注》卷九，韩酉山校注，中华书局，2017年，第722页。

《元城语录》作子植，盖一人也。"①

7. 周遵道，字正夫，临川人，登哲宗绍圣四年何昌言榜进士第，名列崇宁三年"元祐党籍碑"。旧传《豹隐纪谈》题"周遵道著"，然书中多记南宋中后期事，盖同名者。

张九成《横浦先生文集》卷一八《与台州曾侍郎书》：

> 故人周正夫机宜之子本寓治下，今欲求见，幸与进。正夫，名遵道，临川人，何昌言榜登第，元祐中上书论事，不仕宦，曾见谢显道先生，与吕源明、丰相之、王敏中游。顷在钱塘，日与之处。其人博学高识，批判古今，如指诸掌，奇士也，不遇而卒。其孤本守贫不干人，亦可喜也。②

此书写与曾侍郎，即上蔡门人曾恬。吕源明，即吕希哲；丰相之，即丰稷；王敏中，即王古，一字敏仲。周遵道的生卒不详，但他与谢良佐应该年龄相近。张九成说周遵道"曾见谢显道先生"，而与吕、丰、王三人的关系是"从游"，那么，周遵道与谢良佐的关系当是师生无疑。朱熹曾认为："上蔡多说知觉，自上蔡一变而为张子韶。"③ 张九成未曾直接见谢良佐问学，他与谢良佐的联系应该是通过曾恬、周遵道而产生的。张九成曾在南宋初期进讲经筵，朱熹虽批评张九成的学术流入禅学，但也认可张九成"做得来高，不似今人卑污"，而朱子正好也认为上蔡以"高明"见长，这一评价也道出了谢良佐与张九成的另一个相似处。

《上蔡先生语录》卷中：

> 石问："孟子所谓'尽其心者知其性，知其性则知天。存其心，养其性，所以事天'。知天、事天，如何？"曰："事天又别。"问："知天莫便能事天否？"曰："不然。且如今人莫不知有君父，能事君父者少。存心养性，便是事天处。"朱曰："事天工夫最难。"周曰："事则是不违。"又问：

---

① [清]黄宗羲原撰，[清]全祖望补修：《宋元学案》卷二十《元城学案》，中华书局，1986年，第833页。
② 曾枣庄、刘琳主编：《全宋文》第一百八十四册《张九成三·与台州曾侍郎书》，上海辞书出版社；安徽教育出版社，2006年，第21页。
③ [宋]黎靖德编，王星贤点校：《朱子语类》卷第一百二十三《陈君举》，中华书局，1986年，第2962页。

"心与性是如何？"曰："心是发用处，性是自然。"①

此处的"周曰"，应当即周遵道所说，那么，曾恬、石子植、二朱兄弟、周遵道应该同时问学，亦可见大观年间上蔡讲学之盛景。

周遵道的语录主要收录在施德操《北窗炙輠录》中，现存 18 条，主要涉及君道、诗论、孟子学。周遵道曾说："仁宗皇帝百事不会，只会做官家。"② 这句话在后世广被引用，元人巘巘为之增加了下半句："宋徽宗诸事皆能，独不能为君耳。"③

周遵道与程颢、谢良佐一样，擅长游艺之学，他曾以射喻仁。《北窗炙輠录》载："正夫曰：'譬之射者，左亦见是的，右亦见是的，前亦是的，后亦是的。射者左射右射，面射背射，不论如何，只是要中的。如何是的？曰：仁。'"④

8. 符君，姓名、里籍不详，记有《上蔡语录》97 章，今佚。在京师从学，对比上蔡行迹，从学时间有建中靖国与政和年间两种可能，以政和初年的可能性较大。

张栻《跋符君记上蔡语录》：

> 符君生于远方，及游京师，乃能从上蔡谢先生问学，得先生一语，随即记录，今传于家者九十有七章。若符君者亦可谓有志于学矣。予谓当表而出之，以为远方学者模楷，故附志于兵部侍郎胡公铭诗之后，使来者当有考焉。⑤

胡公，指胡铨（字邦衡，1102—1180），吉州庐陵人，号澹庵。今《澹庵集》中未见张栻所云铭诗。

9. 黎氏，姓名不详，疑即是胡安国门人黎明，字才翁，长沙人。在大观年间从学。

---

① 《上蔡语录》卷中，《朱子全书外编》第 3 册，第 27 页。按，点校者断为"事天工夫最难周"，误。"周"当指上蔡门人周遵道，"周曰"当属下读。
② [宋] 施德操：《北窗炙輠录》卷上，虞云国、孙旭整理，大象出版社，2019 年，第 23 页。
③ [清] 王士禛：《池北偶谈》卷九，靳斯仁点校，中华书局，1982 年，第 202 页。
④ [宋] 施德操：《北窗炙輠录》卷上，第 32 页。
⑤ [宋] 张栻：《张栻集·新刊南轩先生文集》卷三十三《跋符君记上蔡语录》，杨世文点校，中华书局，2015 年，第 1276 页。

<<< 第三章　从"伊川学"到"上蔡学"：北宋晚期理学的发展

《宋元学案》卷三十四载：

> 黎明，字才翁，长沙人也。以孝友信义著称。师事胡文定公。建炎之乱，文定避地荆门，先生为卜室庐，具器币，往迎之。胡氏之居南岳，实昉于此。……湖湘学派之盛，则先生最有功焉。去今六百余年，莫能举其姓氏者。予从《薛常州集》《魏秦公集》得其厓略，亦稍足以传矣。①

《宋元学案》仅列为胡安国门人，似不全面。《上蔡先生语录》卷中，曾恬记：

> 至如博观泛览，亦自为害。因举伯淳语云："贤读书，慎勿寻行数墨。"黎云："古禅老有遮眼之说。盖有所得，以经遮眼可也。无所得，所谓牛皮也，须穿透。"②

按，此"黎云"未标明姓名，然考察当时黎氏学者，以黎明的可能性最大，盖先从谢良佐问学，南渡以后又与胡安国往来。

（二）上蔡私淑

孟子云："予未得为孔子徒也，予私淑诸人也。"崇宁、大观之后，在北宋晚期亦有学者景仰谢良佐之学，然未及从学门下，而从谢氏的语录、著述中接续伊洛学脉，故列为私淑，以呈现谢良佐学术衍流之余绪。

1. 胡宪（1086—1162），字原仲，号籍溪，胡安国从子，朱熹少从其学。胡宪在大观初年由胡安国、朱震得闻上蔡之学，主要是《论语》学。胡宪之于谢良佐，在续传、私淑之间。

胡宪《上蔡语录跋》云：

> 宪大观初年在长沙侍文定公左右，每听说上蔡先生之学问，以为其言善启发人。其后，在荆门学舍从朱二丈子发游，甚欸。子发所得话言及书疏必以相示。③

---

① ［清］黄宗羲原撰，［清］全祖望补修：《宋元学案》卷三十四《武夷学案》，中华书局，1986 年，第 1190-1191 页。
② 《上蔡语录》卷中，《朱子全书外编》第 3 册，第 29 页。
③ ［宋］胡宪：《上蔡语录跋》，《上蔡语录》附录，第 41 页。

据此，谢良佐离湖北后，与朱震等人通过书信论学，胡宪尚年少，随侍叔父之侧，未得从游谢良佐。周必大《胡宪墓表》也说：

> 原仲自言少从其从叔文定公传《论语》学。……伊川程公正叔之门从学者众，上蔡谢良佐显道最为高弟，以其所得授之文定公康侯。①

胡宪在绍兴二十九年指导朱熹编撰《上蔡语录》三卷，朱熹早年对谢良佐之学的接受与研读，与胡宪的关系甚大。

2. 胡寅（1098—1156），字明仲，一字仲虎，号致堂先生，谥文忠，私淑谢良佐《论语》学。

胡寅《鲁语详说序》说：

> 某年十六七，见先君书案上有河南《语录》，上蔡谢公、龟山杨公《论语解》。②

胡寅在政和三年得见谢良佐《论语解》，然是时尚专心于举业，用力于官学，未对《论语解》有何留意。四五年后，胡寅在太学再得《论语解》，开始留心谢良佐学术，其《上蔡论语解后序》说："某年二十一，当政和戊戌，在太学得其书，时尚未盛行也。后五年，传之者盖十一焉。"③ 胡寅曾校对《论语解》，后被朱子收入《论孟精义》。

3. 谢裦，字智崇，阳夏人，徙建安，登绍兴八年黄公度榜进士第，私淑谢良佐《论语》学。附：马震，字知止，山阳人，生平不详，私淑《论语》学。

谢裦与胡寅交往深厚，胡寅为其父谢舜宾作《阳夏谢君墓志铭》：

> 长曰裦，左迪功郎，汀州司户参军。……裦与予同为太学生，今逾二十年，文日昌，行日修，策名南宫以显其亲。方力学不怠，曰："吾父期我者，非觅举得官之谓也。"是可书。④

---

① 曾枣庄、刘琳主编：《全宋文》第二百三十二册《周必大一六四·籍溪胡先生宪墓表》，上海辞书出版社；安徽教育出版社，2006年，第298页。
② ［宋］胡寅：《斐然集》卷十九《鲁语详说序》，岳麓书社，2009年，第374页。
③ ［宋］胡寅：《斐然集》卷十九《上蔡论语解后序》，第365页。
④ ［宋］胡寅：《斐然集》卷二十六《阳夏谢君墓志铭》，第536页。

<<< 第三章 从"伊川学"到"上蔡学":北宋晚期理学的发展

谢袭曾有意与胡寅、马震刊刻谢良佐《论语解》,以广其传。胡寅《鲁语详说序》云:

> 同舍建安谢袭智崇传于山阳马震知止,欲以其传授粥书者,使刻板焉。庶以道好善君子,欲博文求征而不得者,其志足称矣。然某以往昔所见,比智崇今本文义,有或不同意。先生年邵而智益明,有所是正,故更欲得善本参校,然后传之。①

谢袭传于马震的《论语解》,与胡寅在太学所得本,文字、意思皆有不同之处。今已难考二本《论语解》哪本是谢良佐定本。今传朱熹《论孟精义》所收《论语解》为胡寅后定本,内容相比初本有所不同。朱子《论语或问》曾指出:"谢说,旧本有'欲学者必周于德'一句,最能发明此章之意,后本削之,不识其何意也。"② 盖谢良佐《论语》学之传,有赖四人之传,故能渐渐流传。

谢良佐《论语解》在元祐与宣和年间的不同境遇,似乎颇能说明元祐之学与北宋晚期理学的差别。胡寅曾经说:

> 上蔡谢公得道于河南程先生,元祐中掌秦亭之教,遂著《论语解》,发其心之所得,破世儒穿凿附会、浅近胶固之论,如五星经乎太虚,与日月为度数不可易也,其有功于吾道也卓矣! 而学者初不以为然也。③

作为谢良佐唯一注经之作,《论语解》的被冷落预示着元祐年间的学术格局,当时程颐正处于讲学的鼎盛阶段,有志于理学的学者可以直接向程颐学习伊川学;而到了崇宁年间,随着程颐步入晚年,以及伊川学被官方禁绝,《论语解》作为程门弟子以理学注经的代表作,开始被士子广泛阅读。宣和三年,胡寅再次谈到谢良佐的这本著作,他说:"谢公《语解》则已锓版盛行。噫! 此岂人力也哉!"④胡寅的这一评价,用以总结谢良佐与北宋晚期理学的发展,再合适不过了。

---

① [宋] 胡寅:《斐然集》卷十九《上蔡论语解后序》,第365页。
② [宋] 朱熹:《论语或问》卷九,《朱子全书》(修订本)第6册,第776页。
③ [宋] 胡寅:《斐然集》卷十九《上蔡论语解后序》,第365页。
④ [宋] 胡寅:《斐然集》卷十九《鲁语详说序》,第374页。

第四章

"上蔡学"的形成:从《论语解》到语录

谢良佐《论语解》是二程学派第一部完整的经学著作。本章意在从经学的层面解读王安石新学与二程理学在学术层面的交替,由此凸显谢良佐《论语解》在两宋之际的流传与影响,考察"上蔡学"的学术特质。理学家遍注群经,通过经典解释构建了一套完整的儒家学说。与此同时,理学家在讲学的过程中,形成了以"语录"为特征的著述形式。经学与语录之间的关系,应如何理解。程颐去世以后,其大量的语录开始流传,推进了理学的普及。从谢良佐早年的经学注释《论语解》到其中晚年的《上蔡先生语录》,标志着上蔡学的正式形成。

一、经学与理学

自汉武帝立五经博士以后,经学正式获得了官方的认可,其后历经两汉、魏晋南北朝的发展,形成了传、注、解、说、义疏等体例纷呈的经学历史,最终在唐朝被编为《五经正义》,正式确定了中世经学的形态,经学也随之进入相对保守的阶段。其后,中唐崛起的儒家经学复兴运动,一方面基于儒家经学内部自我发展的可能,立足五经对于传统注疏提出了批判;另一方面,在道、佛教心性理论激发下,儒家经典的一些思想资源重新被重视,逐步挖掘出以性与天道、道统为中心的新问题。理学家通过对儒家《五经》重新选择和开发,将其中可以用于哲学创造的文本加以整理和诠释,最终由朱熹确立了以《四书》为中心的新经典,这是宋代的理学式经学诞生与发展的主要脉络。

(一)宋学与经学哲学

宋代经学,常被称为"宋学",以区别于此前的汉、唐经学。宋代经学的特色,集中体现在理学家的经典注释中。吴雁南先生《中国经学史》指出:

> 宋人解经诸派中,有一个以"理"("道")("心")为最高本体范畴的学派,这就是理学。理学在治经典籍、解经方法、阐经内容上与以前的经学都有重要区别,它一改传统经学直观与简陋的解经方式与哲学思辨

内容，通过探求经书中"性""理"的奥秘，并将佛、道思想融入阐经中，使宋代经学具有新的风格和高度哲学理性思辨的特点。①

确实，随着理气论、心性论、性理学等新体系的确立，以理、气、性、心等概念范畴为核心的理学初步形成。两宋经学表现出与传统汉唐经学明显有别的新气象，伴随着宋儒对经学形式的改进，通过经学注释所提出来的新的学说内容，意味着一种新的经学哲学的产生。经学哲学在宋代主要是通过理学式经学的形式来表达其内容的。关于经学哲学，朱伯崑先生曾指出：

> 近代以来，讲经学史的，不讲其中的哲学问题；讲哲学史的又不谈其中的易学问题。后种倾向，由于脱离经学史，谈历代哲学思想，总有隔靴搔痒之感。不能揭示出其形成和发展的理论渊源……孤立地分析其哲学概念、范畴和命题，见枝叶而不见本根，则难以说清楚其理论的特征及其来源。②

在朱伯崑先生对经学与哲学之关系论述的启发下，如向世陵先生《理学与易学》，吴国武先生《经术与性理：北宋儒学转型考论》，朱汉民、肖永明先生《宋代〈四书〉学与理学》，蔡方鹿先生《朱熹经学与中国经学》等皆注意到理学在经学、哲学层面的可互通性，由向世陵主编的《宋代经学哲学研究》三卷可视为对这一概念的系统阐发。③ 那么，在二程、谢良佐等北宋理学家这里，究竟提出了什么样的新经学呢？与理学家针锋相对的王安石一派在经学上又有什么样的特点呢？

（二）"王氏之学离，伊川之学合"

近代学者刘师培梳理北宋经学，分为王安石的"新义"与二程的"义理"两派。从学术的影响看，义理派在南宋、元、明时的影响更持久，奠定了"宋代经学即理学"的特色；而刘敞、郑樵、蔡卞、王昭禹、罗愿、陆佃等人皆以荆公新说为折中，新义派的特长是"立说之精，亦间有出于汉儒之上者"，开清儒之先风。④ 若以时代为判，两派分别盛行于汴、杭两京。由此，宋代经学以北

---

① 吴雁南、秦学颀、李禹阶主编：《中国经学史》，福建人民出版社，2001年，第324页。
② 参见朱伯崑：《易学哲学史·华夏版序言》，昆仑出版社，2009年，第53—54页。
③ 参见向世陵：《宋代经学哲学研究·基本理论卷》，上海科学技术出版社，2015年，第1—7页。
④ 刘师培：《国学发微》，见《刘申叔遗书》，江苏古籍出版社，1997年，第499页。

宋、南宋为别，形成了王安石新学与二程理学两种体系。关于这两种体系的特点，宋人龚昱的概括可谓精到："王氏之学离，伊川之学合。"①

如何理解王安石之学的"离"？对龚昱来说，这可能与王安石经学常被批评的弱点"穿凿"有关。穿凿是由王安石的经学方法"随文解义""分文析字"导致的，缺乏统一经学文本的基础。马宗霍指出王安石"解经多援《字说》为训诂，虽富新意，颇伤穿凿"②。与宋代兴起的《说文》《尔雅》之学相似，王安石试图在"字"的分析上把握"道"的统一。从二程义理学派的视野看，王安石由"字"以通"道"的尝试是失败的。黄震认为："《周礼》《诗》《书》三经义《序》，皆公自主其说；《字说序》谓知此则于'道德'之意已十九，何过耶！"③以"字训"汇合群经，这种方法的有效性较弱，宋晁说之曰："董仲舒曰：'《诗》无达诂，《易》无达占，《春秋》无达辞。'范宁曰：'经同而传异者甚众，此吾徒所以不及古人也。'呜呼！古之人善学如此。今一字诂训，严不可易；一说所及，诗、书无辨。五经同意，三代同时。何其固邪！"④

在理学家们看来，"离"也意味着王安石的经说多变，立说过急、缺乏稳定性。《三经义》颁行不久，王安石就上札改正经义，其中除改正别字之外，也涉及许多经说。这也受到了时人的诟病，邵博说王安石"学务凿，无定论类此，如《三经义》颁于学官数年之后，又自列其非是者，奏请易去，视古人悬诸日月不刊之说，岂不误学者乎？"⑤对比王安石与程颐等理学家的经学，《三经义》的目标是"一道德、同风俗"，奠定国家的政教秩序，由此要考虑经学在政治实践中的具体情境。王安石也曾经写过《致一论》，该文试图为政教与道德寻找稳定、统一的根据。朱熹虽站在对立者的立场上，但对此仍有所同情："王介甫行《三经》《字说》，说是'一道德，同风俗'，是他真个使得天下学者尽只念这物事，更不敢别走胡说，上下都有个据守。"⑥新学在解经时试图为政教与道德寻找稳定、统一的根据。与之相比，理学家解经的重点在于修身践履，以此发掘道德的一致性。

---

① [宋] 龚昱：《乐庵语录》卷一，台湾商务印书馆影印文渊阁《四库全书》本，第849册，第298a页。
② 马宗霍：《中国经学史》'宋之经学'，上海书店出版社，1984年，第118页。
③ [宋] 黄震：《黄氏日抄》卷六四，第264页。
④ [宋] 晁以道：《嵩山文集》卷十三《儒言》，台湾商务印书馆影印文渊阁《四库全书》本，第0698册，第501d页。
⑤ [宋] 邵博：《邵氏闻见后录》卷第二十，李剑雄、刘德权点校，中华书局，1983年，第157页。
⑥ [宋] 黎靖德编：《朱子语类》卷第一百九，第2694页。

<<< 第四章 "上蔡学"的形成：从《论语解》到语录

王安石学派解经的新义学，在北宋晚期被理学取代，主要与北宋晚期政治社会秩序的崩解有关。在此之后，北宋经学的经世观念由政教实践转向修身。①神宗推行王安石经学时曾说："经术所以经世务。"到了南宋初期，宋高宗却认为"安石之学，杂以霸道；取商鞅富国强兵。今日之祸，人徒知蔡京、王黼之罪，而不知天下之乱生于安石。"②绍兴十二年（1142年）六月二十二日癸未，有举子上书乞用《三经新义》，高宗回答说："六经所以经世务者，以其言皆天下之公也；若以私意妄说，岂能经世乎？王安石学虽博而多穿凿以私意，不可用。"③在绍兴九年，高宗指出"杨时之学，能宗孔、孟，其三经义辨甚当理。……以三经义解观之，具见安石穿凿"。陈渊的回答是："穿凿之过尚小，至于道之大原，安石无一不差。推行其学，遂为大害。"④陈渊是理学门人，故从"道之大原"批评新学。靖康间，杨时攻诋王安石新经学，结果太学"诸生习用王学，率众见时而诋詈之，时引避不出"⑤，可见杨时的攻击得不到学界的认同。到了南宋初期，对王安石的批评已得到了君主的支持，足见新义学之衰弱。

（三）"有尽者可索之于训诂，无穷者要当会之以神"

相比之下，从谢良佐《论语解》来看，理学式的经学有以下特征：

第一，明确反对章句、训诂的解经方法。从社会属性来看，汉唐社会处于封建制向郡县制转型中，权力集中于相对固定的门阀士人群体，是重视国家政治典章制度的社会；而宋代则彻底确定了官僚制，形成了流动性较强的寒门士人群体，因此是重视士人文化思想的社会。不同的社会与时代，对学术思想的要求也有所区别。政治典章制度的建立，要求学者从经典中找到政治制度与经典伦理的结合，故在名物、度数、训诂等方面有着较高的要求，这形塑了汉、唐经学的章句训诂之特色。而强调士人文化思想的宋代社会则不然，它要求学界在哲学的层面对宇宙与人生提出整体性的反思，安顿士人个体的生存意义与价值取向。在重视士人文化的宋代，内圣与外王的关系成了经学的题中之义，对经学的理解转向了对圣人的"性与天道"的追求，形成了以修身体道为中心的经学话语，而这无法通过对经学文本的章句训诂得来。二程门人王苹曾说：

---

① 刘子健将这一转变概括为"内在转向说"。参见刘子健：《中国转向内在：两宋之际的文化内向》，赵冬梅译，江苏人民出版社，2002年，第4—46页。
② [宋]李心传：《建炎以来系年要录》卷八十七，中华书局，1988年，第1449页。
③ [宋]李心传：《建炎以来系年要录》卷一百四十五，第2333页。
④ [元]脱脱等撰：《宋史》卷三百七十六，中华书局编辑部点校，中华书局，1985年，第11629页。
⑤ [元]脱脱等撰：《宋史》卷一百五十七，第3669页。

> 读者须求圣贤所以言，反复玩味，优游涵泳，期于默识心通，洞达无间，然后为学。若只循习诂训、解析文义，适足为玩物尔。①

谢良佐更是明确地对章句之学提出了批判：

> 莫道章句，便将尧舜横在肚里也不得。②

反对章句之学，并非反对阅读经典，而是防止将经典当成对象化的存在。在谢良佐看来，尧舜的行为举止也非学者盲目崇拜的对象，而应体会与追求"尧舜之道"。经学的目标非止诵读章句，亦非模仿圣人行为，最要紧处是领会圣人之心，学以至圣人。谢良佐在《论语解序》中提出：

> 天下同知尊孔氏，同知贤于尧舜，同知《论语》书弟子记当年言行不诬也。然自秦、汉以来，开门授徒者，不过分章析句耳，晋魏而降，谈者益希。既不知读其书，谓足以识圣人心，万无是理；既不足以知圣人心，谓言能中伦，行能中虑，亦万无是理；言行不类，谓为天下国家有道，亦万无是理。君子于此，盍阙乎？盖溺心于浅近无用之地，聪明日就雕丧，虽欲读之，故不得其门而入也。阳春白雪之曲且犹三和，而况此书不如是不足为圣言。盖其辞近，其指远，辞有尽，指无穷，有尽者可索之于训诂，无穷者要当会之以神。譬诸观人，昔日识其面，今日识其心，在我则改容更貌矣，人则犹故也，坐是故难读。③

在谢良佐看来，读经书的目的在于"知圣人心"，由此表现为士人的日常言、行与伦理道德的合一，从而实现国家政治秩序的"有道"，这即是谢良佐认为达到"尧舜之道"的方法，与王安石的"一道德，同风俗"有着较为明显的区别。谢良佐还进一步从"辞"与"指"两层比较"训诂"和"会之以神"两种解经的方法。在他看来，训诂只能达到辞的解释，而无法对辞背后的"指"有更确切的理解。如何"会之以神"呢？元代王恽记载了一则谢良佐与学生的对话：

---

① 王苹：《王著作集》卷二《题论语后》，《全宋文》第一百六十一册，第343页。
② 《上蔡语录》卷上，《朱子全书外编》第3册，第8页。
③ [宋]吕祖谦、[宋]林之奇：《东莱集注观澜文集·乙集》卷十七《读论语序》，黄灵庚点校，浙江古籍出版社，2017年，第443-444页。

第四章 "上蔡学"的形成：从《论语解》到语录

或问上蔡先生："讲论经典，二三其说者，当何从？"谢答曰："用得即是。验之于心而安，体之于身而可行，斯是矣。如求之或过于幽深，证之或出于穿凿，徒将破碎大体，不见圣贤之用心。宜无取焉。"①

也就是说，若要领会经典的旨意，解经方法可以分为"验之于心"和"体之于身"两个方面，而这都是烦琐的考据和穿凿的论证所不能具有的优势，后者将会破坏圣人传承的"道之大体"。在谢良佐《论语解》中，有许多地方着重强调训诂所不能达到的义涵。如《论语》的"吾道一以贯之"章，谢良佐说：

忠恕之论，不难以训诂解，特恐学者愈不识也，且当以天地之理观之。忠，譬则流而不息；恕，譬则万物散殊，知此，则可以知一贯之理矣！或问曰："孟子言'尽其心者知其性'，如何是尽其心？"谢子曰："昔有人问明道先生曰：'如何斯可谓恕心？'明道曰：'扩充得去，则为恕心。''如何是扩充得去底气象？'曰：'天地变化，草木蕃。''充扩不去时如何？'曰：'天地闭，贤人隐。'察此，可以见尽不尽矣。"又问忠恕之别。曰："犹形影也，无忠做恕不出来。恕，如心而已。"②

谢良佐指出，若以训诂的方式理解孔子的"忠恕"之说，可能面临距离孔子本义更远的风险。只有通过心性体会的方法，才能体验忠恕与天地之理的关系。忠恕从字面意思来说，分别是"中心"与"如心"，但谢良佐与程颢则将其与天地变化、草木繁育的宇宙生成现象联系起来。从文字训诂的角度来讲，忠恕与自然事物之间的联系是无论如何也得不出来的，但这恰好是理学家解经方法的特色。

第二，回应诸子、佛道在经学中的位置。如果说理学家解经的目标是通过修身达到对圣人之道的领会，那么，这一具体的目标还要回到北宋的现实中来。北宋时代的一大特色就是儒、释、道三教的有序、和谐相处状态，上至皇室、官僚士大夫集团，下至民间百姓，佛、道教学说、信仰在人们的精神世界中扮演了重要的角色。二程兄弟提倡理学，主要的理论对手即佛、道之学，但他们也不能无视佛、道之学在身心、性命方面具有的理论优势，因此程颢就曾"出

---

① [元] 王恽：《玉堂嘉话》卷五，杨晓春点校，中华书局，2006年，第135页。
② [宋] 朱熹：《论孟精义》卷第二下，《朱子全书》第7册，第154页。

入佛老几十年"，程颐本人也承认"庄生形容道体之语，尽有好处。老氏'谷神不死'一章最佳"①。而谢良佐等门人更是与佛、老之学的联系十分密切。朱熹曾与蔡元定讨论谢良佐等二程门人的学问特色，"蔡云：'上蔡也杂佛老。'曰：'只他见识又高。'蔡云：'上蔡老氏之学多，龟山佛氏之说多，游氏只杂佛，吕与叔高于诸公。'"②蔡元定的这一观察十分贴切，钟彩钧先生也曾分析：

> 上蔡一方面博学而有用世之志，精神上又追求佛老，他以道教功夫断色欲，并非作为出世的精神追求，而是希望保全精神来做事业，也是很有特色的。这是理学兴起以前一种典型的士大夫面貌。③

确实，谢良佐是在认可佛、道扮演的精神角色基础上，来提出理学的经典注解。从《论语解》的情况看，该书引用《庄子》达到15处之多，是除了《礼记》《孟子》《易经》等儒家经典之外最多的一处来源；此外，亦引用《老子》之说4处。④ 除了老庄之外，谢良佐还对《韩非子》《淮南子》等子学的著作有所引用，例如，《论语·乡党》"其言似不足者"一章，谢良佐注曰："韩非谓虑事广肆，则曰草野而倨侮。故言弥寡则弥敬，如怯懦不尽者。"⑤ 这是对诸子的关注。

谢良佐的理学式经解中，为何要吸纳诸子、佛、道的思想内容？实际上，诸子的政治文化学说，以及佛、道在身心性命之学方面的思想资源，贴合了官僚制时代大量出身寒门的士大夫的政治实践与精神需求，符合北宋儒学明体达用的整体发展趋势。谢良佐对佛、老思想的吸收，注重其身心修养的内容，将佛、老学说进行理学式融合，使其成为儒家士大夫政治文化的有机组成部分。

二、《论语解》的著述与意义

谢良佐《论语解》是其早年代表作，从著述时间看，是二程学派第一部正式完成的理学式经学著作。《论语解》在元祐中期（1091年左右）已有初本流

---

① 《二程集·遗书》卷第三，第64页。
② ［宋］黎靖德：《朱子语类》卷第一百一，第2558页。
③ 钟彩钧：《谢上蔡、李延平与朱子早年思想》，《清华学报》，第三十七卷第一期，2007年6月，第38页。
④ Thomas W. Selover. Hsieh Liang-tso and the Analects of Confucius: Humane Learning as a Religious Quest, NY: Oxford University Press, 2005, p. 32.
⑤ ［宋］朱熹：《论孟精义》卷第五下，《朱子全书》第7册，第354页。

传,并被用于地方州学教学,早于元符二年(1099年)才有成稿的程颐《周易程氏传》。[①] 因此,对《论语解》的系统研究,对于考察理学式经学的形成过程有着重要意义。

《论语》是一部"语录"体式的著作,主要记载了孔子及其主要门人的言行,一般认为是由曾子、有子的门人最终编成书。《论语》在成书之初主要被视作"传",是"经"的附属。汉文帝时曾设立"传记博士",把《论语》《孝经》《尔雅》《孟子》四部书共同立于学官。汉武帝之后,《论语》的地位逐渐升高,有"七经"之称,还出现了扬雄《法言》一类模仿《论语》的著作。魏晋时期的《世说新语》,前四章分别为"德行""言语""政事""文学",出自《论语》的"四科",也有效仿《论语》的意图。之后,唐文宗"十二经",宋代以后慢慢流行的"十三经"之目,都包括《论语》。

北宋理学家遍注群经,通过经典解释构建了一套理学式的经学,最终在南宋经过朱熹的整合而形成四书、五经的经学体系,而《论语》学在此套体系中至为重要。理学式经学指运用理学思想实践的经学注解与经学方法,是宋代经学的主要流派之一,它反对章句训诂,强调会之以神、解之以理的经学旨趣。据朱熹理解,四书的作者是孔子、曾子、子思、孟子,构成四书实质内核的是道统论,而孔子乃道统中最关键的一环。孔子述三代之道,而整理五经;孔子传仁礼之学,下开四书之统。准此,作为记录孔子言行最集中的《论语》,对于理学式经学的形成有着其他三书不可替代的作用。朱熹结集的《四书》又称"四子书",以孔子为起点,彻底奠定了《论语》在儒学经典体系中的地位。

(一)《论语解》中的王氏之学

在朱熹的《论语集注》之前,《论语》已经被列入科举考试的内容,在宋代学界十分流行,出现了一系列的注释之作,其中北宋前期主要是邢昺《论语正义》十卷。到了北宋中期,王安石学派的《论语》学最为流行。晁公武(1105—1180)《郡斋读书志》说:

> 王介甫《论语解》十卷,王元泽《口义》十卷,陈用之《论语》十卷。右皇朝王介甫撰,并其子雱《口义》,其徒陈用之《解》,绍圣后皆行

[①] 程颐《周易程氏传》在元祐二年(1087)之前已有初稿,但未广泛流传,仅在教学时拿出部分与学生订正。《易传序》作于元符二年(1099)年,但直至程颐去世(1107)时,该书也未正式定稿。《易传》经过了尹焞、张绎、谢良佐、杨时等人的更正,但谢良佐对《易传》的修正没被杨时等人采用,这可能反映了谢良佐与杨时等人在经学上的分歧。参见陈石军:《程颐〈易传〉成书流传新论》,《周易研究》,2021年第4期。

于场屋。或曰:"用之书乃邹浩所著,托之用之"云。①

王介甫即王安石,王元泽即王雱,陈用之是王安石的门人陈祥道。王氏父子的《论语解》《论语口义》今已亡佚,但在最新出版的《王安石全集》中有辑佚本。② 有趣的是,王雱的《论语口义》辑佚共存6条,其中5条出自朱熹集合北宋十余家理学注释编撰的《论孟精义》,而其中1条出自杨时的引用,4条出自谢良佐的引用。王氏父子的著作,最终依赖与他们在学术上针锋相对的"对手"的著作才被部分保留,这大概是思想史中很有趣的现象。陈祥道(字用之,1042—1093)的《论语全解》在当时全名为《重广陈用之真本入经论语全解》,该书至今还被以抄本的形式保存有全本,但没有刊本传世。③ 另外,晁公武还提出"或曰,用之书乃邹浩所著,托之用之云"。不过,《宋史·艺文志》论语类著录有"邹浩解,十卷",邹浩之书当有独自流传。此外,《论语全解》书中详于礼制,又有王安石之学的风格。④ 要之,《论语全解》当为陈祥道本人的著作。

晁公武"绍圣后皆行于场屋"一语描述了王安石、王雱、陈祥道三人为代表的新学派《论语》注释的流行。其中,仅有陈祥道《论语全解》流传后世。两宋之际的宣和、靖康、建炎、绍兴年间,经学总体呈现由新学向理学转移的趋势,其间伴随着新学、理学的交替。从北宋末年开始,钦宗、高宗先后任命杨时、胡安国、尹焞、张九成等理学学者为经筵讲席。到了高宗绍兴中期,在政治上重新恢复了对新学学者的任命,但在经筵上似仍采取折中的立场。从高宗朝的经筵记录来看,陈祥道《论语全解》在此时的宋朝内部似乎没有太大的影响,这从《论语全解》刊版不多,今存皆为明清抄本似可窥见一斑。全祖望《陈用之论语解序》云:"陈祥道之《论语》,鲜有知者,但见于昭德晁氏《读书志》而已。……长乐陈氏兄弟,深于礼乐,至今推之,乃其得荆公之传,则独在《论语》。"⑤

两宋之际,受宋辽战争等影响,大批宋朝的版刻、图书随着战争的结果而传播到其他地区,客观上促进了学术的交流。陈祥道《论语全解》在此时也从

---

① [宋]晁公武:《郡斋读书志校证》卷第四,孙猛校证,上海古籍出版社,第136页。
② 王水照主编:《王安石全集》第九册,复旦大学出版社,2016年。
③ [宋]陈祥道:《论语全解·校点说明》,《儒藏·精华编》第105册,北京大学出版社,2008年,第5页。
④ [日]高田真治:《論語の文献・注釋書》,春阳堂书店,1937年,第176-177页。
⑤ 《宋元学案》卷九十八,第3260页。

宋境传向了其他国家。西夏仁宗（1124—1193）时期，用西夏文翻译了陈祥道的《论语全解》。《俄罗斯藏黑水城文献（11）》（上海古籍出版社，1999）收有残本，今存卷三、六、八、十。据聂鸿音《西夏译本〈论语全解〉考释》①、吴其昱《列宁格勒所藏〈论语全解〉西夏文译本考》②，《俄罗斯藏黑水城文献（11）》在避讳字方面与汉字本不同，部分篇章亦可校明抄本、四库本之不足。另外，日本近卫天皇仁平元年（宋高宗绍兴二十一年，公元1151年）二月六日，天皇在大学寮举行了释奠礼，并讲读了《论语》。九月，藤原赖长进呈了从宋朝商人刘文冲处得到的《要书目录》，其记载了数十部中国的著作，与《论语》有关的包括《名贤论语会解》《论语会解》《论语全解》《论语正义》《论语志明义》《论语述义》等，其中《论语全解》即陈祥道所著。③ 由此可见，南宋绍兴年间，陈祥道《论语全解》在中国西、北部以及日本等地得到了广泛的传播。

不过，从北宋后期至南宋前期，确切地说，从宣和三年（1121年）谢良佐《论语解》的刊刻到乾道八年（1172年）朱熹编撰《论孟精义》的这一时期，谢良佐的《论语解》应当是宋朝境内最流行的一部《论语》注释书。谢良佐《论语解》兼采王安石、二程两家，与程门其他弟子如杨时专辟王氏之学有不同。王安石的经学著作在北宋熙宁、元丰以后受到宋朝的官方推行，在太学、州学等官方教学机构普及。与汉唐著述相比，王安石的经说确有独特的见解，这些经说构成了北宋中期以后的学术语境，即使是反对王安石的学者，也很难完全不受其影响。程颐建议学者读《易》学的三家，即王弼、胡瑗、王安石。与之相似，谢良佐《论语解》初本撰作的目的是供秦州州学的教学使用，他采用王氏父子的说法，与此背景相关。谢良佐对王安石与程颐《论语》注有不同的体会，他在《论语解序》中说：

> 临川王丞相近世大儒，其设心不役于势利，是类知尊此书，先皇帝信之而不疑，列于学官，俾为士者诵说焉。某于此时妄意干禄，知读此书，其志不过餔啜而已，未知好也。晚得供洒扫于河南夫子之门，加日月之久，

---

① 聂鸿音：《西夏译本〈论语全解〉考释》，《西夏文史论丛（一）》，宁夏人民出版社，1992，第46-71页。
② 吴其昱：《列宁格勒所藏〈论语全解〉西夏文译本考》，许章真译，《敦煌学》第七辑，中国文化大学中国文学研究所敦煌学会，1984年，第19-34页。
③ [日] 林泰辅：《论语年谱》，大仓书店，1916年，第267-268页。

仅得毫厘于句读文义之间，而益信此书之难读也。①

此处谢良佐认为自己读王安石之《论语》，与"妄意干禄"有关，这是他读《论语》的初衷；而向二程学习之后，他除了"句读文义"之外，还有"毫厘"之多的追求。

上引《论语解序》的这段文字仅见于吕祖谦注释的《东莱集注观澜文集》本收录的谢良佐《论语解序》之中，《观澜文集》是吕祖谦的老师林之奇（字少颖，号拙斋，学者称三山先生，1112—1176）编撰的文集，这部书是"为传授弟子举业习文所用之教本"，因此吕祖谦早年曾反复诵读，并为之作注。② 然而，在吕祖谦本人的《宋文鉴》、朱熹《论孟精义·论语纲领》中收录的《论语解序》都没有这段与王安石有关的论述。造成这种情况的原因可能有两个：其一，可能是朱熹、吕祖谦在编撰的时候有意删去与王安石有关的内容。从时间上看，《论孟精义》编于孝宗乾道八年（1172年），而《宋文鉴》成于淳熙四年（1177年），那么，若是二人删削的话，删削者应当是朱熹，不过这种情况的可能性较低；其二，更可能是谢良佐《论语解》的初稿与定稿之别，他特意在定本《论语解序》中删去了与王安石有关的表述。

（二）初本与定本

谢良佐的《论语解》有初本与定本之分。初本是谢良佐元丰年间担任秦州教授时所著。胡寅（字明仲，1098—1156）《斐然集》记载：

上蔡谢公得道于河南程先生，元祐中掌秦亭之教，遂著《论语解》，发其心之所得，破世儒穿凿附会、浅近胶固之论，如五星经乎太虚，与日月为度数不可易也，其有功于吾道也卓矣！而学者初不以为然也。③

按，胡寅以此书著于元祐中，考元祐共八年，则约在四五年，那么暂且将《论语解》的初本成书定在元祐五年（1091年）。《论语解》的书名，也有称《论语说》。《宋史艺文志》作"谢良佐，《解》十卷"④，《宋史》本传则称"所

---

① [宋] 吕祖谦、[宋] 林之奇：《东莱集注观澜文集·乙集》卷十七《读论语序》，黄灵庚点校，浙江古籍出版社，2017年，第445页。曾枣庄主编：《宋代序跋全编》卷一七《读〈论语〉》序，第458页。
② [宋] 吕祖谦、[宋] 林之奇：《东莱集注观澜文集·点校说明》，第1页。
③ [宋] 胡寅：《斐然集》卷十九《上蔡论语解后序》，第365页。
④ 《宋史》卷二百二，第5068页。

著《论语说》行于世"①。《万卷堂书目》《国史经籍志》等皆作"论语解"。但胡寅、朱子等人皆称"论语解",这一名称应当更精确。

谢良佐著述《论语解》的直接动机与他在秦州州学的教授任职有关,《论语解序》称:

> 予鄙人也,知识未离乎闻见之间,曾何足以知夫子而师承之,然不敢谓无其意也。今日妄以读此书之法语诸君,又为知我者谓我心忧,不知我者谓我何求,勿以为浅近而忽,勿以为高大而惊,勿以为简我而忿且怒,勿以为妄诞而直不信。圣人言不可以训。②

谢良佐主要是通过著书来传授"读此书(《论语》)之法",当时听讲的学者不止秦州州学的学生。《宋史》卷三百四十《吕大忠传》记载元祐初,吕大忠以直龙图阁知秦州,"谢良佐教授州学,大忠每过之,听讲《论语》,必正襟敛容曰:'圣人言行在焉,吾不敢不肃。'"③ 吕大忠的行为,应该说是承继了谢良佐"圣人言不可以训"的《论语》学精神。

谢良佐元祐中所著的《论语解》为初本,此本曾流传到胡安国手中。胡寅《鲁语详说序》:"某年十六七,见先君书案上有河南《语录》,上蔡谢公、龟山杨公《论语解》。"④ 此时在徽宗政和三年(1113年)左右,胡宪、胡寅兄弟皆在长沙随侍胡安国,而胡寅此时对《论语解》还不感兴趣。胡寅后来曾在京中太学见到传抄本,其《上蔡论语解后序》:

> 某(胡寅)年二十一,当政和戊戌(1118年),在太学得其书,时尚未盛行也。后五年,传之者盖十一焉。

太学本与胡寅早年所见的胡安国本不同,说明谢良佐在初本之后更有改定。胡寅在太学的同学谢袭、马震曾打算刊刻《论语解》:

> 同舍建安谢袭智崇传于山阳马震知止,欲以其传授粥书者,使刻板焉。

---

① 《宋史》卷四百二十八,第12732页。
② [宋] 吕祖谦、[宋] 林之奇:《东莱集注观澜文集·乙集》卷十七《读论语序》,第444页。
③ 《宋史》卷三百四十,第10846页。
④ [宋] 胡寅:《斐然集》卷十九《鲁语详说序》,第374页。

庶以道好善君子，欲博文求征而不得者，其志足称矣。然某以往昔所见，比智崇今本文义，有或不同意。先生年邵而智益明，有所是正，故更欲得善本参校，然后传之。①

此序作于宣和四年壬寅（1122 年）。从文意推测，当为胡寅为谢袭在建阳刊刻时所写的序言。胡寅指出谢良佐"年邵而智益明，有所是正"，这是指谢良佐在晚年学问精进之后，对《论语解》有所更正。关于谢良佐更正的内容，朱子《论语或问》指出：

谢说，旧本有"欲学者必周于德"一句，最能发明此章之意，后本削之，不识其何意也。②

朱熹说的"后本"当是谢袭的太学本，而"旧本"应当与胡安国、胡宪的初本有关。"欲学者必周于德"不见于《论孟精义》收录的《论语解》，据此推定，朱熹《论孟精义》所收《论语解》应当是谢良佐的后定本，内容相比初本已有所不同。从朱熹的表述来看，谢良佐《论语解》的定本删去了部分初本的内容，那么，谢良佐将《论语解序》与王安石有关的内容在定本中予以删除，应当是极有可能的。

（三）《论语解》的流传与影响

1. "谢氏之书，学者知诵习之"

《论语解》初著之后的流传，胡寅说"学者初不以为然"，其实他本人起初对《论语解》也不太重视。胡寅的《鲁语详说序》：

某年十六七，见先君书案上有河南《语录》，上蔡谢公、龟山杨公《论语解》。间窃窥之，乃异乎塾之业。一日，请诸塾师曰："河南、杨、谢所说，与王氏父子谁贤？"塾师曰："彼不利于应科举。尔将趋舍，选则当遵王氏。"于时某未能树立，而辄萌好恶矣。③

胡寅年十六七约在徽宗政和三年（1113 年），他将程颐《语录》和杨时、

---

① [宋]胡寅：《斐然集》卷十九《上蔡论语解后序》，第 365 页。
② [宋]朱熹：《论语或问》卷九，《朱子全书》（修订本）第 6 册，第 776 页。
③ [宋]胡寅：《斐然集》卷十九《鲁语详说序》，岳麓书社，2009 年，第 374 页。

112

第四章 "上蔡学"的形成：从《论语解》到语录

谢良佐的《论语解》与王安石父子的《论语解》进行比较，而后者有着科举的优势，故胡寅还是专心学习王氏父子的《论语》。这种情况也普遍地存在于其他学生群体中，胡寅《上蔡论语解后序》说：

> 某年二十一，当政和戊戌，在太学得其书，时尚未盛行也。后五年，传之者盖十一焉。①

政和戊戌即政和八年（1118年），宋朝在当年十一月朔改元重和，故史书多以本年改元前为政和八年戊戌，以十一月改元后为重和元年。那么，从元祐中期到政和八年的近三十年，谢良佐的《论语解》其实不太受当时士人的重视，造成这一情况的主要原因是该书不利于科举。

随着理学在士子群体中的持续传播，上蔡的著作也随之盛行。经过五年，即宣和三年（1121年），谢良佐《论语解》已锓版刊行，在太学中版广为传诵，胡寅说"传之者盖十一"，也即说，每十位太学生中就有一位学者持有谢良佐的《论语解》。这种转变的原因，胡寅本人解释道：

> 才二十年，川壅大决，睦盗猝兴，势摇嵩、岱。然后信王氏学术不本于仁，穿穴碎破，以召不仁之祸也。当兹时，天子临轩策士，收采谠言，党禁向弛，于是邵康节《皇极书》、张横渠《正蒙篇》、河南先生诸经诸说，元祐忠贤言论，风旨稍出，好之者往往传写袭藏，若获稀世之宝。而谢公《语解》则已锓版盛行。噫！此岂人力也哉！后四载，岁在乙巳，女真入侵，嫚书腾闻，诏音夜颁，引愿孙位。②

按，"睦盗猝兴"，是指浙江睦州的方腊起义。"岁在乙巳"，指宣和七年（1125年），前推四年，正在宣和三年（1121年）。是年三月，礼部殿试，徽宗"临轩策士"，对元祐学术之禁稍有松弛。陆游《曾文清公墓志铭》记载："一日，（曾几）得经义绝伦者，而他场已用'元祐体'见黜，公争之不可。明日会堂上，出其文诵之，一坐耸听称善，争者亦夺气。及启封，则内舍生陈元有也，元有遂释褐。文体为少变，学者相贺。"③ 显然，北宋末年面临崩解的社会

---

① ［宋］胡寅：《斐然集》卷十九《上蔡论语解后序》，第365页。
② ［宋］胡寅：《斐然集》卷十九《鲁语详说序》，第374页。
③ 诸葛忆兵编著：《宋代科举资料长编》，凤凰出版社，2017年，第1103页。

113

秩序，使得从官方到学生的士人群体都对王安石之学产生了疑问，而科举也不再独尊王安石的学说。官学对思想学说的统一控制出现了松动，这使得谢良佐的《论语解》有了被士人接受传诵的机会。

北宋灭亡之后，《论语解》曾在南宋初期是学者必读之书，应当说是朱熹《论语集注》以前最有影响力的理学《论语》注释书。关于南宋初期学界传诵的理学经典，陈亮《杨龟山中庸解序》称：

> 世所传有伊川先生《易传》，杨龟山《中庸义》，谢上蔡《论语解》，尹和靖《孟子说》，胡文定《春秋传》。谢氏之书，学者知诵习之矣。尹氏之书，简淡不足以入世好。至于是三书，则非习见是经以志乎举选者，盖未之读也。①

陈亮列举了五部理学经典注释书，将程颐、杨时、谢良佐、尹焞、胡安国等人的著作并列，而且他明确指出，《论语解》最受欢迎，是"学者知诵习之"。陈亮所说的这种情况不是虚言，南宋的朱子学、象山学之形成与发展皆有着《论语解》的影响。

2. "有启发人处"：上蔡《论语解》与朱子学

朱子对《论语解》的兴趣贯穿了他的学术生涯，在晚年指导门人时还说："谢显道《论语》却有启发人处。"② 朱熹年二十时，曾经用红、青、黄、墨四色笔圈抹的方法仔细阅读《论语解》。《朱子语类》卷一百二十：

> 某自二十时看道理，便要看那里面。尝看上蔡《论语》，其初将红笔抹出，后又用青笔抹出，又用黄笔抹出，三四番后，又用墨笔抹出，是要寻那精底。看道理，须是渐渐向里寻到那精英处，方是。③

朱熹希望通过阅读《论语解》来找到"精底"道理，这道出了《论语解》的理学内涵。《朱子语类》又记载：

---

① [宋] 陈亮：《陈亮集》卷之二十三《杨龟山中庸解序》，邓广铭点校，中华书局，1987年，第258页。
② [宋] 黎靖德编：《朱子语类》卷六十七，王星贤点校，中华书局，1986年，第1650页。
③ [宋] 黎靖德编：《朱子语类》卷第一百二十，第2887页。

>>> 第四章 "上蔡学"的形成:从《论语解》到语录

某少时为学,十六岁便好理学,十七岁便有如今学者见识,后得谢显道《论语》,甚喜,乃熟读。先将朱笔抹出语意好处,又熟读得趣;觉见朱抹处太烦,再用墨抹出;又熟读得趣,别用青笔抹出;又熟读得其要领,乃用黄笔抹出。至此,自见所得处甚约,只是一两句上却日夜就此一两句上用意玩味,胸中自是洒落。①

朱子在青年时先后用朱笔、墨笔、青笔、黄笔四种颜色批点阅读了谢良佐的《论语解》,他对这本书的理解经历了"语意好处""要领""一两句上用意玩味"的认识过程。朱子对《论语解》的兴趣应该与他早年老师胡宪的影响有关。胡宪的兄弟胡寅正是《论语解》的主要整理者。钟彩钧教授指出:"上蔡对朱子的影响犹早于延平,因此研究朱子早年思想实应该重视。"② 朱子二十四岁见李侗(延平),受学却是三十一岁的事,在更早的时候,朱子其实颇受上蔡的启发,黄宗羲(1610—1695)便认为"上蔡固朱子之先河"。

此外,朱子在到同安求学李侗之前,对大慧宗杲、开善道谦的禅学有很强的兴趣。朱子早年对《论语解》的积极阅读,可能与他这一阶段偏好禅学有关。朱子后来曾批评"伊川之门,谢上蔡自禅门来"③。可见,对于朱子来说,谢良佐与禅学有着相似之处。关于谢良佐《论语解》对朱子思想的影响,佐藤仁、山际明利先生都关注到二者仁说的关系,朱子通过批评谢良佐"以觉言仁"而提出了自己的仁说,这是谢良佐影响朱子思想的关键。④

此外,还可以从文本的角度看朱子对《论语解》的演变,比较《论语或问》与《朱子语类》《论语集注》三书,朱子对谢良佐《论语解》的评价时有不同。一方面,有《或问》中不取谢良佐之说,而晚年《集注》改从谢氏。例如,《雍也第六》"子曰孟之反不伐"章,在《论语或问》中朱子认为:"谢氏之说,尤为过之。夫操无欲上人之心,固足以抑夫好胜之私矣。然人之私意,多端发见,亦各不同,岂有但持此一行,而便可必得大道之理。"而"尹氏辞约意尽,优于众说。"⑤在《或问》中,朱子采纳了尹焞的注释,而批评谢良佐之

---

① [宋]黎靖德编:《朱子语类》卷一百一十五,第2783页。
② 钟彩钧:《谢上蔡、李延平与朱子早年思想》,《清华学报》,第三十七卷第一期,2007年6月,第36-37页。
③ [宋]黎靖德编:《朱子语类》卷一一,第2555页。
④ [日]佐藤仁:《朱子と谢上蔡(一)》,广岛哲学会:《哲学》(31)友枝龙太郎教授御退官记念特集,1979年。[日]山际明利《谢良佐"谢显道论语解"——"仁"说的一展开》,见[日]松川健二编:《论语思想史》,万卷楼,2006年。
⑤ [宋]朱熹:《论语或问》,《朱子全书》第6册,第726页。

115

说。到了《论语集注》定本，朱子却采用了谢良佐的注释："谢氏曰：人能操无欲上人之心，则人欲日消、天理日明，而凡可以矜己夸人者，皆无足道矣。然不知学者欲上人之心无时而忘也，若孟之反，可以为法矣。"① 相较而言，朱子在《或问》对"人之私意"有着较多的警惕，对个体能否通过自己的"私意"理解"大道之理"表示了否定的看法。而《集注》定本则肯定了谢良佐"无欲上人之心"的说法，表现出朱子晚年对"心""意"的重视。

另一方面，朱子《论语集注》中还有不明引"谢氏曰"，而间接采纳谢良佐的观点。例如，《朱子语类》中提出："鬼神，上蔡说得好。"不过，在《论语集注》中的"谢氏曰"47条中，没有直接谈到谢良佐的鬼神观，但可以发现谢良佐思想的痕迹。谢良佐提倡"鬼神可以诚意交"，而《论语集注》说："非诚敬足以事人，则必不能事神。"② 谢良佐、朱子都以"诚"论鬼神，这是一种思想上的继承，对山崎闇斋开启的日本朱子学也有影响。③

最后，谢良佐《论语解》是其高明卓绝人格的生动体现，这是他与同时期诸家不同之处，也深刻激发了朱熹的为学志向。从《论语集注》来看，朱熹欣赏谢良佐刚毅、高明的人品气象，在提振南宋懦弱的士风。朱熹生活在宋、金

---

① ［宋］朱熹：《四书章句集注》，中华书局，2011年，第86页。
② ［宋］朱熹：《四书章句集注》，第125页。朱熹为什么不直接采用谢良佐的注释呢？在《论语或问》，朱熹对本章提出："以理言之，则圣人之言尽矣，诸家之说当矣；以事言之，则祷者臣子至情迫切之所为，非病者之所与闻也。"朱熹区别了"以理言之"与"以事言之"两个层次。在"理"的哲学层面，朱熹认可了谢良佐之说，也即同意，人与鬼神在"理"的层面可通过诚意相交流；但在"事"的经验层面，朱熹认为，若向鬼神祈祷，则有谄媚、偷生的嫌疑，这违背了儒家乐天知命的传统。朱熹又说："谢氏以为非夫子之祷，乃语子路以祷之理，则又甚矣。据此文，实夫子之不祷，而详味语意，又未尝告子路以祷之理也。……理则然矣，然非此章之意。"（《朱子全书》第6册，第755页）朱熹虽然同意谢良佐关于"鬼神之理"的哲学表达，但认为这不符合"子疾病"一章的本意，故在注释中没有采纳谢良佐的说法。这一处注释正好体现了朱子学中"哲学"表达与"经学"注释之间的冲突，朱子更加强调经学注释与经文的一致性，而谢良佐的《论语注》更加注重哲学思想的表达。
③ 谢良佐提出："敬是常惺惺法，心斋是事事放下，其理不同。"可以看出，谢良佐的"敬"主要还是心上的工夫。江户日本的早期学者藤原惺窝，其"惺窝"的称号正从谢良佐该语中获得启发。据学界研究，藤原惺窝的学问中确有着重视心学的因素。与此相对，山崎闇斋开启的学派认为，朱熹提倡"理学"，陆王提倡"心学"。在理学的话语中还可以有"身学"的话语体系。这使得崎门朱子学传统有着注重"身学"的特色。在继承了崎门学派传统的当代学者冈田武彦先生看来："天地万物会归于心，心归于身，身是心之本源，宇宙生气之充实处也。故曰，学也者身学也。"可以说，从藤原惺窝、山崎闇斋到冈田武彦，日本朱子学在"心"与"身"的联结中，最终走向重视"身"的传统。

对立的南宋初期，关于两国关系，他持有主战的立场，而对"持中""求和"的一些士人官员多有批评。朱熹的政治立场也在《论语集注》中有所体现。例如，《论语·雍也第六》"季氏使闵子骞为费宰"章，朱子在《论语集注》先后引用了"程子""谢氏"两说，其中，程子的注释：

> 仲尼之门，能不仕大夫之家者，闵子、曾子数人而已。

谢良佐的注释说：

> 学者能少知内外之分，皆可以乐道而忘人之势。况闵子得圣人为之依归，彼其视季氏不义之富贵，不啻犬彘。又从而臣之，岂其心哉？在圣人则有不然者，盖居乱邦、见恶人，在圣人则可；自圣人以下，刚则必取祸，柔则必取辱。①

相比之下，程子的注释朴实、精简，而谢良佐的注释中体现了强烈的情感。朱子在《论语或问》中评价："谢氏之说，粗厉感奋，若不近圣贤气象者，而吾独有取焉，亦以其足以立懦夫之志而已。"②《朱子语类》卷三十一也说："谢氏说得也粗。某所以写放这里，也是可以警那懦底人。若是常常记得这样在心下，则可以廉顽立懦不至倒了。今倒了底也多。"③

不过，朱子也认为"谢氏固好，然辞气亦有不平和处"④。朱子对二程门下《论语》学的总体看法是：

> 明道说道理，一看便好，愈看而愈好。伊川犹不无难明处，然愈看亦愈好。上蔡过高，多说人行不得底说话。杨氏援引十件，也要做十件引上来。范氏一个宽大气象，然说得走作，便不可晓。⑤

可见，朱子虽然欣赏谢良佐的高明、刚毅之注释，但亦不能不承认，谢良佐之说对于士人的要求过高，难以在实践中得到真正的落实。

---

① ［宋］朱熹：《四书章句集注》，中华书局，2011年，第84页。
② ［宋］朱熹：《论语或问》，《朱子全书》第6册，第723页。
③ ［宋］黎靖德编：《朱子语类》卷三十一，第793页。
④ ［宋］黎靖德编：《朱子语类》卷三十一，第793-794页。
⑤ ［宋］黎靖德编：《朱子语类》卷十九，第442页。

3. "赖先生之言，以发其趣"：《论语解》及其周边

除了朱熹之外，陆九渊门下也有喜读谢良佐《论语解》的学者。《象山语录》记载：

> 临川一学者初见，问曰："每日如何观书？"学者曰："守规矩。"欢然问曰："如何守规矩？"学者曰："伊川《易传》，胡氏《春秋》，上蔡《论语》，范氏《唐鉴》。"①

这位临川学者的"规矩"与陈亮列举的范围有相似处，不过，此学者以"读书"为守规矩，未能看出书中蕴含的道理，最终为陆九渊所呵斥。

此外，谢良佐的《论语解》一书对宋元明清教育亦有深远影响。朱熹曾在淳熙十四年（1187年）夏到湖南衡州石鼓书院讲学，他节录了《论语解序》的一段话刻在书院的石碑上：

> 脱去凡近，以游高明，存大人之志，有天下之虑，勿求人知，而求天知，勿求同俗，而求同理。②

本书的第一章曾指出"脱去凡近"成为宋代以后文学理论的关键用词，被用来形容文学尚古的境界。除了文学之外，此三十四字，由朱熹讲学时亲手用大字手书勒于石刻，今湖南书院尚存有清代重立的残碑；两浙、江西、江苏等地区多地摹刻。③ 除此之外，江西瑞州府学亦有"脱去凡近"四大字石刻。《论语解序》的"脱去凡近"三十四字，就此成为石鼓书院、白鹿洞书院等地的"教法"，因此对后世的影响很大。朱熹本人曾多次书写这段话赠予门人，朱熹以"脱去凡近"教门人、讲学：

> 刘能，字贵才，高安人，年十一，父命从晦庵学。日夕讲贯，微词奥旨，罔不精究。后以母疾，告归。晦庵戒之曰："脱去凡近，以游高明，存

---

① ［宋］陆九渊：《陆九渊集》卷三十四《语录·门人严松松年所录》，钟哲点校，中华书局，1980年，第429页。
② 谢良佐《论语解序》原作"脱去凡近，以游高明；莫为婴儿之态，而有大人之器；莫为一身之谋，而有天下之志；莫为终身之计，而有后世之虑；不求人知，而求天知；不求同俗，而求同理。"
③ 高令印、高秀华：《朱子事迹考》，商务印书馆，2016年，第492-493页。

大人之志，有天下之虑，勿求人知，而求天知，勿求同俗，而求同理。"能拜受之，卒明师训。①

阳明门人邹守益主教石鼓书院、白鹿洞书院，以此三十四字入书院教规，他更对学生说："故'脱去凡近，以游高明'，乃是考亭唤醒来学关头。"② 邹守益在南京国子监时，还将此句手书赠予门人，李诩《戒庵老人漫笔》：

> 此宋儒谢显道序《论语解》中语也。昔庚子岁，先师东廓邹先生在南院，尝手书以示诩，敬佩服不敢忘。不幸遭倭乱，书箧一空，而是卷亦散失，无从复得，日夕往来于衷者又三十余年矣。追念师训，荏苒自弃，不觉汗流浃背。重录一过，以当书绅。③

邹守益门下如此重视《论语解序》，可能与其老师阳明先生王守仁有关。王阳明也曾书"脱去凡近，以游高明"八字教谕族中子弟。④ 其后，阳明后学黄佐编《泰泉乡礼》时，更将此三十四字入《纲领》之"大学之教"。

从谢良佐《论语解》的传播来看，这部书著成后的前三十年，其影响力都被王安石学派《论语解》压过；到南宋乾道八年（1172年），朱熹编成《论孟精义》之后，将《论语解》收入其中，后者就失去了独立的流行空间，陈亮说："谢氏之书，学者知诵习之矣。……今《语孟精义》既出，而谢氏尹氏之书具在。"⑤ 可见，这之后的学者基本是通过朱熹的《论孟精义》来接触《论语解》。到了淳熙九年（1182年），朱熹在浙东提举的任上首次刊刻《四书集注》，其中的《论语集注》一共采用了47条谢良佐的注解，这基本成了谢良佐《论语》学

---

① [清] 清黄廷金修、[清] 萧浚兰等纂：《（同治）瑞州府志》卷之十四，清同治十二年刊本，第2b页。
② [清] 孙奇逢：《理学宗传》卷之二十一《王门弟子·邹文庄公守益》，万红点校，凤凰出版社，2015年，第359页。又见《白鹿书院志》卷七，清康熙周光兰补修本。
③ [明] 李诩：《戒庵老人漫笔》卷七《遗训》，魏连科点校，中华书局，1982年，第265页。
④ 阳明以谢良佐《论语解序》之语教谕家族子孙，以脱去凡俗立志："昔人云：'脱去凡近，以游高明。'此言良足以警，小子识之！"[明] 王守仁：《王文成公全书》卷之二十六《赣州书示四侄正思等》，王晓昕、赵平略 点校，中华书局，2015年，第1137页。
⑤ [宋] 陈亮：《陈亮集》卷之二十三《杨龟山中庸解序》，邓广铭点校，中华书局，1987年，第258页。

最后的回响。①

在这之后，谢良佐《论语》学已被融入朱子学中，成了朱子学式的上蔡学。但我们亦不能忽略，从宣和三年到乾道八年，在两宋之际的这六十余年，正是谢良佐的《论语解》填补了王安石与朱熹之间的空白，凭借着谢良佐高明、启发的语言，有许多南宋的学者"赖先生之言，以发其趣"②，这是宋代《论语》学极重要且不可忽略的篇章。

三、从经学到语录

经典在语言文字的表层之上更有"言语道断"的极高境界经典的语言文字之外，更有"言语道断"的极高境界，需要通过临机教学与启发才能到达。宋代理学开启了儒学对境界的追求，由此一来，一种新的言说方式——"语录"随之诞生。语录与经学注释构成了理学著述的一体两面，语录的主要内容也是对经典的注解，但它具有经学类著述不具有的独特优点，这是本节所要分析的内容。

（一）"推类"与"讽咏"

胡安国曾回忆：

> 学者必求仁，须将孔门问答仁处编类考察，自体认一个紧要处方可。若不实见得分明，则流为释氏，是自家元不曾有见处。龟山语至此更不说破，谓说时只是眼前事，不如使人自体认。上蔡则不然，有问则历历言之。西人气直，谓说后晓者自是去做工夫，否则休耳（见《胡氏传家录》）。③

---

① 具体为：《学而第一》3条；《为政第二》1条；《八佾第三》5条（其中一条为"又曰"）；《里仁第四》4条；《公冶长第五》3条；《雍也第六》3条；《述而第七》5条；《泰伯第八》1条；《子罕第九》3条；《乡党第十》3条；《颜渊第十二》1条（与《上蔡语录》同）；《子路第十三》3条；《宪问第十四》4条；《卫灵公第十五》2条；《季氏第十六》2条；《微子第十八》1条；《子张第十九》3条。

② [宋]朱熹：《德安府应城县上蔡祠记》，《朱子全书外编》第3册《上蔡语录》附录，第48页。此外，洪迈《容斋随笔》中记载了多则阅读《论语解》的笔记，例如对"南宫适"的讨论，他说："予窃谓南宫之问，初无以禹、稷拟孔子之意，不知二先生何为有是言？若龟山之语，浅之已甚。独谢显道云：'南宫适知以躬行为事，是以谓之君子。知言之要，非尚德者不能，在当时发问间，必有目击而道存，首肯之意，非直不答也。'其说最为切当。"见[宋]洪迈：《容斋随笔》卷十六《南宫适》，孔凡礼整理，大象出版社，2019年，第206页。

③ [宋]朱熹：《伊洛渊源录》卷十，《朱子全书》第12册，第1043页。着重号为引用者添加。

<<< 第四章　"上蔡学"的形成：从《论语解》到语录

仁学是早期理学的核心话语，二程门下有一种将《论语》等书有关"仁"的语句编类考察的方法，被称为"类聚言仁"法。类聚之后的仁学，杨时有意令学者体认未发时的气象，这是杨时的"求仁"之学。① 谢良佐则提倡"知仁"，他没有说"编类考察"，更强调"以类而推"的方法。这一方法也出自程颐，《遗书》卷二十二上载：

> 范季平问："博学而笃志，切问而近思，仁在其中，如何？"曰："仁即道也，百善之首也。苟能学道，则仁在其中矣。"亨仲问："如何是近思？"曰："以类而推。"②

程颐的这一方法被谢良佐应用推广，"类推言仁"成为谢良佐论仁的特色。谢良佐曾与吕大忠云："世人说仁，只管着爱上，怎生见得仁？只如'力行近乎仁'，力行关爱甚事？何故却'近乎仁'？推此类具言之。"③ 那么，与"编类考察"相比，"编类"主要强调将文字资料搜集到一处，然后去体会、涵养；而"推类"则更强调现场的教学启发。胡安国说谢良佐"有问则历历言之"，正是谢良佐对"推类"方法重视之所致。谢良佐曾教胡安国读《左传》："推此类，可以见其余。"④ 以推类的方式，来理解《左传》中的历史事件。

除了推类之外，谢良佐还强调以"讽咏"的方式读经典。

> 问学《诗》之法，曰：《诗》须讽咏以得之，发乎情性，止乎礼义，便是法。
>
> 曾本云：问学《诗》以何为先？云：先识取六义体面。又问：莫须于《小序》中求否？云：《小序》亦不尽，更有《诗》中以下句证上句。不可泥训诂，须讽咏以得之，发乎情性，止乎礼义，便是法。⑤

这则材料中，谢良佐提到读《诗》的两个方法。一是"下句证上句"，这即上文所说的"以类推之"的推类法；二是"讽咏以得之"，这是强调在言语、

---

① 参见陈来：《早期道学话语的形成与演变》，安徽教育出版社，2007年，第13—30页。
② 《二程集·遗书》卷第二十二上，第283页。
③ 《上蔡语录》卷上，《朱子全书外编》第3册，第6页。
④ 《上蔡语录》卷上，《朱子全书外编》第3册，第11页。
⑤ 《上蔡语录》卷中，《朱子全书外编》第3册，第32页。

121

对话的语气中体会情感的变化，达到对圣人之学的领会。推类与讽咏，这两个方法组合在一起，就形成了谢良佐独具特色的经典解释法，也构成了他教学的主要方法，而其在文字上的表现形式就是"语录"。

（二）语录的优点

语录常被与理学家联系在一起，成为理学家讲学的代名词。例如，在南宋兴起的"庆元党禁"中，"专习语录诡诞之说"，成为理学家的罪状之一，当时有一位叫叶翥的官员"乞将语录之类尽行除毁"。① 为什么理学家如此重视"语录"呢？对此，陈立胜先生曾从五个方面总结。② 陈先生的研究高屋建瓴地综述了宋明理学语录体之优长，唯对《上蔡先生语录》未能留心着墨。结合陈先生的研究，以下特别从《上蔡先生语录》的角度进一步谈论语录相比传统经学注释著述的特点、优点。

1. 还原教学场景

谢良佐曾说：

> 伯淳常谈《诗》，并不下一字训诂，有时只转却一两字，点平声。掇地念过，便教人省悟。又曰："古人所以贵亲炙之也。"③

语录具有训诂不具有的信息传递优势。谢良佐重视"学贵亲炙"的意义，因为师弟子之间的传授不仅是文字信息的传递，"吟诵"的过程还传导了语气、语调、声调的变化，这本身也是教学的内容，脱离了语录，就难以完整地表达教师的行为与气质。从谢门弟子记载的教学场景来看，谢良佐十分重视肢体语言表达，郑毂说他讲到激动的时候会"掀髯攘臂"，朱震回忆初次问学的场景，对宴席之后，在午后撤席演说"一部《论语》"的情况记忆深刻，曾恬的《道遥先生语录》更是多次保留了谢良佐指着庭院大树作譬喻，还有"以射喻"

---

① 曾枣庄、刘琳主编：《全宋文》第二百二十三册《卷四九五八·叶翥·乞革伪学之弊奏》，上海辞书出版社；安徽教育出版社，2006年，第376页。
② 这五方面分别是："对书面语言普遍持谨慎态度""普遍对口传与面授情有独钟""更加自由的话语方式""更加亲切的话语方式""传道意识、弘道使命感的高涨"。参见陈立胜：《理学家与语录体》，载《社会科学》，2015（01）。
③ 《上蔡语录》卷下，《朱子全书外编》第3册，第35页。

"以所坐亭喻"等类似的记录。① 肢体语言、语调、学者的气象等,都是教学场景的一部分,语录的优势在于尽可能还原相当场景。这是严肃的经典著作、文章所不具有的特殊优势。

作文害道,是理学家心照不宣的潜台词。虽然语录偶尔也有词不达意的弊端,但这是退而求其次的无奈选择。② 郴州郡守李初平见周敦颐求学,请教应该读什么经典著作,周敦颐回答:"公老,无及矣。某也请得为公言之。"③ 在周敦颐看来,读书不如直接听讲来得有效、快捷。李初平在周敦颐门下听讲两年,最终得道。口传面授,是理学家最信赖的传道方式。语录中的对话双方,往往不是毫无意义的抽象人,而是有着具体的生命内涵,师生之间的语录可以在场景中还原两位理学家智慧的碰撞。程颢、程颐、谢良佐之类的理学家,之所以能够活灵活现地将其生命境界传达给千年之后的读者,这与语录对生命场景的还原有着绝大关系。

2. 因材施教

在谢良佐等理学家的教学中,因材施教是一个重要的教学原则。在谢良佐担任秦州教授的时候,吕大忠知秦州,是当地的最高长官,二人有较多的机会探讨理学。在谢良佐看来,"吕晋伯甚好,但处事太烦碎,如召宾客食,亦须临时改换食次"④。每当吕大忠前往秦州州学听谢良佐讲解《论语》的时候,必然正襟危坐,因为"圣人言语在此"。显然,吕大忠保持着张载与关中士人重视礼节的学风,强调在日常生活中保持严肃的举止。谢良佐则与之相反,他认为工夫要抓住"简易不易的道理",只要看得道理分明,就可以避免疲于应付的辛劳。虽然吕大忠十分好学,但他似乎过于注重日常"力行"的枝节,忽略了对道的体悟,"初理会仁字不透"。谢良佐向他指出:"世人说仁,只管着爱上,怎生见得仁?只如'力行近乎仁',力行关爱甚事?何故却'近乎仁'?"⑤ 谢良佐的意思是,"力行"只能接近仁,仁爱等日常行为的背后还有着一番超越的原理,这才是仁的真义所在。吕大忠因此"有悟",他对此的评价是:"公说仁字,

---

① 《朱子语类》:"毂尝云:'曾见上蔡每说话,必覆巾掀髯攘臂。'(杨)方录云:'郑毂言:上蔡平日说话到掀举处,必反袖以见精采。'某曰:"'若他与朱子发说《论语》,大抵是如此。'曰:'以此语学者,不知使之从何入手!'"见[宋]黎靖德编:《朱子语类》卷第一百一,第2564页。
② 参见陈立胜:《理学家与语录体》,载《社会科学》,2015(01),第133页。
③ [宋]周敦颐:《周敦颐集》附录一《周敦颐事状》,陈克明点校,中华书局,1990年,第97页。
④ 《上蔡语录》卷上,《朱子全书外编》第3册,第6页。
⑤ 《上蔡语录》卷上,《朱子全书外编》第3册,第6页。

谢良佐理学的形成与演变 >>>

正与尊宿门说禅一般。"类似的场景，在经典注疏的形式中则很难表达。

谢良佐曾如此总结张载与程颐的教学方法差别：

> 横渠教人以礼为先，大要欲得正容谨节。其意谓世人汗漫无守，便当以礼为地，教他就上面做工夫。然其门人下梢头，溺于刑名度数之间，行得来困，无所见处，如吃木札相似，更没滋味，遂生厌倦，故其学无传之者。①

张载的教学以"礼"为重点，而礼有统一的规范和标准，适合用文字的形式进行规定，但最终的结局是学者"溺于刑名度数之间"，陷入与汉唐经学重训诂一样的弊端。张载与程颢在教学方法上的分歧，最终反映在理学的著作表现形式上。程颢一生没有留下任何完整的著作，仅有门人间接记载的语录流传，而张载则有《正蒙》《经学理窟》《易说》等丰富的著作流传。当然，著作数量的多寡，无法决定程颢、张载二人学力的高低。事实上，这恰好是二人对讲学与著述之间关系的分歧所在。谢良佐回忆：

> 张横渠著《正蒙》时，处处置砚笔，得意即书。伯淳云："子厚却如此不熟。"②

在程颢与谢良佐看来，张载把主要精力用于文字著述上，正是其心中对理学的涵养还有所欠缺的体现。明代学者罗汝芳（号近溪，1515—1588）曾与门下的学生如此讨论当面教学的优势之处：

> 问："均一言教，如何看书册与面命之间，所得迥然不同？"罗子曰："当其可之谓时，吾侪相对论心，则彼此机宜，自然适中，如渴与之饮，饥与之食，滋味何等甘美。若持书册慢慢读过，是原未饥渴，与以饮食，虽琼液珍馐，将葵藿等矣。"③

亲炙面授的优势在于"相对论心"，能够根据合适的"机宜"传授对应的

---

① 《上蔡语录》卷上，《朱子全书外编》第3册，第4页。
② 《上蔡语录》卷下，《朱子全书外编》第3册，第35页。
③ ［明］罗汝芳：《罗汝芳集》，方祖猷等编校整理，凤凰出版社，2007年，第104页。

内容，这与在书籍之中大海捞针的效率是不相当的。罗汝芳的说法，道出了讲学所具有的优势。

3. 克治"心疾"

与著作相比，语录直接使用日常的生活语言进行对话，较多地保留了理学家日常生活的场景。实际上，理学的影响之所以能迅速扩大，很大程度上是由于理学直接回应了当时士人在生活、学术、仕宦等生存过程中遭遇的问题，解决了士人的心理问题，回应了生活的意义。在理学家的讲学语录中能看到大量学生询问有关生活问题的记录，这与今天的"心理咨询"颇为类似。

《上蔡语录》与《二程遗书》相似，其中都载有不少门人的"私生活"问题。曾恬的《逍遥先生语录》（《上蔡语录》卷中、卷下）尤其保留了大量的场景记录。例如，有学者曾向谢良佐询问：

> 问：多爱记事，如明日有件事，今日一日记着，晚些有件事，只今不肯放下，至如事过，又须追思，知其非而无法以处之。又每遇事多急躁，常自讼之，云："事之未来，不须预忧；事之方至，不须忙迫；事之过去，不须追悔。终之以一毫不立，唯觉而已。"然终未得如愿。
>
> 先生云：须是这个道理处之。某旧有疑疾一件，要如此，又要如彼。后行一气，法名"五元化气"，《素问》有其说，而无其法。初传时，云行之能于事无凝滞。某行一遍，两月便觉其效。
>
> 问云：所病，心疾也，而此法何以能平之？答云：气能动其心，和其气，所以和其心也。喜怒哀乐失其节，皆是病。①

这位学者有"心疾"，其表现症状之一是"记事"，相当于是惦记着事情，还有一症状是"遇事多急躁"，这都是日常生活中很常见的心理问题。这些问题，如果长期在经典阅读中，当然也能找到合适的解答，但都不如直接与老师之间进行语言的交流来得快捷有效。语录的优势就在于将这些"心理治疗"的过程、症状都完整地保存下来。谢良佐在此处的回答中说自己有"疑疾"，是既要如此做，又要如彼做，这颇类似今日所谓的"强迫症"。为了对治这些心理疾病，谢良佐还曾修炼"五元化气"的养生功法。②

---

① 《上蔡语录》卷下，《朱子全书外编》第3册，第36页。
② 这一法门到现代仍有学者注意，马一浮《示王敬身》说："上蔡所谓一气法，不必深究。注中'五元化气'乃神仙家言，不得真诀者，极有流弊。儒者工夫只在《孟子》'养气'章，用力精约，实入圣之阶。"

又有学生问谢良佐：

问："某有一病，且如作一简，便须安排言语写教如法，要人传玩。饭一客，便要器皿饮馔如法，教人感激。推此每事皆然。"

先生曰："此夸心欲以胜人，皆私也。作简请客如法，是合做底，只下面一句便是病根。此病根因甚有？只为不合有己。得人道好，于我何加？因说孟子就'宫室之美、妻妾之奉、所识穷乏者得我与'，皆是有物欲心。如今老郎家亦恐不免。"又云："有人爱骑好马，道长人精神。又思古人有自为衣服制度者，推此多少般不可胜数。此所谓玩悦小儿家具。"因举孟之反事。

予曰：今人亦有能此，又须要人知其不伐。先生笑曰：直如此巧。

……又问：更有一病，称好则溢美，称不好则溢恶，此犹是好恶使然。且如今日泥泞，只是五寸，须说一尺。有利害犹且得无利害，须要如此，此病在甚处？

曰：欲以意气加人，亦是夸心。有人做作，说话张筋努脉，皆为有己。立己与物，几时到得与天为一处。须是克己，才觉时便克将去，从偏胜处克。克者，胜之之谓也。

……又问：有一般人未必有所得，却能守本分，不要夸胜人。

曰：亦有之。然人之病不一，此贤异病，人却别有病处。[1]

这段语录记在卷中，应当是曾恬本人所问，不仅前后问了多个有关心理疾病的问题，且都详细记录了症状与回答的内容。曾恬所问的"要人夸耀"，谢良佐的回答是胜人的"物欲心"，即今日所谓"攀比心"。曾恬还有好人称赞的"毛病"，谢良佐则指出这是"立己与物"，在应接事物的时候有主、客之分，是有私心导致的。谢良佐还注意到"人之病不一"，必须对症下药，而语录显然有利于"病症"的详细记录。

谢本人也往往将自己克服心理难题的经验告诉学生。例如，他说：

旧多恐惧，常于危阶上习。又曰："六文一管笔，特地写，教不好打迭了此心。"[2]

---

[1] 《上蔡语录》卷中，《朱子全书外编》第3册，第31-32页。
[2] [宋]朱熹：《伊洛渊源录》卷第十，《朱子全书》第12册，第1041页。

又说：

> 问：色欲想已去多时。
> 曰：伊川则不绝，某则断此二十来年矣。所以断者，当初有为之心多，欲有为则当强盛方胜任得，故断之。又用导引吐纳之术，非为长生如道家也，亦以助养吾浩然之气耳。气强则胜事。然色欲自别当作两般理会。登徒子不好色，而有淫行。色出于心，去不得。淫出于气。
> 又问：于势利如何？
> 曰：打透此关十余年矣。当初大故做工夫，拣难舍底弃却。后来渐渐轻，至今日于器物之类置之，只为合要用，却并无健羡底心。①

这段"断色欲"的语录由胡安国记录，是属于极私密的话题，断不太可能出现在正式的经书注解中，唯有在语录中才能得以保存。又如对生活器物的使用，也是属于日常生活的细节，但又事关学者的身心健康。可以说，语录的产生与推广，与理学家对身心性命的修养是息息相关的。

（三）"书虽言多，其实不尽"

在教学的两种方式"书传"与"口传"之间，二程偏向于面授的"口传"，二程认为：

> 以书传道，与口相传，煞不相干。相见而言，因事发明，则并意思一时传了；书虽言多，其实不尽。②

口传的优势在于"意思"。谢良佐记载自己问学二程的场景时，曾如此说："昔从明道、伊川学者多有语录，唯某不曾录。常存着他这意思。写在册子上，失了他这意思。"③谢良佐甚至担心"语录"被记录下来，失去语录的本意。这种担忧在宋明理学的传统中一直得到延续，尤其是在其中的心学传统中有更为明显的体现。据载，王阳明晚年的代表作《大学问》写成以后，有门人想将其刊刻成书，以广为流传，阳明对此表示警惕："此须诸君口口相传，若笔之于

---

① 《上蔡语录》卷上，《朱子全书外编》第3册，第12页。
② 《二程集·遗书》卷第二上，第26页。
③ 《上蔡语录》卷下，《朱子全书外编》第3册，第34页。

书，使人作一文字看过，无益矣。"①

在极端的情况下，为避免"意思"被曲解，理学家还可能将自己的著作亲自焚毁，以免"害道"。程颐晚年曾对自己的门人尹焞说，自己对于文字能否准确还原自己讲话时的思想并不乐观。朱光庭（字公掞，1037—1094）曾把他的讲授记录成语录文字，却遭到程颐的极力反对。程颐还曾作《诗序》二篇，本不欲示人，经友人再三请求才出示给对方，结果却遭到泄漏，被流传成错误的版本。② 由于对自己所著的《中庸解》不满意，有了前车之鉴的程颐决定在临终前焚烧稿件，以免后人误传。程颐不向门人传授《易传》，显然也有相似的考虑。至于程颐一生唯一亲自撰作的《伊川易传》，他认为"只说得七分"③，还需再加"十年之功"的努力才能完善。尹焞记述："门弟子请益，有及《易》书者，方命小奴取书箧以出，身自发之，以示门弟子，非所请不敢多阅。"④ 显然，如果是出于党禁的考虑，这一行为就不可理解。

程颐不仅对本人的著作如此严格，对门人之著作也保持着同样严苛的标准。程颐曾经在门人中布置了《五经解》的写作任务，其中《春秋》委托予了曾任太学春秋博士的门人刘绚。元祐二年（1087年），刘绚不幸因病去世，他的《春秋解》遗稿被寄到老师处。结果，程颐"竟秘不示人"，只是说《春秋解》"却须着某亲做"。⑤ 此言下之意，程颐对刘绚的《春秋解》极不满意，竟使他将代表刘绚一生心血的遗稿也舍弃了。幸运的是，刘绚的遗稿通过南宋李明福的《春秋集义》得到部分保留。学者可以在吉光片羽之间比较程颐与刘绚《春秋》学的歧异之处。⑥ 对程颐之学持有较大批评的王阳明，在对待著作的立场上却几乎与程颐一样，他在晚年处理自己的著作时曾叮嘱门人："将圣人至紧要之语发挥作一书，然后取零碎文字都烧了，免致累人。"⑦ 在著名的《拔本塞源

---

① ［明］王守仁：《王文成公全书》卷之二十六，王晓昕、赵平略点校，中华书局，2015年，第1119页。
② 据尹焞回忆："伊川作《诗序》二篇，外人传之不真。某一月请问曾作否？伊川曰：'有之。但不欲示人。'再三请，乃曰：'为子出此二篇。今传之者是也。'"参见［宋］尹焞《和靖尹先生文集》卷七，《儒藏·精华编》第221册，第846页。
③ 《二程集·外书》卷第十一，第418页。
④ 《二程集·外书》卷第十二，第439页
⑤ "昔刘质夫作《春秋传》，未成。每有人问伊川，必对曰：'已令刘绚作之，自不须某费工夫也？'刘《传》既成，来呈伊川，门人请观。伊川曰：'却须着某亲作。'竟不以刘《传》示人。"见《二程集·外书》第十二，第432页。
⑥ 黄觉弘：《唐宋〈春秋〉佚著研究》，中华书局，2014年，第157页。
⑦ ［明］王守仁：《王文成公全书》旧序《刻文录叙说》，王晓昕、赵平略点校，中华书局，2015年，第13页。

论》里，王阳明将记诵、辞章、闻见、知识与道德的败坏联系在一起："记诵之广，适以长其敖也。知识之多，适以行其恶也。闻见之博，适以肆其辩也。辞章之富，适以饰其伪也。"①

由此可见，语录是否合格，关键要看是否符合讲者的"意思"。在特殊的情况下，语录是无法见到讲者的不得已的选择。《朱子语类》载：

> 或问："尹和靖言看《语录》，伊川云：'某在，何必看此？'此语如何？"曰："伊川在，便不必看；伊川不在了，如何不看！"盖卿录云："若伊川不在，则何可不读！"只是门人所编，各随所见浅深，却要自家分别它是非。②

朱熹说"若伊川不在"，就只能读语录。这一情形不仅是指南宋学者学习伊川学的方式，也指出了北宋晚期，伊川学被禁绝的情况下，学者无法直接到伊川门下问学，学禁反而加速了语录的编撰与流传。

关于语录的记载方法，在尹焞与谢良佐之间存在分歧。

> 时敏问："伊川《语录》载人问：鸢飞戾天，鱼跃于渊。答曰：'会得时，活泼泼地；不会得时，只是弄精神。'不知当时曾有此语否？"先生曰："便是学者不善记录。伊川教人，其不甚晓者，多以常言俗语引之，人便记了此两句。某尝问：'莫只是顺理？'伊川曰：'到此，吾人只得点头。'今不成书'先生教我点头'？"③

王时敏所问的这段"活泼泼地"语录是谢良佐所问。《上蔡语录》：

> "鸢飞戾天，鱼跃于渊，言其上下察也。"此一段子思吃紧为人处，与"必有事焉而勿正心"之意同，活泼泼地。会得时，活泼泼地；不会得时，只是弄精神。④

尹焞认为这个就犯了伊川所说的逐字记录却不得其意的毛病，伊川常常引

---

① ［明］王守仁：《王文成公全书》卷之二，第70页。
② ［宋］黎靖德：《朱子语类》卷第九十七，第2479页。
③ ［宋］尹焞：《和靖尹先生文集》卷八，《儒藏·精华编》第221册，第852页。
④ 《二程集·遗书》卷第三，第59页。

用俗语，只是个比喻，不能过于夸张。这件事还被尹焞弟子祁宽记录下来：

先生尝问伊川："鸢飞戾天，鱼跃于渊，莫是上下一理否？"伊川曰："到这里只得点头。"①

祁宽和王德修所记略有不同，但大意是鸢鱼同为一理，都是天理的表现，或对天理的顺应。程颐说了句"到这里只得点头"，是表示肯定的意思。但尹焞说如果按照谢良佐的记法就该写下"先生教我点头"这几个字，显然，这与伊川的意思相差甚远。所以谢良佐虽然记了"活泼泼地"这样的俗语，但并没有点到"顺理"这一要害，尹焞认为这就是不善于记录的表现。

因此，语录存在着讲述者与记录者之间的"双重主体性"，有时会令读者难以分辨讲者与作者的主体。朱熹评价二程门人的语录：

记录言语难，故程子谓："若不得某之心，则是记得它的意思。"今《遗书》，某所以各存所记人之姓名者，盖欲人辨识得耳。今观上蔡所记，则十分中自有三分以上是上蔡意思了，故其所记多有激扬发越之意。

又说：

伊川语，各随学者意所录。不应一人之说其不同如此：游录语慢，上蔡语险，刘质夫语简，永嘉诸公语絮。②

语录是否可信，往往被认为与记录者的水平高下有关。朱熹还说，语录"才经李端伯、吕与叔、刘质夫记，便真；至游定夫，便错"③。朱熹的评判标准是"真"与"错"，实际上的潜台词是双重主体之间的矛盾。游酢是程门四子之一，他的理学造诣要比李籲、吕大临、刘绚要高明不少，这是程颐本人亲自承认的。然而，在语录中，当讲者的主体与记者的主体发生碰撞时，高明的理学家难免渗透入自己的主体性，这种逼仄压缩了讲者的主体性，因此反而显得他们所记的语录达不到"真"的标准。对于语录来说，作者的身份、主体是

---

① 《二程集·外书》卷第十二，第432页。
② [宋] 黎靖德：《朱子语类》卷第九十七，第2480页。
③ [宋] 黎靖德：《朱子语类》卷第九十七，第2479页。

难以判定的。作者的双重主体性在语录中呈现出巨大的张力，究竟有几分是讲者、几分是记录者。

这种矛盾经过进一步的呈现，其实是学者著书（尤其是经注）与语录的矛盾。尹焞高度称赞《易传》，而对二程门人流传的各种语录颇不以为然。① 相比于由门人、听者记述的语录，学者往往认为本人自撰的经注更为可靠、准确。这种看法在理学发展中一直延续，到了南宋，在朱熹的著作与语录中也有所体现。李性传（1174—1255）在刊刻朱熹《语录》的时候，对语录与著作之间的功效提出较为明确的区分原则：“《语录》与《四书》异者，当以《书》为正，而论难往复，《书》所未及者，当以《语》为助；与《诗》《易》诸书异者，在成书之前亦当以《书》为正，而在成书之后者，当以《语》为是。”②到清代时，这种以著述为重的倾向仍可清晰地看到，例如，清代朱子学者王懋竑在编撰《朱子年谱》与考异时主要以文集的材料作为判断标准。直至现代学术兴起之后，钱穆、胡适等人在研究朱子学时大力推崇《朱子语类》的价值，这才使得语录重新得到重视。

总之，在问与答的过程中，语录直接呈现了具体的问答场景，读者对于场景的理解能直接建构出强烈的教学画面感，通过阅读语录，仿佛可以得到一种"现场观影"般的学习体验。有学者指出，语录具有当下性，可以呈现出一种"物各付物""随分所及"的当场点化之效果。③

与此同时，语录毕竟要以文字的形式表达，而且随着语录的流传，可能经过再编订的过程，由此进一步产生了录者与编者的歧解。随着语录的整理与编订，其中鲜活的现象场景会不断淡化，讲者、录者、编者的生命体验交织贯彻，使得语录的传播也面临着与著述类似的困境。编者毕竟不在现场亲自聆听，故对场景缺乏现象的直观审视，陆九渊的门人李伯敏曾编有《象山语录》一册，陆九渊看后认为：“编得也是。但言语微有病，不可以示人。自存之可也。兼一时说话，有不必录者。”④ 谢良佐同样对语录并不措意，他重视直接讲学的场景特征，⑤ 他讲学所留下的《上蔡语录》三卷位列晁公武《郡斋读书志》"语录"

---

① 尹焞对门人王时敏说：“若要看《杂编》，不如看《易传》。”［宋］尹焞：《和靖尹先生文集》卷七，《儒藏·精华编》第221册，第844页。
② ［宋］李性传：《饶州刊朱子语续录后序》，［宋］黎靖德：《朱子语类》，第3-4页。
③ 参见陈立胜：《理学家与语录体》，载《社会科学》，2015（01）。
④ ［宋］陆九渊：《陆九渊集》卷三十五，钟哲点校，中华书局，1980年，第445页。
⑤ 通过场景启发教学，是谢良佐讲学的一大特征，曾恬较好地保存了这些场景。如曾恬记谢良佐"因指所坐亭子曰：这个亭子须只唤做白冈院亭子，却着甚底换得？"《上蔡语录》卷中，《朱子全书外编》第3册，第22页。

131

类之中。在《上蔡语录》中，很明显地体现了语录的"编"与"录"之冲突。胡安国对于"语录"的场景还原效果并不关注。胡安国在理学上极有自己的创见，故他自认为与谢良佐"义兼师友"，显然他有着自己对理学的主体理解，对于谢良佐的学术有所不满足，因此他没有止步于语录的还原。胡安国在向谢良佐请教之后，对记下来的语录进行了"雅驯"，形成了《谢子雅言》一书。胡安国的《谢子雅言》共二卷，其中上卷皆为胡氏所独有，而下卷则与曾恬的《逍遥先生语录》内容相似，应当是雅驯曾氏语录而形成。经胡安国雅言过的语录，仅简约地保留了最核心的哲学性术语，而把谢良佐的讲学场景、动作等部分几乎删除殆尽。幸好，这些场景还保留在曾恬的《逍遥先生语录》之中，在今传《上蔡语录》中可以看到胡安国、曾恬两种语录的区别。《上蔡语录》卷中载：

> 门人有初见请教者，先生曰："人须先立志，志立则有根本。譬如树木，须先有个根本，然后培养能成合抱之木。若无根本，又培养个甚。此学不可将以为善，后学为人，自是当为人道。人道不教人做，却教谁做？"（引按，此经胡安国删节）
>
> 曾本云：二人初见请教，先生曰："人须先立志，志立则有根本。"因指小树，子须是先生根本，然后栽培。又曰："须是'有诸己'，有诸己之谓信。"指小树。"有个根本在，始培养灌溉，既成就为合抱之木。若无根本，又培养个甚么？"又曰："此学不可将以为善，后学为人。"（此下与胡氏本皆同）①

其中第一段是《谢子雅言》（"胡氏本"）的内容，而"曾本"则为曾恬记录的《逍遥先生语录》。在这则语录中，谢良佐在讲学的过程中有两次"指小树"的动作，皆被胡安国删去，朱熹指出："盖损益曾氏所记，而精约过之。"②从叙事的角度看，胡安国的删节更聚焦于思想与哲理的言说，因此，"雅言"是经过编者处理过的语录，成为书面化的口语，更接近文言的表达。

相比语录，"雅言"把场景给压薄，泯除了讲者、录者的主体性，也化约了生活的经验，这往往使得语录背后承载的现象与意义有意无意地缺失了。在雅

---

① 《上蔡语录》卷中，《朱子全书外编》第3册，第26页。
② [宋]朱熹：《谢上蔡语录后序》，《上蔡语录》附录，《朱子全书外编》第3册，第39页。

言化的过程中，文本的语境（context）被重构，话语（discourse）也被改写。理学家的语录直接记载了教学的场景，而理学的教学总是涉及经典解释。在讲者与录者的对话中，经典穿越了文字的空间，降临到生活场景之中，文字与语言、场景交织在语录之中，然而，雅言化的语录实际上把这一交织还原为抽象的经典。雅言，从其建构的意义上看，它重新使文本与解释得到统一，而这种统一确立了编者的主体，也伴随着讲者与录者而消失。实际上，经典的活化与应用，离不开日常口语化的语言表达，只有在生活场景之中，在新的语境中通过语言来激活经典的意义，才能使得经典得到永续的流传，这正是语录的意义。

第五章

从"上蔡学"到"朱子学":《上蔡先生语录》的编撰、成书与影响

　　谢良佐的著作中,《上蔡先生语录》(又简称《上蔡语录》)是其晚年讲学的第一手实证资料,由胡安国、曾恬记录,最能代表其思想。该书在南宋时由朱子编、删形成定本,流行一时。在南宋时,曾被越中书商刊入《诸儒鸣道集》七十二卷之中,随之传播至金朝,引起了北方学者的注意与评论。然而,随着朱子理学思想的形成,学术界终于稳定于朱子学的范式之下。谢良佐之学曾被朱子批评,以之为王苹、张九成、陆九渊心学一系之渊薮,故该书在元代以后传播渐稀。明代中叶以后,随着心学思潮的兴起,《上蔡先生语录》的心学思想又重新受到学者的重视。在正德八年,经过朱子学者罗钦顺、杨廉的门人王畴之校正,南京国子监的汪正重新刊刻了《上蔡先生语录》。王畴不仅将上蔡学界定为"心学",还在该书的相关篇章中附入朱熹、黄榦、真德秀、胡居仁等朱子学者的评语,以朱子学为标准评骘上蔡学之高下。此外,由于校刊之讹误,由此带来了一些文字的变化。

　　朱熹在南宋两次编撰《上蔡先生语录》,曾删去百余条驳杂的内容,这些内容究竟是否上蔡本人所言?朱子删编的内容,是否仍有迹可循?其去取是否精当?此为理学史的一大公案。在明代早期的流传过程中,《上蔡先生语录》的部分内容因写本的传抄磨灭而流失,使得南京国子监之后的版本皆缺少卷下的百余字,又为此公案增添迷雾;这些内容有些曾被朱熹收入《二程外书》之中,但完整本仅存于南宋《诸儒鸣道集》刻本,明、清学者难以见到。一些当代的学者,在引用《上蔡先生语录》的相关内容时,误会这些传抄磨灭的内容是朱熹在编撰时候有意删去的,这有待澄清。最关键的,朱子编删《上蔡先生语录》,是否改变了上蔡学术的面貌?从胡适到荒木见悟,皆有此疑问,颇值得仔细考察。本章以《上蔡先生语录》的编撰、成书以及朱子学的形成为中心进行考察,目的是借以呈现谢良佐学术之传播与影响,非仅为文献学的考证而撰。

　　一、《上蔡先生语录》的记录与编撰

　　胡适先生《中国哲学史大纲》在谈及哲学史料的可靠性时曾提出:

第五章 从"上蔡学"到"朱子学":《上蔡先生语录》的编撰、成书与影响

哲学史的原料,即是各哲学家的著作。近世哲学史对于这一层,大概没有什么大困难。因为近世哲学发生在印书术通行以后,重要的哲学家的著作,都有刻版流传;偶有散失埋没的书,终究不多。但近世哲学史的史料,也不能完全没有疑窦。如谢良佐的《上蔡语录》里,是否有江民表的书?如朱熹的《家礼》是否可信为他自己的主张?这都是可疑的问题。又宋儒以来,各家都有语录,都是门弟子笔记的。这些语录,是否无误记误解之处,也是一个疑问。①

胡适对中国近世哲学史所举两个问题,朱子的《家礼》已引起学界广泛关注,但谢良佐《上蔡先生语录》至今未得到系统梳理。该书是谢良佐晚年讲学的记录,最能代表他的总体思想,由胡安国、曾恬等多位门人记录,是北宋理学家语录的代表作之一。在南宋初期,朱子综合了三种谢良佐语录,通过编、删形成了三卷本的《上蔡先生语录》,又被浙江的越中书商刊入《诸儒鸣道集》七十二卷之中,随之传播至金朝,引起了北方学者的注意与评论。然而,朱子在编定《上蔡先生语录》时,既删去其中佞佛语录多条,又勘定其下卷百余条语录为江民表《辨道录》,其中是否有误判,这种大范围的删除会否改变上蔡学术的面貌?从明代的周汝登、李贽,到胡适《中国哲学史大纲》与日本学者荒木见悟等人,许多学者皆有此疑问。《上蔡先生语录》之原貌究竟如何,作为中国哲学史学科中一桩始终悬而未解的疑案,颇值得仔细考察。

本节首先考察谢良佐门人对《上蔡先生语录》的记录及其成书过程,并通过吕本中《师友杂志》、朱熹《伊洛渊源录》、李幼武《宋名臣言行录外编》等书检阅《上蔡先生语录》佚文,尽量探查朱子编删之前的原貌。在此基础上,对《上蔡先生语录》鳌入江民表《辨道录》的过程做出较为稳妥的考证。从而,对现存最早的理学丛书《诸儒鸣道集》之编撰时间提出了新的说法。

日本学者荒木见悟指出:

> 盖《上蔡语录》,非脱离朱子学之见地,予以虚心研读,不为功也。②

欲得谢良佐《上蔡先生语录》之原貌,有必要考察该书在经朱子编定以前

---

① 胡适:《中国哲学史大纲(上)》,商务印书馆,1926年,第11页。
② [日]荒木见悟:《上蔡语录解题》,《上蔡语录·鸣道集》,台北:中文出版社,1979年。第5页。

的成书经过。从有关材料来看,朱子编定《上蔡先生语录》主要有三种来源,分别为:友人括苍吴任《上蔡先生语录》写本一篇、胡安国记《谢子雅言》写本二篇、曾恬记《逍遥先生语录》版本二卷。其中,吴任写本是抄录曾本而来;三家之书,要皆出于胡安国、曾恬从学谢良佐时所记。① 此外,南宋学者张栻也曾为一位名为"符君"的谢良佐门人所记《上蔡语录》写过跋语,由于朱熹当时与张栻尚未结识,故未采纳该本,今亦亡佚。以下考察这四种语录的记录经过。

(一)胡安国《谢子雅言》

胡安国(1074—1138),字康侯,谥文定,是两宋之际理学传承与发展的主要功臣之一。朱子编《上蔡先生语录》所采用的第一种底本为《谢子雅言》,共二卷,主要由胡安国记录,其中上卷为胡本所独有,下卷是节略曾本所成。今考胡安国之生平,可得其从学谢良佐数端,可由此推测《谢子雅言》各部分之记录过程。

第三章已经详细讨论过胡安国与谢良佐之间的授受经历。为叙述之连贯,此处再简要加以补充,胡安国先与杨时在湖北荆门结识,此后到京改为太学博士。胡安国提举湖北学事时,请杨时修书,以"后进礼"求见谢良佐。关于胡安国之学,朱子云:"得于上蔡者为多。"胡安国子胡寅《先公行状》,崇宁四年(1105年),胡安国从太学博士提举湖北学事,"到官,改使湖南","五年三月,例罢学事司。"② 那么,胡安国始见谢良佐在崇宁四年。

该次问学的经过,胡安国从子胡宪曾回忆:

> 顷年在荆州,因侍坐季父次,言及学者患妄想多。季父称昔过应城,见谢上蔡,语及此事,谢云:"譬如树子,斫了又生,斫了又生,只为有根在。至于庭柱一塌倒即无事。"季父即康侯,谢即显道。③

胡安国初见谢良佐时,询问如何克治妄想,谢良佐使用"树木"与"庭柱"有无"根本"作为譬喻。谢良佐的这条答语又见朱熹编《上蔡先生语录》卷上(胡安国《谢子雅言》上卷)。《上蔡先生语录》卷上:

---

① [宋]朱熹:《谢上蔡语录后序》,《晦庵先生朱文公文集》卷七十五,见《朱子全书》第24册,上海古籍出版社、安徽教育出版社,2002年,第3609页。
② [宋]胡寅:《斐然集》卷二十五《先公行状》,第486-487页。
③ [宋]吕本中:《师友杂志》,《吕本中全集》,第1102页。

第五章 从"上蔡学"到"朱子学":《上蔡先生语录》的编撰、成书与影响

游子问谢子曰:"公于外物,一切放得下否?"谢子谓胡子曰:"可谓切问矣。"胡子曰:"何以答之?"谢子曰:"实向他道,就上面做工夫来。"胡子曰:"如何做工夫?"谢子曰:"凡事须有根。屋柱无根,折却便倒。树木有根,虽翦枝条,相次又发。如人要富贵,要他做甚?必须有用处寻讨要用处,病根将来斩断便没事。"①

相对胡宪的回忆,这则语录中,游酢才是话题的引起人,但谢良佐回答胡安国"如何做工夫"的答语,与胡宪的回忆一致。那么,可以由此推定,这则话语必然是胡安国第一次见谢良佐问学时候所记录的。由此可见,胡安国在应城第一次面见谢良佐的时候,就已开始了对《上蔡语录》的记录。

《上蔡先生语录》卷上又记载:

问:"为政如何?"谢子曰:"吾为县,立信以示之。始时事烦,吾信既立,今则简矣。凡事皆与之议而处其方,只如理债,则先约之息不得过本,不及本则计日月偿之。又为之期,期而不还,治其罪。息过本,则不理。凡胥吏禀吾约束者,申为之约而言不再期,既至而事未集,治其罪不复纵。凡此皆所以示吾信。"②

这条语录胡安国询问"为政"的方法,而谢良佐的答语是"吾为县",正好与胡安国初见谢良佐时的应城县令身份一致。根据目前可见的史料来看,谢良佐在应城县令之后的官职是西京监竹木务,此后就致仕,再没有知县的经历。由此可以断定,这条语录必然也记载于崇宁四年初见时。

胡安国任湖北提举只有很短暂的历程,才到官就改使湖南。胡寅《先公行状》记载:"(崇宁)五年三月,例罢(湖南)学事司,除通判成德军。八月,所罢司官仍旧。"③ 根据《宋史》本传,胡安国再任湖南学事司不久,因举荐与元祐党人有关人士得罪权相蔡京,于是上"命湖南提刑置狱推治;又移湖北再鞫,卒无验,安国竟除名"④。最终,胡安国除名落职,此后数年居于荆门侍亲多年。胡宪曾回忆在荆门时的情景:"宪大观初年在长沙侍文定公左右,每听说

---

① 《上蔡语录》卷上,《朱子全书外编》第3册,第12页。
② 《上蔡语录》卷上,《朱子全书外编》第3册,第9-10页。
③ [宋] 胡寅:《斐然集》卷二十五《先公行状》,第487页。
④ [元] 脱脱等编:《儒林五》,见《宋史》第37册,卷四百三十五,中华书局,1977年,第12909页。

上蔡先生之学问。"①

然而，大观初年，谢良佐已经改官监西京竹木务（详《年谱》"大观元年"条），与胡安国之间主要通过书信的形式讨论学术问题。据此，大概可以推知，胡安国的《谢子雅言》上卷，主要部分应都记录于崇宁四年的时候。

按照朱熹的说法："胡氏上篇五十五章，记文定公问答，皆他书所无有，而提纲挈领，指示学者，用力处亦卓然，非他书所及。下篇四十七章，与板本、吴氏本略同，然时有小异，盖损益曾氏所记，而精约过之。"②《谢子雅言》下卷，乃是"损益"曾恬的《逍遥先生语录》而成，那么应当不是胡安国本人亲自记录，而是他将"语录"改写为"雅言"时候所改编的。从《谢子雅言》的部分来看，其中凡涉及胡安国皆称为"胡子"，对谢良佐的称呼主要有"谢曰""谢子"两种，通过这些称谓，也可以对相关语录的归属进行判断。需注意的是，虽然《谢子雅言》出于胡氏，但胡安国本人大概不会称呼自己为"胡子"，那么，《谢子雅言》的最后整理者未必是胡安国，而更可能是私淑谢良佐的胡寅、胡宪等人。

（二）曾恬《逍遥先生语录》

曾恬（字天隐，？—1152）所记《逍遥先生语录》二卷，是朱子采取的第二种底本。南宋韩元吉（字无咎，1118—1187）云：

> 方崇宁、大观间，天下学者趋时好溺王氏新书，以弋声利，奸臣擅朝政至禁锢诸儒之说，俾不得传。而天隐独欲探性命之理，从上蔡谢先生、龟山杨先生游，以讲明圣人之道，善类至今称之。③

可知曾恬约在崇宁、大观年间问学于谢良佐和杨时门下。上节已知，谢良佐此时在任湖北应城为令。又据《龟山先生年谱》，杨时在崇宁元年（1102年）九月赴荆州教授任，任官至崇宁五年（1106年）十月二十日离荆州赴余杭县任，大观元年（1107年）三月才到余杭。④ 因此，曾恬当与胡安国一样，在龟山离开后，由其推荐而从谢良佐问学。另外，从今本来看，胡安国《谢子雅言》

---

① ［宋］胡宪：《上蔡语录跋》，见《朱子全书（外编）》第3册，华东师范大学出版社，2010年，第41页。
② 《上蔡语录》卷上，《朱子全书外编》第3册，第39页。
③ ［宋］韩元吉：《南涧甲乙稿》卷二十一《高邮军曾使君墓志铭》，台湾商务印书馆影印文渊阁《四库全书》本，第1165册，第348页。
④ ［清］张夏：《龟山先生年谱》卷上，清康熙刻本。

<<< 第五章 从"上蔡学"到"朱子学":《上蔡先生语录》的编撰、成书与影响

的上篇为胡氏本独有,可知曾恬不曾见过,其问学时间应比胡安国稍后①,他可能是在杨时离开荆门后,即大观初年三月后,才开始记录谢良佐门下的讲学情况。

《逍遥先生语录》原书共一篇,其主要内容被朱熹改为两卷,分别保存在《上蔡先生语录》卷中、卷下。从今本内容来看,《上蔡先生语录》卷中曾恬记录的对话中有"朱问""石问""朱曰""黎云"等条,可知同时在谢良佐处问学的除曾恬本人外,还有数人,以下略做考察。

《上蔡先生语录》中的"黎云",姓名不详。从与谢良佐有关的士人考察,应当是指胡安国的弟子黎明(字才翁),黎才翁是长沙人,与胡安国在崇宁四五年典学湖南时结识。②那么,他通过胡安国进而与谢良佐结识,是很有可能的事情。

"朱问""朱曰"两处,③指朱震、朱巽兄弟。据吕本中记载,崇宁末年,朱巽因胡安国之启发,与兄朱震一起从师问学。④吕本中《师友杂志》:

> 巽与其兄震子发,始皆发愤,力为学问,因从谢显道学,久之皆有所成。巽先死,震后遂为时用。⑤

《(乾隆)荆门州志》卷二五:

> 朱巽,字子权,震之弟,少擅文,誉。……既而得震理学真传,与俱入太学,从谢显道讲学,遂与兄齐名。⑥

胡宪《上蔡语录跋》:

> (朱震)云先生监西竹木场日,自太学往见之,坐定,子发进曰:"震

---

① 钟彩钧先生也持有同样的观点,不过未说明理由。参见钟彩钧:《谢上蔡、李延平与朱子早年思想》,《清华学报》2007 年新 37 卷第 1 期,第 38 页。
② 参见[清]黄宗羲、[清]全祖望:《宋元学案》第 2 册,中华书局,1986 年,第 1190 页。
③ 《上蔡语录》卷中,《朱子全书外编》第 3 册,第 25-26、27 页。
④ [宋]吕本中:《紫微诗话》,《丛书集成初编》本,商务印书馆,1939 年,第 9-10 页。
⑤ [宋]吕本中:《吕本中全集·师友杂志》,中华书局,2019 年,第 1097 页。
⑥ [清]舒成龙纂修;[清]李法孟、[清]陈荣杰纂:《(乾隆)荆门州志》卷二五《文学》,清乾隆十九年刻本,第 2b 页。

139

愿见先生久矣,今日之来无以发问,不知先生何以见教?"先生曰:"好与贤说一部《论语》。"①

因此,朱震在通过"举八行"升入太学,而八行制度在大观元年颁行,故知朱震兄弟一起前往洛阳求见担任监西京竹木务的谢良佐问学,必在大观元年后。

"朱问"条之下,曾恬还记有"二人初见请教",似也指二朱而言。② 此外,《上蔡语录》卷中:

> 石问:"孟子所谓'尽其心者知其性,知其性则知天。存其心,养其性,所以事天。'知天、事天,如何?"曰:"事天又别。"问:"知天莫便能事天否?"曰:"不然。且如今人莫不知有君父,能事君父者少。存心养性,便是事天处。"朱曰:"事天工夫最难。"周曰:"事则是不违。"又问:"心与性是如何?"曰:"心是发用处,性是自然。"③

如第三章指出,此处的"石问"指石子植,"朱曰"指朱氏兄弟,"周曰"当指周遵道。数人之中,周遵道最年长,张九成曾说:"(周遵道)元祐中上书论事,不仕宦,曾见谢显道先生。"④ 综上来看,曾恬《逍遥先生语录》上篇(今本中卷的"曾本")的内容主要是大观年间在洛阳的记录。

曾本《逍遥先生语录》的最大问题在下篇,这部分内容胡安国未曾见过,是曾本所独有。根据朱熹的说法:

> 独板本所增多犹百余章,然或失本指,杂他书,其尤者五十余章。至诋程氏以助佛学,直以"或者"目程氏,而以"予曰"自起,其辞皆荒浪无根,非先生所宜言,亦不类答问记述之体。意近世学佛者私窃为之,以亢其术。偶出于曾氏杂记异闻之书,而传者弗深考,遂附之于先生,传之

---

① [宋]胡宪:《上蔡语录跋》,《上蔡语录》附录,第41页。
② 《上蔡语录》卷中,《朱子全书外编》第3册,第26页。
③ 《上蔡语录》卷中,《朱子全书外编》第3册,第27页。按,此处点校者破读"周曰"二字,误,"周"当属下读。
④ 曾枣庄、刘琳主编:《全宋文》第一百八十四册《张九成三·与台州曾侍郎书》,上海辞书出版社;安徽教育出版社,2006年,第21页。

<<< 第五章 从"上蔡学"到"朱子学":《上蔡先生语录》的编撰、成书与影响

久远,疑误后学。①

曾本多出的100余章,按朱熹的看法,可以分为两类,一是"失本指",与理学主要精神不符合;二是"杂他书",一共50余章,对二程的称谓也不够敬畏,颇似学佛人士的语言,这部分内容出自其他书籍,后来被朱熹的老师胡宪证实是江民表《辨道录》(详下)。

考察今本《上蔡先生语录》卷中,有部分语录当为《谢子雅言》所有。从第41条至48条(从"诚是无亏欠"条至"四十万人死于长平"条),这部分应是胡氏本所独有的。理由有二:第一,这8条皆不以吴本、曾本校注;第二,这8条凡有谢良佐出现,皆以"谢子"敬称。今按,胡氏本原名《谢子雅言》,卷上凡胡安国本人记录谢良佐语,多数以"谢子"敬称谢良佐,而版刻的曾本部分无此称呼。曾本所记,涉及谢良佐答语,或不记录称谓,或以"先生"称之。至于胡安国精约曾恬记述的部分,在卷中第1条至40条,也只以"先生"称谢良佐,不见"谢子"之称,盖仍曾恬问答记述之旧。而以"谢子"称呼谢良佐的最后有8条,似不应视为《逍遥先生语录》。

(三)吴任《上蔡先生语录》

朱熹在编《上蔡先生语录》时说:"熹初得友人括苍吴任写本一篇,题曰'上蔡先生语录'。"吴任首次将谢良佐的语录命名为"上蔡先生语录",写本的内容与《逍遥先生语录》的前半部分相当,即今本《上蔡先生语录》卷中的内容。吴任写本的内容与曾恬本大同小异,其差异之处,朱熹在编撰的时候用"吴本"做出了标识,一共有9处,主要是少量的文字增、缺。

吴任是从哪里抄录《逍遥先生语录》的呢?括苍属于台州,是上蔡谢氏在南渡以后的主要居所。谢伋自绍兴初年以后就居黄岩,黄岩西邻括苍,今都属台州市下临海市。曾恬在绍兴初年也主管台州崇道观,但宋代的守祠官不需亲赴庙观,曾恬未必曾亲到台州。吴任从谢伋处抄得写本的可能性较大。今《上蔡语录》中卷有数处吴任本、版刻本不同处,大多在抄写之误缺上,只有一处是表述不同。而今传本卷下是吴中板本《逍遥先生语录》所独有,吴任抄本没有的。由于版刻本是合曾恬、谢伋二本而成,两相对比,可知吴任只抄得其中一人的部分,而下卷必定出自另外一人。那么,只要考察曾、谢二人谁与江民表熟识,就更可能将江民表语录混入,而吴任抄本的来源也就跟着明白了。据下文对江民表《辨道录》的考察,其在吴中由曾崇整理曾恬遗稿时窜入《逍遥

---

① [宋]朱熹:《谢上蔡语录后序》,《上蔡语录》附录,第39-40页。

141

先生语录》的可能性最大（详下第二节），因此可反证，吴任应当是在台州从谢伋处抄得《上蔡先生语录》。

此外，朱熹何时从莆田得吴任《上蔡先生语录》写本呢？《朱文公文集》卷八十四《跋孔君家藏唐诰》："绍兴中，熹之友括苍吴任授室其门（莆田孔氏），间以其家所藏告身、家牒、世谱相视，皆唐世旧物。……时绍兴二十五年乙亥岁也。"束景南《朱熹年谱长编》推测，朱熹在是年初得《上蔡语录》。① 按，朱熹云："熹初得友人括苍吴任写本一篇。"写本《上蔡语录》为朱熹所获三底本最早一本。

（四）符君《上蔡语录》

在朱熹所见三种《上蔡先生语录》之外，两宋之际还有一些其他谢良佐门人也有语录，这些语录因为没被朱熹收录，现已失传。朱熹的友人张栻《跋符君记上蔡语录》：

> 符君生于远方，及游京师，乃能从上蔡谢先生问学，得先生一语，随即记录，今传于家者九十有七章。若符君者亦可谓有志于学矣。予谓当表而出之，以为远方学者模楷，故附志于兵部侍郎胡公铭诗之后，使来者当有考焉。②

张栻所说的兵部侍郎胡公，指胡铨（字邦衡，1102—1180），吉州庐陵人，号澹庵。考察胡铨《澹庵集》中未有张栻所云铭诗。符君所记97章《上蔡语录》，今佚。符君的姓名与里籍不详，本书第三章曾有过考察，大概在政和初年问学于京师。关于此本《上蔡先生语录》的讨论，下文第三节还会进一步讨论。

（五）朱熹《上蔡先生语录》

朱熹曾在绍兴二十九年、乾道四年两次编撰《上蔡先生语录》，最终定为三卷本；今人可见的《上蔡先生语录》，皆源于此。但朱子所删去的文本是否皆非上蔡原文，却带来了学术史的争论。朱子校《上蔡先生语录》所采用的方法，有理校亦有辨伪，钱穆先生曾指出：

> 此（朱子编《上蔡先生语录》）则所校不仅字句异同，更有版本出

---

① 束景南：《朱熹年谱长编》上册，华东师范大学出版社，2001年，第220页。
② ［宋］张栻：《张栻集·新刊南轩先生文集》卷三十三《跋符君记上蔡语录》，杨世文点校，中华书局，2015年，第1276页。

<<< 第五章　从"上蔡学"到"朱子学":《上蔡先生语录》的编撰、成书与影响

入。其中吴中板本一种,确有来历,而朱子断其不可信。乃是校勘而侵入辨伪之范围也。①

钱穆对朱熹之编撰赞誉有加。然而,吴中板本所增百余章,其"确有来历"可考者是江民表《辨道录》,仅有50余章。余下的50章,未有证据可以明确断定不是谢良佐的语录。因此,明儒周汝登曾质疑:

  上蔡之语,皆文公手定,乃削去其百余章,内称五十余章。诋程氏以助佛说,疑是江民表所著,削之或宜。而此外五十章者,不知何故亦并削之耳?大抵文公以前,诸儒之书未有不为所删削者。至于《程氏遗书》,亦自云去取之。则凡不合于文公之意者,皆所不录,而全书多不传矣。②

周汝登的质疑是有道理的。《上蔡语录》经朱子之手编成,朱子以胡安国《谢子雅言》所记为底本,对曾恬本《逍遥先生语录》进行了较大的删改,一定程度上使得《上蔡语录》带有其个人的价值取向,非复原貌。举其大端,主要有二。

其一,朱子以理学为标准删去《逍遥先生语录》的部分内容,受到后世部分学者的质疑。朱子在绍兴二十九年(1159年)初编《上蔡语录》,主要是处理胡安国《谢子雅言》与曾恬《逍遥先生语录》的异同,尤其是后者多出来百余章内容。据朱子所记,他将这百余章分为三部分:一、刊去诋毁程氏以助佛学的50余章;二、刊去或失本指、杂他书甚者,20余章;三、余下的30余章即今传本卷下部分。③ 在乾道四年(1168年)再编时,对其中诋毁程氏以助佛学的50余章做出说明:

  后籍溪胡先生入都,于其学者吕祖谦得江民表《辨道录》一篇,读之则尽向所削去五十余章者,首尾次序,无一字之差,然后知其为江公所著,而非谢氏之语益以明白。④

---

① 钱穆:《朱子新学案》第5册,九州出版社,2011年,第207页。
② [明]周汝登:《圣学宗传》卷之七《谢良佐》,张梦新、张卫中点校,浙江古籍出版社,2015年,第650页。
③ 具体参见[宋]朱熹:《谢上蔡语录后序》,《晦庵先生朱文公文集》卷七十五,见《朱子全书》第24册,3609页。
④ [宋]朱熹:《晦庵先生朱文公文集》卷七十七,见《朱子全书》第24册,3707页。

可知这50余章确是抄录者误将江民表《辨道录》所抄入无疑。但对于删除的其他部分，后人多诟病。在朱熹《伊洛渊源录》中记载了不见于今本《上蔡语录》的部分语录。

例如，《上蔡语录》卷上有一则谢良佐与程颐论"天下何思何虑"的语录①，由胡安国记录：

> 曾往见伊川，伊川曰："近日事如何？"某（谢良佐）对曰："天下何思何虑？"伊川曰："是则是，有此理。贤却发得太早在。"……②

该条语录下面还有胡安国与谢良佐的对话百余字。值得注意的是，《伊洛渊源录》在这则语录之前还记载了另一个版本：

> 释氏只要个绝念，某初得似释氏。明道问："近日用心？"对曰："近日之用'何思何虑'一句。"伯淳曰："有此理，只是发得太早。"

此条在《伊洛渊源录》中注明出自《上蔡语录》，但不见于今本。朱熹注云："案，前段与此小异，盖前段曾氏所记，而此段胡氏所记也。未知孰是，姑两存之。"③ 其中"前段"即指本条语录，朱熹判断为曾氏本。将这条语录的两个版本进行比较，有两处明显不同。第一，今本《上蔡语录》中载此条为伊川语，而《伊洛渊源录》所引《上蔡语录》则载为明道语。在朱熹最终编定的《上蔡语录》中，程颢与谢良佐对话的版本被删除了；而在《伊洛渊源录》，朱熹还"两存之"，其中的态度完全不同，值得玩味。第二，上条（胡氏所记）完全没论及与佛学有关的内容；而本条（曾氏所记）中，谢良佐说自己"初得似释氏"，并得到程颢的赞同说："有此理。"从内容来看，这应当属于朱熹在《上蔡语录后记》中提及有意删去的"杂佛语"百余章之一。

此外，《伊洛渊源录》还有一则《上蔡语录》佚文：

> 旧多恐惧，常于危阶上习。又曰："六文一管笔，特地写，教不好打迭

---

① 《上蔡语录》卷上，《朱子全书外编》第3册，第18页。
② [宋] 朱熹：《伊洛渊源录》卷第十，《朱子全书》第12册，第1041—1042页。
③ [宋] 朱熹：《伊洛渊源录》卷第十，《朱子全书》第12册，第1041—1042页。

>>> 第五章 从"上蔡学"到"朱子学":《上蔡先生语录》的编撰、成书与影响

了此心。"①

该条不见今本,但李幼武《宋名臣言行录外集》卷七也引《上蔡语录》此条:

昔日作课簿,以记日用言动视听是礼与非礼者。又云:"旧多恐惧常于危阶上习。"②

李幼武所引此条前半部分,见今本《上蔡语录》卷中的"曾本":

昔日作课簿,以记日用言动视听,是礼与非礼者。昔日学时,只垂足坐,不敢盘足。因说伯淳终日坐如泥塑人,然接人则浑是一团和气。所谓望之俨然,即之也温。③

这条语录论及在危阶上克服恐惧之心,虽然不记在《上蔡语录》,但由于《伊洛渊源录》的影响,也常被后世引用,被认为是代表谢良佐人格气质的一则记录。应当说,这条语录与"杂佛语"完全无关,似不当属于应该被删除的范围。如周汝登说的:"不知何故亦并削之耳?"这对曾恬本此条被删去的情况应该说是十分有力的质疑。

钱穆先生认为朱子删削曾恬《逍遥先生语录》,代表了朱子的校勘、辨伪成就。那么,朱子编书时究竟所取何种原则呢?一方面,朱熹在编《二程文集》曾写有2000余字的长篇通信,与张栻争论胡氏本之未妥当处,认为应当尽量保存《二程文集》的原貌,不应随意改动文字,这体现了朱子校勘学的严谨之处。另一方面,朱熹在编撰书籍时,又抱有较明显的价值取向,例如,他在整理张栻的《南轩先生文集》曾有意删去早年未成熟之作,"使张栻的早期著作不见于文集之中。此外,对于诸经训义以及'其立朝论事及在州郡条奏民间利病'的

---

① [宋] 朱熹:《伊洛渊源录》卷第十,《朱子全书》第12册,第1041页。该条又见南宋《近思后录》,该书仿照《近思录》体例编纂二程门人后学语录,可与此互证。参见 [宋] 佚名:《近思后录》卷五《克己》,顾宏义校点,华东师范大学出版社,2015年,第45页。
② [宋] 李幼武:《宋名臣言行录外集》卷七,台湾商务印书馆影印文渊阁《四库全书》本,第0449册,第719c页。
③ 《上蔡语录》卷中,《朱子全书外编》第3册,第23页。

145

奏议文字也不予收录。"① 这体现了朱熹在编删著作时有一定的去取原则。

若按今人陈垣先生关于"校勘"的说法，朱子在校编《上蔡先生语录》时，是采取了理校（删佞佛、江民表语、删手柬中佞道语）、对校（删曾本重复）的方法。对于有可靠来源的文字，则坚持还本原貌，在编《二程文集》时即是如此。对于思想有变迁之早晚年作品，如张栻早期著作，则采取"定论"之方法。对于有多种版本的文献，难以取舍者，则两兼存之，这体现在编《伊川易传》《二程语录》的过程中。

以上所说，主要涉及朱熹绍兴二十九年初编《上蔡先生语录》。

其二，乾道四年编撰时在书末增入谢良佐与胡安国手柬，但也有意进行了节略，删去部分谢良佐晚年退隐的想法。

朱子谓："旧传谢先生与胡文定公手柬，今并掇其精要之语，附三篇之后云"②，从今本来看，手柬仅存两条，不是全帙。在吕本中《师友杂志》里，仍可见到保存相对完整的谢良佐与胡安国通信7条，更接近谢氏的原貌。其中前2条经朱子编入《上蔡语录》，后5条如"于世味若存若亡""念修身以毕此生"等③，都被朱子刊去。由此，不难看出朱子在删编《上蔡语录》时存在强烈的护卫理学价值的儒家立场，这既说明朱子思想的早熟，也提醒我们面对《上蔡先生语录》时应保持一定的警惕，留意编者对《上蔡先生语录》文本的改动。

朱熹编定的《上蔡先生语录》在南宋时广为学者流传。在绍兴二十九年六月，胡宪入临安为官，吕祖谦曾向其问学。胡宪从吕祖谦处得江民表《辨道录》，印证下卷所删去50余章乃江氏所著，并云"首尾次序，无一字之差"。据此，胡宪应该将朱子所编订本并其删去者携带入京，很可能于此时交予吕祖谦一份。此后，吕祖谦教学者时，多令人看《上蔡语录》，以启发学者向学之心。《朱子语类》记载：

> 大雅云："此书（南轩《论语解》）却好把与一般颓阘者看，以作其喜学之意。"曰："此亦吕伯恭教人看《上蔡语录》之意。但既与他看了，候他稍知趋向，便与医了，则得。"④

---

① ［宋］张栻：《张栻集·前言》，杨世文点校，中华书局，2015年，第30页。
② ［宋］朱熹：《晦庵先生朱文公文集》卷七十七，见《朱子全书》第24册，3707页。
③ ［宋］吕本中：《吕本中全集·师友杂志》，第1103页。另外朱熹外省李幼武《宋名臣言行录》外集卷七也引了手柬若干条，内容为节录，比吕本中稍少。
④ ［宋］黎靖德编：《朱子语类》卷第一百三，王星贤点校，中华书局，1986年，第2607页。

<<< 第五章 从"上蔡学"到"朱子学":《上蔡先生语录》的编撰、成书与影响

此外,《东莱集·别集》卷十六中载吕祖谦为博士(乾道六七年)时答学者问语,其中有两条出自《上蔡语录》。其第一条问"《上蔡语录》云:心之穷物有尽,而天者无尽。如之何?包之窃意……"吕祖谦以张载"天心"答之。① 又一条问"《上蔡语录》云:穷理之至,自然不勉而中,不思而得,从容中道,恕其穷理之本欤?窃谓恕之一字要须玩索……苟能于乍见孺子入井之心涵养体察则浑然与物同体之心……"吕祖谦答云:"乍见孺子一段,所以示学者因发见处识察此心……用功之端耳。玩味己欲立而立人能近取譬一段,则恕字庶可识矣。"②

二、《上蔡先生语录》在宋代的编撰与刊刻

(一)吴中板本《逍遥先生语录》刊刻误入江民表《辨道录》考

胡适先生《中国哲学史大纲》在谈及哲学史料可靠性时曾质疑:"谢良佐的《上蔡语录》里是否有江民表的书?"③ 这一发问提出已有100余年,至今未得到学界回应,以《中国哲学史大纲》在如今中国哲学史学科中的重要地位,该问题似当慎重对待,故以下略做梳理。

吴中板本《逍遥先生语录》是谢良佐语录首次刊于版木,该书由常熟县丞江续之在吴中刊刻,并作序,此即朱熹编《上蔡先生语录》三种底本之吴中板本。江续之,绍兴二十七年至绍兴二十九年五月知常熟县丞。《(宝祐)重修琴川县志》卷三《叙官》:"江续之,绍兴二十七年二月,以承议郎至。"④ 李心传《建炎以来系年要录》:"右承议郎知平江府常熟县江续之,监登闻鼓院。此亦为张孝祥被劾事。"⑤ 那么,《逍遥先生语录》的刊刻必在此二年期间。

关于刊刻底本的来源,江续之《逍遥先生语录序》说:"得之先生兄孙少卿伋与天隐之子希元者。"⑥ 希元,曾恬子曾崇。以绍兴二十五年丁父忧,按照三年待制的时间推算,曾崇此年应该刚出制,还在吴中。少卿伋,谢良佐从孙谢伋,字景思。谢伋绍兴二十七年十二月二十三日至绍兴二十八年十月十六日在

---

① [宋]吕祖谦:《东莱吕太史集·别集》卷第十六,黄灵庚点校,浙江古籍出版社,2017年,第562-563页。
② [宋]吕祖谦:《东莱吕太史集·别集》卷第十六,第563页。
③ 胡适:《中国哲学史大纲(上)》,商务印书馆,1926年,第11页。
④ [宋]孙应时:《(宝祐)重修琴川县志》卷三《叙官》,清道光影元钞本,第15b页。
⑤ [宋]李心传:《建炎以来系年要录》卷一百八十二,中华书局,1988年,第3032页。
⑥ 转引自[宋]朱熹:《谢上蔡语录后序》,《上蔡语录》附录,第39页。

谢良佐理学的形成与演变 >>>

吴。绍兴二十七年十一月己巳，诏命谢伋提举两浙常平茶盐司。① 治所在吴郡（今苏州）子城之东，范成大《（绍定）吴郡志》："右朝奉郎谢伋，绍兴二十七年十一月，自权知处州准告授，十二月二十三日到任。"② 二十八年十月癸卯，谢伋因属下有赃，未及时纠察，"由是贬秩""特降一官"。③因此，谢伋在吴中的时间主要是绍兴二十八年。将谢伋与江续之的行程加以比较，可以确定，吴中板本《逍遥先生语录》的刊刻必在绍兴二十八年。

吴中板本《逍遥先生语录》在刊刻时误入江民表《辨道录》，历来有争议。绍兴三十年，朱熹的老师胡宪从门人吕祖谦处得江民表《辨道录》，朱熹因此辨明《逍遥先生语录》刊本误窜的50余章：

> 往时削去版本五十余章，特以理推知其绝非先生语，初未尝有所左验，亦不知其果出于何人也。后籍溪胡先生入都，于其学者吕祖谦得江民表《辨道录》一篇，读之则尽向所削去五十余章者，首尾次序，无一字之差，然后知其为江公所著，而非谢氏之语益以明白。④

江公望，字民表，《辨道录》今佚，不能确定其具体内容。江民表还著有《心性说》等，收入《诸儒鸣道集》中，该书佛学色彩较明显。江公望是北宋晚期有名的谏官，谢良佐在京师担任书局官的时候，江公望即在徽宗朝担任左司谏官，二人皆对徽宗与曾布的政策颇为不满，后来都身陷元祐党籍。江公望的奏章，曾在南宋初辑合，张栻为其作《序》。真德秀也曾作《钓台江公文集序》。江公望在元祐党籍之后，主要居住在睦州。从现存材料来看，江公望与二程门人王苹交往比较密切⑤，后者长期居住在吴中。王苹曾关注过谢良佐的著作⑥，这可能是江公望著作与谢良佐语录产生交叉的缘由之一。

王苹的门人陈长方（字齐之，1108—1148），学者称唯室先生，本为福州长乐人，后至吴中从王苹求学。《宋元学案》说："《上蔡语录》多佛语，先生读

---

① [宋]李心传：《建炎以来系年要录》卷一百七十八，第2943页。
② [宋]范成大《（绍定）吴郡志》卷第七，择是居丛书景宋刻本，第15b页。
③ [宋]李心传：《建炎以来系年要录》卷一百八，第2991页。
④ [宋]朱熹：《谢上蔡语录后记》，《上蔡语录》附录，第40页。
⑤ [宋]江公望：《惟庵记》，《全宋文》第一百二十一册，第344-345页。
⑥ 尹焞《答王信伯书》："辱赐书，并录示定夫所撰其叔父墓铭，显道《书先生易传后》。"定夫，即游酢；显道，即谢良佐，据此似可推测王苹、尹焞在吴中曾有收集游酢、谢良佐等人著作的行为。参见[宋]尹焞：《尹和靖先生文集》，《儒藏·精华编》第221册，第814页。

<<< 第五章 从"上蔡学"到"朱子学":《上蔡先生语录》的编撰、成书与影响

之,知其为江民表语,凡若干条。当时有钞上蔡、民表语合为一帙者,遂并以为上蔡之书而人莫知也。"①《学案》称陈长方著有《上蔡语录辩证》,然其著作今仅存《步里客谈》四卷,乃四库馆臣从《永乐大典》中辑佚所得,其中没有谈及《上蔡语录》事。《朱子语类》卷一百一:

  《上蔡语录》论佛处,乃江民表语。民表为谏官,甚有可观,只是学佛。当初是人写江语与谢语共一册,遂误传作谢语。唯室先生陈齐之有辨,辨此甚明。②

  《学案》所云《上蔡语录辩证》,可能即从《语类》的这条材料推测而得。该条是滕璘在绍熙二年辛亥(1191年)记,属于朱熹晚年的材料,朱熹在绍兴、乾道年间的《上蔡语录后序》及《后记》中都没有提及陈长方的《辩证》,那应该是晚年所得。《逍遥先生语录》在吴中刊刻,陈长方能够分辨江公望、谢良佐二者语录的区别,应当与他长期在吴中从学有关。
  那么,是谁人"写江语与谢语共一册"呢?据《建炎以来系年要录》所载,曾恬在绍兴十八年(1148年)"通判台州将终更",其间曾"行县至黄岩",既而为秦桧所诎免职,绍兴二十五年(1155年)以主管台州崇道观终。③《泉州府志》还记载曾恬:

  绍兴中仕至大宗正丞,秦桧当国,恬自守不为诎。求外祠,得主管台州崇道观,寓常熟僧刹,有《上蔡语录》二卷。④

  因此可以知道,曾恬自落职后,晚年居常熟僧刹。曾恬晚年的佛教背景,与兼涉儒佛的江民表较为相似。曾恬已经在绍兴二十五年去世,而《逍遥先生语录》的吴中刊本由谢伋、曾崇提供给常熟县丞江续之,在绍兴二十八年刊刻,这中间有三年的时间差。那么,似可推测谢伋、曾崇在编校曾恬《逍遥先生语录》时存在着编校不精,误将江民表《辨道录》混入其中的可能性为最大。
  (二)《诸儒鸣道集》所收《上蔡先生语录》为乾道四年再编本考
  上海图书馆藏有南宋端平二年刻本《诸儒鸣道集》七十二卷(《中华再造

---

① [明]黄宗羲、[清]全祖望:《宋元学案》卷二十九,第1054页。
② [宋]黎靖德:《朱子语类》卷第一百一,第2564页。
③ [宋]李心传:《建炎以来系年要录》卷一百六十三,中华书局,1988,第2659页。
④ [明]阳思谦修:《(万历)泉州府志24卷》卷十六,明万历刻本,第12b页。

善本》影印），该书收录《上蔡先生语录》三卷是现存唯一宋刻本，刊刻最早，所保存文本也最全。该书还有一种清初的影抄本，傅增湘曾收藏：

> 清宋氏荣光楼影写宋越州刊端平二年修补本，十二行二十一字。前有总目，为濂溪《通书》一卷，涑水《迂书》一卷，横渠《正蒙》八卷，横渠《经学理窟》二卷，《横渠语录》三卷，《二程语录》二十七卷，《上蔡先生语录》三卷，《元城先生语录》三卷，刘先生《谭录》一卷，刘先生《道护录》一卷，江民表《心性说》一卷，《龟山语录》四卷，《安正忘筌集》十卷，《崇安圣传论》二卷，《横浦日新》二卷。有端平二年越守黄壮猷跋。书估从河南收得。①

清代影抄本现藏北京大学图书馆，与宋刻本内容一致。宋刻本有残缺的卷数，皆已据抄本补全。《上蔡先生语录》为《诸儒鸣道》所收十二家15种著作之第7种，列于周敦颐、司马光、张载、二程之后，而排在刘元城、江民表、杨时、潘子醇、刘子翚、张九成之前，这种排序一定程度上体现了谢良佐在编者心中的地位。该书间有补抄，另有清初抄本，傅增湘藏园藏书曾收藏。该书之编撰，陈振孙《直斋书录解题》曾直言该书"去取不可晓"，即说它的篇目编订中体现不出明显的价值原则贯穿其中。

这部书长期被湮没在历史长河之中，直至20世纪80年代被当代学者重新发掘其价值。学者们对此书的看法却恰好与陈振孙相反，尤其在当代的思想史研究者看来，该书最大的价值就在于编目所体现出来的淳熙以前道学的多样性。例如，该书在杜维明教授极力推动下被引入美国，美国学者田浩先生认为该书的材料宽泛，体现了道学早期的多样性。② 复旦大学朱维铮教授曾提出，"《诸儒鸣道集》这部书解决了宋代理学形成的一个大问题，即在朱熹以前，北宋道学系谱承认的先驱者有司马光，并非只如朱熹编排的'五子'。"③ 邱佳慧、符云辉亦认为该书可修正受朱熹支配的狭隘的道学定义。与此相对，陈来谨慎地认为此书的取舍主要是以程学为主干。而方旭东也认为该书编选的价值不应过

---

① ［清］莫友芝撰，傅增湘订补，傅熹年整理：《藏园订补郘亭知见传本书目》卷七·，中华书局，2009年，第507—508页。
② ［美］田浩：《评余英时的〈朱熹的历史世界〉》，载《世界哲学》2004年第4期，103—107页。
③ 朱维铮：《杂忆跑上图》，载《新民晚报》2002年7月17日。

第五章 从"上蔡学"到"朱子学":《上蔡先生语录》的编撰、成书与影响

度放大,且其编者在当时的学界并不如朱熹有影响。①

《诸儒鸣道集》保存了许多理学著作的宋刻本,许多都是现存最早的版本,其版本价值亦引起学界的关注。其文字史料方面,杨柱才《道学宗主》通过该书考察周濂溪思想;赵振更视该书的《二程语录》为朱熹的草稿,来挖掘朱熹整理《二程遗书》之过程。②许多学者重视该书保存宋版的版本、文献史料价值。就版本来说,如林乐昌点校《张子全书》,即主要以《诸儒鸣道集》为底本。北京大学儒藏研究所排印儒藏《上蔡先生语录》亦以此为底本。

由于《上蔡先生语录》是判断《诸儒鸣道集》成书年代之关键证据,其间的版本、文本之关系未能澄清,由是造成了学界相关研究的不少误解,值得加以仔细考察。③现存《诸儒鸣道集》是宋理宗端平二年的补修本,该书没有写明编者、编撰时间,学者只能通过书中所收各书的文本形成时间来解答这些问题,其中,《上蔡先生语录》经过朱熹两次编定,其文本变化的痕迹较为明显,故成为学界解答《诸儒鸣道集》编撰时间的突破口。最早提出这一思路的是陈来教授,其《略论〈诸儒鸣道集〉》一文指出:

> 《鸣道集》本《上蔡语录》与朱子定本相同,当出自朱子定本,只是卷末无朱子后序。《上蔡语录》取朱子定本一事进一步证明了《二程语录》不出于《遗书》……它提示我们,《鸣道集》有可能是在朱熹校定《上蔡语录》(1158)至编定《遗书》(1168)的十年之间编成的。④

陈来先生指出《诸儒鸣道集》收录的《上蔡先生语录》是朱子绍兴二十九年(1159年)初定本,田智忠先生进一步补充:

> "鸣道本"《上蔡先生语录》的底本最有可能是出于"初定本"与"后定本"之间的"盗版本"。这也可以解释为什么"鸣道本"《上蔡先生语录》中,并没有收录"初定本"所有的朱熹的后序和胡宪的后跋,也没有

---

① 方旭东:《〈诸儒鸣道集〉再议》,载韩国首尔成均馆大学儒教文化研究所编:《儒教文化研究》国际版第十三辑,2010年2月,第58页。
② 赵振:《二程语录的文献误入问题辨析》,载《图书馆杂志》,2006(07)。
③ 北京大学李根德博士曾以国家图书馆藏明正德九年刻本和数种清刻本进行过校对,然由于所见版本不足,误判较多。参见李根德:《谢良佐〈上蔡语录〉研究》,北京大学哲学系2001年硕士论文。
④ 陈来:《略论〈诸儒鸣道集〉》,载《北京大学学报(哲学社会科学版)》,1986(01)。按,引文作1158年误,当为1159年。

收录"后定本"所有的《谢上蔡语录后记》的原因。《诸儒鸣道集》不采用"后定本",最大的可能是因为在其刊本时,"后定本"还没有出现。……《诸儒鸣道集》原刻时间的上限为乾道二年(1166年)或稍后。①

其中,田智忠先生断定《诸儒鸣道集》刊刻不晚于乾道二年,这是朱熹开始整理《二程语录》的时间,暂且不论。朱熹分别在绍兴二十九年(1159年)与乾道四年(1168年)两次编定《上蔡先生语录》,但是,这两个文本,朱熹都没提及进行刊刻。朱熹在乾道四年的《谢上蔡语录后记》说:

> 熹顷年校定《上蔡先生语录》三篇,未及脱稿,而或者传去,遂锓木于赣上,愚意每遗恨焉。比因闲暇,复为定著此本,然亦未敢自以为可传也。……旧传谢先生与胡文定公手柬,今并掇其精要之语,附三篇之后云。乾道戊子四月壬寅熹谨记。②

在朱熹两次编定的《上蔡先生语录》之间,有一个"锓木于赣上"的版本,未经朱子同意,这即田智忠先生所说的"盗版本",他认为这便是《诸儒鸣道集》收录的版本,故而书中没有朱熹的后序和胡宪的跋。那么,事实是否如此呢?

首先,鸣道本《上蔡先生语录》在卷中收录有"曾本""吴本"等语,可知出自朱子编订的三卷本系统无疑。③ 从篇幅来看,朱子在绍兴初编本《谢上蔡语录后序》中说:其所编订本卷上55章,卷中47章,卷下30余章。在乾道四年后定本中,没有处理卷上、卷中的内容,仅对卷下有所增补。核对鸣道本《上蔡先生语录》,卷上共存55章语录(按,实为57章,第23、29章内都包含有两章的内容),卷中存48章,卷下存36章。从章节数量上看,似与朱子原帙有所不同。

其次,朱熹在乾道四年第二次编《上蔡先生语录》时主要将谢良佐答胡安国的手柬"掇其精要之语"补在三篇之后,这与鸣道本《上蔡先生语录》卷下

---

① 田智忠:《〈诸儒鸣道集〉研究——兼对前朱子时代道学发展的考察》,中国社会科学出版社2012年版,第44页。

② [宋]朱熹:《谢上蔡语录后记》,《上蔡语录》附录,《朱子全书外编》第3册,第40页。

③ 参见陈来:《略论〈诸儒鸣道集〉》,《北京大学学报》1986年第1期。

<<< 第五章 从"上蔡学"到"朱子学":《上蔡先生语录》的编撰、成书与影响

的情况是符合的。鸣道本卷下共有 35 章①,其第 33 章"答胡康侯小简云"、第 34 章"又答简云"、第 35 章"总老尝问一官员",即谢良佐与胡安国的通信。吕本中《师友杂志》、李幼武《宋名臣言行录外集》卷七,都有收录这些通信,但内容比《上蔡先生语录》更加详细,这符合朱熹"掇其精要之语"的说法。

最有争议的一点是,《上蔡先生语录》的最后一章:"总老尝问一官员云:'默而识之,是识个甚?无入而不自得,是得个甚?'"总老,指庐山寺的东林常总禅师,《朱子语类》曾说胡宏的"性无善恶论"得自杨时,而杨时是在东林常总的启发下悟得此论。《上蔡先生语录》的"总老尝问"一条没有标明与谢良佐、胡安国的联系,因此历来有学者质疑不是谢良佐与胡安国的通信,可能是后人误入。南宋晚年,黄震(字东发,1213—1280)读到该章的时候曾说:

> 识是志其所学而不忘,非识个禅也。自得是中心义理不为富贵贫贱所移,非得个禅也。圣贤之言明白如日月。总老欲移就阴暗处,变为歇后险语作禅家影子耶?龟山再见明道而归。总老曰:"必曾遇异人来。"更不敢与争辩。不知上蔡竟何如耶?《上蔡语录》始于"于意云何"一条,终于此一条,录者何人,注意如此?②

黄震对《上蔡先生语录》以"总老尝问"条结尾,感到颇为不合,但实际上,"总老尝问"一条并非后人误入。金朝儒者李纯甫(字之纯,号屏山,1177—1223)读到《上蔡先生语录》也有此条:

> 屏山曰:上蔡记常总此语,而无所会其意,欲学者自求之也,今特表而出之。③

由此可见,"总老尝问"一条应当也属于朱熹从谢良佐、胡安国通信中"掇其精要之语"的内容。

实际上,以李纯甫、黄震的生活年代判断,他们所读到的《上蔡先生语录》必然是朱熹后定本。那么,按照黄震《日抄》引用的《上蔡先生语录》来判

---

① 其中有 2 章各收录了两条内容,当分为 4 章,实际的数量应当是 37 章。
② [宋] 黄震:《黄氏日抄》卷四十一《读本朝诸儒理学书九》,第 93 页。
③ [金] 李纯甫:《鸣道集说》,影印日本享保四年(1719)刊本,中文出版社,1977 年,第 125 页。

153

断,他所阅读的文本与《诸儒鸣道集》是一致的。例如,《上蔡先生语录》卷上"人有智愚之品不同"章,有"擎拳竖脚"一词,《诸儒鸣道集》本误将"脚"字刻为"拂"字,语意不通,而明代以后各版本都将这以讹字改正为"脚"。但是,黄震读到此章时,仍引作"擎拳竖拂"。① 又,李纯甫《鸣道集说》引此章也作"擎拳竖拂"。② 这足以说明,黄震、李纯甫所见的《上蔡先生语录》文本内容与《诸儒鸣道集》是一致的。由此,我们可以断定,《诸儒鸣道集》所收《上蔡先生语录》的文本来源必是朱熹乾道四年(1168年)再编本。

这里再做一点补充,黄震《日抄》的主体内容是其读书笔记,其中读理学著作的部分,他题名作"读本朝诸儒理学书",我们应注意,"诸儒理学"与"诸儒鸣道"的题名存在着概念的相似性。《日抄》将宋儒分为"理学"和"诸儒"两个部分,这启发我们"诸儒"与"鸣道"可能也对应着书中的不同内容。黄震号称博览,而他的学术奉周敦颐和二程为圭臬,以朱熹为折中,但他对陆九渊及其门人一派也保持了中立甚至欣赏的态度。在二程后学中,黄震所举三家分别为杨时、谢良佐和尹焞,其中杨谢二人都近禅而受到了他的批评。黄震认为,谢良佐之学启发了张九成,而谢的"胜流俗"等说也分别为陆九渊和杨简所承接,这无疑是继承了朱熹的有关评价。尽管如此,黄震所引杨时、谢良佐、张九成的著作皆不出《诸儒鸣道集》的范围;此外,黄震点评司马光时也只用了《迂书》,刘元城的《谭录》《道护录》,同样与《诸儒鸣道集》一致。黄震论述"诸儒"的人员范围与《诸儒鸣道集》重合度十分之高,甚至两者都未论及邵雍,这似已说明,黄震的"诸儒"之概念,可能是从《诸儒鸣道集》中得来。由此看来,《诸儒鸣道集》的编者,在南宋的学术界应当具有一定的影响力。

总之,如果通过《上蔡先生语录》来判断《诸儒鸣道集》的编撰时间,最起码要在乾道四年(1168年)之后,这是确定无疑的。实际上,这一编撰时间要比田智忠先生所说的"上限为乾道二年"更晚,陈来先生关于《诸儒鸣道集》"可能是在朱熹校定《上蔡语录》(1158)至编定《遗书》(1168)的十年之间编成"的说法也可进行更充分的考察。

---

① [宋] 黄震:《黄氏日抄》卷四十一《读本朝诸儒理学书九》,第88页。
② [金] 李纯甫:《鸣道集说》,影印日本享保四年(1719)刊本,第108页。

三、朱子编《上蔡先生语录》考

朱子在绍兴二十九年（1159年）三十岁时编订《上蔡先生语录》三卷，是其生平第一部著述，由此开始对二程以来道学著作的整理，后来在乾道四年（1168年）又对初版进行重订。已有学者注意到谢良佐思想对朱子早年影响甚大[①]，但对朱子编订《上蔡先生语录》这项学术活动的研究还没有给予重视。兹篇所述，考察朱子获得《上蔡先生语录》的过程，揭示胡宪对朱子早年的持续影响。通过两次编订与早年思想之间的联系，揭露在李侗、张栻之外，朱子早年道学思想的另一个侧面，以补充对朱子早年思想的研究。

（一）朱子编《上蔡先生语录》原委

朱子初编《上蔡先生语录》前，曾先后获得括苍吴任写本《上蔡先生语录》（"吴本"，抄录自曾恬所记），吴中板本《逍遥先生语录》（"曾本"，曾恬记录），最后从胡宪（字原仲，1086—1162）处获得胡氏家传本《谢子雅言》（"胡氏本"，由胡安国、曾恬记录）。这三种题名不同的《上蔡先生语录》中，对朱子影响最大的是由胡安国整理的胡氏本，最终以胡氏本为基础，编成《上蔡先生语录》三卷，并请胡宪为之作跋。以下考察朱子初读《上蔡先生语录》的时间与原委，并通过编订《上蔡先生语录》的过程，讨论胡宪在其中所扮演的角色。

1. 朱子初读《上蔡先生语录》时间考辨

关于朱子获得括苍吴任写本的时间，吴任在绍兴二十五年乙亥（1155年）在莆田孔氏家任私塾教授，是年朱子曾为其作《跋孔君家藏唐诰》一文。[②] 束景南先生据此认为，"吴任以其《上蔡语录》写本示朱熹当在同时"[③]。但朱子居同安时，丝毫未曾提及《上蔡先生语录》，此论似有疑。

束先生又以曾恬为泉州人，认为朱子在绍兴二十六年（1156年）来泉州后从曾氏之家得吴中版本《逍遥先生语录》。[④] 但是曾恬晚年以得罪秦桧落职，后

[①] 参见［日］佐藤仁：《朱子と谢上蔡（一）》，广岛哲学会：《哲学》（31）友枝龙太郎教授御退官记念特集，第2-14页，1979年；钟彩钧：《谢上蔡、李延平与朱子早年思想》，《清华学报》（台湾），37（1），2007年，第35-73页。
[②] ［宋］朱熹：《晦庵先生朱文公文集》卷八十四，《朱子全书》第24册，第3950-3951页。
[③] 束景南：《朱熹年谱长编》（增订本）卷上，华东师范大学出版社，2014年，第220页。
[④] 束景南：《朱熹年谱长编》（增订本）卷上，第220页。

主管台州崇道观，寓居常熟僧刹近十年，卒于绍兴二十五年；① 结合韩元吉为曾恬子曾崇所撰行状，卫泾为曾恬孙曾耆所撰墓志②，可知曾氏一族虽然源出泉州，但从曾恬起已经迁至常熟，不居泉州。并且，朱子《谢上蔡语录后序》曾云："吴中版本一篇，题曰《逍遥先生语录》，陈留江绩之作《序》。"③ 根据《（嘉靖）常熟县志》，江绩之在绍兴二十七年（1157年）才至常熟任县丞④，吴中版本应是曾崇为曾恬守丧期间，在此年刊刻，并请江绩之作序。因此，束先生之说实可商榷。

其实，在朱子留下的早年材料中，有两处可以确证朱子读《上蔡先生语录》的时间必在从同安离任以后。

首先，是朱子早年与范如圭、胡宪二人有关忠恕的讨论。朱子前期未得到谢良佐的忠恕说，其后与范如圭书信中以谢氏之说为自己忠恕一贯说佐证，借此可以推出朱子读《上蔡先生语录》的时间。

朱子从同安主簿离任，绍兴二十七年（1157年）冬出发，至二十八年（1158年）春到达崇安后，即往延平拜见李侗问学，三月而归。此后，朱子与范如圭、胡宪通过书信往返讨论"忠恕"之道，但自己的说法始终得不到范、胡二人的认可。《朱子语类》记载：

> 曾子说忠恕……自后千余年，更无人晓得，惟二程说得如此分明。其门人更不晓得，惟侯氏、谢氏晓得。某向来只唯见二程之说，却与胡籍溪、范直阁说，二人皆不以为然。⑤

据此，在这场讨论的初期，朱子尚未得知谢良佐关于"忠恕"的说法，未能引以为证，也即此时尚未获见《上蔡先生语录》。不过，朱子在《与范直阁》

---

① 曾恬事迹分别见［宋］李心传：《建炎以来系年要录》卷一百五十六，2545页；第4册，卷一百六十三，第2659页；［明］阳思谦修：《（万历）泉州府志》卷十六，明万历刻本，第12b页。
② 曾崇、曾耆之墓皆在常熟，参见［宋］韩元吉：《高邮军曾使君墓志铭》，《南涧甲乙稿》卷二十一，台湾商务印书馆影印文渊阁《四库全书》本，第1165册，第348页；［宋］卫泾：《故朝散大夫主管华州云台观曾公墓志铭》，《后乐集》卷十八，台湾商务印书馆影印文渊阁《四库全书》本，第1169册，第728页。
③ ［宋］朱熹：《谢上蔡语录后序》，《晦庵先生朱文公文集》卷七十五，《朱子全书》第24册，第3609页。
④ ［明］冯汝弼修、邓韨纂：《（嘉靖）常熟县志》卷五，明嘉靖刻本。
⑤ ［宋］黎靖德编：《朱子语类》第2册，第698页。

<<< 第五章 从"上蔡学"到"朱子学":《上蔡先生语录》的编撰、成书与影响

第二书①中却说:

> 若夫曾子所言发明"一贯"之旨,熹前书一再论之,皆未蒙决其可否。熹又有以明之,盖"忠恕"二字……犹天道至教,四时行,百物往,莫非造化之神,不可专以太虚无形为道体,而判形下者为粗迹也。……此说虽陋,乃二程先生之旧说,上蔡谢先生又发明之。②

此信作于绍兴二十八年(1158 年)戊寅五月,朱子与范如圭久论不谕,又引新说,以二程、上蔡为据。从《文集》所收与范如圭书信来看,直至该年四月二日的前三封书信里,朱子皆只引二程,未曾谈及上蔡。前述《语类》也记载了朱子起初未见上蔡说,而此信却明确以上蔡为据,可知朱子定于绍兴二十八年(1158 年)四五月间获得《上蔡先生语录》赖以熟读。

其次,《语类》有一条材料也详细地指示了朱子苦读《上蔡先生语录》时间当在绍兴二十八年。

> 某二十年前得《上蔡语录》观之,初用银朱画出合处;及再观,则不同矣,乃用粉笔;三观,则又用墨笔。数过之后,则全与元看时不同矣。③

本条是余大雅所记,大雅所录在淳熙五年(1178 年)以后,上推 20 年,正好是绍兴二十八年(1158 年)后。是时正当朱子与范如圭、胡宪讨论忠恕,从《上蔡先生语录》中获得谢良佐对这一问题的见解,与自己有所契合,必致意苦读。《语类》是口头语,有时所记未必精确,束景南先生认为,此条所记当上推 20 余年在绍兴二十六年(1156 年,朱子 27 岁,居同安)前后。④ 但从上面的论述可以得知,同安期间朱子并未得到《上蔡先生语录》详阅。束先生以曾恬祖籍泉州,推测朱子在同安时从泉州曾氏家族得曾本《上蔡先生语录》,故有此误。

---

① 此书虽然《文集》编在第二书,但其时间在朱子与范如圭四书中时间属最后,陈来先生认为作于绍兴二十八年戊寅初夏,参见陈来:《朱子书信编年考证》(增订本),三联书店,2007 年,第 13 页;顾宏义先生认为作于绍兴二十八年戊寅五月,参见顾宏义:《朱熹师友门人往还书札汇编》,第 2 册,第 640 页。
② [宋]朱熹:《与范直阁》,《晦庵先生朱文公文集》卷三十七,《朱子全书》第 21 册,第 1606-1607 页。
③ [宋]黎靖德编:《朱子语类》卷一百四,第 2614 页。
④ 束景南:《朱熹年谱长编》(增订本)卷上,华东师范大学出版社,2014 年,第 220 页。

157

因此，结合书信与《朱子语类》来看，朱子获得《上蔡先生语录》的时间不可能早至绍兴二十五六年，其精读《上蔡先生语录》的时间必在从同安离任后，在绍兴二十八年（1158年）四五月。

2. 从胡宪处得《谢子雅言》

在朱子所获三种《上蔡语录》底本中，从胡宪处得胡氏本《谢子雅言》二篇在时间上为最后。但胡氏本上篇"记文定公（胡安国）问答，皆他书所无有，而提纲挈领，指示学者，用力处亦卓然，非他书所及"，下篇"损益曾氏所记，而精约过之"①，因此最为朱子看重，成为初编的基础底本，体现了从谢良佐、胡安国到胡宪、朱子之间的学术传承。那么，朱子具体何时从胡宪处获得《谢子雅言》呢？

根据朱子《与范直阁》第三书：

> 四月一日领所赐教帖……又得胡丈来归，朝夕有就正之所，穷约之中，此亦足乐也。②

是书作于绍兴二十八年（1158年）四月二日。③ 胡丈即指胡宪，书中云"胡丈来归"，由此可知，胡宪在绍兴二十八年四月前不在崇安。范如圭时在江西，以朱子信中语气来看，胡宪此行必是久出远门，如是寻常出行，朱子必不会如此琐碎。按，胡寅于绍兴二十六年（1156年）冬十月卒于衡州④，胡宪此次出行极可能是前往衡州凭吊。以衡州与崇安距离计算，胡宪应当是在二十七年春左右接到讣告，前往衡州吊唁胡寅，并在衡州胡氏居住了一阵，在二十八年春开始返回，三月末抵达崇安，朱子即急切前往请教。

胡宪居衡州期间，与朱子曾有书信往来讨论忠恕。朱子《与范直阁》第一书云："胡丈书中复主前日'一贯'之说甚力……熹窃谓此语深符鄙意。"⑤ 该信中云"熹顷至延平，见李愿中丈，问以'一贯''忠恕'之说"，知作于绍兴二十八年三月间。其中提到的"胡丈书中复主前日之说"，另见于朱子《答吴耕

---

① ［宋］朱熹：《谢上蔡语录后序》，《晦庵先生朱文公文集》卷七十五，《朱子全书》第24册，第3609页。
② ［宋］朱熹：《与范直阁》，《晦庵先生朱文公文集》卷三十七，《朱子全书》第21册，第1606页。
③ 顾宏义：《朱熹师友门人往还书札汇编》，第2册，第637页。
④ ［宋］李心传：《建炎以来系年要录》第4册，第2891页。
⑤ ［宋］朱熹：《与范直阁》，《晦庵先生朱文公文集》卷三十七，《朱子全书》第21册，第1605页。

<<< 第五章 从"上蔡学"到"朱子学":《上蔡先生语录》的编撰、成书与影响

老》一书,书云"胡丈昔年答黄继道问'一贯'义云……"①,是朱子后来追述胡宪早年的答话。盖朱子此时沉思"忠恕",记忆昔年问学胡宪时的场景,由此致信衡州问安,并顺便向胡宪请教"忠恕"问题。胡宪答信约作于离开衡州前,朱子三月从延平回来刚好收到来信。胡宪此次衡州之行获得胡氏家传《谢子雅言》写本二篇。

总上,朱子在绍兴二十七年(1157年)冬,从同安离任回崇安的路途中经过莆田,从吴任处获得《上蔡先生语录》写本,但由于一回家即前往延平李侗处问学,还未仔细阅读吴任提供的写本。此后在绍兴二十八年(1158年)四五月以后获得吴中版本《逍遥先生语录》,并成为思考"忠恕"问题的一个重要契机。约在同时稍后,胡宪从衡州归来,将从胡家带回的胡氏本《谢子雅言》交由朱子整理。最终,朱子在绍兴二十九年以胡氏本为底本,初编成《上蔡先生语录》三卷,并请胡宪作跋。以这次编订为中心,从谢良佐、胡安国到胡宪的这一条道学脉络对朱子早年的影响,得以彰显出来。

(二)《上蔡先生语录》与李侗、张栻

《上蔡先生语录》的编订过程为研究朱子早年思想提供新的视角,事实上,不论是将朱子引入道南学派的李侗,还是帮助朱子转向湖湘学派的张栻,在这二人身上,都可以发现《上蔡先生语录》的踪迹。为厘清朱子早年思想演变,必须进一步考察李侗、张栻与朱子编《上蔡先生语录》之间的关系。

1. 李侗赠朱子《上蔡先生语录》抄本源委

根据《延平答问》记载,在朱子初编《上蔡先生语录》后,李侗曾向朱子提供一本《上蔡先生语录》抄本。可是,朱子既已亲自编得语录,延平为什么还要抄录一本赠予朱子呢?其中原委有待考证。

李侗在绍兴三十一年辛巳(1161年)八月七日书中云:"谢上蔡语极好玩味……今抄得一本矣,谨以奉内,恐亦好看也。"② 据此,李侗曾抄录《上蔡先生语录》一本赠给朱子。《延平答问》辛巳八月七日书时间记录有误,此事实际乃发生在壬午年(1162年)八月七日,其中曲折颇多。陈来先生认为:"按此辛巳八月书(绍兴三十一年),乃承壬午六月书(绍兴三十二年),故二书之年必有误,疑辛巳八月书本为壬午八月书。"③ 将该信系年于绍兴三十二年壬午

---

① [宋]朱熹:《答吴耕老》,《晦庵先生朱文公文集》卷四十,《朱子全书》第21册,第1799页。
② [宋]朱熹:《延平答问》,《朱子全书》第13册,第334页。
③ 陈来:《朱子哲学研究》,生活·读书·新知三联书店,2010年,第81页,注65。

(1162年)①，顾宏义先生也持同样观点②。

不过，束景南先生将此信分为五书，并认为有四书非作于辛巳。其中"(《上蔡先生语录》)今已抄得一本矣，谨以奉内，恐亦好看也"一段，束先生认为此劄必作于绍兴二十九年（1159年）三月朱子编《上蔡先生语录》之前，否则李侗不必抄本奉内。③束先生并据此认为朱子编《上蔡先生语录》乃在李侗、胡宪二人共同指导之下，二人均曾向朱子提供版本。④束先生之说未免失之赘，盖有误。其实，朱子编订《上蔡语录》应与李侗无关。

据朱子撰《延平行状》记载：

> 晚以二子试吏旁郡，更请迎养，先生不得已为一行。自建安如铅山，访外家兄弟于昭武，过其门弟子、故人于武夷潭溪之上，徜徉而归。⑤

李侗长子李友直，任铅山县尉，次子李信甫，任建宁府建安县主簿。延平晚年因二子之请，曾至建宁、江西一行。那么，李侗此行始于何时呢？据《延平答问》录辛巳五月二十六日书"某村居一切如旧"，知五月底尚未起行。辛巳中元后一日书云"今此便速，不暇及之，谨俟凉爽，可以来访"，此信十分简短，结合内容，应是路途中所作，因此，李侗七月中在从延平至建安的路途之中。又据《延平答问》辛巳（实为壬午）八月七日书云"某归家，凡百只如旧……家人犹豫未归"⑥。由上可知，李侗晚年建安、江西之行始于绍兴三十一年辛巳（1161年）七月，至壬午（1162年）八月才回。

其中，朱子应李侗邀请，在绍兴三十二年壬午（1162年）春至建安向李侗问学。⑦此后李侗即往江西铅山长子处。在李侗与朱子的书信中，第一次谈及《上蔡先生语录》出现在壬午年六月十一日书，其中有云"上蔡先生语，近看甚有力"⑧，推测是时李侗在江西铅山新得《上蔡先生语录》。另外，《延平答问》

---

① 陈来：《朱子书信编年考证》（增订本），生活·读书·新知三联书店，2007年，第25页。
② 顾宏义：《朱熹师友门人往还书札汇编》第3册，第1319页。
③ 参见束景南：《朱子大传》，福建教育出版社，1992年，第86页，注5。
④ 参见束景南：《朱熹年谱长编》（增订本）上册，第243页。
⑤ [宋]朱熹：《延平行状》，《朱子全书》第13册，第349页。
⑥ [宋]朱熹：《延平答问》，《朱子全书》第13册，第329、330页、334页。
⑦ 《晦庵先生朱文公文集》卷二《再题达观轩》："壬午春，复拜先生于建安，而从以来，又舍于此者几月。"参见[宋]朱熹：《朱子全书》第20册，第287页。
⑧ [宋]朱熹：《延平答问》，《朱子全书》第13册，第333页。

第五章 从"上蔡学"到"朱子学":《上蔡先生语录》的编撰、成书与影响

中只有壬午六月十一日、壬午(原误辛巳)八月九日二书数次谈及《上蔡语录》,李侗在信中所引用谢良佐语共5次,均出自今传本卷上(原胡氏本《谢子雅言》上篇)。胡氏本此前属于胡氏家传,在胡宪赠予朱子,并由朱子编入初订本之前仅有写本二篇,不可能外传。不过,朱子在乾道四年(1168年)再编时所作《谢上蔡语录后记》云:

> 顷年校定《上蔡语录》三篇,未及脱稿,而或者传去,遂锓木于赣上,愚意每恨焉。①

由此可知,朱子对初编本其实尚未满意,还未定稿,未经同意就被或人传刻于江西。既然朱子对自己初编尚不满意,自然不太可能向李侗汇报初编事情。虽然李侗对谢良佐推崇甚高,但从《延平答问》收录的书信中,我们也可以发现,在壬午年六月十一日以前,延平与朱子的书信中从未谈及上蔡,这是又一旁证,可说明在去江西之前,李侗并未见过谢良佐的语录。之后,李侗在江西铅山县长子处闲居时,偶然获得了或者传刻于赣上的盗刊本《上蔡先生语录》。由于赣上本属于朱子未定稿,不可能刻入朱子《谢上蔡语录后序》和胡宪跋语,所以延平特抄录一本赠予朱子。这就是李侗抄录本《上蔡先生语录》的始末。

以上,朱子编《上蔡先生语录》这项学术活动与李侗之间的联系不大,甚至初编完成后也未与李侗谈及。这告诉我们,同安归来后,朱子在问学李侗之外,也保持着一定的学术独立性,在强调李侗的同时,不能忽略胡宪在这一时期对朱子的影响。

2. 张栻跋本《上蔡语录》

朱子编《上蔡先生语录》曾采取三种底本。尽管如此,南宋前期还流传有其他谢良佐门人记述的《上蔡语录》。如前言,政和初年有符君从谢良佐在京师学,记有语录97条。张栻《跋符君记上蔡语录》:

> 符君生于远方,及游京师,乃能从上蔡谢先生问学,得先生一语,随即记录,今传于家者九十有七章。若符君者亦可谓有志于学矣。予谓当表而出之,以为远方学者模楷,故附志于兵部侍郎胡公铭诗之后,使来者当有考焉。②

---

① [宋]朱熹:《文集》卷七十七,《朱子全书》第24册,第3707页。
② [宋]张栻:《张栻集》第4册,中华书局,2015年,第1276页。

胡铨为符君作铭诗，今佚。考胡铨与张栻父张浚有深交，与张栻有书信往来。胡铨《胡澹庵先生文集》卷十一有《答符君俞》书信一封，以"某白解元符生"抬头，可见符君俞是胡铨弟子辈。① 又《诚斋集》载有杨万里与符君俞、胡铨子胡季永等人的和诗②，也可证符君俞年龄上乃胡铨子侄辈。而谢良佐最晚卒于宣和三年（1121 年），符君俞不可能来得及在京中从游谢良佐。符君俞当即张栻《跋》中所谓符君传于家中的后人，因向胡铨问学，特出示家传《上蔡语录》请胡铨作铭诗纪念。据《宋史》本传，胡铨隆兴二年（1164 年）除权兵部侍郎，但"乾道初以集英殿修撰知漳州，改泉州。趣奏事，留为工部侍郎"③。可知胡铨任权兵部侍郎仅在隆兴二年，张栻此跋以兵部侍郎称胡铨，应作于隆兴二年（1164 年）至乾道初年（1165 年）间。

隆兴二年九月，朱子曾赴江西豫章哭祭张浚，并在"舟中与钦夫（张栻）得三日之款"④。一般认为这次会面是朱子接受湖湘学的重要时机。⑤ 不过，李侗在上年十月才刚去世，考虑李侗所代表的道南学派与张栻所代表的湖湘学派之间的重大差异，直接以这次吊唁张浚的会面作为朱子转向湖湘学的标志，不免突兀。事实上，以《上蔡语录》为切入点，可反映出该年二人并未在学术上有较深入的交流。

张栻跋本《上蔡语录》主要由符君所记，而朱子所收三本都由胡安国、曾恬记录，二者必有很多不同，但张栻却未向朱子提供这本《上蔡语录》。其实，基于这次会面吊唁张浚的性质，也不太可能有深入的学术交流。无论如何，张栻所跋本《上蔡语录》未入朱子的编订系统之中，这是明确的。这充分说明，朱子早年思想具有相对于张栻与湖湘学的独立性。

以《上蔡先生语录》为中心，显示出朱子早年与李侗、张栻的联系并不如通常强调的单一、绝对。一般来说，由于胡宪思想中的佛学痕迹，往往认为胡宪对朱子的影响主要在青年时期，并认为在朱子拜师李侗后，与胡宪之间在思想上联系较少。但将胡宪指导朱子编订《上蔡先生语录》置入朱子早年思想的发展历程，可以发现这一时期的朱子在思想上交织着不同来源的两种学派，即

---

① ［宋］胡铨：《胡澹庵先生文集》，哈佛大学藏清刊三十二卷本，第 3 册，第 11 页。
② ［宋］杨万里：《和符君俞卜邻》《同君俞季永步至普济寺晚泛西湖以归得四绝句》，《杨万里集笺校》卷二，辛更儒笺校，中华书局，2007 年，第 102、104-105 页。
③ ［宋］脱脱等编：《宋史》卷三百八十四，第 11585、11589 页。
④ ［宋］朱熹：《答罗参议》，《晦庵先生朱文公文集·续集》卷五，《朱子全书》25 册，第 4746 页。
⑤ 参见束景南：《朱熹年谱长编》（增订本）上册，第 330 页。

<<< 第五章 从"上蔡学"到"朱子学":《上蔡先生语录》的编撰、成书与影响

在李侗传承的道南学派以外,同时还存在着谢良佐、胡安国、胡宪一派的影响。

(三)朱子两次编订《上蔡先生语录》与早年思想

《上蔡先生语录》诸本,不仅在记录上有繁简之别,义理上也精粗错乱。初编前,朱子曾向刘玶(字平甫,1138—1185)直言:"恐众说纷纭,未能自决,即且整理旧书如何?"① 将整理旧书作为决断诸说的一种方法。具体到《上蔡先生语录》,朱子通过编订不断加深对谢良佐思想的认识,从而启发了早年对两个重要问题的思考,并最终导致中和旧说的提出。

1. 初次编订与忠体恕用

《上蔡先生语录》记载程颢、谢良佐关于忠恕的观点:

> 问:孟子言"尽其心者知其性",如何是尽其心?曰:昔有人问明道先生,何如斯可谓之恕心?先生曰:"充扩得去则为恕心。"如何是充扩得去底气象?曰:天地变化草木蕃。充扩不去时如何?曰:天地闭,贤人隐,察此可以见尽不尽矣。②
>
> 问忠恕之别,曰:犹形影也。无忠,做恕不出来。恕,如心而已。恕,天道也。③

前考朱子与范如圭讨论忠恕说不获认可,后来苦读《上蔡先生语录》,在二程、上蔡的启发下,最后在绍兴二十八年(1158年)五月向范如圭提出自己当时的看法:

> 忠恕则一,而在圣人、在学者则不能无异,此正犹孟子言"由仁义行"与"行仁义之别"耳……熹之言亦非谓忠恕为有二也。但圣贤所论,各有所为而发,故当随事而释之,虽明道先生见道之明,亦不能合二者而为一也。……此说虽陋,乃二程先生之旧说,上蔡谢先生又发明之。④

谢良佐与朱子关于忠恕的看法,显然是有距离的。谢良佐认为忠恕犹如形影,都属于天道。而朱子将忠恕析为一体二用,认为忠恕虽然本体上一致属于

---

① [宋]朱熹:《文集》卷四十,《朱子全书》第22册,第1793页。
② [宋]谢良佐:《上蔡语录》卷上,《朱子全书(外编)》第3册,第1页。
③ [宋]谢良佐:《上蔡语录》卷中,《朱子全书(外编)》第3册,第25页。
④ [宋]朱熹:《与范直阁》,《晦庵先生朱文公文集》卷三十七,《朱子全书》第21册,第1606-1607页。

天道，但在为学工夫上，将圣人、学者的工夫一分为二。

不过，数年后朱子在《答柯国材》一书中进一步补充了自己的忠恕说：

> 示谕忠恕之说甚详，旧说似是如此，近因详看明道、上蔡诸公之说，却觉旧有病。盖须认得忠恕便是道之全体，忠体而恕用，然后"一贯"之语方有落处。若言恕乃一贯发出，又却差了此意也。如未深晓，且以明道、上蔡之语思之，反复玩味，当自见之。不可以急迫之心求之。如所引"忠敬笃钦"以下，尤不干事。彼盖各言入道之门，求仁之方耳，与圣人之忠恕道体本然处初不相干也。①

是书约作于乾道元年（1165年）中。② 在这封信里，朱子对明道、上蔡再次详细阅读，"忠恕便是道之全体"与朱子旧说无异，但却否定旧说中将圣人、学者一分为二的说法，认为旧说只是求仁之方，并非道体本然处。朱子经数年思考忠恕，并最终提出"忠体而恕用"，实为早年一个思想重要的阶段。

在这一阶段，朱子对上蔡谢良佐的推崇甚至超过了杨时。隆兴元年（1163年）《答汪尚书（癸未六月九日）》一书中云：

> 谢子虽少鲁，直是诚笃……其所闻必皆力行深造之所得，所以光明卓越，直指本原。姑以《语录》《论语解》之属详考即可知矣。……龟山却是天质粹美，得之平易。③

一般认为朱子在此时正逐渐接受从龟山到延平的道南一脉。但是以《上蔡语录》为中心，我们却发现，这一阶段朱子对谢良佐的认可程度并不低于杨时。而以"光明卓越，直指本原"来评价谢良佐的思想，正好显示出朱子这一时期的义理倾向，这使得他逐渐在忠体恕用说的基础上，走向了上蔡的性体心用说。

2. "性体心用"与再编《上蔡先生语录》

王懋竑《朱子年谱考异》曾考证朱子中和旧说"以心为已发，性为未发，

---

① [宋] 朱熹：《答柯国材》，《晦庵先生朱文公文集》卷三十九，《朱子全书》第22册，第1732-1733页。
② 顾宏义：《朱熹师友门人往还书札汇编》，第2册，第1199页。
③ [宋] 朱熹：《答汪尚书》，《晦庵先生朱文公文集》卷三十，《朱子全书》第21册，第1293-1294页。

<<< 第五章 从"上蔡学"到"朱子学":《上蔡先生语录》的编撰、成书与影响

更不分时节,此朱子所自悟,非受之南轩"①。由此开启了中和旧说是否受张栻影响的一段公案,钱穆考证中和旧说是朱子在长沙访张栻所悟,于是"舍去延平求中未发之教而折从南轩"②,陈来先生复主"丙戌之悟非从张栻得来"③。其实,中和旧说在心性论上的实质即性体心用,而"性体心用"为谢良佐心性论的代表观点:

性,本体也。目视耳听,手举足运,见于作用者,心也。④

朱子在乾道年间与何叔京的书信中,即曾指出:

性,天理也,理之所具,便是天德,在人识而体之尔……性、心只是体、用,体、用岂有相去之理乎?⑤

而在《答张敬夫》第三十五书⑥,也提出:

盖通天下只是一个天机活物,流行发用,无间容息。据其已发者而指其未发者,则已发者人心,而凡未发者皆其性也,亦无一物而不备矣。……而此一段事,程门先达惟上蔡谢公所见透彻,无隔碍处。⑦

以上所引朱子二书,显示出朱子在谢良佐性体心用说的基础上,与得自李侗的未发、已发说相结合,提出了性为未发、心为已发的心性论思想。而其思想的实质内涵,仍然是谢良佐的性体心用说。这显示出,朱子对谢良佐义理的把握,已从以道体本然为主的忠体恕用说,转向了心性论层面的性体心用说,

---

① [清]王懋竑:《朱熹年谱》,中华书局,1998年,第303页。
② 钱穆:《朱子新学案》第3册,九州出版社,2011年,第225页。
③ 陈来:《朱子哲学研究》,第198页。
④ [宋]谢良佐:《上蔡语录》,《朱子全书外编》第3册,第2页。
⑤ [宋]朱熹:《答何叔京》,《晦庵先生朱文公文集》卷四十,《朱子全书》第22册,第1823-1824页。
⑥ 此信属于"人自有生第四书",为朱子中和旧说四简之一,代表了朱子在40岁之前的总结性思想。据陈来先生考证,作于乾道丙戌(1166年)秋,参见陈来:《朱子哲学研究》,第197页。
⑦ [宋]朱熹:《晦庵先生朱文公文集》卷三十二,《朱子全书》第21册,第1393-1394页。

从而奠定了乾道丙戌之悟有关中和旧说的心性论基础。陈来先生已敏锐地指出"程门中谢显道即主性体心用，朱熹29岁时（引按，实际为30岁）编定《上蔡先生语录》，故朱熹性心体用思想与谢氏当有一定关系，……他对谢氏这一思想是十分熟悉的"①。不过，直接将性体心用与30岁时第一次编订联系起来，其实忽略了朱子接受谢良佐思想的动态历程。

在这样的思想背景下，朱子在乾道四年戊子（1168年）再次编订了《上蔡先生语录》定本，这次修订主要是收入了朱子后来新获得的谢良佐与胡安国手柬。以两次编订《上蔡先生语录》之间的思想历程，来考察朱子的忠体恕用说和性体心用说的提出，可以发现朱子早年至中年阶段，在义理上更认同从谢良佐到胡安国，经由胡宪传至朱子的这一条道学脉络。这也揭示出谢良佐作为程门主要弟子，在传播二程道学中所发挥的重要作用，其在二程门人中的地位应重新得到肯定。

四、小结

在朱子之前，谢良佐的语录主要有四种：一、胡安国《谢子雅言》写本二篇，约在崇宁四年记录于湖北应城，由胡氏族人整理；二、曾恬《逍遥先生语录》吴中版本二卷，约在大观初年记录，同学者有朱震、朱巽、黎才翁、石子植、周遵道等人，由谢伋、曾元在绍兴二十八年刊刻于吴中；三、吴任《上蔡先生语录》写本一篇，抄写自台州谢氏家族；四、符君《上蔡语录》写本百余条，张栻曾作跋，未编入朱子三卷本系统，已经亡佚。

经朱子两次编定，删去百余章内容，最终成为三卷本《上蔡先生语录》，其编订有失、有得。其失误处，考诸家所载《上蔡先生语录》佚文，朱子在绍兴三十年所删谢良佐"杂佛语"50余章，既包括谢良佐自承"似释氏"的内容，也有与佛教学说无关的内容。朱子在乾道四年增入胡安国与谢良佐通信手柬时，特意删去谢良佐淡薄仕宦的相关言语，皆属不当删。其有得处，剔除谢伋、曾恬在刊刻《逍遥先生语录》时误增的江民表《辨道录》，有功于上蔡之学。最后，宋刻《诸儒鸣道集》所收《上蔡先生语录》的文本来源必是朱熹乾道四年（1168年）再编本，学界关于《诸儒鸣道集》成书时间的推论应当往后推延，该著"诸儒"的内涵对黄震《日抄》有直接影响，体现出编者在南宋学界的持续影响力。

此外，上蔡谢良佐为程门四子之一，在二程弟子中可谓与杨时不分轩轾。

---

① 参见陈来：《朱子哲学研究》，第192-193页。

<<< 第五章　从"上蔡学"到"朱子学":《上蔡先生语录》的编撰、成书与影响

黄宗羲甚至将谢良佐视为程门第一高弟,以为上蔡开朱子先河。① 但相比杨时而言,谢良佐及其门人,在朱子学的研究中,多少显得身影寂寥。对朱子编订《上蔡语录》的考察,勾勒出二程后学传承到朱子的另一侧面。

事实上,片面强调李侗与道南学派在朱子早年思想形成中的作用,无法令人信服地回答这样一个问题:为什么从学李侗8年之久的朱子,在李侗去世不久即经由张栻转向湖湘学?将编订《上蔡先生语录》这项学术活动置入朱子早年思想的视域中,考察朱子在编订过程中所透露出来的多样学派取向与复杂的思想历程,正是本书要达到的目标。应该说,胡宪在朱子早年思想中的意义被低估了。然而胡宪的意义,并非像李侗一样经由思想传承来凸显。作为朱子接触胡氏家传文献媒介的胡宪,正是在朱子对谢良佐及其门人的认知与继承中,发挥了不下于李侗的作用。

通过本节的考察,可知朱子早年思想的立体性与独立性。编订《上蔡先生语录》这项活动显示出朱子早年道学思想有多向的维度,并非传统看法中所认为的:从武夷三先生问学,经由李侗启发弃佛归儒,转而通过张栻接受湖湘学,最后回归道南的单线发展。朱子编撰《上蔡先生语录》以得自胡宪的胡氏家传本为主要底本,并请胡宪为之作跋,揭示出胡宪对朱子早年思想的持续影响。考察朱子对《上蔡先生语录》的编订过程,可以发现在李侗之外,朱子接受道学传统的另一个侧面,即从谢良佐到胡安国、胡宪这一条脉络对其早年思想的影响。同时,谢良佐的思想启发朱子早年的忠体恕用说、性体心用说,为朱子与张栻等新一代湖湘学者的交流提供了思想基础。

---

① 参见 [清] 黄宗羲、[清] 全祖望:《宋元学案》第2册,917页。

结语

伊川学与朱子学之间的谢良佐

如何评价谢良佐在一千年来的学术史、思想史之中的定位、意义与影响？这是本研究想尽力回答的问题。本研究将谢良佐定位在"理学"的视域之中，这应当符合他的学术历程与思想特征。如同绪论所指出的，鉴于传统史书对谢良佐过于谬误的记录，为了使这一评价能够尽可能地还原历史情境，笔者不得不从最基本的年谱工作开始进行这一研究，这就是最终呈现在附录的《上蔡谢先生年谱》。

如果不对史料加以审慎批判，研究者很容易遵循传统史书的说法，将所谓"崇宁二年（1103年）卒"的谢良佐定位为北宋中期的理学家，但实际上卒于宣和三年（1121年）的他与北宋晚期的理学世界关联程度更大。正如南宋史学家李心传所感慨："道学之废兴，乃天下安危、国家隆替之所关系，未尝不叹息痛恨于惇、京、桧、侂之际也。"[①] 两宋理学的形成与发展，与时代的政治绝无法分离作两事看待。与程颐相比，谢良佐很幸运地较早获得了讲学的自由。在崇宁、大观年间，蔡京推广的官学，使得"学校之官遂遍天下，而前日处士之庐无所用，则其旧迹之芜废，亦其势然也"[②]。在"王氏之学"与"伊川学"之间形成了官学与私学的对立，两者在北宋晚期处于什么样的发展态势？学者在无法直接面见程颐请学的情况下，只能"自相传道"，二程的门人成为北宋晚期理学传承与发展的主要群体。在私学的传授中，谢良佐门下聚集了许多从官学前来问学的门人。然而，"师道"与"政道""君道"的关系在理学群体内部形成了张力，胡安国等下一代理学家，有时也通过"语录"与著作间接接续到二程等第一代理学家，他们之间的"义兼师友"增加了北宋晚期理学家群体关系的复杂性。

进一步地，北宋晚期大量涌现的理学语录与理学家的经典著述之间形成了

[①] ［宋］李心传：《道命录·序》，上海古籍出版社，2016年，第1页。
[②] ［宋］朱熹：《衡州石鼓书院记》，《文集》卷七十九，《朱子全书》（修订本）第24册，第3783页。

互相补充的关系。谢良佐的《论语解》是元祐年间在秦州州学教授时期为诸生讲授而作的注疏，然而该书在三十年间"传之者少"，未能引起太多关注。虽然《论语解》尽力会聚王氏之学与伊川学，但这种融合两种学说的尝试在有志于科举之业的官学士人中，仍然缺乏吸引力。与之相对，随着北宋晚期《上蔡先生语录》等语录的出现，理学的影响力得到极度扩大，语录能够还原教学场景、因材施教，还能克治士人的"心疾"，完全满足了学者的精神需要。同时，语录的流行反过来促进了《论语解》在官学士子群体中的影响力，形塑了谢良佐"善启发人"的教学名声，这正是上蔡学取得独立于伊川学的地位之标志。

作为朱熹生平的第一部学术编著，《上蔡先生语录》编成之后就成了朱子学视野下的上蔡学著作。《上蔡先生语录》在南宋以降的东亚世界中有着较高的普及度，除了南宋的编撰，明、清的多次覆刻，还传至东亚各国，在日、韩都有刊本、写本的流传。在其编撰、成书、刊版、流传背后的思想史中，上蔡学的流传始终与朱子学保持相当密切的关系。在朱子学成为官学的东亚地区，谢良佐的理学思想正是在朱子学的影响下得以持续流传。

在理学史的研究中，有一种主流的观点，将程颢与程颐分为两系，并认为程颢与谢良佐一系下启南宋的湖湘学派与陆王心学，程颐与杨时一系下启南宋的道南学派与朱子学。南宋理学家真德秀说：

> 二程之学，龟山得之，而南传之豫章罗氏，罗氏传之延平李氏，李氏传之朱氏，此其一派也。上蔡传之武夷胡氏，胡氏传其子五峰，五峰传之南轩张氏，此又一派也。……千载源流于是乎可考矣。①

当代哲学家冯友兰先生进一步指出：

> 明道乃以后心学之先驱，而伊川乃以后理学之先驱也。②

---

① [宋]真德秀：《西山读书记·甲集》三十，刘光胜整理，大象出版社，2019年，第147页。
② 冯友兰：《中国哲学史》下册，中华书局，2014年，第754页。

通过本书的研究，似可对以上的说法有所补充。谢良佐的理学思想，以及其在理学世界中开启的上蔡学，在历史发展的过程中，是处于伊川学与朱子学之间的一种理学形态。

附录一

上蔡谢先生良佐年谱

谨按，曩治上蔡之学，以《宋史·谢良佐传》、周汝登《圣学宗传》等记载误处颇多，病其简陋，窃有意焉。旧传于先生里籍、生卒皆误，学者沿袭，遂至于今。先生晚遇靖康，生平行实记载疏略，文集、著作亦多不传，后世乃以为憾。小子生千载之后，暇日以董理旧章为志，勾玄史料之余，片言只语，不敢或忘，著为年谱，因为小传以序焉。

宋上蔡先生，姓谢氏，讳良佐，字显道，晚号逍遥先生、逍遥公，谥文肃，学者称上蔡先生。世居河南蔡州上蔡县，南渡后子孙迁居台州临海。先生早年习举业知名，元丰初从河南程颢、程颐二先生学，与杨时（字中立）、游酢（字定夫）为同学。明道先生曰："此秀才展拓得开，将来可望。"先生家旧有墨、砚、书、画甚丰，皆极好玩，自登河南之门，专意从事克己之学，遂皆与人。精于游艺，非为养生，乃施于道，习射、投壶以观德，行导引行气术以养浩然之气。登元丰八年进士第，初授秦州教授，州帅吕大忠每与判官马涓过学听讲。元祐六年，范祖禹举先生为著述。元符绍圣间，为渑池令。建中靖国，在朝任书局官，恬淡自如，不谒执政。崇宁初，徽宗诏对，先生感上意不诚，求监局去，遂出为西京监竹木务。是时，门人朱震来学，听讲《论语》有悟。先是，建中改元，先生与友人论年号云："恐亦不免一播。"方蔡京执政，兴元祐党案，有飞语闻于上，乃系诏狱，竟废为民。后党籍稍缓，复为官，知湖北德安府应城县，乃建应城县学，敦化风俗。先生治吏以信，湖北典学胡安国不敢以行部过，乃延龟山先生之书请见。过府，县吏立如植树然，安国讶之，遂与学，后得于先生为多。崇宁、大观间，从游先生门下者济济，朱震、朱巽、曾恬、郑毅、周遵道、詹勉、石子植、符君，皆其著者也。先生讲学发越，言语间善启发人。门人胡安国记有《谢子雅言》一卷，曾恬记有《逍遥先生语录》二卷，偶误窜入江民表《辨道录》，南宋绍兴间朱子重辑为《上蔡先生语录》三卷。元祐间，先生主秦州学，著有《论语解》，以讲授其间，后更有所改定。宣和间，安国之子胡寅得其书于太学，乃为更定。朱子少时为学，即赖先生书以发其趣，后讲学衡阳石鼓书院，乃表彰《论语解序》三十四字镌于石上，其辞曰："脱去凡近，以游高明，存大人之志，有天下之虑，勿求人知，而求天知，勿求

171

同俗，而求同理。"盖朱子为教亦以先生之语启发学者，江西刘能告归，朱子手书此三十四字赠以归，殷切望矣。明王守仁家书亦举先生语教授族中子弟，邹守益主教白鹿洞书院、石鼓书院，更以先生此三十四字入教规。先生晚遇靖康，志虽不逮而学传不绝如缕，南宋绍熙二年，建安刘炳宰应城县，建上蔡祠堂于县学讲堂东。嘉定五年，台州太守黄簪建上蔡祠堂。景定三年，台州守王华甫建上蔡书院，延鲁斋王柏、玉峰车若水主讲，先生之学由是复闻于浙。明黄宗羲著《上蔡学案》，推誉为"洛学之魁"。由是可见先生之学，确有衍流，不坠如是。清道光间，诏以先生奉祀孔庙。民国间，马一浮先生刻先生语录于四川乐山复性书院。先生学术之流传大抵如是。先生父诰，追赠朝奉郎，有子五人，长曰良夫、次曰良弼、次为先生、次曰良肱、良传。先生晚不遇，终于西京监竹木务，晚以朝奉郎致仕，宣和二年卒于家。配夏氏，早卒，与先生合葬蔡林。有子三人，长曰克己，以恩入官，靖康建炎间，遭巨贼举家死于德安府。次曰克念，徙浙江台州临海，绍兴六年以朱震奏补迪功郎，有子曰偕。次曰克举，入闽遇瘴疠死。良弼公有子讳克家，南渡后拜参知政事，与朱松乔年善。克家之子诲伋，字景思，有文名。先生著述丰富，今存世有《上蔡先生语录》三卷、《论语解》十卷，并存。先生另有《上蔡文集》若干，未刊、早佚，《观复斋记》《答胡文定书》《谢改官启》等篇间见南宋诸公所引。先生早年工四六，编类《武库》，以资初学为文之鉴，今并佚。

北宋

宋仁宗皇祐二年（1050年），1岁。谢良佐生于河南蔡州上蔡（今河南驻马店上蔡县），父谢诰，为家中第三子。

八月十六日子时，谢良佐生于蔡州上蔡县城南谢堂村。《（康熙）上蔡县志》："谢显道故里，在县南郭道左关门，题曰：'景贤关。'"① 《大清一统志》："上蔡先生祠在上蔡县南门外，宋儒谢良佐居址存焉。元时即其地建上蔡书院。明正统五年复建祠以祀。"② 清《（永嘉蓬溪）谢氏宗谱》："谢良佐，字显道，诰公三子，皇祐二年八月十六日子时生于蔡州（今河南上蔡县）谢堂村。"③

---

① [清] 杨廷望纂修：《（康熙）上蔡县志》卷一《舆地志》，清康熙二十九年刊本，第38a页。
② 《上蔡语录》附录，《朱子全书外编》第3册，第49页。
③ 《（永嘉蓬溪）谢氏宗谱·谢良佐传》，转引自杨周靖主编：《上蔡先生语录译注》，中州古籍出版社，2021年，第273页。

附录一：上蔡谢先生良佐年谱

　　周宣王封其舅父申公于谢，谢氏由此为姓，自是散居河、洛间。谢氏之为望族，始于汉之河南阳夏，盛于晋之江左陈留。宋彭龟年《谢氏旧谱序》云："盖自申伯封于谢，其地即今汝南谢城是也。"《诗·小雅·黍苗》："肃肃谢功，召伯营之。"朱子《诗集传》云："谢，邑名，申伯所封也，今在邓州信阳军。"《诗经·大雅·崧高》云："于邑于谢。"朱子注："谢，在今邓州南阳县，周之南土也。"谢城之所在，彭龟年、朱子所言略有不同，要之在河南境内。有宋靖康，金人南寇，谢良佐之子孙迁于台州临海。

　　据《（永嘉蓬川）谢氏宗谱》谱系图，祖讳宽，字官保，赠太子少师，妣李氏安人。父讳诰，字官授，授奉议郎，妣陈氏安人，累赠太子少傅。诰有子五人，长曰良夫，字修道，元祐间授奉政大夫，有子三人曰克长、克广、克忠（字任臣，元祐八年进士，授太常评事）。次曰良弼，曾任县尹，追朝散大夫，累赠少保，有子四人，长曰克家，官至参知政事，次曰克俭、克明、克顺。次为良佐先生。次曰良传，授奉直大夫，子曰克绍，孙曰偕。次曰良肱，子四人，曰克庄，授内史中丞；次曰克俊，授干办；次曰克一，元祐间任校尉；次曰克朴。[①]克家有子曰伋、倚、伉、垂。伋字景思，居黄岩，有文名。良佐有子三人，长曰克己，参议，以应城寇暴死，有子二人伦、杰。次曰克念，迁浙江台州临海，荫迪功郎，有子一人曰偕。次曰克举，入闽死。

神宗熙宁元年（1068年），19岁。妻百尺夏氏女。
据《谢氏宗谱》编。

神宗熙宁三年（1070年），21岁。长子谢克己生。
据《谢氏宗谱》编。[②]
　　谢良佐年少时颇好游艺之学，从《上蔡语录》的记载来看，他年少时习射、习投壶、习导引养气功法。《上蔡语录》卷下载其习养气一事：

　　　　先生云：须是这个道理处之。某旧有疑疾一件，要如此，又要如彼。后行一气，法名"五元化气"，《素问》有其说，而无其法。初传时，云行

[①] 按，浙江地区流传多种《谢氏宗谱》所记间有不同，以谱牒流连递迁，虽相承有序，然多为晚清、民国年间编订，恐有阙误；另外诸谱有谢良佐像数种，弥足珍贵。详见本书第一章第一节相关注释。
[②] 上蔡娶妻、生子二事，见浙江台州《谢氏宗谱》，笔者未亲见。转引自杨周靖：《上蔡先生语录》，第413页。

173

之能于事无凝滞。某行一遍，两月便觉其效。

问云：所病，心疾也，而此法何以能平之？答云：气能动其心，和其气，所以和其心也。喜怒哀乐失其节，皆是病。①

神宗熙宁四年（1071年），22岁。

是年，用王安石议，进士科需专治一经，"进士罢诗赋，各占治《诗》《书》《易》《周礼》《礼记》之一经，兼以《论语》《孟子》。每试四场，初大经，次兼经，大义凡十道，次论一首，次策三道，礼部试即增二道。中书撰大义式颁行。"②

谢良佐专经为何，不详。从《上蔡语录》的记录来看，上蔡曾多次论及程颢教人读《诗》，又曾有意学习邵雍之学，推测其专经可能是《诗经》或《周易》。元丰七年将取解时，为决科举之利，有意改经《礼记》，为程颐劝阻。因此，谢良佐选择的专经应当不是《礼记》，不过，谢良佐对《礼记》相当熟悉，《论语解》引用《礼记》凡128次，③为诸经最多。

留意老庄之学。《困学纪闻》卷一七："《文选》烂，秀才半。熙、丰之后，士以穿凿谈经，而选学废矣。"按，谢良佐《论语解》多引老子、庄子之说，当与此时积累的举业好引《老》《庄》的风气有关。宋朝自仁宗起至钦宗下诏禁用《老子》《庄子》，其间科场之文盛行道家思想，每以道德性命之说立论。《古今源流至论》前集卷四："国朝自熙宁之间，黄茅白苇，几遍天下，牵合虚无，名曰时学；荒唐诞怪，名曰时文。"④司马光《论风俗劄子》："近岁公卿大夫好为高奇之论，喜诵老庄之言，流及科场，亦相习尚，新进后生，未知臧否，口传耳剽，翕然成风。……今之举人，发口秉笔，先论性命，乃至流荡忘返，遂入老庄。"⑤今传《论语解》引庄子达15次。《上蔡语录》载其曾向伊川问"庄周如何"，说明他对道家学说是比较熟悉的。

少年习举业，擅作四六文。谢良佐从孙谢伋《四六谈麈》："叔祖逍遥公，旧为四六极工，极其精思。尝作《谢改官启》云：'志在天下，岂若陈孺子之云

---

① 《上蔡语录》卷下，《朱子全书外编》第3册，第36页。
② ［元］马端临：《文献通考》卷三十一，中华书局，2011年，第907页。
③ Thomas W. Selover. Hsieh Liang-tso and the Analects of Confucius: Humane Learning as a Religious Quest, NY: Oxford University Press, 2005, p. 32.
④ 转引自祝尚书：《宋代科举与文学》，中华书局，2008年，第448页。
⑤ ［宋］司马光：《司马光集（第2册）》卷四五，李文泽、霞绍晖校点，四川大学出版社，2010年，第973-974页。

乎。身寄人间，得如马少游而足矣。'（小注：'有杂编事类，号《武库》，兵火后亡之。'）"① 按，《武库》为作诗类书，今佚。当时仕宦公文通行四六，尹焞称："欧阳公及第后，弃其所业，与伯祖师鲁习古文。近来如谢显道、杨中立，皆因及第后来随伊川。"② 按，师鲁，北宋名臣尹洙。

神宗熙宁五年（1072年），23岁。门人朱震生。

朱震（字子发，1072—1138），号汉上，谥文定。里籍有二说，一说为荆门军（今湖北荆门市），一说为邵武军（今福建邵武市）。生平事迹见《宋史·儒林传》。

神宗熙宁七年（1074年），25岁。门人（一说讲友）胡安国生。

九月二十七日巳时，胡安国生。③

神宗熙宁九年（1076年），27岁。

是岁，杨时登进士第。

神宗熙宁十年（1077年），28岁。邵雍、张载卒，谢良佐恨不及见。

七月，癸酉，邵雍卒于洛，年六十七，程颢为之作墓志铭。④ 后数年，谢良佐曾惋惜不及见邵雍执弟子礼。《上蔡先生语录》卷下：

> 尧夫《易》数甚精，自来推长历者至久必差，唯尧夫不然，指一二近事，当面可验。……或云，邢七要学，尧夫不肯，曰："徒长奸雄。"谢云："恨某生不早，却办得弟子礼。"明道笑云："贤却没放过底事。"⑤

十二月，乙亥，张载卒于临潼馆舍，年五十八。⑥ 谢良佐未及与张载见，但从学二程后，多得闻张载之学。谢良佐后与胡安国论横渠之学"以礼为先"，容

---

① ［宋］谢伋：《四六谈麈》，《丛书集成初编》第2615册，第5页。
② ［宋］尹焞：《和靖尹先生文集》卷六《师说上》，《儒藏·精华编》第221册，第840页。
③ ［宋］朱熹：《伊洛渊源录》卷十，《朱子全书》第12册，第1092页。
④ 《二程集·文集》卷第四《明道先生文四》，第495页。
⑤ 《上蔡先生语录》卷下，《儒藏·精华编》第186册，第301页。
⑥ ［宋］朱熹：《伊洛渊源录》卷六，《朱子全书》第12册，第992页。

易使学者厌倦，与明道"从敬入"之学不同。《上蔡先生语录》卷上：

> 横渠教人以礼为先，大要欲得正容谨节。其意谓世人汗漫无守，便当以礼为地，教他就上面做工夫。然其门人下稍头溺于刑名度数之间，行得来困，无所见处，如吃木札相似，更没滋味，遂生厌倦，故其学无传之者。明道先生则不然，先使学者有知识，却从敬入。予（胡安国）问："横渠教人以礼为先，与明道使学者从敬入，何故不同？"谢曰："既有知识，穷得物理，却从敬上涵养出来，自然是别。正容谨节，外面威仪，非礼之本。"①

《上蔡先生语录》卷上又云："横渠以礼教人，明道以忠信为先。"②

神宗元丰元年（1078年），29岁。程颢知扶沟（今河南周口扶沟县），谢良佐始往门下问学，同学者有游酢等。

元丰元年，程颢知扶沟，程颐侍父亲程珦同往扶沟，居数月而还。程颢在扶沟设县学，兄弟二人以倡明道学为己任。程颐在京师见游酢，谓其贤可与适道，延请游酢到扶沟职掌学事，聚邑人子弟教之。③ 游酢因学于程颢、程颐兄弟门下，得其微言。④

是时，谢良佐往扶沟问学。《外书》卷十二引《和靖语录》："谢显道习举业，已知名，往扶沟见明道先生程颢受学，志甚笃。"⑤ 谢良佐初见二程，有志向学，不计饥寒，居逾月，得与二程语。王应麟《困学纪闻》卷十五：

> 上蔡初造程子，程子以客肃之，辞曰："为求师而来，愿执弟子礼。"程子受之，馆于门侧。上漏旁穿，天大风雪，宵无烛，昼无炭，市饭不得温。程子弗问，谢处安焉。如是逾月，豁然有省，然后程子与之语。⑥

---

① 《上蔡语录》卷上，《朱子全书外编》第3册，第4页。
② 《上蔡语录》卷上，《朱子全书外编》第3册，第14页。
③ 姚名达：《程伊川年谱》，第70页。
④ ［宋］杨时：《杨时集》卷三十三《御史游公墓志铭》，第824页。
⑤ 《二程集·外书》卷第十二，第432页。
⑥ ［宋］王应麟：《困学纪闻》卷十五，《全宋笔记》本，大象出版社，2019年，第98页。又见［清］黄宗羲原撰，［清］全祖望补修：《宋元学案》卷二十四《上蔡学案》，第928页。

程颢对谢良佐寄予厚望。《上蔡语录》卷上："明道初见谢,语人曰:'此秀才展拓得开,将来可望。'"①《二程粹言》卷二:谢良佐既见明道,退,而门人问曰:"良佐何如?"子曰:"其才能广而充之,吾道有望矣。"②

谢良佐从程颢时,学习科举之业已有一定的名气,不但擅长作四六时文,而且记忆力超群,记诵五经文字不忘一字。此等学生从师问学,教法自有不同,今举程门之教学方法,可得数端。

其一曰静坐。《外书》卷十二记尹焞语:"明道一日谓之曰:'尔辈在此相从,只是学某言语,故其学心口不相应。盍若行之?'请问焉。曰:'且静坐。'伊川每见人静坐,便叹其善学。"③《朱子语类》亦载朱子:"因举明道教上蔡且静坐,彼时却在扶沟县学中。明道言:'某只是听某说话,更不去行。'上蔡对以'无可行处'。明道教他且静坐。"④

儒家静坐与道家有别,明道曾辨养生与学道之别。《上蔡语录》卷上:"谢子曰:'吾尝习忘以养生',明道曰:'施之养生则可,于道有害。'习忘可以养生者,以其不留情也。学道则异于是。"⑤按,《遗书》卷第二下《附东见录后》记:"胎息之说,谓之愈疾则可,谓之道,则与圣人之学不干事,圣人未尝说着。若云神住则气住,则是浮屠入定之法。虽谓养气犹是第二节事,亦须以心为主,其心欲慈惠安静,故于道为有助,亦不然。孟子说浩然之气,又不如此。今若言存心养气,只是专为此气,又所为者小。舍大务小,舍本趋末,又济甚事!……论学若如是,则大段杂也。亦不须得道,只闭目静坐可以养心。'坐如尸,立如斋',只是要养其志,岂只待为养这些气来,又不如是也。"⑥此条《遗书》未标明何人语,但与《上蔡语录》对比,可知必是明道语。

其二,去举业、记诵之习。《上蔡语录》卷中,胡安国记:"明道见谢子记问甚博,曰:'贤却记得许多,可谓玩物丧志。'谢子被他折难,身汗面赤,先生曰:'只此便是恻隐之心。'"⑦此事又见胡安国《胡氏传家录》:"先生初以记问为学,自负该博,对明道先生举史书不遗一字。明道曰:'贤却记得许多,

---

① 《上蔡语录》卷上,《朱子全书外编》第3册,第18页。
② 《二程集·粹言》卷第二,第1233页。
③ 《二程集·外书》卷第十二,第432页。
④ [宋]黎靖德:《朱子语类》卷第二十六《论语八》,第656页。
⑤ 《上蔡语录》卷下,《朱子全书外编》第3册,第15页。按,程颢也曾对吕大临说:"与叔以气不足而养之,此犹只是自养,求无疚。如道家修养,亦何伤?若须要存想飞升,此则不可。"见《二程集·遗书》卷二上。
⑥ 《二程集·遗书》卷二下,第49页。
⑦ 《上蔡语录》卷中,《朱子全书外编》第3册,第33页。

可谓玩物丧志。'谢闻此语，汗流浃背，面发赤。明道却云：'只此便是恻隐之心。'及看明道读史，又却定行看过，不差一字。谢甚不服，后来省悟，却将此事做话头，接引博学之士。"① 《侯子雅言》："明道谓谢子虽小鲁，直是诚笃，理会事有不透，其颡有泚，愤悱如此。"②

谢良佐擅长四六文，程颢戒之。《上蔡语录》卷中："学者先学文，鲜有能至道。至如博观泛览，亦自为害。故明道先生教予尝曰：'贤读书，慎勿寻行数墨。'"③

其三，日用工夫。在学期间，谢良佐每日做课簿，反省日常行为是否不合礼节。《上蔡语录》卷中，曾恬记：

> 昔日作课簿，以记日用言动视听是礼与非礼者。昔日学时，只垂足坐，不敢盘足。因说伯淳终日坐如泥塑人，然接人则浑是一团和气。所谓望之俨然，即之也温。又云：昔日用工处甚多，但不敢说与诸公，恐诸公以谓须得如此。④

谢良佐在门下不记语录，而以"存意思"为主要学习方法。《上蔡语录》卷下："昔从明道、伊川学者多有语录，唯某不曾录。常存着他这意思，写在册子上，失了他这意思。"⑤ 按，今《二程集·遗书》卷三有"二先生语"一卷，朱子云："此书盖追记云。"⑥

神宗元丰二年（1079年），30岁。蓝田吕氏与二程论学。

吕大忠、吕大临、吕大钧兄弟入洛，见程颐问学，此后记有《东见录》。⑦ 《上蔡语录》卷上论及横渠与明道教人方法之别，似就吕氏兄弟此次访学而言：

> 横渠教人以礼为先，大要欲得正容谨节。其意谓世人汗漫无守，便当以礼为地，教他就上面做工夫。然其门人下稍头溺于刑名度数之间，行得

---

① 《伊洛渊源录》卷九，《朱子全书》第12册，第1040页。
② 《伊洛渊源录》卷九，《朱子全书》第12册，第1040页。
③ 《上蔡语录》卷中，《朱子全书外编》第3册，第29页。
④ 《上蔡语录》卷中，《朱子全书外编》第3册，第23页。
⑤ 《上蔡语录》卷下，《朱子全书外编》第3册，第34页。
⑥ 《二程集》上册，第1页。
⑦ 姚名达：《程伊川年谱》，第74页。

来困，无所见处，如吃木札相似，更没滋味，遂生厌倦，故其学无传之者。明道先生则不然，先使学者有知识，却从敬入。①

是年，程颢仍任职扶沟县令，中有诏命判武学，因新法之争，不行。诏复旧任，程颢以便亲乞汝州监局，不得。②

是年，宋改革学校、考试制度，进一步推广三舍法，增太常生名额，外舍生2000人，内舍生300人，上舍生100人。

神宗元丰三年（1080年），31岁。洛中问学，录有《五经语》，辑古人善行作一册，为明道批评："玩物丧志。"

是年，程颐曾至京师，邢恕见之，此后二人不复相见。本年，程颐西行至雍华关，盖前年六月二程舅氏侯可卒，故有此行。关中学者六七人相从问学，记有《入关语录》一卷（见《二程遗书》卷十五）。《上蔡语录》卷上，论及关中学者数条可能与此有关。

六月，程颢改除奉议郎，罢扶沟任，寓居洛中。谢良佐在洛问学，曾录程颢之教学为《五经语》一册，为程颢批评。《上蔡语录》卷下："一段事才录得，转了一字，便坏了一段意思。昔录《五经语》作一册，伯淳见曰：'玩物丧志。'"③《上蔡语录》卷中："昔伯淳先生教予，予只管看他言语。伯淳曰：'与贤说话，却似扶醉汉。救得一边，倒了一边，只怕人执着一边。'"④ 按，《二程遗书》卷三"明道先生语"："以记诵博识为玩物丧志。"朱子小注云："时以经语录作一册。郑毂云：'尝见显道先生云：某从洛中学时，录古人善行别作一册，洛中见之，云是玩物丧志，盖言心中不宜容丝发事。'"⑤ 按，录《五经语》一事应在初学后不久。明道从元丰元年知扶沟县，至此离任，故系于此年。

又按，刘元承记伊川语，以作文为"玩物丧志"，与明道意思同。同条语录有吕大临"学如元凯方成癖"诗一首，该诗亦见《上蔡语录》卷上，当是谢良佐与刘元承在此间同学。《遗书》卷十八：

---

① 《上蔡语录》卷上，《朱子全书外编》第3册，第4页。
② 姚名达：《程伊川年谱》，第76页。
③ 《上蔡语录》卷下，《朱子全书外编》第3册，第34页。
④ 《上蔡语录》卷中，《朱子全书外编》第3册，第23页。
⑤ 《二程集·遗书》卷第三，第60页。

问:"作文害道否?"曰:"害也。凡为文,不专意则不工,若专意则志局于此,又安能与天地同其大也?书曰'玩物丧志',为文亦玩物也。吕与叔有诗云:'学如元凯方成癖,文似相如始类俳;独立孔门无一事,只输(一作'惟传')颜氏得心斋。'此诗甚好。古之学者,惟务养情性,其佗则不学。今为文者,专务章句,悦人耳目。既务悦人,非俳优而何?"①

神宗元丰四年（1081年），32岁。谢良佐在颍昌问学二程兄弟,明道告以"切脉最可体仁"。四月,春,杨时以师礼见程颢于颍昌,与谢良佐、游酢、李籲、林志宁共学。四月,二程携谢良佐、游酢等门人参加韩维主持的西湖之会,范纯礼、范镇等与会。夏秋间,谢良佐将归蔡州取解,因为解额之便欲改习《礼记》,为程颐劝阻,自是不复计较。

四月,韩维（字持国,1017—1098）知颍昌。韩维亲自为程氏治室,延请二程至颍昌居住。② 许州,元丰三年升为颍昌府,徽宗大观四年又改回"许州",故语录中多称"许"。是时,反对新法者如范纯礼、范镇等皆居颍昌,几成为一个"反新法"的政治中心。③

因韩维之邀请,程颢、程颐侍奉父亲程珦,寓居颍昌（今河南许昌）,韩维《程伯淳墓志铭》载:"先生之罢扶沟,贫无以家,至颍昌而寓止焉。大夫（太中公）以清德退居,弟颐正叔乐道不仕。先生与正叔,朝夕就养无违志。……予方守颍昌,遂得从先生游。"④《外书》卷十二:"韩持国与伊川善。韩在颍昌,欲屈致伊川、明道,预戒诸子侄,使治一室,至于修治窗户,皆使亲为之,其诚敬如此。二先生到,暇日与持国同游西湖,命诸子侍行。"⑤ 姚名达《程伊川年谱》将颍昌之行系于元丰三年六月明道罢扶沟任时,所据材料为韩维《明道墓志铭》。按,姚《谱》误,据上文可知二程至颍昌当在韩维之后。

南剑州杨时调官京师,与建安林志宁一起从京师到颍昌从学程颢,时谢良佐亦在。《外书》卷十二《龟山语录》:明道在颍昌,先生（杨时）寻医,调官京师,因往颍昌从学。明道甚喜,每言曰:"杨君最会得容易。"及归,送之出门,谓坐客曰:"吾道南矣。"先是,建安林志宁,出入潞公门下求教。潞公云:"某此中无相益。有二程先生者,可往从之。"因使人送明道处。志宁乃语定夫

---

① 《二程集·遗书》卷十八,第239页。
② 韩维:《明道先生墓志铭》。《伊洛渊源录》。姚名达:《程伊川年谱》,第81页。
③ 余英时:《朱熹的历史世界》上册,第71页。
④ ［宋］韩维:《程伯淳墓志铭》,《全宋文》第四十九册,第247页。
⑤ 《二程集·外书》卷十二《传闻杂记·和靖语录》,第434页。

及先生，先生谓不可不一见也，于是同行。时谢显道亦在。谢为人诚实，但聪悟不及先生，故明道每言杨君聪明，谢君如水投石，然亦未尝不称其善。① 按，林志宁，事迹不详。以本条称定夫、显道字之例，志宁当为字，或疑是伊川门人林大节。②

谢良佐在颍昌从学期间，与明道切脉，明道告之："切脉最可体仁。"谢良佐门人郑毂云："尝见显道先生问此语，云：'是某与明道切脉时，坐间有此语。'"③ 按，此当在颍昌期间。游酢记《遗书》卷四亦云："医书有以手足风顽谓之四体不仁，为其疾痛不以累其心故也。夫手足在我，而疾痛不与知焉，非不仁而何？"④ 与谢良佐所记载的意思同，是其旁证。明道居颍期间，盖以从医为务。明道尝论不懂医理，何以侍亲，是为不孝。《上蔡语录》卷下："明道云：'病卧于床，委之庸医，比于不慈不孝。事亲者亦不可不知医。'"⑤

程颢、程颐率谢良佐见范纯礼劚地黄。《上蔡语录》卷下："范彝叟欲同二程先生看劚地黄，明道率谢子，谢以前辈为辞，明道曰：'一般是人。'"⑥《外书》卷十二引《上蔡语录》："范夷叟欲同二程去看劚地黄。明道率先生，先生以前辈为辞。明道云：'又何妨？一般是人。'"⑦ 按，范纯礼（字彝叟，一作夷叟，1031—1106），范仲淹第三子，此时同在颍昌。

谢良佐与游酢同学期间，伊川因其根器所答各有不同。《外书》载："游定夫酢问伊川曰：'戒慎乎其所不睹，恐惧乎其所不闻，便可驯致于无声无臭否？'伊川曰：'固是。'后谢显道良佐问伊川，如定夫之问。伊川曰：'虽即有此理，然其间有多少般数。'谢曰：'既云可驯致，更有何般数？'伊川曰：'如荀子谓始乎为士，终乎为圣人，此语有何不可，亦是驯致之道，然他却以性为恶，桀、纣性也，尧、舜伪也，似此驯致，便不错了？'"⑧ 按，谢良佐与游酢根器不同，游酢为人颖悟，谢良佐质小鲁，故《中庸》之问，伊川所答有不同。盖小鲁难以驯致圣人之道，需先论性善、性恶以立为学之志。

---

① 《二程集·外书》卷第十二，第428-429页。
② 杨玉成：《二程弟子研究》，第18页。按，林大节，朱熹《伊洛渊源录》云："不详其乡里名字行实。"
③ 《二程集·遗书》卷第三，第59页。
④ 《二程集·遗书》卷四，第74页。
⑤ 《上蔡语录》卷下，《朱子全书外编》第3册，第37页。
⑥ 《上蔡先生语录》卷下，《儒藏·精华编》第186册，第300页。此条仅载《诸儒鸣道》所收《上蔡先生语录》。
⑦ 《二程集·外书》卷第十二，第427页。
⑧ 《二程集·外书》卷第十二，第431页。

此间同学者中，谢良佐、游酢、杨时三人志气最相投。谢良佐追忆此间问学情形："昔在二先生门下，伯淳最爱中立，正叔最爱定夫，观二人气象亦相似。"①杨时作《御史游公墓志铭》亦云："昔在元丰中，俱受业于明道先生兄弟之门，有友二人焉：谢良佐显道，公（游酢）其一也。"②

约在四月，谢良佐与程颢、程颐、韩维、范纯礼、范镇、范祖禹、杨时、游酢、李籲、刘绚等泛舟颍昌西湖，此行论及儒释哲学，相关著作中多次提及，可谓盛会。③《遗书》卷十九载程颐："一日，某与持国、范夷叟泛舟于颍昌西湖。"④《遗书》卷第三，谢良佐追记明道先生语："一日游许之西湖，在石坛上坐，少顷脚踏处便湿，举起云：'便是天地升降道理。'"⑤按，李籲、刘绚、杨时也有对此事的记录，三人当同时在学。

程颢与韩维有酬唱诗。程颢写诗《酬韩持国资政湖上独酌见赠》："对花酌酒公能乐，饭糗羹藜我自贫。若语至诚无内外，却应分别更迷真。"韩维"湖上独酌呈范彝叟朝散、程伯淳奉议"诗："曲肱饮水程夫子，宴坐烧香范使君。顾我未能忘外乐，绿尊红芰对西曛。"⑥按，《吕氏童蒙训》载韩维和诗为："闭门读易程夫子，清坐焚香范使君。顾我未能忘世味，绿樽红妓对西曛。"⑦

杨时参与西湖之会，有诗《颍昌西湖泛舟二首》酬唱此行。其一云："扁舟乘兴谩追寻，路转河回入柳阴。拂面落花春意尽，避人幽鸟野情深。惭无健思供吟笔，赖有寒光映客心。日暮倚风归棹急，一钩新月挂遥岑。"其二云："春过莺花无处寻，移舟行近古城阴。褰衣水上收残片，倾耳枝间觅好音。山隔曲堤迷远近，鱼跳文藻乱浮沉。飘然自得江湖趣，陡起归与万里心。"⑧杨时之子杨迪（字遵道）亦有追记，当从杨时处得知。《遗书》卷十九（杨遵道记）：

---

① 《上蔡语录》卷中，《朱子全书外编》第3册，第23页。
② [宋]杨时：《御史游公墓志铭》，《杨时集》卷三十三，第824页。
③ 余英时将此事系于元丰三年四月，但程颢三年四月仍在扶沟任上，六月才去职，故此事当在四年四月。参见张新国：《〈二程遗书〉'昨日之会'考释》，载《安徽师范大学学报（人文社会科学版）》，2015（04）。
④ 《二程集·遗书》卷十九，第260页。
⑤ 《二程集·遗书》卷第三，第60页。
⑥ 按，韩维《南阳集》卷一四收录此诗，题为"戏示程正叔、范彝叟，时正叔自洛中过访"。余英时先生认为此诗当作于绍圣三年（1096），时程颐贺韩维年八十自洛中造访颍昌。参见余英时：《朱熹的历史世界（上）》，第71页。按，此诗云"移舟""扁舟""对西曛"等，与西湖之会场景合，当在元丰四年。
⑦ [宋]吕本中：《吕本中全集·童蒙训》卷上，韩西山辑校，中华书局，2019年，第985页。
⑧ [宋]杨时：《颍昌西湖泛舟二首》，《杨时集》卷四十一，第999页。

先生云："韩持国服义最不可得。一日某与持国、范夷叟泛舟于颍昌西湖，须臾客将云：'有一官员上书，谒见大资。'某将谓有甚急切公事，乃是求知己。某云：'大资居位，却不求人，乃使人倒来求己，是甚道理？'夷叟云：'只为正叔一作姨夫。太执，求荐章，常事也。'某云：'不然。只为曾有不求者不与，来求者与之，遂致人如此。'持国便服。"①

范镇（字景仁，1007—1088）、范祖禹（字淳夫、淳甫、纯甫、纯父，1041—1098）参与此会。叶梦得《避暑录话》卷下："范蜀公素不饮酒，又诋佛教。在许下与韩持国兄弟往还，而诸韩皆崇此二事。每燕集，蜀公未尝不与，极饮尽欢，少间必以谈禅相勉，蜀公颇病之。"按，蜀公即范祖禹，则范祖禹亦与西湖之会。

是游，韩氏有子弟不恭，为程颐呵斥。《外书》卷十二："二先生到，暇日与持国同游西湖，命诸子侍行。行次，有言貌不庄敬者，伊川回视，厉声叱之曰：'汝辈从长者行，敢笑语如此，韩氏孝谨之风衰矣。'持国遂皆逐去之（先生闻于持国之子彬叔，名宗质）。"②

是游，有士人见韩维求举荐，程颐因论及荐人之道。《遗书》卷二十一：韩公持国与范公彝叟、程子为泛舟之游。典谒白有士人坚欲见公。程子曰："是必有故，亟见之。"顷之，遽还。程子问："客何为者？"曰："上书。"子曰："言何事？"曰："求荐尔。"子曰："如斯人者，公缺一字，无荐。夫为国荐贤，自当求人，岂可使人求也？"公曰："子不亦甚乎？"范公亦以子为不通。子曰："大抵今之大臣，好自求己，故人求之。如不好，人岂欲求怒邪？"韩公遂以为然。③ 按，以严厉语气推之，此程子当为程颐。

西湖之会，所谈内容多涉及禅学，二程不乐。《遗书》卷二上吕大临《东见录》追记：

"昨日之会，大率谈禅，使人情思不乐，归而怅恨者久之。此说天下已成风，其何能救！……持国之为此学者三十年矣，其所得者，尽说得知有这道理，然至于'反身而诚'，却竟无得处。它有一个觉之理，可以'敬以直内'矣，然无'义以方外'。其直内者，要之其本亦不是。譬之赞易，前

---

① 《二程集·遗书》卷第十九，第260页。
② 《二程集·外书》卷十二，第434页。
③ 《二程集·遗书》卷第二十一，第270页。

后贯穿,都说得是有此道理,然须'默而成之,不言而信,存乎德行'处,是所谓自得也。谈禅者虽说得,盖未之有得。其徒亦有肯道佛卒不可以治天下国家者,然又须道得本则可以周遍。①

程颢对韩维论禅也有所辩驳。《遗书》卷一:"伯淳先生尝语韩持国曰:'如说妄说幻为不好底性,则请别寻一个好底性来,换了此不好底性着。道即性也。若道外寻性,性外寻道,便不是。圣贤论天德,盖谓自家元是天然完全自足之物,若无所污坏,即当直而行之;若小有污坏,即敬以治之,使复如旧。所以能使如旧者,盖为自家本质元是完足之物……"② 按,颍昌士大夫佞佛者甚多,二程兄弟多辟之。颍昌之学,对在此时求学的谢良佐、游酢、杨时等人的佛教观,当有直接影响。

夏,谢良佐将归蔡州取解。以蔡州习《礼记》士子少,有意改经,程颐告诫"是心已不可入于尧舜之道",有志于道的君子应当"受命"。二程《遗书》卷四"二先生语":人有习他经,既而舍之,习戴《记》。问其故,曰:"决科之利也。"先生曰:"汝之是心,已不可入于尧、舜之道矣。夫子贡之高识,曷尝规规于货利哉?特于丰约之间,不能无留情耳。且贫富有命,彼乃留情于其间,多见其不信道也。故圣人谓之'不受命'。有志于道者,要当去此心而后可语也。"小注云"谢显道将归应举",可知此为谢良佐。《遗书》卷四为游酢所记,此条正文但云或"人",未指明是谢良佐,盖游酢为友人讳也。北宋解试一般在八九月份进行,俗称"秋解",谢良佐辞行事当在夏秋间。

按,《遗书》卷四此条附载"一本云"载此事为明道知扶沟时,其中说:"一本云:明道知扶沟县事,伊川侍行,谢显道将归应举。伊川曰:'何不止试于太学?'显道对曰:'蔡人鲜习《礼记》,决科之利也。'先生云云,显道乃止。是岁登第。注云:'尹子言其详如此。'"③ 程颢元丰元年知扶沟,二年求去汝州,不报,三年六月去扶沟任,居洛,四年四月应韩维之邀居颍昌。其中,程颐在元年侍父前往扶沟居住数月,随后即回洛。此"一本"语录前云"知扶沟事"在元丰元年,后云"是岁登第"事在元丰八年(见后),显然有误,况取解与登第不可能在同一年之内。北宋科举分为各州乡试("秋解""秋闱",一般在贡举前一年的秋天九十月)、礼部省试("春闱",一般在春天正二月)、

---

① 《二程集·遗书》卷第二上,第24页。
② 《二程集·遗书》卷第一,第1页。
③ 《二程集·遗书》卷第三,第69页。

"殿试"（决定名次，一般在三月）三个环节。取解之后为举人，解额是一次性资格，若未在礼部试中进士，之后还需重新取解。神宗元丰年间，共有二年、五年、八年三科，则谢良佐归蔡取解事必在元年、四年、七年其中之一。

元年之说必误。申绪璐《人能弘道》一书将谢良佐拟归蔡取解一事系于元丰二年，理由是："元丰元年（1078）程颢知扶沟县，第二年省试。谢良佐由太学归乡，是为了获得秋天乡解的名额。"① 按，申说"第二年省试"之说不确。宋代乡试在贡举之年的前一年秋天取解，元丰二年贡试之取解必在元年。程颢在元丰元年春二月奉命至陕祷雨。② 至扶沟赴任至少在夏、秋天，谢良佐往学时，"程子馆之门侧，上漏旁穿，天大风雪，宵无烛，昼无炭，市饭不得温，程子弗问，谢处安焉。逾月，豁然有省，然后程子与之语。"③ 据天大风雪一事，谢良佐至扶沟问学已在冬天，断不至于有归乡取解之事。

四年与七年之间，以四年更有可能。元丰四年四月，谢良佐与游酢、杨时皆在颍昌问学。游酢为建州人，在京师太学中，由颍昌返建州参加秋解，路途偏远，往返亦疲，故游酢当在太学取得解额，并顺利登五年进士第。谢良佐归蔡州取解一事的原始材料是游酢记录、尹焞追忆，考游酢四年在颍昌求学，五年登黄裳榜进士第，六年调越州萧山尉，七年赴萧山任，八年改官太学录。④《遗书》卷四乃游酢亲记，"人有习他经"条必是游酢亲耳所闻。盖此时游酢、谢良佐都向师门告归，游酢决定在太学取解，故对此记忆深刻。谢良佐曾回忆："昔在二先生门下，伯淳最爱中立，正叔最爱定夫，观二人气象亦相似。"⑤ 程颐最爱游酢，所谓二人气象相似，于此事可见。

姚名达《程伊川年谱》将此事系于元丰七年，理由是："据《遗书》游定夫录，但误作在扶沟时，且误云'是岁登第'。应依《上蔡语录》及祁宽记尹和靖语，系于元丰七年。"⑥按，谢良佐五年不第，在七年还需再次取解，但游酢已在萧山，故七年之说误。姚名达所云证据两条，《上蔡语录》未明确载此事；祁宽记尹和靖语："谢显道久住太学，告行于伊川云：'将还蔡州取解，且欲改经礼记。'伊川问其故。对曰：'太学多士所萃，未易得之，不若乡中可必

---

① 申绪璐：《人能弘道：二程语录与洛学门人研究》，上海古籍出版社，2022年，第127页。
② ［清］诸星杓：《程子年谱·明道先生》卷四，《儒藏·精华编》第160册（上），北京大学出版社，2016年，第447页。
③ ［清］黄宗羲原撰，［清］全祖望补修：《宋元学案》卷二十四《上蔡学案》，第928页。
④ ［宋］游酢：《游定夫文集》卷首《年谱》，《儒藏·精华编》第221册，第19页。
⑤ 《上蔡语录》卷中，《朱子全书外编》第3册，第23页。
⑥ 姚名达：《程伊川年谱》，第97页。

取也。'伊川曰:'不意子不受命如此！子贡不受命而货殖，盖如是也。'显道复还，次年获国学解。"① 祁宽记录尹焞云"次年获国学解"，不确，与前文"一本"云"是岁登第"自相矛盾。揆之常理，归乡取解必在当年，而取解又必在登第前一年，断无"次年获国学解"与"是岁登第"之理，故尹焞两说皆有误。《卷四》"一本云"是"尹子言其详如此"②，同是尹焞所云，何以前后不一？尹焞在师门中属后进，于此事本属耳闻，况尹焞之门人所记，又加舛讹如此，更不可信。

谢良佐经程颐提醒，遂"不复计较"，《遗书》卷二上（吕大临《东见录》）有一段文字："和叔任道担当，其风力甚劲，然深潜缜密，有所不逮于与叔。蔡州谢良佐虽时学中因议州举学试得失，便不复计较。建州游酢，非昔日之游酢也，固是颖，然资质温厚。南剑州杨时虽不逮酢，然煞颖悟。林大节虽差鲁，然所问便能躬行。刘质夫久于其事，自小来便在此。李端伯相聚虽不久，未见佗操履，然才识颖悟，自是不能已也。"③ 此条记二程评价门下弟子，论及吕大钧、吕大临、谢良佐、游酢、杨时、林大节、刘绚，除二吕外，此时皆在颍昌问学，可为此事旁证。

经程颐之教，谢良佐悟得"知命"之说，为克己之学，决定直接在太学应试，程颐赞其"明且勇"。《遗书》卷二上："蔡州谢良佐虽时学中，因议州举学试得失，便不复计较。"④《二程粹言》卷一："子曰：谢良佐因论求举于方州，与就试于太学，得失无以异，遂不复计较，明且勇矣。"⑤《上蔡语录》卷上，谢良佐对胡安国云："良佐缘早从有道，为克己之学，遂于世味若存若亡。"世味，谓功名宦情也。

按，蔡州（今河南汝南）为紧州，属汝南郡、淮康军节度。当时北方诸路、军取解难度较低，故谢良佐有还蔡州取解的计划。陆佃《乞添川浙福建江南等路进士解名劄子》："臣伏见诸路州军解额，多寡极有不均。如京东西、陕西、河东、河北五路，多是五六人辄取一人；而川、浙、福建、江南，往往至五六十人取一人。……若五路试卷取至中等，仅能满数；余路虽中等以上，取或不及。"⑥

---

① 《二程集·外书》卷第十二，第 433-434 页。
② 《二程集·遗书》卷第四，第 69 页。
③ 《二程集·遗书》卷第二上，第 44-45 页。
④ 《二程集·遗书》卷第二上，第 44-45 页。
⑤ 《二程集·粹言》卷第一，第 1221 页。
⑥ [宋] 陆佃：《乞添川浙福建江南等路进士解名劄子》，《全宋文》第一百一册，第 111 页。

神宗元丰五年（1082年），33岁。同门游酢登进士第。谢良佐同试，不第。

三月，游酢登黄裳榜进士第。按，杨时《御史游公墓志铭》云："公于元丰六年登进士第。"误，六年无开科。

是年，二程居洛，冬，刘绚来学，有语录。杨时居南剑州乡里。

是年，谢良佐试不第。游酢曾问谢良佐"公于外物一切放得下否"，盖在此时。《上蔡语录》卷上："游子问谢子曰：'公于外物，一切放得下否？'谢子谓胡子曰：'可谓切问矣。'胡子曰：'何以答之？'谢子曰：'实向他道，就上面做工夫来。'胡子曰：'如何做工夫？'谢子曰：'凡事须有根。屋柱无根，折却便倒。树木有根，虽剪枝条，相次又发。如人要富贵，要他做甚？必须有用处寻讨要用处，病根将来斩断便没事。'"① 按，外物之说，具体指何事，颇难确定。游酢与谢良佐元丰同学有三段，分别是元丰元年在扶沟、四年在颍昌、五年在京师，此后游酢、谢良佐分别历仕州县。盖谢良佐去年取解一事得程颐救过，此年开始从事克己之学，故对于功名、外物能从根本上放过。

元丰年间，谢良佐以"有为之心多"，欲成就一番事业，故"去色欲"，不近女色；且练习导引吐纳之术，以养浩然之气。《上蔡语录》卷上胡安国问："色欲想已去多时。曰：'伊川则不绝，某则断此二十来年矣。所以断者，当初有为之心多，欲有为则当强盛方胜任得，故断之。又用导引吐纳之术，非为长生如道家也，亦以助养吾浩然之气耳。气强则胜事。然色欲自别当作两般理会。登徒子不好色，而有淫行。色出于心，去不得。淫出于气。'"② 按，此条出自胡安国《谢子雅言》，主要内容是崇宁四年（1105年）在湖北应城见谢良佐问学所记。以此往前推二十来年，约在元丰年间（1082、1083、1084等年）。以谢良佐"当初有为之心多"一语推断，当与科举不第有关。谢良佐行"断色欲"之法，与游酢论"外物一切放得下"之问正合表里，可互相佐证。盖有绝去色欲、专心向学之意，故皆系于此年。

神宗元丰六年（1083年），34岁。

正月至八月，二程居洛。八月，刘绚见程颢于洛，有语录。

八月，明道以养亲求监局，得监汝州酒税事。③

九月，程颢、程颐至汝州。刘绚见程颢于汝州，有语录。朱光庭见程颢于

---

① 《上蔡语录》卷下，《朱子全书外编》第3册，第12页。
② 《上蔡语录》卷上，《朱子全书外编》第3册，第12页。
③ 姚名达：《程伊川年谱》，第94页。

洛,云:"光庭在春风中坐了一个月。"①

是年,谢良佐或在太学。游酢调越州萧山尉,次年赴任。杨时赴徐州司法任。②

神宗元丰七年(1084年),35岁。是年,谢良佐在太学参加解试。约6000人应举,谢良佐梦入内庭,不见神宗而见太子哭泣,次年果应验,始悟程颐"知命"之说。

秋,谢良佐在太学参加乡试,取得解额。

十月八日,诏改在京进士人数随所治专经入试人数调整,可谓程颐前所云"受命"之验。《宋会要·选举》载:"御史翟思言:'乞自今在京发解礼部试进士,据入试人数,以解额随所治经,约十分数均取,有余不足相补,各毋过三分。'从之。"③

十二月,礼部统计试卷,该年全国应举者有6000余人。《文昌杂录》卷五:"礼部投纳试卷。因国学至天下所解进士者、诸科赴省试者,约六千人。辞场之盛,未有今日之比也。"④

年底,谢良佐梦入内庭,不见神宗而见太子涕泣,次年果应验。《上蔡语录》卷上:"知命虽浅近,也要信得,及将来做田地,就上面下功夫。余初及第时,岁前梦入内庭,不见神宗,而太子涕泣。及释褐时,神宗晏驾,哲庙嗣位。如此事直不把来草草看却。万事真实有命,人力计较不得。"⑤

是年,谢良佐曾至洛见程颐。《上蔡语录》卷上:"谢子与伊川别一年,……因语在坐同志者,曰:'此人为学,切问近思者也。'"⑥ 在坐同志指朱光庭,事见明年,以"别一年"之语可知今年曾见伊川。

神宗元丰八年(1085年),36岁。正月,谢良佐在京开宝寺参加礼部贡试。二月,因贡院起火,试卷焚毁。三月,神宗崩,谢良佐有梦兆;以陆佃等权知贡举,礼部再试于太学。五月,以谅阴罢殿试,放榜,谢良佐登进士第,释褐,授秦州教授。同门,谢湜亦登第。六月,程颢卒。谢良佐侍程颐视程颢坟事,

---

① 《二程集·外书》卷第十二,第537页。
② 《游鹰山集附年谱》《杨龟山先生集附年谱》;杨玉成:《二程弟子研究》,第54页。
③ 诸葛忆兵:《宋代科举资料长编》,凤凰出版社,2017年,第796页。
④ 诸葛忆兵:《宋代科举资料长编》,第797页。
⑤ 《上蔡语录》卷上,《朱子全书外编》第3册,第13页。
⑥ 《上蔡语录》卷上,《朱子全书外编》第3册,第11页。

并有"儒佛之辨""何思何虑"等问。十月，朱光庭除谏官将赴任，过洛见程颐，程颐赞谢良佐"此人为切问近思之学"。

正月，参加礼部省试。按，北宋省试，礼部一般在中旬锁院，十日后考试，谢良佐当在正月下旬参加考试。九日，确定礼部试考官。《宋会要·选举》一九之一八："以尚书户部侍郎李定权知贡举，给事中兼侍讲蔡卞、起居舍人朱服同权知贡举。国子司业翟思、监察御史邵材为别试所考试官。"《野客丛书·附录》："陈莹中云：元丰乙丑，为礼闱检点官，时范淳夫同在院，与淳夫同舍。"①

二月十七日辛巳，原定礼部贡院开宝寺失火，考卷焚毁。诏改以太学为贡院，重新考试，陆佃以师友讲学为内容策问。《续资治通鉴长编》："是夜四鼓，开宝寺寓礼部贡院，火，承议郎韩王冀王宫大小教授兼睦亲、广亲宅讲书翟曼，奉议郎陈之方，宣德郎太学博士马希孟，皆焚死，吏卒死者四十人。"二十三日，因贡院失火，决定重新举行礼部试。"三省言礼部贡院火，试卷三分不收一分，欲令礼部别锁试。从之。"②《文昌杂录》卷六："开宝寺为礼部贡院，二月十八日火，凡本部贡笺与夫所考试卷，须臾灰烬，略无遗者。自正月九日锁院，方定二十八日奏号。至是火。诏：以太学为贡院，再令引试，前此未有也。"③陆佃《省试策问》："问：昔之善为士者，问学必有师，讲习必有友。以论经则明，以议史则达，以立文则工，以造行则美。其磨砻陶冶之渐，非一日也。今诸生蒙被德泽，而从事于斯，固勤矣。愿闻平居所以严师亲友之义，经如何观而得道之真？史如何阅而得事之要？立文曷为而工？造行曷为而美？其悉数之，以应有司之求，可乎？"④

三月五日戊戌，神宗赵顼崩于福宁殿，谢良佐岁前有梦预兆。《上蔡语录》卷上："知命虽浅近，也要信得，及将来做田地，就上面下功夫。余初及第时，岁前梦入内庭，不见神宗，而太子涕泣。及释褐时，神宗晏驾，哲庙嗣位。如此事直不把来草草看却。万事真实有命，人力计较不得。"⑤

三月二十六日，经任命考官，礼部重新省试。《宋会要·选举一》："二十六日，以兵部侍郎许将、给事中陆佃、秘书少监孙觉并权知贡举。准诏：放合格

---

① 诸葛忆兵：《宋代科举资料长编》，第 798 页。
② [宋] 李焘：《续资治通鉴长编》卷三百五十一，第 8408、8409 页。
③ 诸葛忆兵：《宋代科举资料长编》，第 798 页。
④ [宋] 陆佃：《省试策问（元丰八年）》，《全宋文》第 101 册，第 212 页。
⑤ 《上蔡语录》卷上，《朱子全书外编》第 3 册，第 13 页。

奏名进士焦蹈已下四百八十五人。"①

四月六日，因神宗驾崩，哲宗谅阴守孝，是科取消殿试，以礼部贡试成绩为准排名，状元为焦蹈，民间有谚。《宋会要·选举八》："四月六日，诏：'再试进士及诸科、武举人，罢今年御试。内应直赴殿试者，以前举者等第名次编排，在今来正奏名之下；不曾赴省试者，即与正奏名进士同场别号，试策一道。'先以贡院火，试卷三分收不及一，故再试。以上在谅阴，罢御试。"② 陆游《家世旧闻》卷上："元丰八年，礼部贡院火，试官马希孟燔死，蔡卞亦几死。京方知开封，募力士逾墙入，挟卞以出，遂再引试。楚公知举，取焦蹈为第一。故当时谚云：'不因试官火，安得状元焦。'盖是岁谅阴，无殿试也。蹈答策有曰：'论经不明，不如无经；论史不达，不如无史。'楚公大爱之，以为有扬子云之风。"③

五月二十四日（丙辰），放榜485人合格奏名进士，谢良佐在其中。④ 谢良佐进士及第，在延和殿谢恩，在崇政殿门外受赐优牒。进士放榜，赐礼部正奏名进士、诸科、新科明法及特奏名进士、诸科并释褐，正奏名进士575人（含进士485人，诸科、明法科90人）。⑤ 同门谢湜（字持正），怀安军金堂县（今四川成都金堂县）人，亦登进士第。⑥ 是科第一名为焦蹈，但放榜后未及释褐而死。《续资治通鉴长编》："五月丙辰，正奏名进士刘逵等五百七十五人，特奏名八百四十七人，并释褐。武举进士三十九人，并赐袍、笏、银带。"李焘注："《登科记》：焦蹈第一人，刘逵第二人，不知何故，焦蹈独不释褐。"⑦ 彭百川《太平治迹统类》卷二七："丙申（辰），赐刘逵等五百七十五人，徐处仁、谢良佐、白时中、郑居中、薛昂、丘常、孙渐、刘润仁、王衮、侯蒙、刘正夫、宋鼎，并释褐。……是年状元本焦蹈，蹈卒。"⑧

释褐，谢良佐初授秦州教授。宋李幼武《皇朝名臣言行外录外集》卷七

---

① 诸葛忆兵：《宋代科举资料长编》，第800页。
② 诸葛忆兵：《宋代科举资料长编》，第801页。
③ 诸葛忆兵：《宋代科举资料长编》，第799页。又见《铁围山丛谈》卷三、《能改斋漫录》卷一二等。
④ [宋]彭百川：《太平治迹统类》卷二七《神宗》；傅璇琮主编：《宋登科记考（上）》，第381页。
⑤ 傅璇琮主编：《宋登科记考（上）》，第371页。
⑥ 《宋元学案》卷三十《博士谢先生湜》，《嘉庆金堂县志》卷五《选举制·科第·宋》；傅璇琮主编：《宋登科记考（上）》，第382页。
⑦ [宋]李焘：《续资治通鉴长编》卷三百五十六，第8519页。
⑧ [宋]彭百川：《太平治迹统类》卷二七《神宗》；傅璇琮主编：《宋登科记考（上）》，第371页。

《谢良佐上蔡先生》："谢良佐,字显道,上蔡人。释褐登第,授秦州教。"①

按,楼钥记放榜日期与此稍有不同。谓是科为"一时之盛"。同科较知名的有汪獬(字仲容,《宋史》有传)、秦观(字少游)、倪直孺(入元祐党籍)、章绎(一作章择,章惇子)、楼异(字试可,楼钥祖)等。楼钥《跋元丰八年进士小录》:"谢恩延和殿,赐优牒于崇政殿门外,又不晓优牒之义;四月二十九日奏号,五月二十日御史拆卷封,三日奏名,六日奉敕放榜。此皆事之变。汪公瀣职纠弹,秦公观掌笺奏,兹又一时之盛也。"②

六月十五日丁丑,程颢病卒,年五十四。先是,哲宗嗣位后,程颢改承议郎;五月庚子,召为宗正寺丞,未行而病,卒。③

八月八日,程颐作《明道先生行状》。

十月乙酉,葬程颢于伊川先茔。先是,程颐视程颢坟墓工事,谢良佐侍行,问儒佛之辨。《上蔡语录》卷中:"正叔视伯淳坟,侍行,问儒佛之辨。正叔指坟围曰:'吾儒从里面做,岂不见?佛氏只从墙外见了,却不肯入来做,不可谓佛氏无见处。'吾儒'下学而上达',穷理之至,自然见道,与天为一。故孔子曰:'知我者,其天乎?'以天为我也。故自理去,则见得牢,亦自信得及。佛氏不从理来,故不自信,必待人证明然后信。"④《上蔡语录》卷上:"谢曰:吾曾列举佛说与吾儒同处问伊川先生,曰:'恁地同处虽多,只是本领不是,一齐差却。'"⑤

是时,谢良佐再见程颐,有"天下何思何虑"之语,得伊川一句话转却,实做下学工夫,免入禅家。《上蔡语录》卷上:"曾往见伊川,伊川曰:'近日事如何?'某对曰:'天下何思何虑?'伊川曰:'是则是,有此理。贤却发得太早在。'(胡安国)问:'当初发此语时如何?'(谢良佐)曰:'见得这个事经时无他念,接物亦应副得去。'问:'如此却何故被一句转却?'曰:'当了终须有不透处。当初若不得他一句救拔,便入禅家去矣。伊川直是会锻炼得人,说了又却道恰好着工夫也。'问:'闻此语后如何'曰:至此未敢道到何思何虑地位。始初进时速,后来迟,十数年过却如梦。'问:'何故迟?'曰:'如挽弓,到满

---

① [宋]李幼武《皇朝名臣言行外录外集》卷七《谢良佐上蔡先生》,台湾商务印书馆影印文渊阁《四库全书》本,第0449册,第0718a页。
② [宋]楼钥:《楼钥集》卷六十八《跋元丰八年进士小录》,顾大朋点校,浙江古籍出版社,2010年,第1210页。
③ [宋]程颐:《明道先生行状》,《二程集·文集》卷第十一,第637页。
④ 《上蔡语录》卷中,《朱子全书外编》第3册,第25页。
⑤ 《上蔡语录》卷上,《朱子全书外编》第3册,第10页。

191

时便难开。然此二十年闻见知识却煞长.'"①按,胡安国崇宁四年(1105年)初见谢良佐于湖北应城,《上蔡语录》卷上旧题《谢子雅言》,为胡安国独记,主要内容在此年。前推二十年,约在1085年间,故系于本年再见伊川时。

十月,朱光庭过洛见程颐。因谢良佐在坐,朱光庭不语,程颐介绍谢良佐"为切问近思之学",引为同道。先是,六月二十六日戊子,朱光庭因司马光之荐除谏官。②《上蔡语录》卷上:"谢子与伊川别一年,往见之,伊川曰:'相别又一年,做得甚工夫?'谢曰:'也只是去个矜字。'曰:'何故?'曰:'子细检点得来,病痛尽在这里。若按伏得这个罪过,方有向进处。'伊川点头,因语在坐同志者,曰:'此人为学,切问近思者也。'"③《外书》卷十一:"朱公掞以谏官召过洛,见伊川,显道在坐,公掞不语。伊川指显道谓之曰:'此人为切问近思之学'。"④朱光庭六月得荐,何时至洛未详,考《续长编》,司马光所荐余官皆十月至京赴任,姚名达《程伊川年谱》系朱光庭过洛于十月,今从之。⑤

按,程颐以"切问近思"点评谢良佐之学,此评如何理解?揆之二程著作,约得二义。其一,"近思"乃谢良佐擅长的推类言仁之法。《遗书》卷二十二上载:"范季平问:'博学而笃志,切问而近思,仁在其中,如何?'曰:'仁即道也,百善之首也。苟能学道,则仁在其中矣。'亨仲问:'如何是近思?'曰:'以类而推。'"⑥类推言仁乃谢良佐论仁的特色,谢良佐曾与吕大忠云:"世人说仁,只管着爱上,怎生见得仁?只如'力行近乎仁',力行关爱甚事?何故却'近乎仁'?推此类具言之。"⑦又曾教胡安国读《左传》:"推此类,可以见其余。"⑧以读书推类,明出处之义。其二,切问近思乃程颐教人读《论语》之法,避免高远之论,着力下学切实工夫。《外书》卷十二:"郭忠孝每见伊川问论语,伊川皆不答。一日,伊川语之曰:'子从事于此多少时,所问皆大。且须切问而近思!'"⑨

十一月,诏除程颐汝州团练推官、西京国子监教授,辞不就,再辞,寻召

---

① 《上蔡语录》卷上,《朱子全书外编》第3册,第18页。
② [宋] 李焘:《续资治通鉴长编》卷三百五十七,第8553页。
③ 《上蔡语录》卷上,《朱子全书外编》第3册,第11页。
④ 《二程集·外书》卷第十一,第412页。
⑤ 姚名达:《程伊川年谱》,第104页。
⑥ 《二程集·遗书》卷第二十二上,第283页。
⑦ 《上蔡语录》卷上,《朱子全书外编》第3册,第6页。
⑧ 《上蔡语录》卷上,《朱子全书外编》第3册,第11页。
⑨ 《二程集·外书》卷十二,第432页。

赴缺。①

哲宗元祐元年（1086年），37岁。谢良佐任秦州教授。

二月，朱光庭荐程颐为讲官。

闰二月，程颐至京师。授宣德郎、秘书省校书郎。

三月二十四日，诏程颐为通直郎，充崇政殿说书。

四月，程颐接受经筵之命。王安石卒。

六月，程颐兼修太学国子监条制。

九月，司马光卒。程颐主司马光丧事，与苏轼议论不合。

是年，杨时丁忧归南剑州待制。游酢改宣德郎，除博士。时程颐在经筵，门生益多，"一时人士归其门者甚盛"，自是有"洛党""蜀党"之分。②

是年，谢良佐赴秦州教授任。按，宋李幼武《皇朝名臣言行外录外集》卷七《谢良佐上蔡先生》："谢良佐，字显道，上蔡人。释褐登第，授秦州教。"③

哲宗元祐二年（1087年），38岁。谢良佐任秦州教授。

二月，程颐差权同管勾西京国子监，乞归田里。

游酢除博士，以食贫不便奉亲，拟知河清县。④

六月十二日，刘绚卒。刘绚（字质夫，1045—1087），录有《明道先生语》四卷，即今《程氏遗书》卷十一至十四。曾与谢良佐在颖昌同学。

八月，程颐罢经筵，权同管勾西京国子监。

冬，李籲卒。曾与谢良佐在颖昌同学。

是年，谢良佐任秦州教授。

哲宗元祐三年（1088），39岁。谢良佐任秦州教授。

是年，杨时"赴调虔州司法，秋七月自京师还"⑤。游酢官河南河清县，杨时往见。⑥

---

① ［宋］朱熹：《伊川先生年谱》，《二程集·遗书附录》，第339页。
② ［宋］朱熹：《伊川先生年谱》，《二程集·遗书附录》，第343页。
③ ［宋］李幼武《皇朝名臣言行外录外集》卷七《谢良佐上蔡先生》，台湾商务印书馆影印文渊阁《四库全书》本，第0449册，第0718a页。
④ ［宋］游酢：《游定夫先生集》卷首《年谱》，《儒藏·精华编》第221册，第19页。
⑤ ［宋］杨时：《杨时集》附录二《杨龟山先生年谱》，第1157页。
⑥ ［宋］游酢：《游定夫先生集》卷首《年谱》，《儒藏·精华编》第221册，第19页。

是年，刘安节（年二十一）、刘安上（年二十）兄弟游太学，为上舍生，时人号称"二刘"。① 后曾自太学至洛见程颐，时谢良佐在焉，详元符三年。

是年，谢良佐任秦州教授，首任官秩满。

哲宗元祐四年（1089年），40岁。谢良佐任秦州教授。谢良佐家资颇丰，收藏古玩事物甚多，书、画、砚、墨皆有上品，为晁补之称道，作《跋谢良佐所收李唐卿篆〈千字文〉》。为对治吝物、恐惧之心，谢良佐确实做工夫，专拣难舍物件丢弃，终于打透势利关。

是年，杨时赴虔州任。游酢官河清，范纯仁判河南府，移守颍昌，辟游酢为府学教授。②

六月，韩忠彦除尚书左丞。范祖禹与其不睦，范祖禹之妻与韩忠彦之妻为从姊妹，请出外回避，不许。范祖禹上言："忠彦，韩琦之子，琦之所长，一无所有，惟能随时俯仰，观望朝廷，附会权势，以取富贵而已。"③ 按，因范祖禹等人极力反对，次年即改韩忠彦为同知枢密。

谢良佐家中收藏古玩事物甚多，书、画、砚、墨皆有上品，为晁补之称道。为打透势利关，谢良佐有意"去吝"，做轻物工夫，拣难舍玩物弃却，最终能够以平常心看待各类器物，打透势利关，为朱子称赞"确实作工夫"。

《上蔡语录》卷上："我若有轻物底心，将天下与人，如一金与人相似；我若有吝底心，将一金与人，如天下与人相似。又若行千尺台边，心便恐惧；行平地上，心却安稳。我若去得恐惧底心，虽履千仞之险，亦只与行平地上一般。"④ 晁补之《跋谢良佐所收李唐卿篆〈千字文〉》："谢侯所藏幅纸书《千字文》特奇巧，圆方不失，而飞扬自如，过其流辈远甚，盖一时绝艺也。然谢侯好玩甚多，书、画、砚、墨类皆第一，室中之所藏，固有精妙过于此者。览其一，知其他称是也。"⑤ 由此可见，谢良佐家资似颇丰。谢良佐为克己之学，对治恐惧、吝物之心，又专门买便宜合用的文具，曾教门人："旧多恐惧，常于危阶上习。又曰：'六文一管笔，特地写教不好，打迭了此心。'"⑥《朱子语

---

① 杨玉成：《二程弟子研究》，第59页。
② [宋]游酢：《游定夫先生集》卷首《年谱》，《儒藏·精华编》第221册，第19页。
③ [宋]李焘：《续资治通鉴长编》卷四百二十九，第10365页。
④ 《上蔡语录》卷上，《朱子全书外编》第3册，第14页。
⑤ [宋]晁朴之：《鸡肋集》卷三三。曾枣庄主编：《宋代序跋全编》卷一一九《题跋二三》，齐鲁书社，2015年，第3345页。
⑥ [宋]佚名：《近思后录》卷五《克己》，顾宏义校点，华东师范大学出版社，2015年，第45页。

类》亦载:"上蔡家始初极有好玩,后来为克己学,尽舍之。有一好砚,亦把与人。"①《上蔡语录》卷上记载,胡安国问:"于势利如何?"谢良佐曰:"打透此关十余年矣。当初大故做工夫,拣难舍底弃却。后来渐渐轻,至今日于器物之类置之,只为合要用,却并无健羡底心。"②朱子云:"上蔡语虽不能无过,然都是确实做工夫来。"③谅非虚语。按,胡安国所记《谢子雅言》约在崇宁四年(1105年),前推10余年,当在元祐四、五年,是时在秦州教授任,以五年有评吕大忠"处事太烦碎,如召宾客食,亦须临时改换食次"之语,且以"易简之道"教吕大忠,以责己之心责人,故将"打透势利关"一事系于此年。

是年,谢良佐任秦州教授。

哲宗元祐五年(1090年),41岁。谢良佐为秦州州学教授,为诸生讲授,始著《论语解》,该书兼采二程洛学、王氏新学。吕大忠知秦州,常与谢良佐论学。

元祐中始著《论语解》,初未引起学者重视,但在南宋已为学者必观之书。胡寅《斐然集》:"上蔡谢公得道于河南程先生,元祐中掌秦亭之教,遂著《论语解》,发其心之所得,破世儒穿凿附会、浅近胶固之论,如五星经乎太虚,与日月为度数不可易也,其有功于吾道也卓矣!而学者初不以为然也。"④按,胡寅以此书著于元祐中,考元祐共八年,则三、四、五年为中,以此年吕大忠知秦州听谢良佐讲《论语》,故系始著于此年,正式著成或在明年,以明年有范祖禹举著述之事。《论语解》书名,或称《论语说》。《宋史艺文志》作"谢良佐,《解》十卷"⑤,《宋史》本传则称"所著《论语说》行于世"⑥。《万卷堂书目》《国史经籍志》等皆作《论语解》。考胡寅、朱子等皆称《论语解》,当是。

《论语解》在北宋未显,但在南宋初期是学者必读之书,可谓是朱熹《论语集注》以前最有影响力的理学家《论语》注释书。陈亮《杨龟山中庸解序》称:"世所传有伊川先生《易传》,杨龟山《中庸义》,谢上蔡《论语解》,尹和靖《孟子说》,胡文定《春秋传》。谢氏之书,学者知诵习之矣。尹氏之书,简

---

① [宋]黎靖德编:《朱子语类》卷第一百一《程子门人·谢显道》,王星贤点校,中华书局,1986年,第2567页。
② 《上蔡语录》卷上,《朱子全书外编》第3册,第12页。
③ [宋]黎靖德编:《朱子语类》卷第一百一《程子门人·谢显道》,第2562页。
④ [宋]胡寅:《斐然集》卷十九《上蔡论语解后序》,第365页。
⑤ 《宋史》卷二百二,第5068页。
⑥ 《宋史》卷四百二十八,第12732页。

淡不足以入世好。至于是三书，则非习见是经以志乎举选者，盖未之读也。"①陈亮以程颐、杨时、谢良佐、尹焞、胡安国著作并列，且其中《论语解》最受欢迎。朱熹年二十时，勤读此书，用红、青、黄、墨四色笔圈抹，《朱子语类》卷一百二十："某自二十时看道理，便要看那里面。尝看上蔡《论语》，其初将红笔抹出，后又用青笔抹出，又用黄笔抹出，三四番后，又用墨笔抹出，是要寻那精底。看道理，须是渐渐向里寻到那精英处，方是。"② 陆门亦读谢良佐《论语》，《象山语录》记载："临川一学者初见，问曰：'每日如何观书？'学者曰：'守规矩。'欢然问曰：'如何守规矩？'学者曰：'伊川《易传》，胡氏《春秋》，上蔡《论语》，范氏《唐鉴》。'"③ 但此学者以读书为守规矩，未从就里面看道理，为陆九渊所呵斥。

此时所著《论语解》为初本，后更有改定。今所传朱熹《论孟精义》所收《论语解》为胡寅后定本，内容相比初本有所不同。朱子《论语或问》曾指出："谢说，旧本有'欲学者必周于德'一句，最能发明此章之意，后本削之，不识其何意也。"④

《论语解序》一文，吕祖谦收入《皇朝文鉴》，为谢良佐仅存完整文章。叶适曾引《论语解序》云："昔谢显道谓'陶冶尘思，摹写物态，曾不如颜、谢、徐、庾留连光景之诗'。此论既行，而诗因以废矣。悲夫！"⑤ 以一《序》之言使作诗之法改变，可见其对文坛影响。又《论语解序》有"脱去凡近"一语，在宋元以降成为文学批评的套语，广为袁桷、虞集等使用。

《论语解序》对宋元明清教育亦有深远影响。《论语解序》："脱去凡近，以游高明，存大人之志，有天下之虑，勿求人知，而求天知，勿求同俗，而求同理。"此三十四字，朱熹讲学衡阳石鼓书院时亲手大字手书勒于石刻，今湖南书院有其残碑；两浙地区多地摹刻。江西瑞州府学亦有"脱去凡近"四大字石刻。阳明门人邹守益主教石鼓书院、白鹿洞书院，以此三十四字入书院教规。此外，朱熹门人刘能、邹守益门人李诩，在求学告归还乡时，朱熹、邹守益皆曾手书此三十四字以付殷望。明代王阳明曾书"脱去凡近，以游高明"八字教谕族中

---

① [宋]陈亮：《陈亮集》卷之二十三《杨龟山中庸解序》，邓广铭点校，中华书局，1987年，第258页。
② [宋]黎靖德编：《朱子语类》卷第一百二十《训门人八》，第2887页。
③ [宋]陆九渊：《陆九渊集》卷三十四《语录·门人严松松年所录》，钟哲点校，中华书局，1980年，第429页。
④ [宋]朱熹：《论语或问》卷九，《朱子全书》（修订本）第6册，第776页。
⑤ [宋]叶适：《叶适集》卷之二十九《题刘潜夫南岳诗稿》，刘公纯、王孝鱼、李哲夫点校，中华书局，2010年，第611页。

子弟。① 阳明后学黄佐编《泰泉乡礼》以此三十四字入《纲领》之"大学之教"。今部分地区《谢氏宗谱》亦以谢良佐三十四字为家训。

按，谢良佐《论语解》著述的直接动机与在秦州州学授课有关，主要传授"读此书（《论语》）之法"，吕大忠每过州学听其讲授（详下年）。《论语解序》：

> 予鄙人也，知识未离乎闻见之间，曾何足以知夫子而师承之，然不敢谓无其意也。今日妄以读此书之法语诸君，又为知我者谓我心忧，不知我者谓我何求，勿以为浅近而忽，勿以为高大而惊，勿以为简我而忿且怒，勿以为妄诞而直不信。圣人言不可以训。②

谢良佐《论语解》兼采王安石、二程两家，与程门其他弟子如杨时辟王氏之学有不同。序云：

> 临川王丞相近世大儒，其设心不役于势利，是类知尊此书，先皇帝信之而不疑，列于学官，俾为士者诵说焉。某于此时妄意干禄，知读此书，其志不过餔啜而已，未知好也。晚得供洒扫于河南夫子之门，加日月之久，仅得毫厘于句读文义之间，而益信此书之难读也。③

六月辛酉，吕大忠为直龙图阁知秦州。④ 按，吕大忠（？—约1110），字晋伯，一字进伯，汲郡人，徙蓝田，张载门人，后从学二程。元丰二年（1079年），吕大忠与弟大钧、大临入洛东见二程问学。二程称赞其："吕进伯可爱，老而好学。"⑤《河南程氏文集》卷九有程颐《答吕进伯简三》。

吕大忠在秦州常与谢良佐论学，谢良佐教以"简易不易底道理"，并与吕大忠论"仁"。《上蔡语录》卷上：

---

① ［明］王守仁：《王文成公全书》卷之二十六《赣州书示四侄正思等》，王晓昕、赵平略点校，中华书局，2015年，第1137页。
② 此序之名，《宋皇朝文鉴》作《论语解序》，《古文集成》引作《读〈论语〉序》。曾枣庄主编：《宋代序跋全编》卷一七《读〈论语〉》序，齐鲁书社，2015年，第457页。
③ 曾枣庄主编：《宋代序跋全编》卷一七《读〈论语〉》序，第458页。
④ ［宋］李焘：《续资治通鉴长编》卷四百四十四，第10679页。
⑤ 《二程集·遗书》卷二十上，第56页。

吕晋伯甚好，但处事太烦碎，如召宾客食，亦须临时改换食次。吾尝语之曰："每日早晚衙才覆便令放者，只为定故也。"凡事皆有恁地简易不易底道理，看得分明，何劳之有？易曰："易简而天下之理得。"晋伯甚好学，初理会仁字不透。吾因曰："世人说仁，只管着爱上，怎生见得仁？只如'力行近乎仁'，力行关爱甚事？何故却'近乎仁'"推此类具言之。晋伯因悟，曰："公说仁字，正与尊宿门说禅一般。"①

　　吕大忠与谢良佐论"存神过化"。《上蔡语录》卷上："问：'见个甚道理便能所过者化？'谢曰：'吕晋伯下得一转语好，道所存者神，便能所过者化；所过者化，便能所存者神。横渠云：'性性为能存神，物物为能过化。'甚亲切。"②

　　按，州学教授一职自元丰元年起设立，神宗诏置诸路州府学官五十三员，陕府西路秦州亦属其一。③ 元丰七年（1084年），立试取之法择取州学教授，由学士院主理选拔，试群经大义五题，应试者需为科场获隽之进士，其结果"上等为博士，下等为（太学）正录，愿授教授者听"。御史中丞胡宗愈进言，学者初登科不宜遽专师席。于是诏内外学官需经一任，且年至三十后方得选为学官。州学教授不可等闲视之，马端临曾评价："天下之有教授者只五十三员，盖重师儒之官，不肯轻授滥设故也，观其所用者，既是有出身人，然又必试中而后授，则与入馆阁翰苑者同科，其遴选至矣。"按，元祐年间，高太后垂帘听政，州学教授改由近臣择明经、学行堪为内外学官者举二员推荐。元祐四年，以近臣荐举人员过多，诏须命举乃得奏上，不得经常推荐。

　　哲宗元祐六年（1091年），**42岁**。谢良佐任秦州州学教授。元祐六年状元马涓任秦州判官，与大忠过州学听谢良佐讲《论语》。永嘉周行己登进士第，后，谢良佐有言评论周行己之学。秋，苏轼撰《上清储祥宫碑》文，后谢良佐曾见程颐诵此文，并以为"古今论仁最有妙理"。是年，范祖禹举谢良佐著述官，谢良佐有《谢改官启》。

　　谢良佐继续任秦州州学教授，吕大忠仍旧听其讲《论语》。《宋史》卷三百四十《吕大忠传》，元祐初，吕大忠以直龙图阁知秦州，"谢良佐教授州学，大

---

① 《上蔡语录》卷上，《朱子全书外编》第3册，第6页。
② 《上蔡语录》卷上，《朱子全书外编》第3册，第8页。
③ ［元］马端临：《文献通考》卷四十六《学校考七》，第1341页。

忠每过之,听讲《论语》,必正襟敛容曰:'圣人言行在焉,吾不敢不肃。'"①何景明《雍大记》:"谢良佐建中靖国初官京师,召对忤旨,去监西京竹木场。后徙秦州教授。吕大忠每过之,听讲论语。"②按,何说误。

六月九日丙申,授元祐六年进士第一名马涓(？—1126,字巨济)授承事郎、签书雄武军节度判官。③《宋史·吕大忠传》云:"马涓以进士举首入幕府,自称状元。大忠谓曰:'状元云者,及第未除官之称也,既为判官则不可。今科举之习既无用,修身为己之学,不可不勉。'又教以临政治民之要,涓自以为得师焉。"④《邵氏闻见录》卷十四:

> 马涓巨济亦以状元及第为秦州签判……时谢良佐显道作州学教授,显道为伊川程氏之学。晋伯每屈车骑,同巨济过之,则显道为讲《论语》,晋伯正襟肃容听之,曰:"圣人言行在焉,吾不敢不肃。"又数以公事案牍委巨济详覆,且曰:"修身为己之学不可后,为政治民其可不知。"巨济自以为得师,后立朝为台官有声,每曰:"吕公数载之恩也。"

吕本中《师友杂志》:"张瞻景前,阳翟人,自守善士,有志于学。元祐间,其父为秦州通判,吕大忠进伯为秦帅,景前时往问学。"⑤张瞻,字景前,张倅子。吕大忠当携之以同往州学听谢良佐讲学。据此,吕大忠、马涓、张瞻有从谢良佐学《论语》之事,然吕大忠为一州长官,似未执弟子礼,可列学友。

秋,苏轼《上清储祥宫碑》撰成。⑥后,谢良佐曾听程颐朗诵此文,并论仁。邵博《闻见后录》:

> 东坡《书上清宫碑》云:"道家者流,本于黄帝、老子。其道以清静无为为宗,以虚明应物为用,以慈俭不争为行。合于《周易》何思何虑,《论语》仁者静寿之说,如是而已。"谢显道亲见程伊川诵此数语,以为古今论仁最有妙理。⑦

---

① 《宋史》卷三百四十,第 10846 页。
② [明] 何景明:《雍大记》卷二十四,明嘉靖刻本。
③ [宋] 李焘:《续资治通鉴长编》卷四百五十九,第 10986 页。
④ 《宋史》卷三十四十,第 10846 页。
⑤ [宋] 吕本中:《吕本中全集·师友杂志》,第 1100 页。
⑥ 孔凡礼:《苏轼年谱》卷三十《元祐六年》,中华书局,1998 年,第 983 页。
⑦ [宋] 邵博:《邵氏闻见后录》卷五,夏广兴整理,大象出版社,2019 年,第 148 页。

是年，范祖禹举谢良佐著述官。先是，元祐四年在颍昌，二程率谢良佐、游酢、杨时等与范祖禹、韩维等同游西湖，由此结识。范祖禹《手记》："谢良佐。（公掞、正叔皆称之。元祐六年举著述。）"① 按，考《手记》体例，大字书人名，小字注所举荐者字、号、行事、举荐语、官职等，此言"元祐六年举著述"，当在是年自秦州教授荐除京官。谢良佐自元丰八年释褐，首任秦州教授，至此两任六载，可由幕职州县官升改京朝官，需有举主三至五人，据此，有朱光庭、程颐、范祖禹三人举，"当选人面临关升资序、磨勘改官等关卡的时候，有无举主保荐，几乎可以决定他们毕生的命运。"② 按，元祐六年六月甲辰，朝廷置国史院修撰官；八月己酉，修《神宗宝训》；七年七月癸巳，诏修《神宗史》，皆需著述人才。谢良佐早年习举业有成，其四六文亦知名，记问甚博，遍览经史，早年见程颢日作课簿，此时又已著成《论语解》，故范祖禹举其为著述官允为恰当。然揆之绍圣、元符历仕州、县，似至建中靖国始除京官。

是年，周行己登进士第。

哲宗元祐七年（1092年），43岁。约是年，谢良佐始任江州判官，与吕希纯论禅学。

三月四日，程颐服除，三省欲与馆职，以苏辙阻止，改除直秘阁、判西京国子监，程颐辞免。十二日，吴立礼奏劾程颐，次月再劾。③

四月，范祖禹荐程颐、吕希哲、吕大临可备劝讲。

五月十日，准程颐辞免，改授左通直郎、管勾西京嵩山崇福宫。

五月，吕大临未及用而卒。④

是年，朝廷议授游酢以正言，为苏辙阻止。《外书》卷十一："朝廷议授游定夫以正言，苏右丞沮止，毁及伊川。宰相苏子容曰：'公未可如此。颂观过其门者无不肃也。'"⑤ 盖是时洛蜀之争正盛，洛学之人多不受进用。

约是年，谢良佐迁江州判官，曾见吕希纯论禅学。吕本中《师友杂志》："谢显道任江州判官，见叔祖待制，问禅学之要。显道后至洛中，伊川先生问尹焞彦明曰：'曾见谢良佐否？'彦明曰：'常相见。'先生云：'第更往。'彦明即

---

① 曾枣庄、刘琳主编：《全宋文》第九十八册《范祖禹三三·手记》，上海辞书出版社，安徽教育出版社，2006年，第300页。
② 邓小南：《宋代文官选任制度诸层面》，河北教育出版社，1993年，第140页。
③ 姚名达：《程伊川年谱》，第156页。
④ 姚名达：《程伊川年谱》，第159页。
⑤ 《二程集·外书》卷第十一，第412页。

再往见，既回见先生，先生问何如。彦明云：'谢良佐今次说话别。'先生颔之。"① 叔祖待制，指吕希纯，字子进，吕希哲弟。

按，判官多为选人初入官之职，选人改京官以后便称为签判。谢良佐建中靖国诏对改为京朝官，除书局官，则任江州判官当在建中靖国前。吕本中此条下云"显道后至洛中"，则在元符三年伊川自涪陵归来之前，当时谢良佐为渑池令（详元符三年）。谢良佐自元祐初年至元祐六年在秦州州学教授，两任六载，例当迁官。元祐六年，谢良佐得范祖禹举著述，但未言其赴任。选人改京官需举主五人，选人在州县任职，每任可减少举主一名。自元祐六年至建中靖国元年共十年，约共三任，故系江州判官在元祐末、绍圣年间。

哲宗元祐八年（1093年），44岁。太皇太后高氏卒，与宋英宗合葬永厚陵（今河南巩义市），程颐往赴，吕大防为山陵使，与程颐论出处，谢良佐与闻。

四月，杨时至京师。

五月，杨时以师礼见程颐于洛阳长寿寺，留十日，往访游酢，复同游返洛，有"程门立雪"之典故。②《外书》卷十二："游、杨初见伊川，伊川瞑目而坐，二子伫立。既觉，顾谓曰：'贤辈尚在此乎？日既晚，且休矣。'及出门，门外之雪深一尺。"③ 按，游、杨程门立雪具体时间尚有争议，亦有系于元祐三年等④。清人张夏补编《宋杨文靖公龟山先生年谱》系于元祐七年冬，池生春《伊川先生年谱》系于元祐八年。⑤ 尹焞《涪陵记善录》记载此事发生时游酢知河清县，则当在元祐初。

六月，直龙图阁吕大忠满岁，加宝文阁待制再任知秦州。⑥

七月，游酢以范纯仁荐自颍昌府学教授除太学博士。《游定夫年谱》系此于七年，误。⑦

---

① [宋] 吕本中：《吕本中全集·师友杂志》，韩酉山辑校，中华书局，2019年，第1085页。
② 杨玉成：《二程弟子研究》，第65页。林海权、胡鸣：《杨时故里行实考》，福建人民出版社，2008年，第273页。
③《二程集·外书》卷第十二，第537页。
④ 申绪璐：《道南一脉考》，《中国哲学史》，2012年第4期；
⑤ 石立善：《"朝圣偶见"——谈谈"程门立雪"与〈立雪诗〉》，《衡水学院学报》，2013年第6期。
⑥ [宋] 李焘：《续资治通鉴长编》卷四百八十四，第11516页。
⑦《游定夫先生集》，《儒藏·精华编》第221册，第19页。杨玉成：《二程弟子研究》，第65页。

九月，太皇太后高氏卒，与宋英宗合葬永厚陵（今河南巩义市），程颐往赴，吕大防为山陵使，与程颐论出处。哲宗亲政，重申程颐直秘阁、权西京国子监教授，程颐坚辞。苗授见程颐论出处。《遗书》卷二十一上（张绎录）：

> 宣仁山陵，程子往赴，吕汲公为使。时朝廷以馆职授子，子固辞。公谓子曰："仲尼亦不如是。"程子对曰："公何言哉？某何人，而敢比仲尼？虽然，某学仲尼者，于仲尼之道，固不敢异。公以谓仲尼不如是，何也？"公曰："陈恒弒其君，请讨之，鲁不用则亦已矣。"会殿帅苗公至，子辟之幕府，见公壻王谠。谠曰："先生不亦甚乎？欲朝廷如何处先生也？"子曰："且如朝廷议北郊，所议不合礼，取笑天下。后世岂不曰有一程某，亦尝学礼，何为而不问也？"谠曰："北郊如何？"曰："此朝廷事，朝廷不问而子问之，非可言之所也。"其后有问："汲公所言陈恒之事，是欤？"曰："于《传》，仲尼是时已不为大夫，公误言也。"①

同卷张绎又记：

> 殿帅苗公问程子曰："朝廷处先生，如何则可？"程子对曰："且如山陵事。苟得专处，虽永安尉可也。"②

按，吕大防（字微仲，1027—1097），元祐元年（1086年）拜相，封汲郡公。殿帅苗公，指殿前副都指挥使苗授。苗授子苗履亦见程颐，谢良佐与闻。《上蔡语录》卷上："苗履见伊川，语及一武帅。苗曰：'此人旧日宣力至多，今官高而自爱，不肯向前。'伊川曰：'何自待之轻乎？位愈高，则当愈思所以报国者。饥则为用，饱则扬去，是以鹰犬自期也。'"③按，《宋史·苗履传》云苗履历熙、延、渭、秦四路钤辖，然未详言此年在何处，姑附之。以此考虑，谢良佐听苗履之事，有在秦州、京师两种可能，俟考。

按，吕大防与程颐论田恒弒齐君事条，末云"其后有问"，程颐答"仲尼是时已不为大夫"，正与谢良佐记程颐语相同。《遗书》卷第三，谢良佐追忆伊川语："陈恒弒其君，夫子请讨，当时夫子已去位矣。曾为大夫。"④ 如此，似谢

---

① 《二程集·遗书》卷第二十一上，第267页。
② 《二程集·遗书》卷第二十一上，第267-268页。
③ 《上蔡语录》卷上，《朱子全书外编》第3册，第16-17页。
④ 《二程集·遗书》卷第三，第64页。

良佐当时在场。

哲宗绍圣元年（1094年），45岁。朱光庭卒，曾举荐谢良佐。尹焞决意不复应仕，后与谢良佐友，往来论学甚多。谢良佐约在江州判官任。

绍圣初，胡安国在太学，从朱长文、靳裁之学，得闻伊洛之绪，对程门之学产生兴趣。①

三月，朱光庭卒，程颐有祭文，范祖禹作墓志。先是，朱光庭在洛见程颐、谢良佐，二人极称道谢良佐人品。

三月，尹焞应举，以策问有诋毁元祐学术，遂不再应举。《宋元学案》卷二十七："绍圣元年，发策有'元祐邪党'之问，先生曰：'噫，尚可以干禄乎哉！'不对而出，告伊川曰：'焞不复应进士举矣！'伊川曰：'子有母在。'先生归告其母陈，母曰：'吾知汝以善为养，不知汝以禄养。'伊川闻之曰：'贤哉母也！'"② 尹焞后与谢良佐多有往来。按，尹焞所应为州解或礼部试，不详。若为州解，则当系于元祐八年，若为礼部试则在此年。以"元祐邪党"之称度之，若在元祐间不当如此自称，似当已在绍圣，姑从《宋元学案》系于此年。姚名达亦引李清臣策问为证系此年，然考策中虽涉及复熙丰之政，诋为奸党之词则无。

是年，杨时赴知潭州浏阳县。游酢守太学博士，请外，除齐州判官厅公事。

是年，谢良佐事不详，以例揆之，当在江州判官任。

哲宗绍圣二年（1095年），46岁。

九月二十六日，吕大忠自秦凤路改帅泾原。③

哲宗绍圣三年（1096年），47岁。

春，韩维年八十，程颐往颍昌见韩维。先是，元丰四年，韩维曾亲自造屋迎二程奉亲至颍，谢、游、杨等门人亦从而问学。《外书》卷十二载：

> 伊川与韩持国善，尝约候韩年八十一往见之。□□间，正月一日，因弟子贺正，乃曰："某今年有一债未还，春中须当暂往颍昌见韩持国。"盖

---

① [宋] 胡寅：《斐然集》卷二十五《先公行状》，第486页。杨玉成：《二程弟子研究》，第66页。
② [宋] 胡寅：《斐然集》卷二十五《先公行状》，第486-487页。
③ [宋] 李焘：《续资治通鉴长编》卷四百八十五，第11534页。

韩八十也。春中往造焉，久留颍昌，韩早晚伴食，体貌加敬。①

十月，游酢丁父忧。

是年，杨时知浏阳县，有书与程颐论《西铭》，杨时疑其流于兼爱，程颐答以"理一分殊"之说。

哲宗绍圣四年（1097年），48岁。程颐编管涪州，谢良佐送行，论此行乃同门邢恕所致。从子谢克家、从学胡安国登进士第。

二月二十八日，有旨追毁程颐出身以来文字，放归田里。

十一月丁丑，诏程颐削籍编管涪州。《伊洛渊源录》卷四："河南尹李直邦令都监来见先生，才出见之，便请上轿……明日，差人管押成行。"

谢良佐至洛送行，论此行缘由乃邢恕招惹所致。朱熹《伊川先生年谱》："四年十一月，送涪州编管（见《实录》）。门人谢良佐曰：'是行也，良佐知之，乃族子公孙与邢恕之为尔。'先生曰：'族子至愚不足责，故人情厚不敢疑。孟子既知天，焉用尤臧氏？'"②《遗书》卷十九记程颐与谢良佐问答稍详：

谢某曾问：涪州之行，知其由来，乃族子与故人耳。族子谓程公孙，故人谓邢恕。先生答云：族子至愚不足责，故人至（一作"情"）厚不敢疑。孟子既知（一作"系之"）天，安用尤臧氏？因问：邢七虽为恶，然必不到更倾先生也。先生曰：然邢七亦有书到某，云"屡于权宰处言之"，不知身为言官，却说此话。未知倾与不倾，只合救与不救，便在其间。又问：邢七久从先生，想都无知识，后来极狼狈。先生曰：谓之全无知则不可，只是义理不能胜利欲之心，便至如此也。③

邢恕之奸回，邵雍、程颢已见其端倪，谢良佐亦甚不屑其为人，《上蔡语录》载与邢恕相关语两条，评价皆极低。程颢曾与谢良佐说："尧夫易数甚精。……或云邢七好学，明道云：'邢七二十年里头待做多少事，岂肯学这底。'或云邢七要学，尧夫不肯，曰：'徒长奸雄。'"又载："邢七云：'一日三点捡。'伯淳曰：'可哀也哉！其余时勾当甚事？盖效三省之说错了，可见不曾用工。'"又多

---

① 《二程集·外书》卷十二《传闻杂记·和靖语录》，第435页。
② 《二程集·遗书附录》，第344页。
③ 《二程集·遗书》卷十九，第434页。

逐人面上说一般话,伯淳责之,邢曰:'无可说。'伯淳曰:'无可说,便不得不说。'"

邢恕招致林希之怨,见《续资治通鉴长编》:

> 颐素与邢恕善,而恕雅不乐林希,谋与谏官共攻之。颐编管,盖希力。希意恕必救颐,则因以倾恕,恕语人曰:"便斩颐万段,恕亦不救。"闻者笑之。(恕不救颐,布《录》在明年正月丁卯。)①

是年冬,周行己求监洛中水南籴场,以便从学程颐,适程颐有涪州之行,遂不得愿。②《外书》卷十二:"周以官事求来洛中,监水南籴场,以就伊川。会伊川有涪陵行。"③ 周行己(1067—1125),字恭叔,号浮沚,永嘉人,与许景衡、刘安节、刘安上、戴述、赵霄、张辉、沈躬行、蒋元中并称"元丰九先生"。大观三年罢归,筑浮沚书院,传伊川之学入永嘉。

是年,从子谢克家,从学胡安国登进士第。宋彭百川《太平治迹统类》卷二八《祖宗科举取人·哲宗》:"绍圣四年闰二月己酉,御集英殿(试)礼部奏名进士。叶梦得、程经、杨鸣志、何昌言、谢克家、吕天惠。"《嘉定赤城志》卷三四《人物门》三《遗逸》:"谢克家,上蔡人,字任伯。绍圣四年中第。建炎四年,参知政事。终资政殿学士。绍兴初,寓临海。"谢克家,良佐仲兄良弼长子。建炎初为翰林学士,坐曾侍伪庭落职。二年,试尚书吏部侍郎。三年,试兵部侍郎,罢知泉州。四年,拜参知政事,绍兴元年乞祠。绍兴四年以资政殿学士知衢州,卒。《全宋文》收遗文八篇,《全宋词》收遗词一篇。

胡安国登进士第三名,授常州军事判官。胡寅《先公行状》:"(胡安国)年二十有四,中绍圣四年进士第。"曾敏行《独醒杂志》:"胡文定公廷试,考官初欲以魁多士,继以其引经皆古义,不用王氏说,降为第三人。"④按,胡安国崇宁四年在湖北德安府应城县始从学。

哲宗元符元年(1098 年),49 岁。约是年,谢良佐始任渑池令。

---

① [宋]李焘:《续资治通鉴长编》卷四百九十三《哲宗·绍圣四年》,上海师范大学古籍整理研究所、华东师范大学古籍整理研究所点校,中华书局,2004 年,第 11705 页。
② [宋]周行己:《周行己集》附《周行己年谱》,陈小平点校,浙江古籍出版社,2015年,第 222 页。
③ 《二程集·外书》卷第十二,第 434 页。
④ [宋]曾敏行:《独醒杂志》卷七,朱杰人整理,大象出版社,2019 年,第 252 页。

十月，范祖禹卒于化州。

是年，程颐在涪州，十一月与门人谢湜书云著述事。杨时归自浏阳，七月著《周易解义》，八月如京师；游酢在建州守制，著《论孟杂解》《中庸义》。①

是年，谢良佐为渑池令。按，渑池县在河南府。元符三年秋，谢良佐至洛见程颐，尹焞云："先生晚年，显道授渑池令，来洛见先生。"② 三年一任，故系此年为始。

哲宗元符二年（1099年），50岁。谢良佐为渑池令。

正月，程颐在涪州著《易传序》。

是年，游酢除服，调泉州签判，著《易说》《诗二南义》。

哲宗元符三年（1100年），51岁。程颐自涪州得赦，归洛。谢良佐任渑池令，自蔡州至洛问学，杨时亦在，程颐称赞"杨、谢二君长进"。谢良佐见张绎诗，奇之，推荐其入程颐门下问学。周行己、鲍若雨、刘安上、刘安世等同学。临别之时，尹焞送谢良佐，谢良佐以服乌头为喻论学，得程颐赞许。

正月，哲宗崩。徽宗即位，移程颐峡州。③

四月，赦程颐复宣德郎，任便居住。程颐自涪州归寿安，至洛。

十月二十日，程颐复通直郎，权判西京国子监。程颐供职，门人尹焞有疑。

是年，谢良佐为渑池令，自蔡州至洛问学，得再亲炙，深契程颐之学，"会得先生说话"，程颐称赞其与杨时俱有长进。《外书》卷十二："伊川归自涪陵，谢显道自蔡州来洛中，再亲炙焉。久之，伊川谓先生及张思叔绎曰：'可去同见谢良佐问之，此回见吾，有何所得。'尹、张如所戒，谢曰：'此来方会得先生说话也。'张以告伊川，伊川然之。"（吕坚中《和靖语录》）④ 或云，程颐许谢良佐有王佐之才。《涪陵记善录》："冯忠恕闻陈叔易言，伊川尝许谢良佐有王佐才，以是质于和靖。和靖曰：先生无此语。先生晚年，显道授渑池令，来洛见先生，留十余日。先生谓焞：'如见显道，试问此来所得如何。'焞即往问焉。显道曰：'良佐每常闻先生语多疑惑，今次见先生，闻先生语判然无疑。'所得如此。具以告先生，先生曰：'某见得它也是如此。'虽甚喜之，但不闻此语

---

① 杨玉成：《二程弟子研究》，第69页。
② ［宋］朱熹：《伊洛渊源录》卷十二，《朱子全书》（修订本）第12册，第1042页。
③ 朱熹《伊川先生年谱》载，但姚名达《程伊川年谱》辨之，认为不确。
④ 《二程集·外书》卷第十二，第434页。

耳。"① 按，吕坚中记谢良佐自蔡州见程颐，冯忠恕记谢良佐授渑池令，两者似不一，以来年在书局官，似今年为渑池令末秩，来年改官京师在书局。

《外书》卷十二引《龟山语录》："伊川自涪归，见学者凋落，多从佛学，独先生（杨时）与谢丈不变，因叹曰：'学者皆流于夷狄矣，唯有杨、谢二君长进。'"② 按，陈渊《上杨判官书》："闻先生如京师，去秋始还舍。"该文作于建中靖国元年三月二十五日，小注云："时先生为建阳县丞。"③ 杨时在秋天归福建，则约在夏天在洛见程颐。

河南寿安张绎，本为酒家保，擅诗文，谢良佐奇之，教其读《论语》，更荐于程颐门下，遂使程门增加一高弟。施德操《北窗炙輠录》卷上：

> 张思叔，伊川高弟也，本一酒家保，喜为诗，虽拾俗语为之，往往有理致。谢显道见其诗而异之，遂召其人与相见，至则眉宇果不凡，显道即谓之曰："何不读书去？"思叔曰："某下贱人，何敢读书？"显道曰："读书人人有份，观子眉宇，当是吾道中人。"思叔遂问曰："读何书？"曰："读《论语》。"遂归，买《论语》读之。读毕，乃见显道，曰："某已读《论语》讫，奈何？"曰："见程先生去。"思叔曰："某何等人，敢造程先生门。"显道曰："第往，先生之门，无贵贱高下，但有志于学者即受之耳。"思叔遂往见伊川，显道亦先为伊川言之，伊川遂留门下。④

按，张绎为酒家保出身，何以诗文令谢良佐奇之？盖少年有高门之志，始志力向学，又有周行己导之在先。朱熹《伊洛渊源录》卷十二："张思叔，河南寿安人。家甚微，年长，未知读书，为人佣作。一日，见县官出入，传呼道路，思叔颇羡慕之，问人何以得如此，或告之曰：'此读书所致耳。'思叔始发愤，从人授学，执劳苦之役，教者怜其志，颇劝勉之。后颇能文，入县学府学。被荐，以科举之学不足为也。因至僧寺，见道楷禅师，悦其道，有祝发从之之意。时周恭叔行己官洛中，思叔亦从之，恭叔谓之曰：'子它日程先生归，可从之

---

① ［宋］朱熹：《伊洛渊源录》卷十二，《朱子全书》（修订本）第12册，第1042页。
② 《二程集·外书》卷第十二，第428-429页。
③ 《默堂集》卷十五。曾枣庄、刘琳主编：《全宋文》第一百五十三册，上海辞书出版社、安徽教育出版社，2006年，第164页。
④ ［宋］施德操：《北窗炙輠录》卷上，虞云国、孙旭整理，大象出版社，2019年，第19-20页。

学，无为空祝发也。'及伊川先生归自涪陵，思叔始见先生。"① 按，周行己元祐六年进士登第，绍圣四年冬，求监洛中水南籴场，欲从学不得。此云"它日程先生归"则在绍圣四年、元符元年、元符二年间。

周行己、张绎此间俱得从学程颐，然周行己有色欲之心，为程颐、谢良佐批评。《外书》卷十二："（绍圣四年）后数年，周以酒席有所属意，既而密告人曰：'勿令尹彦明知。'又曰：'知又何妨，此不害义理。'伊川归洛，先生以是告之。伊川曰：'此禽兽不若也，岂得不害义理？'又曰：'以父母遗体偶倡贱，其可乎？'"② 按，周行己早年持身严苦，以母亲遗志娶嫠妻，程颐赞叹之："某未三十时，亦做不得此事。然其进锐者其退速。"其后，《上蔡语录》载，胡安国曾问其学如何，谢良佐谓周行己"不是摆脱得开，只为立不住便放却"③。

与周行己相比，张绎聪明颖悟，程颐得张绎之后甚喜，以"朴茂"称之，以尹焞、张绎并列为晚年门人之代表，有"晚得二士"之叹。《二程集·外书》卷十二："张思叔……初以文闻于乡曲，自见伊川后，作文字甚少。伊川每云：'张绎朴茂。'"《涪陵记善录》载："焞与思叔既相友善，伊川归自涪陵，思叔始见先生。……伊川尝言：'晚得二士。'"④ 祁宽记尹焞语："张绎思叔三十岁方见伊川，后伊川一年卒。"（《渊源录》卷十二引）⑤ 张绎才高，然不如谢良佐展拓得开，《朱子语类》："张思叔敏似和靖，伊川称其朴茂；然亦狭，无展拓气象。收得他杂文五六篇，其诗都似禅，缘他初是行者出身。"⑥

是年，鲍若雨、二刘自太学来洛见程颐，谢良佐论二刘记得语录数册。《二程集·外书》卷十二："鲍若雨、刘安世、刘安节数人自太学谒告来洛，见伊川。"⑦ 谢良佐《上蔡语录》卷下："昔从明道、伊川学者多有语录……二刘各录得数册。"⑧ 按，二刘，指刘安节（字元承，1068—1116）、刘安上（字元礼，1069—1128）从兄弟，永嘉人。《程氏遗书》卷十八，朱子卷首注云："所记有元祐五年遭丧后，绍圣四年迁谪前事。"

---

① ［宋］朱熹：《伊洛渊源录》卷十二，《朱子全书》（修订本）第 12 册，第 1079–1080 页。
② 《二程集·外书》卷第十二，第 434 页。
③ 《上蔡语录》卷上，《朱子全书外编》第 3 册，第 8 页。
④ 《二程集·外书》卷第十二，第 433 页。
⑤ ［宋］朱熹：《伊洛渊源录》卷十二，《朱子全书》（修订本）第 12 册，第 1080 页。
⑥ ［宋］黎靖德：《朱子语类》卷第一百一《程子门人》，第 2557 页。
⑦ 《二程集·外书》卷第十二，第 431 页。
⑧ 《上蔡语录》卷下，《朱子全书外编》第 3 册，第 34 页。

谢良佐与张绎论山林之静，程颐称赞其"煞有长进"，然谢语传诵略有误。《遗书》卷十九（杨遵道记）："谢良佐与张绎说：'某到山林中静处，便有喜意，觉着此不是。'先生曰：'人每至神庙佛殿处便敬，何也？只是每常不敬，见彼乃敬。若还常敬，则到佛殿庙宇，亦只如此。不知在闹处时，此物安在？直到静处乃觉。'绎言：'伊云，只有这些子已觉。'先生曰：'这回比旧时煞长进。这些子已觉固是，若谓只有这些子，却未敢信。'（胡本注云：'朱子权亲见谢先生云：某未尝如此说。恐传录之误也。'）"① 按，朱子权，朱震弟朱巽，崇宁间从谢良佐学。

谢良佐告归，尹焞送行，以服乌头为喻论学，得程颐赞"可谓益友"。《上蔡语录》卷中："谢子见河南夫子，辞而归。尹子送焉，问曰：何以教我？谢子曰：吾徒朝夕从先生，见行则学，闻言则识。譬如有人服乌头者，方其服也，颜色悦怿（一本作'泽'。），筋力强盛。一旦乌头力去，将如之何？尹子反以告夫子，夫子曰：可谓益友矣。"②

徽宗建中靖国元年（1101年），52岁。徽宗诏谢良佐入对，多与语，然人谢良佐感上心不诚，遂除书局官。作《谢改官启》文。在京师任职期间，受到提举史院的宰相韩忠彦欣赏，但谢良佐恬淡自如，秉持程颐知命之训，不谒执政。因论徽宗以建中靖国为年号，"恐不免一播"，坐飞语下狱。

七月三日壬戌，徽宗诏求贤才，"元祐中，诋毁先朝政事人多不详姓名，可悉录来"，另一份是"人才在外有可用者，亦具名进入"③。谢良佐被徽宗诏对，并除授书局官，应当与徽宗在建中靖国七月这封求"人才在外有可用者"的诏令有直接关系。其一，谢良佐在去年从蔡州到洛阳见程颐问学时，官职是渑池令，属于地方的州县幕职，在选人系列，而书局官是京朝官。由选人改授京官，除了累积磨勘资历，还需有举主的举荐。据朱熹所言，谢良佐"建中靖国中，诏对，不合，得官书局"④。显然，正是这次诏对使得谢良佐改授京官。

诏对时，徽宗与谢良佐多有语，然谢良佐已察觉徽宗语"多不诚"，退求去。《朱子语类》卷第一百二十七："徽庙初，上蔡初召，上殿问对语不少。然

---

① 《二程集·遗书》卷十九，第255-256页。
② 《上蔡语录》卷中，《朱子全书外编》第3册，第33页。
③ ［清］黄以周等辑注：《续资治通鉴长编拾补》卷十七，第639页。
④ ［宋］朱熹：《德安府应城县上蔡祠记》，《朱子全书外编》第3册《上蔡语录》附录，第48页。

上蔡云：'多不诚。'遂退，只求监局之类去。"① 朱熹《德安府应城县上蔡祠记》："建中靖国中，诏对，不合，得官书局。后复转徙州县。"② 《二程遗书》："谢显道崇宁间上殿，不称旨，先生闻之喜；已而，就监门之职。陈贵一问：'谢显道如何人？'先生曰：'由、求之徒。'（或云建中间。）"③ 按，此处作建中为是。《宋史》本传："建中靖国初，官京师，召对，忤旨去。"④ 周汝登《圣学宗传》载谢良佐"建中靖国初，在书局，召忤旨，出就监门之职。"按，"召对，为皇帝一方通过'召'这一行为呼吁'对'的总称。……多有召集有学识之人，有功绩之武官，或召集接受推荐人物之事例。其要点为，皇帝任意选用人才并广泛听取意见。"⑤ 建中靖国为徽宗第一个年号，使用一年即不用。徽宗自元符三年初即位后，为安抚士人之心，下诏求直言，然而"时上书及廷试直言者俱得罪。京师有谑词云：'当初亲下求言诏，引得都来胡道。人人招是骆宾王，并洛阳年少。自讼监宫并岳庙，都一时闲了。误人多是误人多，误了人多少！'"⑥

书局官之除，朱子谓在建中靖国"诏对不合"之后，得官书局。《宋史》本传、周汝登谓在召对之前已官书局。朱子年代上距较近，当以朱子为准，先有书局之除，然后忤旨去京。考去年程颐归洛，尹焞记谢良佐乃自蔡州往见（详元符三年），可知谢良佐本年方至京师。

其二，所谓书局，是宋代官方编书机构，一般是修史机构、修敕令格式、类书等修书机构的泛称。⑦ 当时提举史院的宰执恰好是首相尚书左仆射韩忠彦。韩忠彦对谢良佐极为欣赏，欲招谢良佐相见，使其子韩治修书延请，具道其意。《曲洧旧闻》卷三："谢良佐，字显道，韩师朴在相位，闻其贤，欲招之而不敢，乃遣其子治以大状先往见之，因具道所以愿见之意，士大夫莫不惊怪。或曰：'嘉祐、治平以前，宰执稍礼下贤士者，类皆如此，自是近人不惯见也。'"⑧ 按，韩忠彦曾两次任宰执官。第一次，在哲宗期间，从元祐四年至绍圣三年，

---

① [宋] 黎靖德：《朱子语类》卷第一百二十七《本朝一·徽宗朝》，第3048页。
② 《朱子全书外编》第3册《上蔡语录》附录，第48页。
③ 《二程集·外书》卷第十一，第416页。
④ 《宋史》卷四百二十八，第12732页。
⑤ [日] 平田茂树：《宋代政治结构研究》，林松涛、朱刚等译，上海古籍出版社，2010年，第179-180页。
⑥ [宋] 龚明：《中吴纪闻》卷五，张剑光整理，大象出版社，2019年，第111页。
⑦ 龚延明：《宋代官制辞典》，第262页。
⑧ [宋] 朱弁：《曲洧旧闻》卷三，张剑光整理，大象出版社，2019年，第253页。

凡七年。元祐四年六月丙午，韩忠彦（字师朴）除尚书左丞。① 五年三月，韩忠彦同知枢密院事，苏颂除尚书左丞，韩忠彦立班在苏颂下，梁焘上书论不是。② 七年六月，知枢密院事。③ 绍圣三年正月，罢知枢密院事，出知真定府，其间执政凡七年。④ 第二次，在徽宗期间，凡二年。元符三年正月，徽宗即位，二月除韩忠彦门下侍郎，四月除尚书右仆射，正式拜相。⑤ 崇宁元年五月，罢左仆射，出知大名府兼北京留守，其间为相凡两年。⑥ 考元祐至绍圣期间，谢良佐在州县为官，韩忠彦不当有相见之邀，而建中靖国同在京师为官，次年改元崇宁，党案再起，五月份后，二人皆已外放，故系于本年。

检讨徽宗建中靖国时期的材料，当时朝中最重要的政事是编修《神宗实录》，以获得对"神宗法度"的理解与确立。作为主持史院的韩忠彦延见谢良佐，理当与《神宗实录》的编修有关，这也正好对应了书局官的职责。

谢良佐"信得命及"，在书局不谒执政。《上蔡语录》卷上："万事真实有命，人力计较不得。吾平生未尝干人，在书局亦不谒执政。或劝之，吾对曰：'他安能陶铸我，我自有命。'若信不及，风吹草动便生恐惧忧喜，枉做却闲工夫，枉用却闲心力。信得命及便养得气，不折挫。"⑦ 谢良佐自元祐四年有归蔡应举取巧之意，得程颐以知命之说救之，践行师说至今不坠，朱子谓其"实下功夫"，斯可信矣。

按，谢良佐所谓"不谒执政"，以尚书左仆射韩忠彦、尚书右丞陆佃两人最有可能。执政为参知政事、枢密院等宰执官之总名。考《宋宰辅编年录》，建中靖国元年宰执官，有范纯礼（尚书右丞，去年十二月从知颖昌府升任，本年六月罢去）、安焘（知枢密院事，七月除）、蒋之奇（知枢密院事，七月除）、陆佃（尚书右丞，七月除；尚书左丞，十一月除）、章楶（同知枢密院事，七月除）、李清臣（门下侍郎，十月罢）、温益（十一月，尚书右丞）、曾布（尚书右仆射，宰执排行第二）。其中，安焘、范纯礼与谢良佐在颖昌结识，与二程、

---

① ［宋］徐自明：《宋宰辅编年录校补》卷之九，王瑞来校补，中华书局，1986年，第585页。
② ［宋］徐自明：《宋宰辅编年录校补》卷之十，第591页。
③ ［宋］徐自明：《宋宰辅编年录校补》卷之十，第601页。
④ ［宋］徐自明：《宋宰辅编年录校补》卷之十，第630页。
⑤ ［宋］徐自明：《宋宰辅编年录校补》卷之十一，第659、662页。
⑥ ［宋］徐自明：《宋宰辅编年录校补》卷之十一，第691页。
⑦ 《上蔡语录》卷上，《朱子全书外编》第3册，第13页。

韩维有共游西湖之会（详元丰四年条）。① 陆佃在元丰八年权知贡举，是谢良佐进士科的主考官，"不谒执政"一条的前半部分云进士及第之梦，语气一贯而下，或与登科事有关。科举考官与及第进士之间有提携之谊，故或有人劝其拜谒陆佃以求晋升。然谢良佐尊奉程颐知命之教，不事逢迎，且陆佃为王安石门人、女婿，政见亦有不合。考此年所罢范纯礼、安焘、李清臣等宰执，皆为元祐故人，徽宗即位之初，有意平衡新、旧党，故改元"建中靖国"，诏云"思建皇极，嘉靖庶邦"，以建中为国是，其寓意即取新法、旧政之中，示靖安之意。温益是新法的支持者，也是元祐党籍的主要编造者之一。温益与邹浩、范纯仁、刘奉世等元祐人士极不合，数次上章弹劾。因此，在温益等人罗织元祐党籍时，新旧党的纷争再起，谢良佐所谓"他安能陶铸我，我自有命"，应当也与这期间日益严肃的朝野环境有关。

谢良佐有《谢改官启》一文，改官即由州县幕职改京官之谓，当作于是年。从孙谢伋《四六谈麈》："叔祖逍遥公，旧为四六极工，极其精思。尝作《谢改官启》云：'志在天下，岂若陈孺子之云乎。身寄人间，得如马少游而足矣。'（小注：'有杂编事类，号《武库》，兵火后亡之。'）"② 按，逍遥公，谢良佐晚年号，门人曾恬所记上蔡语录初名《逍遥先生语录》。《武库》一书是为初学者作诗文的典故类书，今佚。

是年，谢良佐论"建中靖国年号"，以飞语下狱。《朱子语类》卷第一百二十七："或谓建中年号与德宗同，不佳。上蔡云：'恐亦不免一播。'后下狱，事不知。"③ 周汝登《圣学宗传》载谢良佐"建中靖国初……坐飞语诏狱，谪锢终身"④。按，周汝登"谪锢终身"之说不确，此后出为筦库。下狱事不详，然当在建中靖国、崇宁元年之间，谢良佐明年以此事入元祐党籍。

崇宁元年（1102年），53岁。谢良佐入元祐党籍，徽宗御书元祐党籍碑，立文德殿南端礼门，谢良佐列余官第44人。经此忧患，仕意浸薄，以洛党出居台州。

五月，谢良佐入元祐党籍。十一日，有臣僚建议仿照绍圣年间由章惇兴起

---

① ［宋］徐自明：《宋宰辅编年录校补》卷之十一《徽宗皇帝上·建中靖国元年》，王瑞来校补，中华书局，1986年，第682页。
② ［宋］谢伋：《四六谈麈》，《丛书集成初编》第2615册，第5页。
③ ［宋］黎靖德：《朱子语类》卷第一百二十七《本朝一·徽宗朝》，第3048页。
④ ［明］周汝登：《圣学宗传》卷之七，张梦新、张卫中点校，浙江古籍出版社，2015年，第645页。

的党案，重新立"元祐党籍"："今奸党姓名，具在文案甚明……罪有轻重，情有浅深，使有司条析，区别行遣，使各当其罪。"① 二十一日，徽宗下诏将苏辙、范纯礼、刘安世、吕希哲、谢良佐、陈瓘、程颐、朱光庭等57人罢官，对他们的处罚是："令三省籍记，不得与在京差遣。"② 他们被定性为"必一变熙宁、元丰之法度，为元祐之政而后已"③。随后，蔡京被任命为尚书右仆射，担任次相的位置。这份名单宣告了崇宁"元祐党籍"的正式到来，谢良佐在其中排在第29位。

九月十七日，徽宗御书"元祐党籍碑"立于端礼门。蔡京与其子蔡攸，门客强浚明、叶梦得制造，"等其罪状，谓之奸党，请御书刻石于端礼门"，这就是第一块"元祐党籍碑"。南宋陈均《皇朝编年纲目备要》崇宁元年九月"刻御书党籍端礼门"条，刻石碑共119人，"文臣曾任宰相执政官"文彦博以下24人，"曾任待制以上官"苏轼以下35人，"余官"秦观以下48人，"内臣"张士良以下8人，"武臣"王献可以下4人，谢良佐列在余官第44人。④ 诏令"不得与在京差遣"。

经此一难，谢良佐改早年有为之心，对仕宦之意淡薄。《上蔡语录》卷上："当初有为之心多，欲有为则当强盛，方胜任得，故断之。又用导引吐纳之术，非为长生如道家也，亦以助养吾浩然之气耳。气强则胜事。"《答胡安国书》："某缘早亲有道，复为克己之学，遂于世味若存若亡，昨经忧患，仕意浸薄矣。"⑤

谢良佐以洛党出居台州。元贡师泰《谢氏家训序》："天台有著姓曰谢氏，自其先上蔡先生以洛党出居是州。"⑥ 明杨守陈《重兴上蔡书院记》："宋上蔡先生文肃公谢显道之谪于台也。"⑦ 吕本中《师友杂志》载谢良佐政和元年《与胡安国书》："书云：'良佐同在京师，来相访者多仙乡士子。'"⑧ 按，仙乡，在浙

---

① [清]黄以周等辑注：《续资治通鉴长编拾补》卷十九《徽宗·崇宁元年》，第677页。
② [宋]杨仲良：《皇宋通鉴长编纪事本末》卷一百二十一《禁元祐党人上》，第2025-2026页。[清]黄以周等辑注：《续资治通鉴长编拾补》卷十九，第682页。
③ [清]黄以周等辑注：《续资治通鉴长编拾补》卷十九，第683页。
④ [宋]陈均：《皇朝编年纲目备要》卷第二十六《徽宗皇帝·崇宁元年》，许沛藻、金圆、顾吉辰、孙菊园点校，中华书局，2006年，第666页。
⑤ [宋]李幼武：《宋名臣言行录外集》卷七。
⑥ 李修生主编：《全元文》卷一三九八《贡师泰二·谢氏家训序》，江苏古籍出版社，1998年，第178页。
⑦ [明]杨守陈：《杨文懿公文集》卷十七《桂坊稿·重兴上蔡书院记》，明弘治十二年杨茂仁刻本，第11页。
⑧ [宋]吕本中：《吕本中全集·师友杂志》，第1103页。

江台州，处临海、黄岩、括苍之间。谢良佐似于此年出居台州仙乡为令，至崇宁五年改应城令，正好三载一考。疑谢氏亦于此时逐渐迁往台州。

徽宗崇宁二年（1103年），54岁。徽宗下诏颁元祐党籍碑于各路、州、军监司长吏厅，时谢良佐已出元祐党籍。

九月十七日，有臣僚指出，端礼门的御书石刻立于禁中，仅有在京的朝官有机会目睹，传播不广，建议将元祐党籍碑颁发各州府："乞特降睿旨，具列奸党，以御书刻石端礼门姓名下外路、州、军，于监司长吏厅立石刊记。"① 建议得到徽宗采纳，将御书名单发放各地，要求各路、州、军在主要办公场所都刊刻党籍碑。这是第二块"元祐党籍碑"。一共98人，"曾任宰臣"自文彦博以下8人，包括韩忠彦；"曾任执政官"自梁焘以下16人，包括郑雍，宰执共24人，与陈均《纲要》所载相同；"曾任待制以上官"苏轼以下共35人，"余官"39人。

谢良佐已出籍，未列名颁发州县的党籍碑。与御书端礼门原碑的119人相比少21人，共98人。陈均《皇朝编年纲目备要》："其后，吕仲甫、徐常、刘当时、马琮、谢良佐、陈彦默、刘昱、鲁君贶、韩跂九人，并出籍。"② 引李焘注云："七月二日，鲁君贶、刘昱、徐常、吕仲甫、马琮、刘当时、谢良佐、陈彦默八人已出籍，恐此姓名不当又见九月十七日。"③ 按，此九人出籍名单"据《祐圣故事》所录……但俱无月日，诏诰册在七月初间"④。本无日月，李焘误系崇宁元年七月。然考元年九月端礼门石碑，谢良佐之名仍在，则谢良佐等人出元祐党籍时间应在崇宁元年末、崇宁二年初之间。

徽宗崇宁三年（1104年），55岁。徽宗、蔡京再颁元祐党籍碑，时谢良佐已出籍。

六月，宋徽宗将元符末上书之人与元祐时期"奸党"的两份名单整合，去其重复，删除已出籍之人，最终得到一份"元祐奸党"的新名单，被诟病为

---

① ［宋］杨仲良：《皇宋通鉴长编纪事本末》卷一百二十一，第2036页；［清］黄以周等辑注：《续资治通鉴长编拾补》卷二十二《徽宗·崇宁二年》，第773页。
② ［宋］陈均：《皇朝编年纲目备要》卷第二十六，第666页。
③ ［宋］杨仲良：《皇宋通鉴长编纪事本末》卷一百二十一《禁元祐党人上》，第2030页。
④ ［宋］杨仲良：《皇宋通鉴长编纪事本末》卷一百二十一《禁元祐党人上》，第2028页。

"其中愚智混淆，不可分别，至于前日诋訾元祐之政者，亦获厕名矣"①。徽宗本人重新书写了最新的"奸党"名单，"刻石朝堂"；宰相蔡京亲书名单副本，发送天下各州县，刻石立碑。这是第三块"元祐党集碑"，一共309人，谢良佐不在其中。

费衮《梁溪漫志》："谢显道崇宁元年入党籍，至四年立奸党碑时，出籍久矣。"② 按，费衮云"四年"误，当在三年。

徽宗崇宁四年（1105年），56岁。谢良佐知湖北应城县，胡安国提举湖北学事，以典学使者过县，不敢问以职事，因杨时处修书，修弟子礼请学，记有《谢子雅言》。胡安国之学得于谢良佐为多，与谢、杨、游三先生"义兼师友"。

是年，谢良佐知湖北德安府应城县，修建县学。

胡安国提举湖北学事，请杨时修书，以后进礼见谢良佐于应城，胡安国之学，朱子云："得于上蔡者为多"。《朱子语类》卷一百一：

> （胡安国）后为荆门教授，龟山与之为代，因此识龟山，因龟山方识游谢，不及识伊川。自荆门入为国子博士，出来便为湖北提举。是时上蔡宰本路一邑，文定却从龟山求书见上蔡。既到湖北，遂遣人送书与上蔡。上蔡既受书，文定乃往见之。入境，人皆讶知县不接监司。论理，上蔡既受他书，也是难为出来接他。既入县，遂先修后进礼见之。毕竟文定之学，后来得于上蔡者为多。③

据胡寅《先公行状》，崇宁四年，胡安国从太学博士提举湖北路学事，"到官，改使湖南"，"五年三月，例罢学事司。"④ 故知，胡安国见谢良佐在是年。朱熹《德安府应城县上蔡谢先生祠记》：

> 建中靖国中，诏对不合，得官书局。后复转徙州县，沈沦卑冗，以没其身。而处之浩然，未尝少挫。中间尝宰是邑，南阳胡文定公以典学使者行部，过之，不敢问以职事。顾因绍介，请以弟子礼见。入门，见吏卒植

---

① ［宋］王明清：《玉照新志二则》，引自［宋］詹大和等撰：《王安石年谱三种·王荆公年谱考略》卷首之一，裴汝诚点校，中华书局，1994年，第192页。
② ［宋］费衮：《梁溪漫志》卷第五《四六谈麈差误》，第64页。
③ ［宋］黎靖德编：《朱子语类》卷第一百一，第2586-2587页。
④ ［宋］胡寅：《先公行状》，《斐然集》，第486-487页。

立庭中，如土木偶人，肃然起敬，遂禀学焉。其同时及门之士，亦皆称其言论闳肆，善启发人。今读其书，尚可想见也。①

按，朱子认为胡安国以"弟子礼""后进礼"见谢良佐，以胡安国为谢良佐门人。黄宗羲《宋元学案》原稿也将胡安国列为"上蔡门人"。全祖望补修《宋元学案》将胡安国与谢良佐的关系列为讲友："祖望谨案：朱子所作《上蔡祠记》有云'文定以弟子礼禀学'，梨洲先生遂列文定于上蔡门人之目，非也。……梨洲谓先生得力于上蔡，不知但在师友之间也。"② 全祖望认为："私淑洛学而大成者，胡文定公其人也。文定从谢、杨、游三先生以求学统，而其言曰：'三先生义兼师友，然吾之自得于遗书者为多。'然则后儒因朱子之言，竟以文定列谢氏门下者，误矣，今沟而出之。"③全祖望重视君道与师道之别，谢良佐乃"属吏"，他辩驳二人之间无师弟子之实，不得以师道对抗君道。王梓材补修《宋元学案》，将胡安国《春秋》学追溯到孙复，"先生为泰山再传弟子，可知其春秋之学之所自出矣"，列为泰山再传。关于谢良佐与胡安国的师友关系，胡安国本人所谓"义兼师友"，有着复杂的历史背景，详见本书第三章第三节。

在学期间，胡安国记有语录，后编为《谢子雅言》二卷，其上卷多为本次在应城问学的记录，被朱熹编入今传《上蔡先生语录》上卷。吕本中《师友杂志》：

> 胡宪原仲尝言："顷年在荆州，因侍坐季父次，言及学者患妄想多。季父称昔过应城，见谢上蔡，语及此事，谢云：'譬如树子，斫了又生，斫了又生，只为有根在。至于庭柱一塌倒即无事。'季父即康侯，谢即显道。"④

胡安国此行提举湖北学事，虽"不敢问以职事"，然亦有论为政、变化风俗等事，要亦属提学之内容。朱熹《德安府应城县上蔡谢先生祠记》："南阳胡文定公以典学使者行部，过之，不敢问以职事。顾因绍介，请以弟子礼见。"《上蔡先生语录》卷上：

（胡安国）问："为政如何？"谢子曰："吾为县立信以示之。始时事

---

① ［宋］朱熹：《德安府应城县上蔡谢先生祠记》，《上蔡语录》附录，第48页。
② ［清］黄宗羲原撰，［清］全祖望补修：《宋元学案》卷三十四，第1173页。
③ ［清］黄宗羲原撰，［清］全祖望补修：《宋元学案》卷首，第7页。
④ ［宋］吕本中：《师友杂志》，《吕本中全集》，第1102页。

烦，吾信既立，今则简矣。凡事皆与之议而处其方，只如理债，则先约之息不得过本，不及本则计日月偿之。又为之期，期而不还，治其罪。息过本，则不理。凡胥吏禀吾约束者，申为之约而言不再期，既至而事未集，治其罪不复纵。凡此皆所以示吾信。"……又问："变化风俗如何"……

徽宗崇宁五年（1106年），57岁。徽宗因陨星天变，下诏毁全国各地元祐党籍碑，碑虽毁而党籍未除。约是年，泉州曾恬从学谢良佐，记有《逍遥先生语录》二卷。

正月，有"彗星出西方"，徽宗臣僚"直言朝廷阙失"，中书侍郎刘逵劝"碎元祐党碑"，"悉罢蔡京所造"。徽宗下诏将宫中与各州县的元祐党籍碑都摧毁："应元祐及元符末系籍人等人，合既迁谪，累年已足惩戒，可复仕籍，许其自新。朝堂石刻，已令除毁。如外处有奸党石刻，亦令除毁，今后更不许以前事弹纠，常令御史台觉察，违者劾奏。"①《朱子语类》载："徽宗因见星变，即令卫士仆党碑，云：'莫待明日，引得蔡京又来炒。'明日，蔡以为言，又下诏云：'今虽仆碑，而党籍却仍旧。'"②

约是年，曾恬来学。曾恬，字天隐，福建泉州晋江人，仁宗朝名相曾公亮曾孙。《（万历）泉州府志》："曾恬，字天隐，公亮曾孙。少从杨龟山、谢上蔡、陈了翁、刘元城诸贤游，为存心养性之学。绍兴中仕至大宗正丞，秦桧当国，恬自守不为诎。求外祠，得主管台州崇道观，寓常熟僧刹，有《上蔡语录》二卷。"③ 该条为《道南源委录》《闽中理学渊源考》所引用。

韩元吉《高邮军曾使君墓志铭》："虞部之子讳恬者，君父也，字天隐。方崇宁、大观间，天下学者趋时好，溺王氏新书，以弋声利。奸臣擅朝政，至禁锢诸儒之说，俾不得传。而天隐独欲探性命之理，从上蔡谢先生、龟山杨先生游，以讲明圣人之道，善类至今称之，以其字行。而留落不偶，仅为朝请郎、知大宗正丞以没。"④ 按，曾恬来学时间约在崇宁、大观间。以《上蔡语录》内容推论，胡安国《谢子雅言》卷上主要记于崇宁四年初见时，而曾恬未得与闻，故知曾恬四年尚未来学。《上蔡语录》卷中，胡安国、曾恬皆有记录，当在崇宁五年以后。然而卷中还有数条记录朱震、朱巽等人提问，此数条必在大观年间。

---

① ［清］黄以周等辑注：《续资治通鉴长编拾补》卷二十六《徽宗·崇宁五年》，第868页。又见《皇宋通鉴长编纪事本末》卷一百三十六。
② ［宋］黎靖德编：《朱子语类》卷第一百二十七，第3048页。
③ ［明］阳思谦修：《（万历）泉州府志24卷》卷十六，明万历刻本，第12b页。
④ 《全宋文》第216册，第318页。

徽宗大观元年（1107），58岁。朱震举八行，升入太学，自太学往西京问学谢良佐。时谢良佐任西京监竹木务，震弟朱巽亦从学，同学者有曾恬、石子植、周遵道，谢良佐谕之论天人合一、心性之别。秋，晁以道在陕州游华山，以王褒《龙尾禅室》为句，有五言绝句四首赠杨时、谢良佐、刘羲仲、陈恬。是年，程颐去世，郑毂游谢良佐之门求学。胡宪在长沙侍胡安国，得闻上蔡学。

三月十八日，徽宗下诏："以八行取士。"八行包括："善父母为孝，善兄弟为悌，善内亲为睦，善外亲为姻，信于朋友为任，仁于州里为恤，知君臣之义为忠，达义利之分为和；孝悌忠和为上，睦姻为中，任恤为下。"在全国颁行"八行八刑"的升学制度，其中八行全备的可以免试入太学为上舍。①

《（万历）邵武府志》卷六十三《丛谈》："朱震，字子发。初震以八行荐，时上蔡谢良佐在西京，震谒之。"②朱震（1072—1138），湖北荆门人，一说福建邵武人，谥文定，学者称汉上先生，著有《汉上易传》。

胡宪《上蔡语录跋》：

> （朱震）云先生监西竹木场日，自太学往见之，坐定，子发进曰："震愿见先生久矣，今日之来无以发问，不知先生何以见教？"先生曰："好与贤说一部《论语》。"子发愕然，意日刻如此，何由歆其讲说。已而具饮酒五行，只说他话。及茶罢，掀髯曰："听说《论语》。"首举"子见齐衰者、冕衣裳者与瞽者，见之虽少必作，过之必趋"。又举"师冕见，及阶，子曰阶也，及席，子曰席也。皆坐。子告之曰某在斯"。"子张问曰：与师言之道与？子曰：然。固相师之道也。'夫圣人之道无显无微，无内无外，由洒埽应对进退以至于天道，本末一贯，一部《论语》只恁地看。"③

旧说多将朱震从学谢良佐系于崇宁元年、二年，误。徽宗大观元年下诏举八行，朱震以八行入太学，故必在此之后才与谢良佐结识。朱震自太学往西京从学，可由此证得谢良佐担任西京监竹木务一职在大观年间。

弟朱巽，字子权，与朱震在太学，同往从谢良佐问学。朱巽与朱震兄弟俱

---

① ［清］黄以周等辑注：《续资治通鉴长编拾补》卷二十七《徽宗·大观元年》，第911页。
② ［明］韩国藩修；［明］侯袞、［明］吴起龙等纂：《（万历）邵武府志》卷六十三，明万历四十七年刻本，第5a页。
③ ［宋］胡宪：《上蔡语录跋》，《上蔡语录》附录，第41页。

入太学。《（乾隆）荆门州志》卷二五：

> 朱巽，字子权，震之弟，少擅文，誉。与兄读书东堡山麓，筑台其上，即孙何兄弟东山书院也。既而得震理学真传，与俱入太学，从谢显道讲学，遂与兄齐名。时人语曰："岳岳东堡，连出名儒。前有三孙，后有二朱。"今读书台遗址犹存。①

先是，朱巽尝从吕希哲、胡安国学，得闻举业之外别有"根本学问"。吕本中《师友杂志》：

> 建中靖国元年冬，荥阳公出守曹南，属李瑞粹老以荆门朱巽为荐。巽为人淳谨无他，专意时文。从予家至相州、邢州，至京师取解被黜，遂归荆门。时胡安国闲居荆门，巽慕其科第，又有操行，常见之。康侯知其曾游荥阳公之门也，再三问公寻常语言及动作等，巽不能详对，但言别公时尝求公诗，得诗之卒章，言："他日稍成毛义志，再求师友究渊源。"康侯再三谓巽："此乃吕公深教左右为学未是，使左右登科后别为根本学问也。"由是，巽与其兄震子发，始皆发愤，力为学问，因从谢显道学，久之皆有所成。巽先死，震后遂为时用。②

按，据胡寅《先公行状》，胡安国崇宁五年年底以李良辅诬告勒停，至大观四年才复官，其间居荆门侍亲。朱巽从学谢良佐在胡安国"闲居荆门"之后，可知当在大观初。

朱震、朱巽从学谢良佐问答，论与天为一。《二程遗书》卷十九载"谢良佐与张绎说：'某到山林中静处，便有喜意，觉着此不是。'"胡本注云："朱子权亲见谢先生云：'某未尝如此说。'恐传录之误也。"③《上蔡先生语录》卷中："朱问：天地何故亦有不恕？曰：天无意，天因人者也。若不因人，何故人能与天为一？故有意、必、固、我，则与天地不相似。"

与朱震兄弟同学者有石子植、曾恬、周遵道，论心、性之别。《上蔡先生语录》卷中（曾恬记）：

---

① ［清］舒成龙纂修；［清］李法孟、［清］陈荣杰纂：《（乾隆）荆门州志》卷二五《文学》，清乾隆十九年刻本，第2b页。
② ［宋］吕本中：《吕本中全集·师友杂志》，中华书局，2019年，第1097页。
③ 《二程集·遗书》卷第十九，杨遵道录，第256页。

石问：孟子所谓"尽其心者知其性，知其性则知天。存其心，养其性，所以事天。"知天、事天，如何？曰：事天又别。问：知天莫便能事天否？曰：不然。且如今人莫不知有君父，能事君父者少。存心养性，便是事天处。朱曰：事天工夫最难。周曰：事则是不违。又问：心与性是如何？曰：心是发用处，性是自然。

石子植，名不详，又作石子殖，与赵鼎臣同在太学为官，崇宁初，与吕本中结识于曹南，《宋元学案》列为"元城学侣"。《上蔡先生语录》卷下："举莹中道'吕源明只会作宰相'，石子植论其家学修相业。云：'有之，宰相也不难做，只是公其心可以为相……'"按，源明，吕希哲字。吕本中《叔度、季明学问甚勤而求于余甚重其将必有所成也因作两诗寄之》："念我少年日，结交皆老苍。曹南见颜石，甬上拜饶汪。（自注：颜平仲、石子植、汪信民、饶德操。）敢幸江海浸，得沾藜藿肠。诸郎但勉力，余事及文章。"[1]

周遵道，字正夫，临川人，登哲宗绍圣四年何昌言榜进士第，入崇宁三年"元祐党籍碑"。张九成《横浦先生文集》卷一八《与台州曾侍郎书》："故人周正夫机宜之子本寓治下，今欲求见，幸与进。正夫名遵道，临川人，何昌言榜登第，元祐中上书论事，不仕宦，曾见谢显道先生，与吕源明、丰相之、王敏中游。"[2] 施德操《北窗炙輠录》现存周遵道语录18条，主要涉及君道、诗论、孟子学。

八月，十七日，程颐去世。安葬时，洛人畏党籍，无人敢送，唯尹焞、张绎、范域、孟厚四人，邵溥半夜至送葬，张绎作祭文，五人连名。临启手足，以《易传》交付张绎。

程颐去世后，建安郑毂游河南求学未成，转而从学谢良佐门下。《（弘治）八闽通志》卷六十五：

郑毂，字致远，建安人。父镇。毂初就学能知圣人之道在《中庸》，其父奇之。既冠入太学，所为文不尚时好。执父丧，有吁天止火之异。屡举未第，乃走河南，而程子已逝。因游谢显道之门。政和六年，以八行举

---

[1] ［宋］吕本中：《吕本中诗集校注》卷九，韩西山校注，中华书局，2017年，第722页。
[2] 曾枣庄、刘琳主编：《全宋文》第一百八十四册《张九成三·与台州曾侍郎书》，上海辞书出版社；安徽教育出版社，2006年，第21页。

已而第进士，调御史台主簿，以秘书郎守临江，遂丐祠，归，自号九思。①

十一月，晁以道领祠庙，请华山西岳庙，应邵伯温之请，为华山传易堂作《传易堂记》，传易堂祭祀陈抟、种放、邵雍为宋传易三先生，文见《嵩山文集》卷十六，并云："华山旧有希夷先生祠堂，而种征君实关辅之望，后之好事者并以绘征君之像，山中有隐者又知传《易》之所自，而并康节先生之像绘焉，榜之曰传易堂。……康节先生之子伯温以说之服勤康节之学，俾为之记，不得辞，乃具道《易》之授受本末、兴废得失之由，以尊三先生之道，亦且效藏诸名山之意云。"②兹篇论议孔子至唐宋易学授受本末源流甚详，然于邵雍易学细节略有不逮，故来年谢良佐有《传易堂记后序》之作。

秋，晁以道有诗赠谢良佐。晁以道居陕州，在山中作《平昔于王褒〈赠周处士八绝〉中，喜诵其〈龙尾禅室〉一首。今连日行荒山中，颇增幽居之兴。以其句为一诗，寄杨中立、谢显道、刘壮舆、陈叔易，同趣归期也，有好事者，亦不予鄙》。其一《井汲才通径》："山头百尺井，有径看如失。唯有参横时，山人起自汲。"其二《蓬蒿自杜门》："藜床坐来久，前年曾到门。闻道蓬蒿满，秋风着旧根。"其三《人还虚室静》："何许人到来，得药寻归径，吾庐月不落，象外独常静。"其四《鸟宿暮林喧》："朱晚鸟归宿，倦飞憎世樊。纶巾久接䍦，诉语不嫌喧。"③按，杨时，字中立；谢良佐，字显道；刘羲仲，字壮舆；陈恬，字叔易。晁以道"山头百尺井"一句化用南朝梁古诗"华阴山头百尺井"④，可知题中"连日行荒山"指华山，第二诗"秋风着旧根"则此诗作于秋天，王褒《赠周处士》作于长安，考晁以道崇宁五年冬监陕州集津仓，大观元年冬罢官，领华山西岳庙祠，二年春夏间入京。故知此诗当在大观元年秋天游华山时作。

是年，胡宪在长沙侍胡安国，得闻谢良佐之学。胡宪《上蔡语录跋》："宪大观初年在长沙侍文定公左右，每听说上蔡先生之学问，以为其言善启发人。其后，在荆门学舍从朱二丈子发游，甚款。子发所得话言及书疏必以相示。"⑤据此，谢良佐离开湖北后，与朱震等人通过书信论学。周必大《胡宪墓表》：

---

① ［明］陈道监修、［明］黄仲昭编纂：《（弘治）八闽通志》卷六十五，明弘治刻本，第9a页。
② 曾枣庄、刘琳主编：《全宋文》第130册，第264页。
③ ［宋］晁以道：《嵩山文集》卷五，四部丛刊续编本，第1b-2a页。
④ ［清］何文焕辑：《历代诗话·全唐诗话》卷之六《僧皎然》，中华书局，2004年，第240页。
⑤ ［宋］胡宪：《上蔡语录跋》，《上蔡语录》附录，第41页。

"原仲自言少从其从叔文定公传《论语》学。"① 胡寅《鲁语详说序》:"某年十六七,见先君书案上有河南《语录》,上蔡谢公、龟山杨公《论语解》。"② 胡安国《论语》学主要继承谢良佐、杨时,胡宪此时所得谢良佐之学主要集中在《论语》。

徽宗大观二年(1108年),**59岁**。谢良佐在京师,晁以道以所作《易解》《传易堂记》见示,谢良佐皆有字题其后,作《传易堂记后序》。

谢良佐作《晁以道传易堂记后序》。按,《嵩山文集》卷十五《与刘壮舆书》:"去冬再蒙厚恩,领祠庙……俟春夏之交,宜道途时东归。"晁以道大观元年在陕州,二年返京师,四年赴明州。③ 谢良佐《后序》之作当在大观初,未闻有陕州之行,且晁文之作在十一月,已在年末。谢良佐大观二年至京师作《传易堂记后序》的可能性最大。

此文不传,佚文见王应麟《困学纪闻》卷一:

> 上蔡谢子为《晁以道传易堂记后序》言:"安乐邵先生《皇极经世》之学,师承颇异。安乐之父,昔于庐山解后文恭胡公,从隐者老浮图游。隐者曰:'胡子世福甚厚,当秉国政。邵子仕虽不耦,学业必传。'因同授《易》《书》。"上蔡之文今不传,仅载于张祺《书文恭集后》。康节之父伊川丈人,名古,字天叟。④

吕本中《紫微诗话》:"晁丈以道尝以所为《易解》示谢丈显道。他日,显道还其书,因批其后云:'事忙不及相难。'"⑤ 晁说之曾孙晁子健:"先大夫平生著《易》书,曰《易商瞿大传》,曰《易商瞿小传》,曰《商瞿外传》,曰《京氏易式》,曰《易规》,曰《易玄星纪谱》,靖康后悉为灰烬。"⑥ 此外,《嵩山文集》卷十一有《易规》十一篇,建中靖国元年作于磁州武安县;同书卷十八有《题古周易后》,亦作于建中靖国元年。考晁说之建中靖国元年在磁州,崇

---

① 曾枣庄、刘琳 主编:《全宋文》第二百三十二册《周必大一六四·籍溪胡先生宪墓表》,上海辞书出版社;安徽教育出版社,2006年,第298页。
② [宋] 胡寅:《斐然集》卷十九《鲁语详说序》,岳麓书社,2009年,第374页。
③ 张剑:《晁说之年谱》,载《淮阴师范学院学报》,2004(05)。
④ [宋] 王应麟:《困学纪闻》卷一,孙通海整理,大象出版社,2019年,第125页。
⑤ [宋] 吕本中:《吕本中全集·紫微诗话》,中华书局,2019年,第1814页。
⑥ [清] 朱彝尊:《经义考新校》第2册,林庆彰等主编,上海古籍出版社,2010年,第365页。

宁元年因元符上书落邪中等，二年在定州，显党籍后居嵩山，从崇宁二年至五年，往返于京洛间，此期间党案较密，似难相见。所谓"易解"，未详何书，似当为《易规》。本年之后，晁以道历仕明州、鄘州，似难再与谢良佐相见，姑附《易解》事于此年。由此，可证是年谢良佐有京师之行。

是年，从子谢克家官至从事郎。

徽宗大观三年（1109 年），60 岁。

徽宗大观四年（1110 年），61 岁。

徽宗政和元年（1111 年），62 岁。与杨时同在京师，得程颐《易传》，作《易传跋》，后刻于湖州。将程颐《易传》转交杨时，传此书于东南学者。谢良佐有书《答胡安国》，第一书论《春秋》与邹浩去世等事，第二书论南方仙乡士子多来访。

正月、二月间，谢良佐在京师得《易传》，作《易传跋》，并将此书交予杨时。杨时《校正伊川易传后序》："伊川先生著《易传》，方草具，未及成书而先生得疾。将启手足，以其书授门人张绎。未几而绎卒，故其书散亡，学者所传无善本。政和之初，予友谢显道得其书于京师，示予，而错乱重复，几不可读。东归，待次毗陵，乃始校定，去其重复，逾年而始完。"① 按，杨时三月初自京师还，故知谢良佐得《易传》必在正月、二月间。

后，谢良佐《易传跋》并程颐《易传》刊于湖州。《朱子语类》载："湖州刻伊川《易传》，后有谢《跋》，云：'非全书。伊川尝约门人相聚共改，未及而没。'使当初若经他改，岂不错了！龟山又有一书，亦改伊川《易》。"② 按，湖州本程颐《易传》今佚。

夏、秋间，谢良佐有书《答胡安国》："《春秋》之学，向见河南先生言，须要见诸家说，因能熟读《左氏》为佳。人之情伪，文章根本，备于是矣。自昔有志之士，未有不玩心于此者。志完可为天下痛惜。中立到毗陵，犹及一见，然已危矣。语尚及相从知识也。"③邹浩，字志完，政和元年三月九日去世。杨

---

① ［宋］杨时：《杨时集》卷二十五《校正伊川易传后序》，林海权整理，中华书局，2018年，第 675 页。
② ［宋］黎靖德编：《朱子语类》第一百一，第 2563—2564 页。
③ ［宋］吕本中：《吕本中全集·师友杂志》，第 1102—1103 页。

时自京师还毗陵，三月六日在常州问疾。① 可知此书当在夏、秋间。

谢良佐在京师，多与台州士子来往。吕本中《师友杂志》："又书云：'良佐同在京师，来相访者多仙乡士子，其间爽固异北人，一闻当便知趣。然学之所贵，有诸己之为难。闻詹君辈勇进可喜，能更觑得破一切物累尤佳。若觑不破，未论行险侥幸，而气已弱，志已丧矣。'又云：'有志于道者，不可不戒。真当朝夕点检，令了了也。'"② 詹君，即上蔡门人詹勉，字力行，福建南剑州人。

谢良佐似在此年有致仕之意，修身以毕余生。吕本中《师友杂志》："又书言：'年来老态浸见，不堪为吏，无复有仕宦意，念修身以毕此生而已。闻学甚笃，更以大者移于小物，作日用工夫尤佳。'"③ 按，吕本中录云"又书"，知"年来老态"与上二书不同，未必在此年。然谢良佐终于监竹木务，则此年之后未再有官职，姑系在此年。

徽宗政和二年（1112年），63岁。杨时在毗陵校正《伊川易传》，删去谢良佐《易传跋》。

杨时在毗陵校正程颐《易传》完毕，刊去谢良佐《易传跋》不用。杨时《与游定夫五》："《易传后序》，显道为之，某跋尾，已削去不用。"按，《易传后序》即政和元年谢良佐作《易传跋》。

杨时《校正伊川易传后序》："东归，待次毗陵，乃始校定，去其重复，逾年而始完。"④ 杨时去年三月自京师还，待次毗陵，"逾年"，在政和二年。《杨时集》附录《年谱》误系校正《易传》在政和四年，误。⑤

徽宗政和三年（1113年），64岁。杨时与游酢通信，论删去谢良佐《易传跋》缘由。胡寅从胡安国书案初见《论语解》，但未留意。

杨时《与游定夫五》：

《易传后序》，显道为之，某跋尾，已削去不用。前年在京师，与显道议云："先生亦尝有意令门人成之"，故其序述如此。盖旧本西人传之已多，

---

① 《宋史》卷三百四十五《邹浩传》，第10958页。
② [宋]吕本中：《吕本中全集·师友杂志》，第1103页。
③ [宋]吕本中：《吕本中全集·师友杂志》，第1103页。
④ [宋]杨时：《杨时集》附录二《年谱》，林海权整理，中华书局，2018年，第1161页。
⑤ 杨玉成：《二程弟子研究》，第83-84页。

惟东南未有此书。欲以传东南学者,不叙其所以,恐异时见其文有异同,不足传信也。与显道初议如此。恐此书方秘藏,未敢出示人,或未安,更希示谕。①

按,信中说"前年在京师",故知此信在三年。谢良佐《易传跋》主要内容是:"《易传》非全书。伊川尝约门人相聚共改,未及而没。"考谢良佐初得此书即交付杨时,当时对《伊川易传》的认识不足。程颐《伊川易传》仅注释经文、《彖》《象》《文言》《序卦》,未注《系辞》《说卦》等传,故谢良佐以为"非全书",有待门人补完。而杨时认为《伊川易传》已是完稿,故删去《易传跋》不用。

是年,胡寅在胡安国书案上得见谢良佐《论语解》等书,但因学习举业,未能深留意。《鲁语详说序》:"某年十六七,见先君书案上有河南《语录》,上蔡谢公、龟山杨公《论语解》。间窃窥之,乃异乎塾之业。一日,请诸塾师曰:'河南、杨、谢所说,与王氏父子谁贤?'塾师曰:'彼不利于应科举。尔将趋舍,选则当遵王氏。'于时某未能树立,而辄萌好恶矣。"② 胡寅(字明仲,1098—1156),学者称致堂先生,胡安国长子,著有《读史管见》《斐然集》《崇正辨》等。

徽宗政和四年(1114年),65岁。

徽宗政和五年(1115年),66岁。门人朱震中进士。
《宋史》卷四三五《朱震传》:"登政和五年进士第,仕州县以谦称。"

徽宗政和六年(1116年),67岁。

徽宗政和七年(1117年),68岁。

徽宗重和元年(1118年),69岁。胡寅在太学初得谢良佐《论语解》。
胡寅《上蔡论语解后序》:"某年二十一,当政和戊戌,在太学得其书,时

---

① [宋]杨时:《杨时集》卷十九《与游定夫其五》,第513页。
② [宋]胡寅:《斐然集》卷十九《鲁语详说序》,第374页。

尚未盛行也。后五年，传之者盖十一焉。"①按，政和戊戌即政和八年。据《三朝北盟会编》，本年十一月朔改元重和，故史书多以本年改元前为政和八年戊戌，以十一月改元后为重和元年。

徽宗宣和元年（1119年），70岁。以朝奉郎致仕，荫补一子谢克己入官。

是年，谢良佐以朝奉郎、监西京竹木务致仕，荫补长子谢克己入官。按，绍兴六年朱震奏云："独良佐终于监竹木务，名在党籍，著于石刻，终身不遇。虽以朝奉郎致仕，奏补一子克己入官。"② 西京监竹木务为谢良佐最后官职，然自大观元年至今已有十三年，当早已不任职。朝奉郎为正七品，文臣京朝官三十阶之第二十二阶。宋自神宗以后，严格七十岁致仕之制，故系于此年。致仕官可以转一官，若不愿转官，许推恩荫子，文臣自朝奉郎至中大夫（正五品），可与一子官。③

徽宗宣和二年（1120年），71岁。

徽宗宣和三年（1121年），72岁。十月，谢良佐卒，与夫人夏氏合葬蔡州上蔡蔡林。游酢曾作墓志铭，南宋初已亡佚不可考。是年，元祐学禁稍缓，谢良佐所著《论语解》，已锓版盛行，士人传诵。

谢良佐《论语解》锓版，士人传诵。胡寅《鲁语详说序》："才二十年，川壅大决，睦盗猝兴，势摇嵩、岱。然后信王氏学术不本于仁，穿穴碎破，以召不仁之祸也。当兹时，天子临轩策士，收采谠言，党禁向弛，于是邵康节《皇极书》、张横渠《正蒙篇》、河南先生诸经诸说，元祐忠贤言论，风旨稍出，好之者往往传写袭藏，若获希世之宝。而谢公《语解》则已锓版盛行。噫！此岂人力也哉！后四载，岁在乙巳，女真入侵，嫚书腾闻，诏音夜颁，引慝孙位。"④ 按，"岁在乙巳"，指宣和七年（1125年），前推四年，正在宣和三年。是年三月，礼部殿试，徽宗"临轩策士"，元祐学术之禁稍有松弛。《旧闻证误》卷三："宣和三年辛丑，盗起东南，上慨然有一新政事之意。廷策有二士，对甚切直，初考官陆德先等谓非宜言，乞唱名日行遣。"⑤ 盗起东南，指睦州方

---

① ［宋］胡寅：《斐然集》卷十九《上蔡论语解后序》，第365页。
② ［宋］李心传：《建炎以来系年要录》卷一百一，中华书局，1988年，第1660页。
③ 龚延明：《宋代官制辞典》，第48页。
④ ［宋］胡寅：《斐然集》卷十九《鲁语详说序》，第374页。
⑤ 诸葛忆兵编著：《宋代科举资料长编》，第1100页。

腊。陆游《曾文清公墓志铭》："一日，（曾几）得经义绝伦者，而他场已用'元祐体'见黜，公争之不可。明日会堂上，出其文诵之，一坐耸听称善，争者亦夺气。及启封，则内舍生陈元有也，元有遂释褐。文体为少变，学者相贺。"①

十月十五日午时，谢良佐卒，与夫人夏氏合葬蔡林。浙江永嘉《蓬溪谢氏宗谱》（清代编）有《谢良佐传》云："崇宁癸未十月十五午时卒，配夏氏，合葬蔡林。"谢良佐墓葬地，一说，在蔡州上蔡（今河南驻马店市上蔡县）城西卧龙岗，以多葬东周蔡国贵族，故名。杨周靖先生认为："谢良佐出生的谢堂村，就在卧龙岗上，近蔡林，故葬于此。谢良佐逝世后，其子谢克念与其族人随其伯父谢良夫举家迁于浙江黄岩、临海，三子谢克举后迁于福建。"② 又一说，葬于县西南。《（康熙）上蔡县志》："宋先儒谢显道墓，《通志》在县西南二里许，今谢氏祖茔，家园数武相望，在南郭之右，塚坟颇多，子孙式微，无能辨者。"③ 清金宝符《重刊谢上蔡先生语录跋》："咸丰丁巳，符之官上蔡……闻城西有谢堂村，意必有先生族人。公余，亲诣其地，召耆儒谢生献成，询求至再，而谱牒失传。自谢生永锡后，后裔无征。城乡各茔亦均无当时片石只字，得以摩挲故物而参证其是非。"④

《谢氏宗谱》谓卒于崇宁癸未，即崇宁二年（1103年），误，今不采其年，然其月、日、葬地，诸家无载，姑附之。按，一般将谢良佐卒年系于崇宁二年癸未（1103年），误，盖周汝登误采《谢氏宗谱》卒年，诸家承袭。周汝登《圣学宗传》："崇宁癸未卒，年五十四。所著有《论语说》、文集、语录行于世。"⑤ 钱椒《补疑年录》、梁廷灿《历代名人生卒年表》等书及今人诸多著作皆承误。本年谱之作，对谢良佐崇宁二年之后事迹详尽考察，不敢或漏，殆可释诸家之疑、正卒年之误。

杨时《御史游公墓志铭》："昔在元丰中，俱受业于明道先生兄弟之门，有友二人焉，谢良佐显道，公其一也，三年之间，二公相继沦亡，存者独予而

---

① 诸葛忆兵编著：《宋代科举资料长编》，第1103页。
② 杨周靖主编：《上蔡先生语录译注》，中州古籍出版社，2021年，第417页。
③ ［清］杨廷望纂修：《（康熙）上蔡县志》卷一《舆地志》，清康熙二十九年刊本，第38a页。
④ 《重刻上蔡谢先生语录》附录，清同治十二年上蔡学署刻本，北京师范大学图书馆藏（登记号：506375）。
⑤ ［明］周汝登：《圣学宗传》卷之七，张梦新、张卫中点校，浙江古籍出版社，2015年，第645页。

已。"① 李裕民《宋人生卒行年考》（5/4116）："这是说谢与游之死前后仅三年，而游卒于宣和五年八月（同上），又谢卒在游之前，游为之作墓志铭。……谢之卒必在游卒前三年，即宣和三年（1121）。"②

游酢为先生作墓志，已佚。南宋初，胡安国、朱熹、陈渊等人访求无本。陈渊《与胡康侯侍读书五》："定夫所撰《思复行状》《显道墓志》，与龟山所撰《定夫墓志》，皆无本。"③ 朱熹《伊洛渊源录》卷九："游公为志其墓，今访求未得。"④ 朱熹《德安府应城县上蔡谢先生祠记》："先生之没，游公定夫先生实识其墓，而丧乱之余，两家文字皆不可见。"⑤

徽宗宣和四年壬寅（1122年），卒后1年。胡寅得谢襞所传《论语解》，该本得自山阳马震，与太学传本不同，欲得善本复校，作《上蔡论语解后序》。

五月十五日，胡寅作《上蔡论语解后序》。其中云，建安谢襞有意刊刻《论语解》以广其传。序云：

> 同舍建安谢襞智崇传于山阳马震知止，欲以其传授粥书者，使刻板焉。庶以道好善君子，欲博文求征而不得者，其志足称矣。然某以往昔所见，比智崇今本文义，有或不同意。先生年邵而智益明，有所是正，故更欲得善本参校，然后传之。⑥

谢襞，字智崇，建安人，登绍兴八年黄公度榜进士第。《上蔡学案》："谢襞，字智崇，阳夏人也，徙建安。能传上蔡之学。致堂与之同舍，累称之。"⑦ 胡寅为其父谢舜宾作《阳夏谢君墓志铭》："长曰襞，左迪功郎，汀州司户参军。……襞与予同为太学生，今逾二十年，文日昌，行日修，策名南宫以显其亲。方力学不息，曰：'吾父期我者，非觅举得官之谓也。'是可书。"⑧ 马震，山阳人，字知止，生卒不详。

---

① [宋]杨时：《杨时集》卷三十三《御史游公墓志铭》，第824页。
② 李裕民：《宋人生卒行年考》，中华书局，2009年，第402-403页。
③ 《全宋文》第一百五十三册，第212页。
④ [宋]朱熹：《伊洛渊源录》卷九，《朱子全书》第12册，第1039页。
⑤ [宋]朱熹：《德安府应城县上蔡谢先生祠记》，《上蔡语录》附录，第47页。
⑥ [宋]胡寅：《斐然集》卷十九《上蔡论语解后序》，第365页。
⑦ [清]黄宗羲原撰，[清]全祖望补修：《宋元学案》卷二十四《上蔡学案》，第938页。
⑧ [宋]胡寅：《斐然集》卷二十六《阳夏谢君墓志铭》，第536页。

南宋

宋高宗绍兴六年丙辰（1136年），卒后15年。历经靖康、建炎，谢良佐长子谢克己遭巨贼于德安府，举家被害。谢克念为躲避战乱，入闽遇障疠死。经门人朱震奏请，补次子谢克念特补右迪功郎。

五月。李心传《建炎以来系年要录》卷一百一：

> 蔡州进士谢克念特补右迪功郎，用朱震请也。震言："臣窃谓孔子之道传曾子，曾子传子思，子思传孟子，孟子之后无传焉。至于本朝西洛程颢、程颐，传其道于千有余岁之后。学者负笈抠衣，亲承其教，散之四方，或隐或见，莫能尽纪，其高弟曰谢良佐、曰杨时、曰游酢。时晚遇靖康、建炎之间，致位通显，诸子世禄。酢仕至监察御史，出典州郡，亦有二子仕宦。独良佐终于监竹木务，名在党籍，著于石刻，终身不遇。虽以朝奉郎致仕，奏补一子克己入官，后克己逢巨贼于德安府，举家被害。一子度岭入闽，死于瘴疠。一子克念今存，流落台州，贫窭一身，朝夕不给。窃见党籍诸人，及上书得罪，身后无人食禄者，陛下皆宠之以官。良佐之贤，亲传道学，举世莫及，又遭禁锢而死，诸子衰替，最为不幸。伏望许依党人及上书人例，特官其子克念，使奉良佐之祀。以昭陛下尊德乐道之实，故有是命。"[①]

按，谢良佐长子"克己逢巨贼于德安府"，据陈规、汤璹《守城录》，德安府自靖康元年十二月至绍兴二年六月，先后遇王在、党忠等巨寇九次，至多有五万余人，官民赖死以守，克己一家殆卒于是数年间。据《（永嘉蓬溪）谢氏宗谱》，谢良佐有子三人，长曰克己，字季李，补参议，以靖康建炎年间德安府寇暴而死；有子二人伦、傑。次曰克念，字季梅，迁浙江台州临海，荫迪功郎，有子一人曰偕。三曰克举，字季杨，补直图，入闽死。[②]

宋高宗绍兴十七年（1147年），卒后26年。胡宪传授谢良佐之语于林之奇，林氏感叹"真所谓着实工夫"。

---

① ［宋］李心传：《建炎以来系年要录》卷一百一，中华书局，1988年，第1660-1661页。
② 详见本书第一章，另见《（永嘉蓬溪）谢氏宗谱》，转引自杨周靖主编：《上蔡先生语录译注》，第358页。

春，林之奇向胡宪问学，胡宪答以上蔡"读书惟用得者为是"之语。林之奇《拙斋文集》卷九《上胡教授》："去春蒙先生赐书，因某有'实头下功夫'之问，为举上蔡先生之言，以谓'读书惟用得者为是'。当时启缄三复，深叹斯言之简要，真所谓着实工夫也。"① 按，林之奇（字少颖，1112—1176），号拙斋，福建三山人。该信又云："欲以书求益于左右，适遭李表兄之丧"，李表兄指李楠，字和伯，卒于绍兴十七年九月，事见林之奇《李和伯行状》《祭李和伯文》。又云："既而闻先生（指胡宪）遭罹忧患，未终大事。"指胡宪母亲卒。此信作于次年，"去春"即绍兴十七年。

宋高宗绍兴二十二年（1152年），卒后31年。门人曾恬卒于常熟，晚居僧刹十余年。

五月，门人曾恬卒。《建炎以来系年要录》："右朝请郎主管台州崇道观曾恬卒。"② 曾恬晚年自泉州徙吴中常熟，居僧刹中。据《（万历）泉州府志》，曾恬"绍兴中仕至大宗正丞，秦桧当国，恬自守不为诎。求外祠，得主管台州崇道观，寓常熟僧刹，有《上蔡语录》二卷。"③ 曾恬记有《逍遥先生语录》二卷，乃朱熹《上蔡先生语录》三种底本之一。

宋高宗绍兴二十五年（1155年），卒后34年。约是年，朱熹在莆田得友人吴任《上蔡先生语录》写本。

《朱文公文集》卷八十四《跋孔君家藏唐诰》："绍兴中，熹之友括苍吴任授室其门（莆田孔氏），间以其家所藏告身、家牒、世谱相视，皆唐世旧物。……时绍兴二十五年乙亥岁也。"束景南《朱熹年谱长编》推测，朱熹在是年初得《上蔡语录》。④ 按，朱熹云："熹初得友人括苍吴任写本一篇。"吴任写本《上蔡语录》据曾恬《逍遥先生语录》而来，是朱熹所获三底本最早一本，姑附于是年。

宋高宗绍兴二十八年（1158年），卒后37年。常熟县丞江绩之在吴中刊刻《逍遥先生语录》，并为之序，此为谢良佐著作首次刊版。朱熹编《上蔡先生语录》三种底本之吴中刻本。朱熹约在是年精读《上蔡语录》，用银朱、粉、墨三色笔先后圈画。

---

① 曾枣庄、刘琳主编：《全宋文》第二百七册《林之奇四·上胡教授书》，第336页。
② [宋]李心传：《建炎以来系年要录》卷一百六十三，第2659页。
③ [明]阳思谦修：《（万历）泉州府志》卷十六，明万历刻本，第12b页。
④ 束景南：《朱熹年谱长编》上册，华东师范大学出版社，2001年，第220页。

江续之《逍遥先生语录序》:"得之先生兄孙少卿伋与天隐之子希元者。"①希元,曾恬子曾崇字。据此,《逍遥先生语录》二卷得自谢伋、曾崇。江续之,绍兴二十七年至绍兴二十九年五月知常熟县丞。《(宝祐)重修琴川县志》卷三《叙官》:"江续之,绍兴二十七年二月,以承议郎至。"②李心传《建炎以来系年要录》:"右承议郎知平江府常熟县江续之,监登闻鼓院。此亦为张孝祥被劾事。"③少卿伋,谢良佐从孙谢伋,字景思,绍兴二十七年十二月二十三日至绍兴二十八年十月十六日在吴。绍兴二十七年十一月己巳,诏命谢伋提举两浙常平茶盐司。④治所在吴郡(今苏州)子城之东,范成大《(绍定)吴郡志》:"右朝奉郎谢伋,绍兴二十七年十一月,自权知处州准告授,十二月二十三日到任。"⑤二十八年十月癸卯,谢伋因属下有赃,未及时纠察,"由是贬秩""特降一官"。⑥江续之、谢伋二人仅绍兴二十八年都在吴中,由此推知,《逍遥先生语录》刊刻必在是年。

《逍遥先生语录》刊版时多有讹舛,窜入他书百余章,非谢良佐语。其中诋毁理学以助佛学,又误刊入江民表《辨道录》一篇。朱熹云:

> 独板本所增多犹百余章,然或失本指,杂他书,其尤者五十余章。至诋程氏以助佛学,直以"或者"目程氏,而以"予曰"自起,其辞皆荒浪无根,非先生所宜言,亦不类答问记述之体。意近世学佛者私窃为之,以亢其术。偶出于曾氏杂记异闻之书,而传者弗深考,遂附之于先生,传之久远,疑误后学。使先生为得罪于程夫子,而曾氏为得罪于先生者,则必是书之为也。⑦

朱熹借谢良佐之言发为学之趣。《德安府应城县上蔡谢先生祠记》:"熹自少时,妄意为学,即赖先生之言,以发其趣。"⑧《朱子语类》卷一百四:"某二十年前得《上蔡语录》观之,初用银朱画出合处;及再观,则不同矣,乃用粉笔;三观,则又用墨笔。数过之后,则全与元看时不同矣。"该条是余大雅所记,在

---

① 转引自[宋]朱熹:《谢上蔡语录后序》,《上蔡语录》附录,第39页。
② [宋]孙应时:《(宝祐)重修琴川县志》卷三《叙官》,清道光影元钞本,第15b页。
③ [宋]李心传:《建炎以来系年要录》卷一百八十二,第3032页。
④ [宋]李心传:《建炎以来系年要录》卷一百七十八,第2943页。
⑤ [宋]范成大:《(绍定)吴郡志》卷七,择是居丛书景宋刻本,第15b页。
⑥ [宋]李心传:《建炎以来系年要录》卷一百八,第2991页。
⑦ [宋]朱熹:《谢上蔡语录后序》,《上蔡语录》附录,第39-40页。
⑧ [宋]朱熹:《德安府应城县上蔡谢先生祠记》,《上蔡语录》附录,第47页。

淳熙五年（1178年）以后。上推二十余年，在绍兴二十八年（1158年）。

宋高宗绍兴二十九年（1159年），卒后38年。朱熹编《上蔡先生语录》三卷成，为其生平第一部学术专著，胡宪作跋。

三月，朱熹编《上蔡先生语录》三卷成，以胡安国《谢子雅言》一篇、曾恬《逍遥先生语录》二篇、括苍吴任写本《上蔡先生语录》一篇为底本。《谢上蔡语录后序》略云：

> 右《上蔡先生语录》三篇。先生姓谢氏，名良佐，字显道，学于程夫子昆弟之门。笃志力行，于从游诸公间所见最为超越。有《论语说》行于世，而此书传者盖鲜焉。熹初得友人括苍吴任写本一篇（题曰《上蔡先生语录》），后得吴中板本一篇，（题曰《逍遥先生语录》，陈留江续之作《序》，云："得之先生兄孙少卿侂及天隐之子希元者。"）二家之书，皆温陵曾恬天隐所记，最后得胡文定公家写本二篇于公从子籍溪先生（题曰《谢子雅言》）。凡书四篇，以相参校。胡氏上篇五十五章，记文定公问答，皆他书所无有，而提纲挈领，指示学者，用力处亦卓然，非他书所及。下篇四十七章，与板本、吴氏本略同，然时有小异，盖损益曾氏所记，而精约过之。辄因其旧，定著为二篇，且著曾氏本语及吴氏之异同者于其下，以备参考。独板本所增多犹百余章，然或失本指，杂他书，其尤者五十余章。……绍兴二十九年三月庚午新安朱熹谨书。

《四库全书总目·上蔡语录》："是书成于绍兴二十九年，朱子年三十岁，监潭州南岳庙时，生平论著，此为最早。"

四月，胡宪作《上蔡语录跋》略云：

> 宪因读朱元晦所定著《上蔡先生语录》三卷，得以详观，其是正。精审去取不苟，可传信于久远。窃叹其志尚如此，而自惟畴昔所闻，将恐零落，辄书以附于卷之末焉。绍兴二十九年四月十八日籍溪胡宪跋。[1]

是书之编，朱熹尚未满意，但为或者传去，在赣上刊刻。朱熹《谢上蔡语录后记》："熹顷年校定《上蔡先生语录》三篇，未及脱稿，而或者传去，遂锓

---

[1] ［宋］胡宪：《上蔡语录跋》，《上蔡语录》附录，第41页。

木于赣上，愚意每遗恨焉。"①

宋高宗绍兴三十年（1160年），卒后39年。胡宪在临安从吕祖谦处得江民表《辨道录》，与吴中刊版《逍遥先生语录》误窜五十余章首尾相同。

六月。吕祖谦赴临安铨试，胡宪时任秘书省正字，吕祖谦因从游。胡宪从吕祖谦处得江民表《辨道录》，朱熹因此辨明吴中刊版《逍遥先生语录》误窜五十余章乃江民表《辨道录》：

> 往时削去版本五十余章，特以理推知其绝非先生语，初未尝有所左验，亦不知其果出于何人也。后籍溪胡先生入都，于其学者吕祖谦得江民表《辨道录》一篇，读之则尽向所削去五十余章者，首尾次序，无一字之差，然后知其为江公所著，而非谢氏之语益以明白。②

江公望，字民表，睦州人，著有《心性说》等，收入《诸儒鸣道集》中，事迹见《宋史》本传、《佛法金汤编》卷十三《江公望传》《佛祖统纪》卷二十八、《名公法喜志》卷四《江民表传》等。

宋孝宗乾道四年戊子（1168年），卒后47年。朱熹重编《上蔡先生语录》，掇《答胡康侯手柬》之语附。

四月，朱熹重编《上蔡先生语录》，增附谢良佐《与胡安国手柬》。朱熹《谢上蔡语录后记》略云：

> 熹顷年校定《上蔡先生语录》三篇，未及脱稿，而或者传去，遂锓木于赣上，愚意每遗恨焉。比因闲暇，复为定著此本，然亦未敢自以为可传也。……旧传谢先生与胡文定公手柬，今并掇其精要之语，附三篇之后云。乾道戊子四月壬寅熹谨记。③

朱熹《伊洛渊源录》卷十二云："其（侯师圣）题上蔡谢公手帖犹云：'显道虽与予为同门友，然视予为后生。'"此手帖当即《答胡康侯手柬》。

---

① ［宋］朱熹：《谢上蔡语录后记》，《上蔡语录》附录，第40页。
② ［宋］朱熹：《谢上蔡语录后记》，《上蔡语录》附录，第40页。
③ ［宋］朱熹：《谢上蔡语录后记》，《上蔡语录》附录，第40页。

宋孝宗乾道六年庚寅（1170年），卒后49年。朱熹与门人杨方论谢良佐生平。

《朱子语类》卷第一百二十七："徽庙初，上蔡初召，上殿问对语不少。然上蔡云：'多不诚。'遂退。只求监局之类去。或谓建中年号与德宗同，不佳。上蔡云："恐亦不免一播。"后下狱，事不知。"（方）① 此条杨方在乾道六年庚寅（1170年）所记。朱熹父亲朱松曾在绍兴初年受谢克家举荐。《宋史·朱熹传》附朱松："父松，字乔年，中进士第。胡世将、谢克家荐之，除秘书省正字。"② 谢、朱两家自此有因缘，朱熹对谢家的情况比较清楚。

宋孝宗乾道八年壬辰（1172年），卒后51年。朱熹编《论孟精义》成，收录谢良佐《论语解》十卷，锓版建阳，广为学者传。谢著传至于今不坠者，独赖朱熹是编。

正月，朱熹编《论孟精义》成。是书采纳二程、张载、谢良佐、游酢、杨时、尹焞等人《论语解》，萃聚理学《语》《孟》注解之大成。后改名《论孟要义》，又改名《论孟集义》。③ 朱熹《论孟精义序》云：

> 宋兴百年，有二程先生者出，然后斯道之传有继。……间尝搜辑条疏，以附本章之次。既又取夫学之有同于先生者，与其有得于先生者，若横渠张公、范氏、二吕氏、谢氏、游氏、杨氏、侯氏、尹氏凡九家之说，以附益之，名曰《论孟精义》。……是书之作，其率尔之诮，虽不敢辞。至于明圣传之统，成众说之长，折流俗之谬，则窃亦妄意其庶几焉。乾道壬辰月正元日。

《论孟精义》之刊刻，为学者阅览谢良佐《论语解》提供方便。陈亮《杨龟山中庸解序》："世所传有伊川先生《易传》，杨龟山《中庸义》，谢上蔡《论语解》，尹和靖《孟子说》，胡文定《春秋传》。谢氏之书，学者知诵习之矣。……今《语孟精义》既出，而谢氏、尹氏之书具在。杨氏《中庸》及胡氏《春秋》，世尚多有之，而终病其未广，别刊为小本，以与《易传》并行，观者宜有

---

① ［宋］黎靖德：《朱子语类》卷第一百二十七《本朝一·徽宗朝》，第3048页。
② ［元］脱脱等：《宋史》卷四百二十九，第12751页。
③ ［清］王懋竑：《朱熹年谱》卷之一，何中礼点校，中华书局，1998年，第51页。

取焉。"① 谢良佐《论语解》在南宋初与程颐、杨时、尹焞、胡安国等人的著作并列，分别代表了当时理学家注解各经的最高成就。

宋孝宗淳熙五年（1178年），卒后57年。李焘向吕祖谦致信问谢良佐入元祐党籍始末。

秋，吕祖谦《与李侍郎仁父》第六书云："党籍本末，想类次已成编。谢上蔡曲折，当以问朱元晦，得报即拜禀。"② 按，吕祖谦与李焘的第五书有"朱元晦辞南康，已有不许辞免便道之官指挥"，指史浩推荐朱熹知南康军一事，便道之官指孝宗特指让朱熹可以直接从家赴任，不需到临安入朝谢恩，此事在淳熙五年（1178年）八月，可推第六书当在秋天。

宋孝宗淳熙六年（1179年），卒后58年。李焘致信吕祖谦，告知谢良佐出处。

吕祖谦《与李侍郎仁父》第八书："垂谕《夏小正》及谢显道出处，暨检《元祐军防篇》，病中未能及此。"③ 按，吕祖谦与李焘第七书，吕祖谦提到"岁晚忽感末疾，重为医者所误……此一月来，手足间皆能自如"，指五年冬天十二月十四日吕祖谦生病。由此推知，李焘致吕祖谦书当在六年春。

宋光宗绍熙二年辛亥（1191年），卒后70年。建安刘炳知应城县，复建应城县学，在讲堂之东建上蔡祠堂，朱熹作祠记。

先是，湖北应城县学毁于靖康寇暴。建安刘炳知应城县，于应城县学建上蔡祠。

十月丙子，朱熹作《德安府应城县上蔡谢先生祠堂记》略云：

> 应城寇暴尤剧，荡为丘墟，其条教设施固无复有传者。刘君之来，访其遗迹，仅得题咏留刻数十字而已，为之慨然永叹，以为先生之遗烈不建于此邦，后之君子不得不任其责。于是既新其学，乃即讲堂之东偏设位而

---

① ［宋］陈亮：《陈亮集》卷之二十三《杨龟山中庸解序》，邓广铭点校，中华书局，1987年，第258页。
② ［宋］吕祖谦：《东莱吕太史集·外集》卷第五《与李侍郎》，黄灵庚点校，浙江古籍出版社，2017年，第647页。
③ ［宋］吕祖谦：《东莱吕太史集·外集》卷第五《与李侍郎》，黄灵庚点校，浙江古籍出版社，2017年，第647页。

祠焉，千里致书，求文以记。①

宋理宗嘉定五年（1212年），卒后91年。 台州太守黄𰯀建台州上蔡先生祠堂，祠谢良佐于二程之次。是时，上蔡子孙家贫无给，以替人送符、帖为生，太守黄公并给冠带、钱米供养谢良佐曾孙三人，谢氏复为士人。台州由是复闻上蔡之学，水心先生叶适作祠堂记以彰明其道。

四月，黄𰯀修《赤城志》，寻访谢良佐子孙，倡明教化，敦风化俗，买田宅为建台州上蔡先生祠堂。叶适《上蔡先生祠堂记》：

> 谢良佐……诸子避虏迸逸，一死楚，一死闽，独克念者，落台州，绍兴六年，给事中朱震子发奏官之，寻亦死。克念有子偕，偕三子，无衣食，替人承符，引养老母。嘉定五年，太守黄𰯀子耕修郡志，访求故家得之，请见，抗宾主礼，给冠带钱米，买田宅，祠显道于学，在二程后。郡人惊异曰："自黄太守来，他日邦赋之没于群奸者一收敛，公使之消于妄费者悉减节，遂能以其余兴小学，作棂星门，增大学生食，服有珩璜，器有罍簋。又设潜火，立养济，葬丛骸。政通化达，生死润赖，此吾等所知也，惟上蔡事不可解。"……解子耕之举者，宜曰："独上蔡事尤长，非不切也。"昔正考父饘粥于鼎，循墙而走，其后孔子生，而孟僖子命其子学礼焉。谢氏之困于庸奴久矣，子耕既洗沐之，列于士大夫，安知无达人出，复佐二程之道！斯可以占天意矣。然则余之不切不愈甚乎！②

黄𰯀，字子耕，祖自金华迁分宁，世为豫章望族，朱熹门人。谢良佐之孙以送符为生，赖黄𰯀之助重为士人。叶适《黄子耕墓志铭》：

> 黄子耕……特重教义，兴灭继绝，任为己责。方纂郡志，或言"谢显道家焉"。访之，有谢官人者，常代院长送符帖，盖亲孙也。子耕对之泣，与冠带，买田宅，祀显道于二程之次，曰："自今其为士人。"不知竟能如子耕志否。昔人称顾恺之昼日垂帘，门阶闲寂，彼将不以名迹衔其志欤？虽然，使用世者皆若子耕之为，则治不胜举，而古人之功效可冀矣。③

---

① 曾枣庄、刘琳主编：《全宋文》第二百五十二册，第122页。
② 《水心文集》卷一，曾枣庄、刘琳主编：《全宋文》第二百八十六册，第90-91页。
③ 《水心文集》卷一七，曾枣庄、刘琳主编：《全宋文》第二百八十六册，第242页。

谢克念子谢偕奉祀上蔡祠。《宋元学案补遗》："谢克念字任伯。上蔡人。良佐次子。良佐遭党禁。未解而殁。先生流落在台。寻卒。嘉定五年。郡守黄䗶以其子偕奉上蔡书院祠。(《台州府志》)"①

宋理宗宝庆（1225—1227）年间，卒后 104 至 106 年。赵必昇在浙江仙居建上蔡书院。

《(万历)仙居县志》卷十二："上蔡书院，去县南五十里，马鞍山之下。宋宝庆中，赵必昇以浙漕遣，引年而归郡，请于朝，为上蔡书院。"②

宋理宗端平二年乙未（1235 年），卒后 114 年。浙江越州补修《诸儒鸣道集》七十二卷，收录《上蔡先生语录》三卷，以朱子乾道四年再编本为底本，然刊去朱子、胡宪跋语不用。该本为今仅存宋刻，弥足珍贵，今存。

《诸儒鸣道（集）》七十二卷，宋端平二年补刻，黄壮猷《跋》："越有《诸儒鸣道集》，最佳。年久板腐字漫，摹观者病之。乃命刊工，剜蠹填梓，随订旧本，锓足其文，令整楷焉。时端平二禩八月吉日，郡守闽川黄壮猷书。"该书收录《上蔡先生语录》三卷（今藏上海图书馆，《中华再造善本》影印。）在诸本之中刊刻最早，所保存文本也最全，今存宋刻，仅此一编，弥足珍贵。《上蔡先生语录》为《诸儒鸣道集》所收十二家 15 种著作之第 7 种，列于周敦颐、司马光、张载、二程之后，而排在刘元城、江民表、杨时、潘子醇、刘子翚、张九成之前，这种排序一定程度上体现了谢良佐在编者心中的地位。该书间有补抄，另有清初抄本，傅增湘藏园藏书曾收藏。另外，该书卷末收有谢良佐与胡安国手柬，可知源出朱子乾道四年再编本。该本删去朱熹《谢上蔡语录后序》《谢上蔡语录后记》、胡宪《上蔡语录跋》不用，殆为丛书体例所限。今学者多以鸣道本《上蔡先生语录》为朱子初定本，据以推测《诸儒鸣道集》原刻在绍兴二十九年至乾道四年之间，误。

宋理宗景定三年壬戌（1262 年），卒后 141 年。台州太守王华甫建上蔡书院，请赐谥"文肃"。杨栋任山主，王柏任堂长，车若水、王爚相继任讲席。王柏首讲以谢良佐"大居敬，贵穷理"，著有《上蔡书院讲义》一卷，门人杨琦

---

① [清]王梓材、[清]冯云濠编撰：《宋元学案补遗》卷二十四《上蔡学案补遗》，中华书局，2012 年，第 1612 页。

② 顾震宇：《(万历)仙居县志》卷十二，1935 年刻本，第 1b 页。

辑为《上蔡师说》。

　　王华甫在台州建上蔡书院，上书请赐谢良佐谥"文肃"。王华甫，字宝翁，绍兴府新昌（今浙江新昌）人，绍定五年进士。先后任黄岩县令、台州知州，建上蔡书院。后迁浙东提举常平、官兵部员外郎等。《谢氏宗谱》："景定三年，郡守王华［甫］建上蔡书院于东湖，请赐额及谥文肃。公祠二丁祀之，魏国公杨栋记之。公为山主，鲁斋为堂长，车玉峰若水为宾友。修斋王先生爁继席。恩赐田宅，以养子弟员以及子孙。恕堂董公朴为山长。"① 杨栋、王柏、车若水、王爁、董朴等人相继任职。东湖上蔡书院有圣则堂、稽古堂，"东湖左畔有'小瀛洲'三字石坊即书院之门额。"②

　　《宋史·杨栋传》："杨栋，字元极，眉州青城人。绍定二年进士第二。……台州守王华甫建上蔡书院，言于朝，乞栋为山主，诏从之。因卜居于台。"③《宋史·赵景纬传》："赵景纬，字德父，临安府于潜人。……台州守王华甫建上蔡书院，礼景纬为堂长，以疾辞。依旧职差知台州，两辞，不许，趣命益严。"④

　　八月上旬，王柏，字会之，任台州临海上蔡书院堂长。王柏："王宝翁之创上蔡书堂也，……恳其将书币请平舟为山主，星渚为堂长。……后星渚竟代宝翁为郡，乃聘予而至。"赵景纬，号星渚；杨栋，号平舟，荐王柏为上蔡书院山长，王柏欣然从之。⑤

　　王华甫礼聘车若水为上蔡书院主讲，王柏、车若水因此结识。车若水（字清臣，1210—1275），号玉峰，浙江台州黄岩讴韶人，朱子"三传"，著有《脚气集》等。车若水论谢良佐："程子令人类聚《论语》言'仁'处玩味。此最切于教人，'仁'实是难训。看来看去，自晓得可也。上蔡'识痛痒'之语亦切。盖出于程子痿痹不仁之意。愚尝讲程子'观鸡雏可以观人仁'，说得几句，自谓有功于诸儒。"⑥ 王柏《宇宙纪略序》："壬戌之冬，上蔡书院，纳交于玉峰

---

① ［清］谢敷华：永嘉《蓬川谢氏宗谱》卷前，道光己丑重修，无页码。
② ［清］洪颐煊：《筠轩文钞》卷四，浙江古籍出版社，2019年，第74页。
③ ［元］脱脱等：《宋史》卷四百二十一，第12586页。
④ ［元］脱脱等：《宋史》卷四百二十五，第12673页。
⑤ 程元敏：《王柏之生平与学术》上册，华东师范大学出版社，2011年，第109页。按，王柏任上蔡书院山长还有两说，一为明谢铎的宝祐二年说，一为清王咏宽的宝祐六年说，皆谬，程元敏辨之。
⑥ ［宋］车若水：《脚气集》卷上，李伟国、田芳园整理，大象出版社，2019年，第220页。

车君。"①

八月至十二月，王柏主教上蔡书院，首讲以谢良佐"大居敬，贵穷理"为题，以明上蔡书院创立之宗旨皆依谢良佐"居敬穷理"之教。仙居陈柏，字茂卿，号南塘，著有《朝夕箴》，一名《夙兴夜寐箴》，凡208字，王柏用以教诸生。王柏后更著有《上蔡书院讲义》一卷，门人杨琦辑讲说为《上蔡师说》。②

王柏主讲上蔡书院，郡中士人多从学，一时台州士人从学之气盛焉，周仁荣、张蒕、车若水等金华名儒皆出其间。《元史·周仁荣传》："周仁荣字本心，台州临海人。父敬孙，宋太学生。初，金华王柏，以朱熹之学主台之上蔡书院，敬孙与同郡杨珏、陈天瑞、车若水、黄超然、朱致中、薛松年师事之，受性理之旨。"③《元史·张蒕传》："张蒕字达善，其先蜀之导江人。蜀亡，侨寓江左。金华王柏，得朱熹三传之学，尝讲道于台之上蔡书院，蒕从而受业焉。"④

年终，王柏归婺，请王贲代理其事。后王柏因疾，未能再返上蔡书院。《宋元学案·北山四先生学案》："王贲，字蕴文，号石潭，天台人。介特有守，乡俗化之，不敢为非。王实翁创上蔡书院，请鲁斋为堂长，先生具古冠服来谒。及鲁斋归，乃敦请代理其事。"⑤

王柏绘有临海《上蔡书院图》，生动地描绘了上蔡书院的景色，归金华后，出示给门人金履祥。金履祥《奉复鲁斋先生上蔡书院图诗二首》，其一云："生平杖履未东湖，喜自师门见画图。堤贯横桥分半水，规方盈尺已全模，衣冠上蔡存遗绪。弦诵濂溪可合符，此地先生开道脉。尚迟从往我非夫。"其二云："临海关东水满湖，书堂新上赤城图。地居郊左宜芹藻，天锡奎章示楷模。王谢后前传正印，东南邹鲁定同符。谁终溅起平湖水，雨我公田几万夫。"⑥

宋度宗咸淳七年（1271年），卒后150年。新昌王爚任台州临海上蔡书院山主。

《宋史·王爚传》："王爚字仲潜，一字伯晦，绍兴新昌人。登嘉定十三年进士第……咸淳七年，台州言：'乞差爚充上蔡书院山主。'诏从之。"⑦

---

① ［宋］王柏：《鲁斋王文宪公文集》卷四，续金华丛书本，第16a页。
② 程元敏：《王柏之生平与学术》上册，第110页。
③ ［明］宋濂等：《元史》卷一百九十，中华书局，1976年，第4346页。
④ ［明］宋濂等：《元史》卷一百八十九，第4315页。
⑤ ［清］黄宗羲原撰，［清］全祖望补修：《宋元学案》卷八十二，第2751页。
⑥ ［宋］金履祥：《仁斋集》卷四，中华书局影印丛书集成初编本，第79页。
⑦ ［元］脱脱等：《宋史》卷四百一十八，第12525-12527页。

元

元世祖至元十三年丙子（1267年），卒后146年。台州临海上蔡书院焚于火。

元世祖至元十四年（1268年），卒后147年。陈祐复建台州临海东湖上蔡书院，迁于郡城玄妙观右。

陈祐复建。永嘉《蓬川谢氏宗谱》卷前（道光己丑重修）："元至元十三年，火。宣慰使节斋陈公复旧，累废累兴。旧制，棂星门、大成殿、文肃公祠堂、垕土祠、圣则堂、六斋居。居敬明善，笃志近思，求仁时习高明阁。"《（弘治）赤城新志》："上蔡书院，在郡城玄妙观之右……元至元中，毁于火，徙建今址。"① 陈祐（字庆甫，1222—1277），一名天祐，号节斋，赵州宁晋人。按，陈祐任浙东道宣慰使在至元十四年（1277年），可知复建不在十三年。

元世祖至元（1264—1294）中。台州士人陈孚以布衣献《大一统赋》，署上蔡书院山长。

《元史·陈孚传》："陈孚字刚中，台州临海人。幼清峻颖悟，读书过目辄成诵，终身不忘。至元中，孚以布衣上《大一统赋》，江浙行省为转闻于朝，署上蔡书院山长，考满，谒选京师。"②

元朝间。湖北：河南王光祖教授应城县学，与县中士大夫重立谢公祠，谢祖锦有记。浙江：黄植任临海上蔡书院直讲、陈廷言任上蔡书院山长。谢珪著《谢氏家训》，贡师泰为之序。

元谢祖锦《谢公祠记》："上蔡谢先生昔治蒲骚，其化民以德，期于无讼，简而能栗，威而不猛，是能保我黎民，亦有辞于永世。去之日，父老思之，深慕之，笃立祠祀之，示不忘也。文公朱夫子记云：胡文定公以典学使者行部过邑，执弟子礼。其道隆德尊何如，非同时相知者乎？自后莅政者非无其人，未有能称道之者，政剧未暇故也。河南王一符，名光祖，来领邑庠，作新士类。

---

① ［明］陈相修、［明］谢铎纂：《（弘治）赤城新志》卷七，明弘治刻嘉靖递修本，第6b-7a页。

② ［明］宋濂等撰：《元史》卷一百九十中华书局，1976年，第4338-4339页。

240

慨是邑乃先生过化之所，今民醇俗美，先生遗泽存焉，而祠宇湮没。① 爰考古人立祠之由，及文公记祠之意，告诸邑大夫，请继其事，佥曰然。乃抡材度地，筑祠芹泮之左，非异世相慕者乎？余嘉诸大夫能行古道，故敛衽以特书。"② 按，祠记年月佚，谢祖锦、王光祖，生卒无考。

黄植补台州临海上蔡书院直学。《宋元学案补遗》："黄植，字国辅，临海人……先生刻意为学，名闻参出二兄间，甫十一，补上蔡书院直学，既而郡守欲辟为掾。力辞之。后调青田县儒学教谕。迄不就。年五十二。"③

《宋元学案补遗》："陈廷言，字君从，宁海人，举乡试，授上蔡书院山长。举进士，除庆元路教授，累官国子司业。"④

元代裔孙谢珪著《谢氏家训》，贡师泰《谢氏家训序》："天台有著姓曰谢氏，自其先上蔡先生以洛党出居是州，子孙散处三童古竹间几三百年。再迁小澧，则宣城校官克家君也。君尝受知于素履邓先生，生五子，曰瑾、理、珪、玨、璋。理以武功累官行枢密院都事、总制余姚。予使过其地，理迎谒甚谨，且告予曰：'理弟兄五人，从乡先生周本道学，甚幸不坠先绪。今内外八百余指，合居共爨，凡冠昏丧祭，悉遵紫阳《家礼》，而饮食起居之节，则又取之浦江郑氏焉。尚虑行之不逮，守之不固也，理弟珪尝著为训，请一言以垂永久。'窃闻之，奔马之逸，御之以御；飙轮之驰，止之以栀；家范之放，正之以身。盖身犹器也，家犹水也，器圆则水圆，器方则水方。子能正其身，家其有不正乎？然正身亦有道矣。持之以敬，行之以义，示之以廉，守之以信，而又处之以均平，抚之以宽厚，则如水之在器，虽欲不为圆方，得乎？夫操尺寸之度以絜长短，而天下之物不能逃者，有其道也。昔之人若河东柳公绰、东平张公艺、九江陈褒、滁州李昉，皆治其家，使久而不废，亦知此道而已矣。今子能正其身以及其家，是犹圆方之在器，长短之有度，虽欲远而去之，其可得哉？吾知谢氏福泽之未艾也。理字玉成，负才气，所至多善政云。"⑤《谢氏家训》，元谢珪撰，黄岩人。按，贡师泰谓"上蔡先生以洛党出居是州"，未详何据。

---

① "没"，《（光绪）德安府志》卷之五作「圮」。
② ［清］李可寀纂修：《（雍正）应城县志》卷十一，清雍正四年刊本，第2b-3a页。
③ ［清］王梓材、［清］冯云濠编撰：《宋元学案补遗》别附卷三《元儒博考》，中华书局，2012年，第6367页。
④ ［清］王梓材、［清］冯云濠编撰：《宋元学案补遗》别附卷三《元儒博考》，第6345页。
⑤ 李修生主编：《全元文》卷一三九八《贡师泰二·谢氏家训序》，江苏古籍出版社，1998年，第178页。

明

明洪武初。诏各地立学,以谢良佐祀于书院。

永嘉《蓬川谢氏宗谱》卷前(道光己丑重修):"洪武初,立府、州、县学,上蔡特祀书院。郡守马公、顾公、罗公、御史汝阳张公累蒙修建。至今完美,有司岁百千年,禋祀无斁。"

永嘉《蓬川谢氏宗谱》卷前(道光己丑重修),谢良佐十二代孙谢铢:"诗曰:程门习孔业,上蔡续伊川。道学明推让,辞章世举传。为仁生意始,克己去根先。庙貌台山古,经书宇宙妍。斯文遗一脉,俎豆历三千。盛德知难报,炉香日告虔。"

明英宗正统五年(1440年),卒后319年。河南上蔡知县贺威在上蔡书院旧址建上蔡先生祠,孙原贞有记。

《(嘉靖)河南通志》卷十八:"上蔡先生祠。在上蔡县南一里,正统五年重建,祀宋谢良佐。"

《(康熙)上蔡县志》卷二:"明正统五年,知县贺威因旧址搆屋十六间。"①

孙原贞《上蔡先生祠堂记》:"上蔡城南门外,宋儒谢显道先生居址在焉。元即其地置书院,燬于兵。正统庚申春,知县临晋贺威,偕典史交河李福、教谕彭城冯蕙、训导郴阳黄敬,因访遗迹,鞠为荒墟,乃相谓曰:'昔先生为邑名儒,渊源濂、洛,表里关、闽,文献可考,风化所系,盍就兹构堂而祠之?'各捐奉资,为之倡,邑之文士,举忻忻焉乐为之助。鸠工度材,为屋十六楹。阶、道、门、垣,皆端直方整,华采不施,朴素是尚。不数月毕工,余适至其邑,喜职政教者,知所先务,因率诸生,祗奠而落成,乃进诸生,语之曰……"②孙瑀,字原贞,后以字行,江西德兴人,著有《岁寒集》。

明英宗天顺(1457—1464)年间。交趾人阮勤知台州,修上蔡书院。

《(光绪)山西通志》:"阮勤,字必成,长子人。父河,自交趾归附,调长子典史,因占籍焉。勤清慎自好,登景泰甲戌进士。授大理寺左评事,转右,

---

① [清]杨廷望纂修:《(康熙)上蔡县志》卷二《建置志》,清康熙二十九年刊本,第45a页。
② 《上蔡县志》,转引自杨周靖主编:《上蔡先生语录译注》,第363-364页。

迁寺副。出知台州府,建乡贤祠,修上蔡书院。在台九年,迁山东参政,民立祠祀之。"①

明宪宗成化五年(1469年),卒后348年。台州重建上蔡书院,谢良佐十四世孙谢赏请杨守陈作《重兴上蔡书院记》。

十二月,复建上蔡书院成。《(弘治)赤城新志》:"国朝成化初,佥事辛访、参政何宜属、知府阮侯勤……洗马杨守陈为之记。"② 谢良佐十四世孙谢赏请杨守陈记始末,杨守陈《重兴上蔡书院记》:

> 宋上蔡先生文肃公谢显道之谪于台也,台人父而兄之,社而稷之。方景定之三年,郡守王华翁肇建书院于东湖,以祀先生而诲后学,规制甚盛。元至元三年,郁攸从之,夷为焦土,浙东宣慰使陈某徙建于郡城中玄妙观之右。国朝宣德七年,雨潦隳之,鞠为萧墟,辛伍或侵而害焉。今浙江按察司佥事襄城辛公访按部,高先生之道德,始属知府阮侯勤即观右故址屋之。侯遂询视,还故所侵,畚沙砾锄榛芜,营材暨稍食未周。适布政司参政福建何公宜莅郡,为周其材暨稍食。而卫指挥使吴侯杰府同知杜君偭胥相其谋,临海县丞张讯专董其役,为堂五楹、两庑、楹各三、门二重,甓垣缭之,榜之衢曰:"上蔡书院。"自成化己丑冬十月始事,迄于十有二月落之。阮侯谓是举不可以无述,乃遣先生之十四世孙赏来请记。惟人性本善,率之斯为道矣。有弗能率,乃俟于教焉。圣贤体道立教,所以复人性之善也。然道岂一圣一贤所能独任,必有左右先后之者,乃能风靡当时,而波漫后世。其在上则舜有夔契,汤有伊莱,其在下则孔有颜曾,孟有公孙丑、万章,道教所以昌也。孟子卒之久,河南两程子作,登其门而左右先后之者有游、杨与先生,角立于世,道教于是乎中昌也。先生诚笃愤悱,为切问近思之学,明道称之有王佐之才,伊川许之十年去—矜字,自于师门谈之言论闳肆,善启发人,同列推之。至于英果明决,克己复礼,所著若以生意论仁,以实理论诚,以穷理居敬为入德之门,无不精当,而行事高迈卓绝,晦翁又谆谆道之不已。虽其被谗罹摈,弗获上肩夔契,以溥厥施。然而奥言宏议,丹炳不渝,姱节芳风,木苾无谢,四海之外,且犹传

---

① [清]王轩等纂修:《(光绪)山西通志》卷一二八《乡贤录一三》,三晋出版社,2015年,第5767页。
② [明]陈相修、[明]谢铎纂:《(弘治)赤城新志》卷七,明弘治刻嘉靖递修本,第6b—7a第。

诵歆慕，而况所寓之地哉？昔人创书院以崇奉而表异之，盖有不容已者，世之仕或惟狱讼赋敛是急，视道教若弁髦，然睹一佳山水废台榭，可以游目骋怀者，辄经营之。而于崇异儒先之所，曾莫肯一式，非辛公之贤，孰倡而兴？非诸君子，孰和而成哉？夫崇儒先则后学奋，表英杰则鬼瑱悔。书院之兴，岂惟崇异先生而已，将俾台之诸士莫不感发砥砺，撤利欲之蔀，闻道德之闳，蹈上蔡、趋伊川，晞阙里，出跻圣明之朝，赞闳休以扬盛烈。延及齐民，亦知向慕，践义含仁，弗陨其性，殆见赤城之下，沧海之涯，彬彬如河洛，断断若洙泗矣。余仰先生嘉诸公而喜道教之将昌也，谨识之。①

按，杨守陈谓谢良佐"谪于台"，与贡师泰《谢氏家训序》同。

明宪宗成化十二年（1476年），卒后355年。河南提学佥事吴伯通重修上蔡先生祠堂。

《（康熙）上蔡县志》卷二："河南提学佥事吴伯通重修。"②

明宪宗成化十五年（1479年），卒后358年。河南知府钱铖买田三十亩，令谢良佐后裔供祀。

《（嘉靖）河南通志》卷十八："上蔡先生祠……成化十五年，知府钱铖买田三十亩，令其后裔主之以供祀事。"

明孝宗弘治十一年（1498年），卒后377年。河南知府张子麟增置上蔡书院讲堂。吕柟著《上蔡谢显道书院记》刻于石。

《（康熙）上蔡县志》卷二："弘治十一年，知府张子麟增置书院讲堂于（上蔡先生祠）后。"③

后，吕柟《上蔡谢显道书院记》，表彰张子麟之功，刻于石：

---

① ［明］杨守陈：《杨文懿公文集》卷十七《桂坊稿·重兴上蔡书院记》，明弘治十二年杨茂仁刻本，第11页。
② ［清］杨廷望纂修：《（康熙）上蔡县志》卷二《建置志》，清康熙二十九年刊本，第45a页。
③ ［清］杨廷望纂修：《（康熙）上蔡县志》卷二《建置志》，清康熙二十九年刊本，第45a页。

监察御史光山人王君相语柟曰："史氏而知今大宗伯吾师上蔡李公之教乎？昔者吾师以翰林检讨为浙江提学佥事，丧母而归蔡也。吾汝人五六十辈者，皆得事之，禀六经焉以固者，达其变以用者，闲其守以志者，祛其邪以法度者，求其性以会通者，先其忠信。故今五六十人者，或贡焉，或举焉，或进士焉，皆厌饫师程粲粲已。"曰："教哉，忱而勤，其志远矣。"又曰："史氏而知今大司寇，藁城张公之政乎？昔者藁城公之知吾汝也，上蔡谢子之祠久且圮，藁城公加修之，作讲堂书屋于其后，延吾师焉。故吾汝人之及师门，皆藁城登之也。"曰："政哉！近而思其良于先务乎？《诗》曰：'就其深矣，方之舟之。就其浅矣，泳之游之。'宗伯公之谓矣。《诗》云：'于以采苹，南涧之滨。于以采藻，于彼行潦。'司寇公之谓矣。"夫谢子，程门之高弟也。柟尝之矣。惺惺之法，以存心也。知命之论，以定志也。去矜之学，以知分也。师冕之说，以下学也。势利外物之用力，以进德也。日用言动之为课，以居业也。博学而反，知要也。桃杏之仁，轮回之私，以辨异也。觉，以洞仁也。敬，以屈礼也。乌头之服，以自得也。是故心存而志定，知分而下学，进德以居业，知要以辨异，则足以体仁礼而自得矣。宗伯之教，其务此乎！是以设科如是其善也。司寇公之意，其为此乎！是以定居如是其切也。柟也恨其时未及诸君子鼓箧同游，以身见发挥谢子者如之何耳。然则行谢子之道于今日者，其在诸君子乎？夫然，斯二公之教之政，及诸君子之学，于谢子为不没矣。于是，会御君取而加诸石，又以示汝之来学。[①]

按，吕柟（字仲木，1479—1542），陕西高陵人，号泾野先生，明代关学主要代表人物。上蔡李公，李逊学（字希贤，1456—1519），号悔斋，河南上蔡人。张子麟（字符瑞，1464—1546），一字元瑞，号衡山，河北藁城人。

明武宗正德八年癸酉（1513年），卒后392年。南京监察御史汪正刻《上蔡先生语录》于南京，底本据王畤得自杨廉的校增本，然间有脱漏，卷下脱9条。目前仅浙江图书馆藏残本一部，为现可见单行本语录的最早刊本，亦为目前传世《上蔡先生语录》之祖本。

汪正《序》云："正生平知有先生《语录》，求之三十年于兹。今春仲始得

---

① ［清］杨廷望纂修：《（康熙）上蔡县志》卷十五《艺文志》，清康熙二十九年刊本，第39a-40a页。

乡友王叙之所受于月湖杨公方震抄本，间亦字有差漏。叙之稍加订正，取儒先辩论增入之，以便观阅。正以书肆板本无行，虞四方人士之所思，即正蚤岁之所求也。遂出俸易木募工刻于南都京畿道职思其居之轩。"

王畴《上蔡先生语录跋》云："畴囊读《上蔡先生语录》，病其讹舛，尝徧求抄本校之。……中论'尧夫易数甚精'一节，唯有'近事当面可验'云云，而以上廿四字，诸本皆无，知为抄录之阙，因取以续之，而右复有衍纸，约当录百言而阙者，则漫无所考焉。"① 与宋刻本相较，卷下"张横渠著《正蒙》"章以后，至"尧夫易数甚精"章以前脱漏9条。汪正，字端甫，湖北麻城人，正德五年庚午由举人授浙江道监察御史。② 王畴，字叙之，曾受业南京国子监，时罗钦顺任南监司业，对王畴甚为器重。杨公，指杨廉，字方震，号月湖，一号畏轩，江西丰城人，明季理学家，师从胡九韶，为吴与弼再传，与罗钦顺有深交。详见本书附录二。

明武宗正德九年甲戌（1514年），**卒后393年**。汪正过上蔡，晋谒上蔡先生祠堂，出示所携《上蔡先生语录》一帙，河南上蔡知县许河据以重刊，由是汝人复闻谢良佐之学。

许河《重刊上蔡谢先生语录后叙》云：

> 翔凤顷家食时，尝慕宋儒上蔡谢先生……惜未得其全帙，每用为念。乃岁壬申春奉命来知县事，谒祠之余，谓先生十九世孙祯及诸士大夫曰："……其遗书固不可阙，采辑而刊传之，余之志也。"佥云兵燹之后无有存者。越明年癸酉，柱史麻城汪公过蔡，晋谒祠下，因出《语录》全书一帙。……用是捐俸锓梓，嘉与四方之士共之。时正德甲戌夏四月之吉后学河东许翔凤谨书。

许翔凤，字国桢，号双溪，山西洪洞人，正德六年辛未科进士，授上蔡知县，升御史巡按。该本今存有两本，其一今藏国家图书馆，封底贴有"中国书店"标签。书中用朱笔圈出若干章节，与《宋元学案·上蔡学案》选收范围完

---

① 浙图本脱落该《跋》，引据［清］陆心源：《皕宋楼藏书志》，第三册，674~675页，许静波点校，浙江古籍出版社，2016年。
② ［明］施沛：《南京都察院志》卷五《职官三》，日本内阁文库藏明天启刻本，第47b页。

全一致，黄宗羲曾云"程门高弟，予窃以上蔡为第一，《语录》尝累手录之"①。似为黄宗羲所用之本。另一本今藏日本东京的静嘉堂文库，是陆心源旧藏本，民国时流入日本，该本《皕宋楼藏书志》著录，并录有王畴跋、许河序。详见本书附录二。

明武宗正德十五年庚辰（1520 年），卒后 399 年。湖北应城知县周冲重建上蔡祠堂于县仪门左。

夏，知县周冲重建上蔡祠。明余胤绪《上蔡书院志》："祀上蔡谢显道先生也，先生已崇祀孔庙，有司以先生尝令应城，又祀于名宦祠。正德庚辰夏，宜兴周尹又特建祠于县仪门左，有惺惺门、生意亭焉。其后，亭垣渐颓，门堂污溅，或为邮舍。"②周尹，指周冲，宜兴人。正德庚辰，十五年。余胤绪，应城邑人。按，谢良佐崇祀孔庙在清道光二十七年，此文"崇祀孔庙"似指该县孔庙。

明世宗嘉靖三年甲申（1524 年），卒后 403 年。河南上蔡知县傅凤翔重修上蔡先生祠。

据《（康熙）上蔡县志》卷二。

明世宗嘉靖三十三年甲寅（1554 年），卒后 433 年。汝阳张景《上蔡文肃公谱》梓入浙江《谢氏宗谱》，两宗合会。

永嘉《蓬川谢氏宗谱》卷一："嘉靖甲寅春，台宗彦子持河南汝阳侍御史张公西墅按台所修《上蔡文肃公谱》来会，备得本末之详，遂合而梓之。"张廷璧《谢氏宗谱序》云："夫谢氏始于汉之河南阳夏，盛于晋之江左陈留。宋元以来，萃集于台。……监岳公敷经受业于晦庵之门，笃志克治，皆有以振文肃公斯文之绪。"（并见《蓬川谢氏宗谱》）按，张景，字光启，河南汝阳人，号西墅，嘉靖二年癸未科进士，擢监察御史，浙江巡按，曾建天真书院以祀王守仁，与严世藩相左出为汉中副使，约在浙江十四年左右按台。张廷璧，临海人，曾任仙居县学训导。谢敷经，朱熹门人。

明世宗嘉靖三十四年乙卯（1555 年），卒后 434 年。应城知县吴哲重修上蔡

---

① ［清］黄宗羲原撰，［清］全祖望补修：《宋元学案》卷二十四《上蔡学案》，第 917 页。
② ［清］李可寀纂修：《（雍正）应城县志》卷十一，清雍正四年刊本，第 3b 页。

书院，以市鹿得财，未敛民财。

秋，重修上蔡书院。明余胤绪《上蔡书院志》：

> 嘉靖乙卯秋，贵阳吴尹重修上蔡书院于旧址稍北，前为讲堂三间，匾曰：鹿易。时获三鹿，易价构修，未敛民财也。堂后东西书舍各三间，中为亭，仍匾曰：生意。后为祠堂。两隅东厨、西厕悉备。讲堂前为门三间，仍匾曰：惺惺。左辟一门，通儒学櫺星门，以便诸生请益，右辟一门通县仪门，以便邑官政余论学。①

《奚志稿》："上蔡书院即谢公祠，宋县令刘炳建以祀谢显道先生者，明嘉靖中改名上蔡书院，旋复为祠。"②

明世宗嘉靖三十八年己未（1559年），卒后438年。 福建提学金立敬重刻《上蔡先生语录》，今佚。

《台州府志》卷一百零二载，金立敬（字中夫，1515—1592），号存庵，台州临海人。嘉靖十六年，举于乡；二十九年登进士第，授南京兵部主事。嘉靖三十八年，出为福建左参议，改福建提学副使，期间修建养正书院，并重刻《上蔡先生语录》及其父亲金贲亨所编《道南录》。四十三年丁父忧离开福建。③ 隆庆四年在河南曾重刊《二程遗书》，隆庆四年《皇朝中州人物志序》。《台州府志》云其有《重刻上蔡语录跋》，今佚。福建省图书馆藏有明刻本《上蔡先生语录》，未详是否即此本。

明世宗嘉靖四十一年壬戌（1562年），卒后441年。 河南汝宁知府徐中行、上蔡知县许河重刻《上蔡先生语录》，今佚。

许河《上蔡先生语录后序》略云：兹岁壬戌，承命来尹是邦，恭谒祠下，既慰仰止之思，而郡伯龙湾徐公方以兴起斯文为己任，谓是录之刻岁久模糊，不便观览，遂捐俸重梓以公天下。既自以为《序》以引其端，乃复命河序其后。

郡伯徐公，徐中行（字子舆，1517—1578），号龙湾、天目山人，浙江湖州府长兴人，明嘉靖二十九年进士，为明"后七子"之一，著有《天目山人集》。

---

① ［清］李可寀纂修：《（雍正）应城县志》卷十一，清雍正四年刊本，第3b页。
② ［清］罗湘、［清］陈豪主修；［清］王承禧纂：《（光绪）应城志》卷四，清光绪八年蒲阳书院刻本，第15b页。
③ 喻长霖、柯华威：《（民国）台州府志》卷一百二，第11b-12a页。

徐中行《上蔡先生语录序》佚。许河，字子澄，由常熟县学举，嘉靖三十八年知浦江县，四十一年改知上蔡县。该本今佚，然有万历校刻重刊本。

明神宗万历十二年甲申（1584年），卒后463年。河南上蔡知县王宗孟重修上蔡先生祠。

据《（康熙）上蔡县志》卷二。

明神宗万历四十五年丁巳（1617），卒后496年。河南上蔡知县郎兆玉重修上蔡先生祠，有记。郎兆玉重刻徐中行、许河嘉靖本《上蔡先生语录》。

《（康熙）上蔡县志》卷二："嘉靖三年，知县傅凤翔；万历甲申，知县王宗孟；丁巳，知县郎兆玉，俱重修焉。明末，毁于寇，遗像露处。"[1]

郎兆玉《重修谢上蔡先生祠堂记》略云：

予甲寅之腊月，奉命筮仕上蔡。……明兴正统间，重建于邑令贺公戚。成化间，修葺于学使吴公伯通。弘治间，鼎新于郡守张公子麟。嘉靖间，增修于邑令傅公凤翔。今皇御之甲申，修于邑令王公宗孟，嗣后缺如也。迄今年，予来守兹土，奉直指张公宪槭，复议厥修事。今事且告竣。堂奥廊庑檐楹榱栋，无能易前君子规画，而更矗增绘，则焕然一新。祠后有堂，邑令纪公经纶于嘉靖丁巳，颜其额曰："景哲"。两屋构书室，蔡士时咿唔其中。自祠圮堂倾，而舍亦随废。然书院夜读之咏，犹灿编轶。今祠与堂俱新，落成于今上之丁巳花甲周，而后令成前令之美，数固预定欤。于焉庚戌堂西隅隙地，创精舍十楹，复书院之旧……[2]

是年，郎兆玉、秦时懋、杨若梓等重刻《上蔡先生语录》，今藏日本国立公文书馆。《内阁文库汉籍书目》误据许河后叙著录该本为明嘉靖年间龙湾徐氏刻本[3]，严绍璗先生袭其误[4]。该本刊刻情况，详见本书《附录二》。

---

① ［清］杨廷望纂修：《（康熙）上蔡县志》卷二《建置志》，清康熙二十九年刊本，第45a页。
② ［清］杨廷望纂修：《（康熙）上蔡县志》卷十五《艺文志》，清康熙二十九年刊本，第40a-41b页。
③ 《内阁文库汉籍分类目录》，东京：内阁文库，1956年，第167页下。
④ 严绍璗：《日本汉籍善本书录》，中册，中华书局，2007年，第719-720页。

明天启（1621—1627）年间。 河南上蔡谢氏子孙鬻祠田为生，举人王基昌赎回。《上蔡县志·王基昌传》：

> 王基昌，字囂一，号长公，上蔡人也。……天启辛酉科举人……谢显道祭田，其子孙贫将以鬻之。基昌闻之，田礼不云乎，君子虽贫不粥祭器，虽寒不衣祭严，今以贫见迫至粥祭田何，以为再租之报乎？基昌重价而赎之。①

清

清世祖顺治十年癸巳（1653年），卒后532年。 河南上蔡知县赵昌期重建上蔡先生祠。

《（康熙）上蔡县志》卷二："国朝顺治十年，知县赵昌期，重建祠堂三间。"②

清圣祖康熙五年（1666年），卒后545年。 河南上蔡知县周源修上蔡先生祠。

《（康熙）上蔡县志》卷二："康熙五年，知县周源重修，二门三间。十年学宪庄朝生。"③

清圣祖康熙六年丁未（1667），卒后546年。 湖北应城知县樊司铎重修谢公祠，有记。

应城知县樊司铎，重建谢公祠，并重建上蔡书院。樊司铎《重修上蔡书院记》（康熙丁未）：

> 应邑之有上蔡书院也，肇修于正德庚辰，重修于嘉靖己卯。崇庙貌，安神灵，非徒报其功德，盖以兴起百世而下之为邑宰者也。铎诸生时，读先生之书，景先生之道，每心窃向往之。迨丁未秋，承乏兹土，深幸先生之典型在望，可为后事之师。及询先生书院，则久为灰烬，所存者一断碣

---

① ［清］杨廷望：《（康熙）上蔡县志》卷十《人物志》，清康熙二十九年刊本，第99a页。
② ［清］杨廷望纂修：《（康熙）上蔡县志》卷二《建置志》，清康熙二十九年刊本，第45a页。
③ ［清］杨廷望纂修：《（康熙）上蔡县志》卷二《建置志》，清康熙二十九年刊本，第45a页。

耳。噫嘻！以先儒有道之胜迹，而鞠为茂草，非邑大夫之责与？于是捐俸鸠工，重建先生书院，神所凭依，庇佑兹邑者将无疆矣。虽然先生之迹，系于书院之有无。先生之道，不系于书院之有无也。先生之道，主敬之道也。敬则无欲，无欲则清，敬则无肆，无肆则慎。敬则无怠，无怠则勤。一敬而三善聚焉。此先生之所以为学，即先生之所以为政也。后之学先生者，亦唯无不敬焉可矣。铎于是一出门，一使民，一退食，闲居衾影，梦寐无不俨然，有先生在焉。然则先生之道，信不击于书院之有无也矣，而今日之亟亟于重修也，何为乎？曰：将以兴起百世而下之凡为邑宰者也。①

清圣祖康熙八年己酉（1669年），卒后548年。 浙江桐乡吕留良御儿吕氏宝诰堂刻《朱子遗书》，收录《上蔡先生语录》三卷，版式与汪正、许翔凤、许河等在上蔡县所刻诸本不同，今存。

康熙八年（1669年），张履祥到访吕留良的天盖楼，经张氏建议，以宝诰堂名义刊刻《朱子遗书》初刻七种，《上蔡语录》是其中唯一非朱子亲著书。②该本在文字上出自王畤校本，但删去王畤在书中增录的朱熹、真德秀等人语录。吕留良在刊刻时，有添加校注语。详见本书《附录二》。

清圣祖康熙十年辛亥（1671年），卒后550年。 河南学宪庄朝生捐银刻上蔡先生祠堂石记。

《（康熙）上蔡县志》卷二："（康熙）十年，学宪庄朝生捐银十两，刻石记于祠。"③

清圣祖康熙二十三年甲子（1684年），卒后563年。 湖北应城知县齐国政，将书院旧址改为粮仓，改建谢公祠与上蔡书院于平安街，有记。

齐国政《改建上蔡书院碑记》：

> 上蔡先生祠，在县仪门左，左通儒学，右通县署。规模湫隘，厮役嚣杂，数百年莫之有改。迨兵火之后，兼委灰砾，仅余数椽掩盖，邑官士子缀业弗讲久矣。岁康熙甲子，余令兹邑，目击颓废，思修葺而式廓之，奈

---

① [清]李可寀纂修：《（雍正）应城县志》卷十一，清雍正四年刊本，第4a-4b页。
② 参见徐德明：《吕留良宝诰堂刻书考述》，载《上海高校图书情报学刊》，2001（4）。
③ [清]杨廷望纂修：《（康熙）上蔡县志》卷二《建置志》，清康熙二十九年刊本，第45a页。

拓无可拓。会邑无粮仓，久为民累，遂即废基，筑为仓厫。而于署南平安街，规地一方，建立书院，迎先生像安奉其中，为堂厦门庑，前后庭院，宽平爽垲，视署左之偏隅卑楼，观瞻倍蓰矣。是役也，易齿而豁，易狭而广，所废之基，即以利民，其有合于先生之志也夫。①

按，齐国政，字德安，江苏南京上元人。

清圣祖康熙二十八年（1689年），卒后568年。河南上蔡知县杨廷望改建上蔡书院于西门，并河南巡抚阎兴邦、河南佥事俞森有记。

杨廷望《重修上蔡书院记》略云：

>……昔藁城张公于上蔡谢子祠作讲堂书屋，延师训士，按其地，今且鞠为茂草。嗟乎！前有人焉以为教，今日之上蔡，何可无人焉以教之也。初，蔡学宫倾圮，望约邑广文督率诸弟子，鸠工庀材，未暇及书院。戊辰冬，大中丞阎公按临上蔡，进望而命之……于是相其土宜，观其夕阳，于西城之址，辟上蔡书院，基广二十一丈，深三十丈，建门五，筑堂四。讲堂三间，居中。门曰：据德，经师讲学处也。教养堂三间居后，门曰：依仁，祀先贤漆雕开、漆雕从、漆雕哆、秦冉、曹䘏、汉召信臣、杜诗及宋谢良佐于其内……讲堂前置客厅三间，门曰：志道，待远方来游学士子也。大门三间，在志道门之外，榜曰：上蔡书院。……自康熙二十七年戊辰，至今康熙二十八年己巳，门室大小共六十三间落成。经师为楚黄贡生舒逢吉，序内外生徒若干人……

河南佥事俞森《重修上蔡书院志》略云："上蔡杨令筮仕之初……访有藁城张令所建书院而迹已湮没，欲兴复而未果。会戊辰冬，大中丞阎公观风是邑，复申敦趣，遂改卜城西壖垲地，辟为上蔡书院。……"戊辰，康熙二十七年。

阎兴邦《重建上蔡书院碑记》略云："……余自至豫，以事过蔡，进蔡令杨君廷望而询之，杨令曰：是职之贤也。夫予嘉其志，因捐薄俸以为之倡，而杨令不惮辛勤，经营拮据，以旧址残毁过甚，遂移于县治西隅。……"

以上三记俱载《上蔡县志》卷十五《艺文志》。杨廷望，字兢如，初名廷锦，康熙二十五年丙寅以国子监选生授上蔡知县，有治声，康熙五十九年卒于

---

① ［清］李可寀纂修：《（雍正）应城县志》卷十一，清雍正四年刊本，第4b-5a页。

衢，上蔡百姓为之建祠于上蔡书院，生平见魏源《衢州知府杨公传》。俞森，号存斋，浙江钱塘人。阎兴邦（字涛仲，1635—1698），字涛仲，号梅公，清直隶宣化人，官至河南巡抚、贵州巡抚等。

按，《上蔡县志》载二十五年改建，误。《（康熙）上蔡县志》卷二："上蔡书院，旧在县治南关外，即谢显道祠也。明末，寇毁。康熙二十五年，知县杨廷望改建于西门内道北。"①

清圣祖康熙二十九年庚午（1690年），卒后568年。舒逢吉、杨宏在河南上蔡书院重刻《谢显道语录》，有序，此本得之张沐，今佚。

四月，舒逢吉《重刻谢显道语录序》略云：

> 戊午过上蔡，得拜上蔡祠，匆匆又不得访其子孙，觅其遗书，为深憾。步鸳鸯店，晤周元佩，言此间有张仲诚，衣服饮食俱慕古人，思一见得觅上蔡书，或未可知，于斯者十年。至戊辰，流寓西平，故人武进杨兢如为上蔡令，特筑上蔡书院。延余训蔡之子弟，遂与仲诚交。累年居上蔡，问所藏《上蔡语录》。曰：'此增与删，皆本朱元晦先生真善本也。'余原而读之，更校一二字之误者，初欲托之梓人，附《上蔡志》后。已而思，余既居其地，交其士大夫，又训其子弟，自当尚交乎先贤，则上蔡一录，更宜梓诸书院，以征上蔡之教之不自今日也。……康熙庚午四月初四日书于善下斋。②

杨宏《书谢显道先生语录后》：

> 六经手定于圣人，圣人之道原于天，天者太虚而已。《易》曰："天下何思何虑"，游于太虚也。故不知道者，不可与读圣人之书。圣至于孔子而止矣。其言曰："一以贯之"，举物理还于太虚，故能无所不贯。然则，老释之徒其教亦主于虚而与儒氏异，何也？二氏虚于无为，儒氏虚于有用，故殊途而异轨，士之卓然不惑者莫不欲辟老释之徒，辟之矣而其说愈炽。是果不可辟耶？辟之者未知道也。自孔子生而经学明，自孟子没而经学熄，

---

① ［清］杨廷望纂修：《（康熙）上蔡县志》卷二《建置志》，清康熙二十九年刊本，第28b页。
② ［清］杨廷望纂修：《（康熙）上蔡县志》卷十四《艺文志》，清康熙二十九年刊本，第60a-61b页。

自经学熄而语录传，宋儒之有语录也，将以明道也，非期胜于人而取于人也。沉潜者多切实之辞，高明者多无碍之解则固胜于人而可取于人矣。后之学者宜探其源流，晰其同异，讲求而切究之，使大道昭然于世，不宜自安卑陋仅寻摘章句已也。予年少才知读书，得闻谢显道先生名，与杨龟山、游定夫、尹和靖颉颃于程氏夫子之门。丙寅岁，从家君宦游上蔡，得先生《语录》一编。读未竟辄疑，竟读乃信，再四读之，恍然若有所失，又若有所得，而知先生之言本羽翼六经也。朱子之编辑先生《语录》也，亦将以明道也。先生以生意论仁，以实理论诚，以常惺惺论敬，以求是论穷理，抉孔孟之奥绪，大道之传，遗书具在，可束之高阁已哉？以先生之道，假令得志于时，身秉国钧，必能有所建树，卓卓表现于世。即其历仕州县，吏卒植立中庭，状如土木偶令人肃然起敬。先生之所设施大概可知矣。后卒以谗去归，意者德盛则招尤，学成则生忌欤？虽然，祸患之作，庸俗人处之则抑郁不能自解，至杰出之士则淡乎相遭漠乎相遇，岂毫末增损于其间哉。先生之学与太虚浑合，惟太虚则无尽，举天地间荣悴忻戚不齐之境以及谗谤危疑，忠臣孝子所扪膺扼腕而长太息者，俱不足以动吾心，而适以全吾道。何也？其中常虚，其外不能撄也。先生曰："此心不用则合于太虚，所谓道者如斯而已。"是故，博闻强记，先生以虚受之；耳目玩好，先生以虚付之。洒扫应对进退，先生以虚体之。虚其所虚，无虚非实，无实非虚，名为太虚，故能切问近思如伊川之称先生也，故能务实为己如直卿之称先生也，故能强力不倦、克己复礼，如考亭之称先生也。先生之虚而有用，迥异于二氏之虚而无为。故知先生之道者，始可与读圣人之书，知先生之道者，始可与辟二氏之教。

按，此本已佚。舒逢吉，字康伯，广济人，曾任上蔡书院教授。戊午，康熙十七年（1678年）；戊辰，康熙二十七年（1688年）；庚午，康熙二十九年（1690年）。杨廷望，字兢如，康熙年间武进人，曾任上蔡县令九年，修《上蔡县志》。杨宏，杨廷望子。张沐，字仲诚，号起庵，河南上蔡人，顺治十五年进士，出知直隶内黄县，从孙奇峰学，汤斌称赞其学"脚踏实地"，学者称其"上蔡夫子"，事见《洛学编》。此本当在修上蔡祠时所刻，奉于祠学。

清圣祖康熙三十六年丁丑（1697年），卒后576年。河南许昌襄城县令刘子章刻《上蔡先生语录》，刘青霞为之序，今佚。

刘青霞《重刻谢上蔡先生语录序》：

圣贤之道昭昭天壤间，备载于六经四子之书，后之学者惟是熟读精思，以窥大道之要领，而究圣贤之精义可已，尚俟语言文字之烦乎哉？然阐发昔圣昔贤之微言奥旨，以贻我后人，又不能不借于语言文字，此先儒语录所由作也。犹忆余儿时先大人尝手一编，示小子曰："此《谢上蔡语录》也，其详玩之。"余受而卒读，未能深究其意蕴，因不识上蔡为何学。稍长知读书，颇究心儒先家言，因历考先生之生平。先生少博洽，初见子程子纯公于扶沟，从受学，语次举经史无遗失。程子曰："贤记得许多，抑可谓玩物丧志矣。"先生惭，汗浃背。程子因教以静坐。质少鲁，然诚笃，每理会未深彻，则其颡有沘。久之，恍然有得。后卒业于伊川正公，孜孜于克省甚力。其言曰："克已须从性偏难克处克将去，而内自省。大患乃在矜，痛克之。"是则先生一生得力于程氏两夫子，而其所为学则皆笃志力行、圣贤切实为己功夫，故其见之论说，无非由躬行实践体认而出，真足以发明圣贤之旨，而为六经四书之羽翼者，固不徒以语言文字求著称于后世而已夫，乃恍然于先大人授书之微意也。《语录》为紫阳子朱子所编定，分为上、中、下三卷。明正德间刻于南都者，岁久渐就模糊。今康熙丁丑，邑令豹南刘公慨然出资以雕，工既竣，命霞为之序。霞追忆庭训，深愧服膺之未能也，聊识授书巅末，以冠其首云。①

按，丁丑，康熙三十六年。刘青霞（字啸林，1660—1717），襄城人，有《慎独轩文集》八卷。刘子章，字道闇，贵州贵筑人，康熙辛酉科以第一举于乡，任镇远教授，擢襄城令，擢山西道御史河东巡盐，有《豹南诗集》。

清圣祖康熙三十七年戊寅（1698年），卒后577年。河南提学道张仕可、上蔡县令刘国相、西平县令刘斯蕃、博士诸生韩昊、魏标实重刻《上蔡先生语录》于河南上蔡祠堂。该本以舒逢吉、杨宏为底本校刻，今佚。

六月，张仕可《重刻上蔡先生语录序》：

《上蔡谢先生语录》刻既成，所司请余数言弁首，盖以序重刻是书之由，与董是役者之姓氏及始终，是书之年月，将垂永久以志不忘。非敢序先生也。呜呼，汉魏以来，佛老之徒浸淫于中国，相与崇尚虚无，放废先

---

① ［清］刘青霞：《慎独轩文集》卷一，第5a-6a页，《四库存目丛书》第277册，齐鲁书社，1997年，第403页。

王之礼乐刑政，而儒术大坏。隋唐间，王通韩愈诸君子力争之而不能救。至宋兴百余年，河南程氏二夫子出，上接孔孟之传，下启考亭之绪，而圣道复明。先生亲炙二程善言德行，《语录》一书经朱子之论定，世共宗之。其锓版于祠，屡易而辄败者，由岁久而尊信其书者之众也。余悉视中州学，过先生里门，谒其庙，奉祀者以是书进，而字迹磨灭，几有不可复辩者。因于校士之暇，取他家善本补其残缺，捐赀付刊。而上蔡令刘君国相署县事，西平令刘君斯蕃，博士韩君杲、魏君标实，共襄厥事。其奔走而承命者，则祠生谢永锡也。鸠工于丁丑十月，竣事于戊寅六月。

按，该本今佚。张仕可，（字惕存，1650—1706），江苏镇江京江人，相国张素存弟，康熙十五年丙辰科进士，康熙三十六年任河南按察司佥事、提学道。刘国相，镶黄旗人，康熙三十四年任上蔡县令。刘斯蕃，江西金溪人，康熙三十二年任西平县令。韩杲、魏标实，生平不详，校刻事。以上生平见《河南通志》。详见本书《附录二》。

清圣祖康熙四十八年（1709年），卒后588年。福建巡抚张伯行在福州正谊堂书院刊《正谊堂全书》，收录《上蔡先生语录》三种，然多改书中章节次序。今存。

张伯行（字孝先，1651—1725），号恕斋，晚号敬庵，河南仪封人，在闽期间建鳌峰书院，主持刊刻《正谊堂全书》，刊刻历时数年。康熙本《正谊堂全书》已严重散逸，然《上蔡语录》三卷犹存。张伯行将谢良佐与闽学联系起来，其《序》称："闽学渊源半归文定，则上蔡之为也。"①

张伯行于康熙四十八年（1709）在福州正谊堂丛书校刻《正谊堂丛书》，该本卷前有张伯行《原序》一篇，次载汪正、许河两《序》，源于嘉靖徐中行刻本。详见本书《附录二》。

清圣祖康熙四十九年（1710年），卒后589年。湖北应城知县陈时重修谢公祠，坊于祠左。

据《（光绪）应城志》卷二。

清世宗雍正九年（1731年），卒后610年。应城知县李可寀修葺谢公祠。

---

① ［清］张伯行：《上蔡语录序》，《上蔡先生语录》正谊堂刻本，卷前。

李可宋《谢公祠诗》："人无古今异，道在用行时。职忝蒲阳令，躬瞻上蔡祠。清勤官自守，肃穆像堪师。每忆趋庭学，希贤永寄思。"① 此后，光绪年间，应城谢公祠废置。②

清高宗乾隆二十一年、日本桃园天皇宝历六年丙子（1756 年），卒后 635 年。日本学者藤原明远在江户校刻《上蔡语录》，此为域外第一次刊刻，今存。

藤原明远《上蔡语录跋》："《上蔡语录》，凡三卷，定于朱子所编次而施于世也久矣。但皇朝不锓诸木，而其行为希。故书肆崇文堂欲重新剞劂，以广其传，乞善本焉。因为是正以授之。亥豕之谬，犹未能免，幸世之君子再加考订，是则可也。"该书末页有识语："宝历六年丙子九月，东都，日本桥南二町目，前川六左卫门。"可知在东京江户刊刻。

按，藤原明远，即中村兰林。该本以吕留良《朱子遗书》本为底本，另有中村明远校语。详见本书《附录二》。

清高宗乾隆五十七年（1792 年），卒后 671 年。《四库全书》编成，收有《上蔡先生语录》三卷，分别抄有七本，然文渊阁本在抄写时有脱漏。今存。

《四库全书总目》云：

> 《上蔡语录》三卷，浙江巡抚采进本。宋曾恬、胡安国所录谢良佐语，朱子又为删定者也。良佐字显道，上蔡人。登进士第。建中靖国初，官京师。召对忤旨，出监西京竹木场。复坐事废为民。事迹具《宋史·道学传》。恬字天隐，温陵人。安国有《春秋传》，已著录。是书成于绍兴二十九年，朱子年三十岁，监潭州南岳庙时。生平论著，此为最早。……良佐之学，醇疵相半，朱子于《语录》举其疵，于《祠记》举其醇，似矛盾而非矛盾也。合而观之，良佐之短长可见矣。

按，四库馆臣所抄写《上蔡先生语录》，《总目》所谓"浙江巡抚采进本"，实为吕留良宝诰堂《朱子遗书》本。四库现有文渊阁、文溯阁、文澜阁、文津阁等影印流传，检校文渊阁四库本《上蔡先生语录》，该本在抄录宝诰堂本时脱

---

① ［清］罗湘、［清］陈豪主修；［清］王承禧纂：《（光绪）应城志》卷二《建置》，清光绪八年蒲阳书院刊本，第 31a 页。
② ［清］罗湘、［清］陈豪主修；［清］王承禧纂：《（光绪）应城志》卷二《建置》，清光绪八年蒲阳书院刊本，第 28a 页。

漏原版第八、第九两页。由于文渊阁四库本在今使用最广，已引起学界许多误会，甚者以为馆臣漏抄两页乃朱熹编《上蔡先生语录》时所删去，斯足为戒。

清宣宗道光四年、朝鲜纯祖二十四年（1824年）甲申，卒后703年。约是年，朝鲜儒者柳健休校刻《上蔡先生语录》，以金宗德抄本、李象靖标识重加校勘，作《语录考疑》《书上蔡语录后》。该本出自明王畴本，今似佚。

柳健休《大埜文集》卷九《书上蔡语录后》：

> 《上蔡先生语录》三篇，曾经朱文公订定，而明儒崇阳王氏已叹其板本讹舛，不能尽得其旧。况今五六百年之后乎？健休自蚤岁闻先生之风而慕之，恨无由获见其遗书以资警发。日，族君晦则寄示川沙金公写本，其间颇有阙误。辄不揆僭越，谨因大山李先生标识而重加勘核。质以他书，凡得若干条。王氏增录，亦往往有疏漏处，并亦收补一二。名曰《考疑》，附于篇末，以备遗忘。至于博考精雠，尽复其旧，则留竢后人。呜呼！先生尝言："语录才转了一字，便失了他意思。"是录也，盖未必其尽发先生之蕴，而闵肆之论，犹足以使人兴起，若先生真可谓百世师矣。学者诚能求其是处，去其不合做之训，而养之于非着意、非不着意之间，则庶几因此而得其蕴也。愿与同志者勉焉。①

该跋具体年月不知，考《大埜文集》卷之五《答族侄晦则（甲申）》："近因看《后山集》，有论及《近思录》处，仍欲整顿前日乱纸所抄诸说，以便考阅，而才过一行数行，辄欠伸思睡而罢，乃蒙寻数在何书之问，不觉骇然，此向来师友所痛戒者，而一向不知止，病根之未易拔如此，幸时有以警策之也。"②疑当作在甲申年，《大埜文集》《寿静斋集》有二人往返书信各五通，在甲申至甲午十年间，要当不出此十年。

按，柳健休（1768—1834），字子强，号大埜，著有《东儒四书解集评》《大埜文集》等。柳致明《定斋先生文集》三十二有《大野柳公行状》。金宗德（1724—1797），号川沙，著有《川沙先生文集》。李象靖（1712—1781），号大山，学者称"小退溪"，岭南派学者。柳鼎文（字晦则，1782—1839），又字耳仲，初讳齐文、字晦则，以旧字行，曾从金宗德学，著有《寿静斋集》。该书卷

---

① ［韩］柳健休：《大埜文集》卷九，《韩国历代文集丛刊》第110册，第505页c至d。
② ［韩］柳健休：《大埜文集》卷五，《韩国历代文集丛刊》第110册，第421d页。

十二《附录》有柳致明撰《行状》。《上蔡先生语录》传入朝鲜时间不可考,退溪先生李滉多有引用,而未见刊版。据柳健休《跋》,该本以崇阳王畤为底本,由金宗德抄写、李象靖标识、柳健休校勘,作《考疑》附书后。《跋》中未言刊行,殆未付梓。参见本书《附录二》。

清宣宗道光二十七年（1847 年）,卒后 726 年。洪锡谦在歙县至德堂刻《洪刻五种》,谢良佐《上蔡先生语录》为其中之一,今存。

阮亨《洪刻五种序》：“仪封张孝先先生所编《黄勉斋文集》八卷、《吕东莱文集》四卷、《陈克斋文集》五卷、《谢上蔡语录文集》三卷……洪氏藏是版已久,今为修其残缺,补成善本,附以人谱类记墨印,以公同好,因述缘起如此。”按,序云“谢上蔡语录文集三卷”,误,仅存语录,无文集。该本以张伯行正谊堂校定本为底本,行款为 10 行 22 字白口四周单边单鱼尾,今存国家图书馆等。

清宣宗道光二十九年（1849 年）,卒后 728 年。清廷诏谢良佐从祀孔庙,在东庑第五十三位。

五月初六,以上蔡县绅陈震东等人请,河南巡抚潘铎奏请将谢良佐从祀孔庙。

六月十六日,经礼部议,准从祀文庙东庑,在杨时之次,列第五十三位。

同治十二年本《上蔡先生语录》卷前：

> 道光二十九年五月初六日,河南巡抚臣潘铎跪奏,为请将宋臣从祀文庙,以崇正学而励贞修,恭折奏祈圣鉴事。窃据上蔡县绅士陈震东等呈,称邑中宋儒谢良佐学究天人,道宗洙泗,程门领袖,后学津梁。所著《论语说》,朱子采入辑注。其平生服官日少,讲学年多。同学如杨时、尹焞,俱先后从祀两庑,谢良佐学冠同列,继往开来,厥功尤伟。钦唯我皇上崇儒重道,如河南明臣吕坤,本朝汤斌均已从祀文庙。谢良佐方之诸儒,实堪媲美相应,呈请从祀以阐幽光等情。臣思先儒祔飨庙庭,必其人扶持名教、羽翼圣经,始克升诸从祀之列。兹详稽《宋史》列传,并省邑各志乘。谢良佐河南上蔡县进士,系宋贤程颢、程颐高弟,为同学四士之冠。宋建中时历仕州县,俱有政声。嗣以召对除书局官,立朝耿介,未尝干谒于人,致仕后仍亲炙程门,笃志力行,学益纯粹,其扶掖后进,著《论语说》一书为宋贤朱熹《集注》所采四十余条。恭读圣祖《御纂性理精义》称其赓

续，表章与杨尹并著，是谢良佐之锐志去矜勤修、克己躬行实践，远契心传，有裨风化，似堪从祀。兹据该府县查造事实，清册由司具详请奏前来合无。仰恳圣恩准将谢良佐从祀文庙，以崇正学。除册送部外，臣会同学政臣俞长赞谨合词恭折具奏。伏乞皇上圣鉴。

敕下礼臣核议，训示遵行谨奏，奉朱批礼部议奏钦此。

礼部谨奏："为遵旨议奏事，内阁钞出河南巡抚潘铎奏请宋儒谢良佐从祀文庙一折，奉朱批礼部议奏钦此。臣等查原奏内称'谢良佐，河南上蔡县进士，系宋贤程颢程颐高弟，为同学四子之冠。宋建中时历仕州县，俱有政声，罢官后仍亲炙程门，笃志力行，学益纯粹者，著《论语说》一书为朱子《集注》所采四十余条。圣祖《御纂性理精义》称其赓续，表章与杨尹并著，洵能远契心传，有裨风化，恳请从祀文庙，以崇正学'等语，并造具事实清册咨送到部，臣等伏思先儒祔飨庙庭，厥典巨至矩，慎之又慎，犹恐稍滥。兹查《宋史》及《洛学编》等书所载，谢良佐从二程子游与游酢杨时吕大临号程门四先生，所著《论语说》经朱子采入《集注》四十余条，所存《语录》经朱子刊定为三十余章。我圣祖仁皇帝《御纂性理精义》凡例谓其与杨尹诸儒赓续表章，尤为千秋定论。臣等悉心稽核谢良佐有圣祖为之褒显，有朱子为之表章，其师二程早隆特豚之享，其友杨、尹亦列两庑之班，以之祔祀，允协至公，应如该抚所奏，准其从祀文庙东庑，在宋儒杨时之次所有。臣等遵旨核议缘由是否有当。伏候训示遵行。为此谨奏请旨。道光二十九年六月十六日奏，本日奉旨依议，钦此。"①

陈震东《谢显道先生入庑碑记》略云：

宋儒谢先生……其学术纯正有功圣学，不亚于杨、尹诸子。乃杨、尹久列从祀，独夫子未经表扬，实属缺憾。余到蔡与副斋、芸坡有同心，以杨中贶新擢谏院，乘此机会记其专折呈奏，似无不可。适镇平高老师有信云：此事须由地方办起，庶为直捷。爰集士绅，各捐资斧，不期月得钱一百五十串文。奈册费浩繁，捐项尚不敷用。祠生谢有恒又附钱一百三十串

---

① 《重刻上蔡谢先生语录》卷前，清同治十二年上蔡学署刻本，北京师范大学图书馆藏（登记号：506375）。

文，始克全此盛举，于道光二十八年腊月转详，至二十九年制下，准祔东庑杨子之次，于是列入贞珉，以志不朽云。①

按，潘铎（字木君，1793—1863），号振之，江苏江宁人，道光十二年进士，历河南、湖南巡抚等，官至云贵总督，上疏请谢良佐从祀孔庙。陈震东，字育堂，号云房，河南上蔡人。

清文宗咸丰七年丁巳（1857年），卒后736年。 潘铎在京重刻《上蔡先生语录》，潘铎以张仕可本为底本校对，祁寯藻、周祖培作《跋》。今佚。

四月，祁寯藻《谢文肃公语录跋》：

> 《谢文肃公语录》三卷，曾天隐、胡文定公所录，朱子据括苍吴任写本、吴中刊本与胡文定家写本参校删定者也。《钦定四库全书》所载浙江采进本，坊间罕见传刻，惟上蔡祠有重校本上、中、下三卷，后附以《考证》《传》《跋》，京江张氏仕可序而刻之，盖已非宋本之旧矣。潘木君中丞官河南时，以上蔡亲炙程门，其学得伊洛正传，《语录》一书尤为切近。我圣祖《御纂性理精义》与杨、尹诸儒并加褒显，惟从祀之典阙焉未备。于是具疏上请于朝，蒙宣宗成皇帝俞礼臣之议，俾从祀文庙东庑，盖所以表章先儒，兴起后学，为人心风化计者至深远也。顾其遗书刊本，但藏乡祠，印行盖鲜，且岁久漫漶，字句讹脱，编次前后亦间有参差，中丞更欲为精校重刻，以广其传。会量移湖南，值粤匪之警，守城筹饷。军务倥偬，未遑它及。比年奉召还朝，始得手校付梓，而先以祠本见示，属为之序。寯藻窃惟伊川程子尝谓上蔡勤学，以切问近思许之。朱子与吕东莱先生，寒泉精舍采取周程张子之书，亦以"近思"名编。盖以圣人之道大而能博，惧夫初学者不知所入也。因择其关于大体而切于日用者使之求端用力，而不至误于他歧。故四子为六经之阶梯，《近思录》即为四子之阶梯。上蔡之学与程朱先后同揆，其《语录》又经紫阳删定，可与《近思录》互相发明。学者诚得此而研究之，去其矜心以从事于圣人切近之训，即行以验知，由体以达用，处为良士，出为循吏，其在斯乎？然则中丞勤勤校刊之微意，与夫平昔师法之所在亦可概见已。咸丰七年孟夏之月，寿阳后学祁寯藻谨跋。

---

① 《上蔡县志》，转引自杨周靖主编：《上蔡先生语录译注》，第396页。

七月，周祖培《上蔡先生语录跋》：

《上蔡语录》宋本旧有四篇，其中舛伪颇多而吴中刊本尤甚。至诋程氏以助佛学，朱子斥为近世学佛者私窃为之，以伉其术。爰是严加删定，并将卷中失本旨杂他书者，亦刊去之，订为三卷，即今所传《语录》是也。篇中第一条即辟佛教轮回之说，又论心性之学斥彼教有私意而终归妄诞。盖上蔡用力向道，唯恐流于禅关，观其闻伊川之语有云若不得他救拔，便转入禅释去也，则其深绝佛学可知。至其以生意论仁，以实理论诚，以常惺惺论敬，以求是论穷理，尤先生生平得力处，学者可以知所从入矣。圣祖《御纂性理精义》与杨、尹诸儒同加褒美。是编已采入《钦定四库全书》，惟坊间无刊本，莫广其传。培生于是邦，去先生世远，而去先生之居近，于先生之遗书未能刊布，余之愧抑亦中州士人之愧也。木君中丞从而表章之，先有从祀文庙之请，复将乡祠藏本重校付梓，其所以尊先儒而兴后学者，人心风化维系深矣。因记数语于后，以志欣幸景仰之忱云尔。咸丰七年丁巳七月，商城后学周祖培谨跋。

祁、周《跋》并见同治十二年重刻本卷后附录。按，祁寯藻，字叔颖，一字淳甫（避同治讳改为实甫）、春阳，号春圃、息翁、间叟，山西寿阳人，嘉庆十九年甲戌科进士，道光间入军机处，官至大学士，咸丰四年致仕归乡，谥文端。周祖培，原名之翔，字淑滋，号芝台，河南商城人，嘉庆二十四年进士，选庶吉士，咸丰年间由刑部尚书任实录馆总裁等职，咸丰六年加太子太保，调吏部。

又按，咸丰二年，潘铎迁湖南布政使；三年，以病乞罢，居山西。据同治二年金宝符《跋》可知，此本在京校刻，"板存北平"，由金宝符携带二十本送上蔡学署。此本据"乡祠藏本"，即张仕可康熙年间在上蔡谢公祠本为底本。潘铎本今佚。

清文宗咸丰八年戊午（1858年），卒后737年。河南上蔡县令金宝符重修上蔡祠堂，有记。

清金宝符《重刊谢上蔡先生语录跋》："咸丰丁巳，符之官上蔡……越明年戊午，捐廉为先生重新祠堂。祠成，率邑认识成礼焉。"①

金宝符《重修宋儒谢上蔡先生祠堂记》：

邑南郭外，旧有宋儒谢上蔡先生祠，即旧碑所称"元代就其居址建置书院"者也。明季毁于兵燹，不修者百有余岁。我朝康熙年间，前令杨君廷望移建书院于西城内，以是为先生专祠，而留心经理益渺。丁巳冬，宝符筮仕兹土，窃以沐贤儒遗泽为幸。比下车祗谒，则祠宇仅存，后余茅屋数椽，以栖守祠者。荒烟蔓草，几成邱墟。当即有意修葺之。未几，阜匪跳梁，设防东鄙，旋又未遑。越夏徂秋，年丰政举。乃进绅士而告之曰："祠不修且废，余之责，亦诸君之责也。"适有李明经正名者，弱冠穷经，颇知向往，首请捐赀，余喜函捐廉助之。于是，延二、三董事，相度地势，诹吉鸠工。首新祠堂三楹，用文肃遗像专祀；复建亭于右，曰著书，存古迹也；建斋于左，曰集贤，备文也；积山穿洞，资吟兴也；东南建迎旭台，就祠外鸡鸣岗起文峰塔以辅之。先生为斯文宗派，冀以辉映远迩者，振一邑之文风也。三越月而厥工告成，计费制钱八百缗有奇。丹漆焕新，竹木生辉。过其地者，无复曩昔凋零之感焉。

夫先生师事程门，与尹子、杨子、游子偕称高足，而徽国文公犹拳拳服膺于先生，非先生之志去"矜"，讲求切近，承师道而接心传，曷克臻此？乃何以臣民吁请从祀庙庭，迟迟在三子后，岂前贤之食报、后人之表彰亦有数欤？然立说著书，辅世翼教，固自宋迄今数百年来莫不知有先生。附编兹既仰荷盛典尊崇，潜德彰而幽光著，亦足以告无憾于先生而增光于梓里矣！若其生平，教学次第与夫立朝风采，出宰政绩，已见于传记诸书，无烦备载。所望后之士大夫随时补直，勿令先正凭依之乡、诸生矜式之地观法渺然。是则余之厚幸也夫。（见《上蔡县志》。）

按，金宝符，山东历城人，官上蔡县令。

清穆宗同治二年癸亥（1863 年），卒后 742 年。金宝符检阅《上蔡先生语录》刊本，细加校雠重刻作跋，今存。

七月，清金宝符《重刊谢上蔡先生语录跋》：

---

① 《重刻上蔡谢先生语录》附录，清同治十二年上蔡学署刻本，北京师范大学图书馆藏（登记号：506375）。

《谢上蔡先生语录》卷上、中、下三卷，潘木君中丞在京所刊本也。咸丰丁巳，符之官上蔡瑛兰坡，方伯出是编二十本付符，携至蔡散其后裔绅士。符抵任后，谏吉斋戒，备祭品敬谒先生祠，访其坟墓而栋宇荒凉、邱陇失考，仅余一守祠者。闻城西有谢堂村，意必有先生族人。公余亲诣其地，召耆儒谢先生献成询求至再而谱牒失传。自谢生永锡后，后裔无征，城乡各茔亦均无当时片石只字得以摩挲故物而参证其是非。呜呼，良足慨已。越明年，戊午，捐廉为先生重新祠堂，祠成率邑人士成礼焉。爰念木君中丞刻本板存北平，决意就近重刊以广其传。复以连年兵燹，筹防少暇。壬戌岁，调任邺园，簿书鞅掌。冬，复筹防东匪，旋又不遑。今年境内乂安听断。余间为安邑崔文敏公重订文集，始检先生语录刊本，细加校雠，付诸枣黎。刻既竣，备公牍移送上蔡学宫，庶几先生桑梓之邦永远传布。为蔡州有志学问者垂致知力行之方，收明体达用之效，而符数年来殷殷向慕之私衷亦于是而大慰矣。若夫《语录》，与圣道相发明，与木君中丞之有功阐扬，则祁、周两相国言之已详。应无烦符之赘言也夫。同治二年癸亥七月，山左历下后学金宝符沐手谨跋。

按，咸丰丁巳，即咸丰七年。金宝符到官后访上蔡县城谢堂村，致询儒生谢献成，而上蔡谢氏谱牒都已亡佚。谢永锡，上蔡县祠生，康熙年间人，张仕可刻《上蔡先生语录》时由永锡奔走承命。金《跋》见清同治十二年上蔡学署刻本。按，此本据咸丰七年潘铎在京刻本为底本覆刻，刻成后，明年请景其濬作序，版木移交上蔡县学。

清穆宗同治三年甲子（1864年），卒后743年。 景其濬作《上蔡先生语录序》，将版木移送上蔡书院。

二月，金宝符以所刻《上蔡先生语录》三卷邮寄景其濬问序。景《序》：

今天下之通弊，在于矜。自用者，愚而矜；自专者，横而矜；自恃者，慎而矜；自是者，僻而矜；自大者，骄而矜；自文者，诈而矜；自欺者，侈而矜。自公卿、大夫以至于士庶人，相率而趋于亡，为有虚，为盈约，为泰之一途。于是乎粉饰治术，而上下之情日睽睽，则离则乖，乖则争，争则患。气中于人心，感乎天地。小之为不孝、不悌、不慈、不友之伦；大之为劫夺、叛逆之类，而流毒几于不可问。呜呼！孰知矜之弊之至于此极耶？故欲正天下之治术、学术，莫要于去矜。先儒之能去矜者，莫如上蔡谢显道先生。显道先生为程门高弟，与伊川先生别一年来见，问所学，谢曰："惟去得一'矜'字"。伊川先生许为"切问近思之学"，此《大学》之所谓"自修"，颜子之所谓"克己"也。其后历得失患难之间，屹然一无所动。晚年深悟，无微显内外，一以贯之之旨，得力实在于此。予奉视学豫省，谆谆以河洛之学勉多士。盖欲学孔孟之学者，当自学程子始；欲学程子之学者，当自学显道先生始；学显道先生之学，又当自克去"矜"字始。为政者能去矜，则公虚平恕，足以化强暴而酿太和；为学者能去矜，则切近笃实，可以端坊表而移风尚。合天下公卿、大夫、士庶人，相率而入于公虚平恕，切近笃实之域，附编则天下之患气，将不除而自消矣。

癸亥之冬，安阳金大令西农邮寄所刊《谢上蔡语录》三卷，问序于予。呜呼！大令当戎马倥偬，供亿纷繁之日，而警表章上蔡之学，殆深观于今天下受弊之源，而思所以转移之与？大令诚先得予心者乎？予何言哉？惟以上蔡去矜之学，与大令暨天下士大夫共勉之而已矣！同治甲子仲春下澣，黔南后学景其濬相谟。

景其濬，字剑泉，贵州兴义人，咸丰二年进士，曾任河南学政，官至内阁学士。该《序》以行草书于同治十二年刻本卷前，有"臣景其濬"和"剑泉"墨印。今见同治癸亥本《上蔡先生语录》卷前皆有景《序》，盖新雕其序附入二年版木中。

清穆宗同治五年丙寅（1866年），卒后745年。左宗棠重刻《正谊堂全书》，收录《上蔡先生语录》三卷。今存。

按，同治五年《正谊堂全书》收《上蔡先生语录》一册，今存。

清穆宗同治十二年癸酉（1873年），卒后752年。河南上蔡书院覆刻《上蔡先生语录》，今存。

同治十二年癸酉本与同治二年癸亥本版木、行款一致，未新增序跋。详见本书《附录二》。

清德宗光绪七年（1881年），卒后760年。贺瑞麟创正谊书院，主讲二十年，其间陆续编刻《西京清麓丛书》，凡三编，共161种（附8种），收刻《上蔡先生语录》三卷，今存。

贺瑞麟，原名贺均，榜名瑞麟，字角生，号复斋，又号清麓山人，陕西三原人,道光二十二年秀才,近代关学代表人物。《西京清麓丛书》自同治至民国陆续刊印,今上海图书馆等各大馆有藏全套,齐鲁书社(2018 年)据以影印。

民国二十八年(1939 年),卒后 818 年。商务印书馆编印《丛书集成初编》,收入《正谊堂丛书》本《上蔡先生语录》三卷,铅字排印。今存。

民国三十年(1941 年),卒后 820 年。马一浮在四川乐山复性书院刻《上蔡先生语录》三卷,今存。

抗战时期,浙江马一浮在四川乐山乌尤寺建复性书院,书院于 1939 年开讲,到 1941 年被迫停课,旋即开始刻书,以存华夏文脉。《复性书院丛书》先后刻书 30 余种,《上蔡先生语录》为其中之一。据马一浮《复性书院拟先刻诸书简目》:"《上蔡语录》三卷。宋曾恬、胡安国录谢良佐语,正谊堂本。"可知该本以张伯行为底本,此外,该本附有张立民、刘锡嘏《校记》一卷。今存。

附录二

《上蔡先生语录》的版本与流传

《上蔡先生语录》成书之后，曾被编入南宋浙中地区刊刻的道学丛书《诸儒鸣道集》，系至今唯一仅存宋刻本，弥足珍贵，北京大学出版社《儒藏·精华编》点校本即由严文儒先生以此刻为底本整理而成。然而，该本来历存疑，前后无序、跋，学者或以为属于"盗印本"，其文本内容也存在一定的争议。[1]《诸儒鸣道集》在南宋以后鲜少流传于世，对后世学界的直接影响不大，而明、清两代士人以及朝鲜、日本儒者所研读的《上蔡先生语录》另有来源。然而，由于《上蔡先生语录》是判断《诸儒鸣道集》成书年代之关键证据，其间的版本、文本之关系未能澄清，由是造成了学界相关研究的不少误解，值得加以仔细考察。[2]

一、明代《上蔡先生语录》刊刻与上蔡学之转向

目前所见，《上蔡先生语录》宋刻本仅剩《诸儒鸣道集》丛书中所收1种，学界对此研究已较为完善，此不赘述。宋末至明中叶未发现有刊刻。到了明代正德年间以后，随着阳明学思潮的兴起，一些宋元时期的理学著作得到了重刻。与此相应，南京国子监的一批朱子学者通过刊刻、校增《上蔡先生语录》，引入朱熹、黄榦等人的评语，批评上蔡学中的"心学"因素，其目的、手段与影响皆值得通过版本学的考察加以检讨。通过检阅文集、海内外书目的著录，目前可发现明刻本《上蔡先生语录》共7种。

（一）明正德八年南京汪正刻本

除《诸儒鸣道集》之外，现存《上蔡先生语录》的最早刻本当属于明正德八年汪正南京刻本，此本《中国古籍善本书目》著录，目前仅存1部，藏浙江省图书馆，共一函三册，字迹多有漫漶不清，间有整版断裂之处，属于较后期

---

[1] 参见田智忠：《〈诸儒鸣道集〉研究——兼对前朱子时代道学发展的考察》，北京：中国社会科学出版社2012年版，第44页。
[2] 北京大学李根德博士曾以国家图书馆藏明正德九年刻本和数种清刻本进行过校对，然由于所见版本不足，误判较多。参见李根德：《谢良佐〈上蔡语录〉研究》，北京大学哲学系2001年硕士论文。

的印本。是本半页十行，行二十字，校注语小字双行，双鱼尾相对，白口，版心上鱼尾下题"上蔡语录卷上/中/下"，下鱼尾上为页码。

该本卷端题"上蔡先生语录上/中/下"，次行空八字列署"崇阳王畤校增"；正文每章首行顶格，次行之后皆低一字。王畤校增语均另起一行，低一字"增录××语"，增录内容均低二字。第一册卷前有刊者汪正序，半页七行，落款为"正德癸酉夏六月庚子麻城汪正谨序"。取与它本比较，该本已非完帙，多有脱页，其中卷上脱第十九页，第二十一页（含）以后全脱，卷上约计脱落六页。此外，第三册卷末没有王畤的跋语，似为脱落所致。

该本的刊者汪正，字端甫，湖北麻城人，弘治二年举人，时任南京都察院监察御史。汪正序交代了该本的刊刻过程：

> 正生平知有先生《语录》，求之三十年于兹。今春仲始得乡友王叙之所受于月湖杨公方震抄本，间亦字有差漏。叙之稍加订正，取儒先辩论增入之，以便观阅。正以书肆板本无行，虞四方人士之所思，即正蚤岁之所求也。遂出俸易木募工刻于南都京畿道职思其居之轩。①

王畤，字叙之，崇阳人，登正德三年进士第，授南京大理寺评事。王畤是明代朱子学者罗钦顺在南京国子监时期的学生。② 本序中王畤又交代自己师从月湖游学。月湖即明代理学家杨廉（1452—1525，字方震，号月湖先生），著作有《杨文恪公集》《皇明经世文编》《皇朝理学名臣言行录》《程氏遗书、外书分类》《大学衍义节略》等传世。杨氏师从胡九韶，为吴与弼再传，与罗钦顺、余祐等人来往，是明代中前期一位较有影响力的朱子学者。③ 根据该序所言，《上蔡先生语录》明代中期的流传已经较为稀少，仅在南京的少数朱子学精英士人群体中传抄，以致汪正求书三十年难以一见。

从文本形态上看，此本的形成经历了杨廉抄本、王畤校增抄本、汪正刊刻本三个阶段。与宋刻《诸儒鸣道集》本相较，该本最大的不同主要有三点。

其一，收有朱子绍兴末年后序、胡宪跋、朱子乾道四年后记，可补宋刻本缺乏序、跋之不足。

其二，与鸣道本相校，该本在卷下"张横渠著《正蒙》"章以后，至"尧

---

① 浙江图书馆藏正德八年本《上蔡先生语录》卷前。
② ［明］过庭训：《本朝分省人物考》卷七十六，《续修四库全书·史部》第535册，上海：上海古籍出版社2002年版，第260页。
③ 罗钦顺《困知记》中曾引杨廉《复余子积书》，涉及理气论、性论等话题。

<<< 附录二：《上蔡先生语录》的版本与流传

夫易数甚精"章以前共计脱漏9章内容。据王畤说：

> 畤曩读《上蔡先生语录》，病其讹舛，尝徧求抄本校之。……中论"尧夫易数甚精"一节，唯有"近事当面可验"云云，而以上廿四字，诸本皆无，知为抄录之阙，因取以续之，而右复有衍纸，约当录百言而阙者，则漫无所考焉。①

可见，杨廉所予抄本语录在卷下已有多处脱文。其中，"尧夫易数甚精"一节，又载于《二程外书》卷十二收录《上蔡语录》，故王畤据以补全。而其余9章则从此亡佚，仅见于《诸儒鸣道集》。除鸣道本之外，现存各版本《上蔡先生语录》皆脱此9章。有学者曾误会这9章是朱熹乾道四年再编《上蔡先生语录》所删去，以致做出了不恰当的推论，应该予以纠正。②

此外，正德八年本的校增者王畤也根据各种抄本进行了校正与整理。例如，卷上"古诗即今之歌曲"章，有"今人学诗，将章句横在肚里，怎生得脱洒去，莫道章句，便将尧舜横在肚里也即不得"句。"洒去"二字，抄本作"乃云"，语意不通，显系形近讹误，王畤校改并加小字注"一此下有'乃云'字"；"也即不得"处，原文语意不通，王畤校删"即"字，加小字注"一此下有即字"。这些校语不见于《诸儒鸣道集》本，而都出现在明代以后的刊本《上蔡先生语录》，由此可见，正德八年本乃明、清、朝鲜、日本各版本之祖本。

其三，汪正在刊刻时保留了王畤从《伊洛渊源录》《二程遗书》《二程外书》《朱子语录》《勉斋集》等书摘录的朱熹、黄榦、真德秀、胡居仁等人对谢良佐评语。这些评语有的附在相关语录下，有的作为附录置于全书末尾。由于排印时校刊未精，这些增补评语有时与谢良佐的原文相互混淆。例如，卷上"庄周如何"章在排版时全部顶行书写，与增录朱子评语难以区分；此后明正德九年本、明万历本、清刻本等皆将此章误会作朱子语。

从内容来看，王畤增补的评语主要是以朱子学的立场批评、补充上蔡学，显示出了严格的朱子学立场。作为《上蔡先生语录》的传抄、刊刻者，杨廉、

---

① 浙图本脱落该《跋》，转引自日本国立公文书馆藏万历本。又见〔清〕陆心源：《皕宋楼藏书志》，第三册，许静波点校，杭州：浙江古籍出版社，2016年，第674-675页。
② 田智忠：《〈诸儒鸣道集〉研究——兼对前朱子时代道学发展的考察》，中国社会科学出版社2012年版，第44页。又如，卷下脱漏的"荆公胜流俗"一章，佐藤仁先生曾从黄震《日抄》中见到引用，但由于不见鸣道本，以至于研究无法继续进行。参见〔日〕佐藤仁：《朱子と謝上蔡》，广岛哲学会：《哲学》，1979年总第31期，第2-14页。

269

王畴、汪正等人对于谢良佐的思想观点并非完全赞同。因此，王畴在跋语中强调自己"辄敢增入，使读者不惟易于知言，而必求先生造诣之地；不惟以先生为的，而要其归于圣贤之域焉"①。这里隐含的意思是上蔡学不足以称为圣人之学，评判的标准乃是朱子学。

对此，日本学者荒木见悟曾说："盖《上蔡语录》，非脱离朱子学之见地，予以虚心研读，不为功也。"② 汪正在序言中还提出："（上蔡）先生之所从事，得古圣贤之心学。"③ 此处明确地将上蔡学定位为"心学"并通过朱子学的语录提出批判，其中隐微之意颇值得揣度。可以说，经过王畴等人之手，《上蔡先生语录》已变成了明代朱子学视野下的上蔡学，这是值得留意的学术史转向。④

（二）明正德九年河南上蔡县学许翔凤重刻递修本

明正德九年（1514年），汪正以监察御史过河南上蔡县，携带南京国子监本拜谒上蔡祠堂，河南汝宁府上蔡知县许翔凤据以在上蔡县学重刻。该本今存有两种，其一藏日本东京的静嘉堂文库，见于《静嘉堂秘籍志》，属陆心源十万卷楼旧藏，亦见清人陆心源《皕宋楼藏书志》。

另一藏国家图书馆，《中国古籍善本书目》著录为"明正德九年许翔凤刻递修本"，共一册，是本半页十行二十字，白口四周单边。笔者至中国国家图书馆查阅，发现该本封底贴有一张"中国书店"的标签，上面写着出售价格、日期，应当是中国国家图书馆从中国书店购入。该本无函装，封面、内页有多处从版心断裂为两片，目前国家图书馆已对其启动古籍修护。首页有汪正序，卷上、卷下内容完整，卷中脱第六页（从第13章"以和乐养之"起，至第14章"非礼则勿视听言动"前脱，共计脱337字）。此外，卷中第十二页、第十三页、第十四页，卷下第一页皆为补版，补版字体僵硬、呆滞。尤为值得注意的是，该

---

① 参见［清］陆心源：《皕宋楼藏书志》第三册，第675页。
② ［日］荒木见悟：《上蔡语录解题》，《上蔡语录·鸣道集》，台北：中文出版社，1979年。
③ ［明］汪正：《上蔡先生语录序》，浙江省图书馆藏明正德八年本卷前；另可见《正谊堂丛书》本《上蔡先生语录》卷前。
④ 同济大学哲学系助理教授刘昊博士曾提醒笔者，可留意该书的刊刻与正德、嘉靖时期阳明心学兴起之间的关系。这一提醒是极有创见的。经过观察，不难发现，参与传抄、刊刻《上蔡先生语录》正德八年本的人员皆是南京国子监中的朱子学者。该本的刊刻，反映了明代中期的朱子学者正主动通过刊书活动来回应兴起中的心学思潮。与此相对，阳明学的学者群体在刊刻《象山文集》《慈湖遗书》之余，也刊刻吴澄等朱子学著作，并对其进行了心学式的解读，阳明及其门人还编撰了《朱子晚年定论》《大儒心学录》等书。明代中后期的编书、刻书活动与理学、心学思潮之关系，是一个尚待拓展的话题。

本书中有多处朱笔圈批，圈示内容与黄宗羲《宋元学案》中的《上蔡学案》之内容完全吻合，而全祖望、王梓材、冯云濠增补的《上蔡语录》条录皆没圈示。黄宗羲对《上蔡语录》推崇备至，"程门高弟，予窃以上蔡为第一，《语录》尝累手录之"，① 推测该本与黄宗羲《上蔡学案》有一定关系，或即黄宗羲批校本。

是本书末刻有"墨斋"（竖钤）、"国祯"（横钤）、"赐辛未进士第"（横钤）三枚印，考刊者许翔凤，字国桢，号双溪，山西洪洞人，登正德六年辛未科进士，授上蔡知县，升御史巡按，可知皆为许翔凤印章。② 与正德八年本相较，是本卷首均有汪正序，而卷末增多王畤跋一篇，末署"崇阳王畤谨识"，当自正德八年本而来。书末的许翔凤《重刊上蔡生谢先生语录叙》记载该本刊刻过程：

> 翔凤顷家食时，尝慕宋儒上蔡谢先生……惜未得其全帙，每用为念。乃岁壬申春奉命来知县事……先生十九世孙祯及诸士大夫……金云兵燹之后无有存者。越明年癸酉，柱史麻城汪公过蔡，晋谒祠下，因出《语录》全书一帙。……用是捐俸锓梓，嘉与四方之士共之。时正德甲戌夏四月之吉后学河东许翔凤谨书。

从描述来看，由于北方中国久经兵燹，连谢氏后人谢世祯等上蔡县的士人都已久无藏本，说明上蔡学在上蔡当地的传承早已中绝。

（三）明嘉靖三十八年福建养正书院金立敬重刻本

据《台州府志》卷一百零二载，金立敬（字中夫，1515—1592），号存庵，台州临海人。嘉靖十六年，举于乡；二十九年登进士第，授南京兵部主事。嘉靖三十八年，出为福建左参议，改福建提学副使。在福州期间，金立敬修建养正书院，并重刻《上蔡先生语录》及其父亲金贲亨所编《道南录》。直至嘉靖四十三年，金立敬丁父忧才离开福建。隆庆四年，金立敬在河南又重刊《二程遗书》，隆庆四年《皇朝中州人物志序》。金立敬还有《重刻上蔡语录跋》一文，反映出了台州士人外出仕宦时传播上蔡学的情况。③

据《中国古籍善本总目》，福建省图书馆藏有明刻本《上蔡先生语录》一

---

① ［清］黄宗羲原撰，［清］全祖望补修：《宋元学案》卷二十四《上蔡学案》，第917页。
② 参见［明］过庭训：《本朝人物省分考》卷一百，《续修四库全书·史部》第535册，第722页。
③ 《（民国）台州府志》卷一百零二，页11b至页12a。

种，该本十行二十字，白口，左右双边。① 由于该馆迁建，古籍部善本已封藏数年不予借阅，未详该本是否即金立敬在养正书院所刻。

（四）明嘉靖四十一年上蔡县学徐中行刻本

明嘉靖四十一年（1562年），河南汝宁知府徐中行、上蔡知县许河重刻《上蔡先生语录》，该本今佚。徐中行《上蔡先生语录序》已佚，许河《上蔡先生语录后序》尚可见于万历郎兆玉刻本卷末、《（康熙）上蔡县志》以及清代正谊堂丛书本《上蔡先生语录》卷前。

该本据正德九年许翔凤上蔡县学本重刻，据许河《上蔡先生语录后序》：

> 兹岁壬戌，承命来尹是邦，恭谒祠下，既慰仰止之思，而郡伯龙湾徐公方以兴起斯文为己任，谓是录之刻岁久模糊，不便观览，遂捐俸重梓以公天下。既自以为《序》以引其端，乃复命河序其后。

郡伯龙湾徐公，徐中行（字子舆，1517—1578），号龙湾、天目山人，浙江湖州府长兴人，明嘉靖二十九年进士，为明"后七子"之一，著有《天目山人集》。嘉靖四十一年，徐中行除丧服，补汝宁知府。许河，字子澄，由常熟县学举，嘉靖三十八年知浦江县，四十一年改知上蔡县。许翔凤在正德九年（1514年）在上蔡县祠所刻本，至此已经近50年，岁久模糊。该本即由徐中行、许河重刻于是年。

（五）明万历四十三年上蔡祠堂郎兆玉刻本

万历四十三年，上蔡知县郎兆玉据嘉靖四十一年徐中行刻本重刻《上蔡先生语录》，书末有许河后序，署"嘉靖壬戌季秋知上蔡县事常熟许河谨叙"，但未见徐中行原序。该本仅日本国立公文书馆存一部，共2册，原属日本出云守毛利高标所藏，毛利氏在文政年间（1818—1829）献给幕府，明治初年经太政官文库而归内阁文库，今属日本国立公文书馆。

该本书前有汪正序，与正德八年本同。正文卷前题"上蔡先生语录卷上/中/下"，次行低9格列"崇阳王畴校增"，次列"长水后学岳骏声校阅""武林后学郎兆玉""桂林后学秦时懋""燕台后学杨若梓同校"。四周单边白口，半页九行，行二十字，单鱼尾，上鱼尾底下列"语录卷上/中/下"，下列页码。该本字迹清晰俊朗，全书无脱页，完整保存了王畴校增的原貌。

此本由嘉靖徐中行本重刻，故《内阁文库汉籍分类目录》误据许河后序将

---

① 翁连溪编校：《中国古籍善本总目》第三册，北京：线装书局，2005年，第794页。

<<< 附录二：《上蔡先生语录》的版本与流传

该本著录为"明嘉靖年间龙湾徐氏刻本"①，严绍璗先生《日本汉籍善本书录》承袭其误。②今考该书校阅者岳骏声、郎兆玉、秦时懋、杨若梓数人都为明万历年间人。其中，总校者岳骏声在万历四十三年乙卯（1615）升任汝宁知府。③校阅者郎兆玉、秦时懋同为万历四十一年癸丑科进士。④郎兆玉，字宪白，号明怀，浙江仁和人，治《周礼》。据《（康熙）上蔡县志》卷二载："万历……丁巳，知县郎兆玉，俱重修焉。明末，毁于寇，遗像露处。"⑤ 丁巳即万历四十五年，上蔡知县郎兆玉重修上蔡祠堂，其《重修谢上蔡先生祠堂记》云："予甲寅之腊月，奉命筮仕上蔡。"可知，郎兆玉在万历四十二年任上蔡知县。杨若梓在万历四十八年以前任河南信阳知州，编修有《信阳州志》八卷。⑥ 从奉书祀学的儒林传统来看，该本的刊刻应当与上蔡祠堂的重修在同一年，故推测该本由郎兆玉等人在万历四十五年（1617年）重刻于上蔡祠堂。

（六）其他明刻本

除以上六种之外，明代《上蔡先生语录》刻本还有一种。该本今藏上海辞书社图书馆藏明刻本，该社善本部封存维护，不对外开放。据《中国古籍善本总目》，该本十行二十一字，四周单边，白口。⑦ 该书卷前无题刊者、校者的姓名，字体为嘉靖以后的方体字。严文儒先生曾以上海辞书社所藏本为底本进行点校，收入《朱子全书外编》第3册，可借此考察该本的文本特征。从文字上看，该本保留了王畴本的校注语，例如王畴在校对时增入"一此下有乃云字""一本作意"等数处校注，在上海辞书社藏明刻本也都保留下来，出自王畴本的系统无疑。另外，该本与王畴本最大不同之处在于将王畴增入的朱子、黄榦、真德秀等人语录全都删去，仅在卷末保留了朱子绍兴后序、胡宪《跋》、朱子乾道四年再编后记，可知该本的刊刻者意在恢复朱子宋本之旧。不过，该书未留下刊刻者序跋，无从考其年月。从源流来看，该本在清康熙年间经宝诰堂吕氏

---

① 《内阁文库汉籍分类目录》，东京：内阁文库，1956年，第167页下。
② 严绍璗：《日本汉籍善本书录》中册，中华书局，2007年，第719-720页。
③ 《明万历三十八年庚戌科进士序齿录》，明万历刻本。
④ 分别见［清］嵇曾筠：《浙江通志》卷一百四十，台湾商务印书馆影印文渊阁《四库全书》本，第0676册，第35d页；《（乾隆）梧州府志》卷十六《选举志》，清同治十二年刊本。
⑤ ［清］杨廷望纂修：《（康熙）上蔡县志》卷二《建置志》，清康熙二十九年刊本，第45a页。
⑥ 参见［明］黄虞稷：《千顷堂书目》卷七，上海：上海古籍出版社，2001年，第174页。
⑦ 翁连溪编校：《中国古籍善本总目》第三册，第794页。

273

校刻收入《朱子遗书》中，推测为明末刻本，在明清之际有一定的流行度。

二、清代《上蔡先生语录》版本系统与上蔡学之流传

清代以后，《上蔡先生语录》刊版渐多，经过研究发现，清代《上蔡先生语录》的刊刻、传写在学者、县学、书院之外出现了新的形式，被列入一些大型丛书，其中既有张履祥、吕留良、张伯行、贺瑞麟等清代朱子学者推动的《朱子遗书》《正谊堂丛书》《西京清麓丛书》等理学丛书，也包括《四库全书》之类的官修丛书，还出现了张沐、汤斌等著名朱子学者与河南上蔡地方士人之间的合作校刊。通过检索、查阅海内外图书馆与相关书目，共计发现清刻本11种，清写本1种，民国刻本2种，据其源流主要可分为吕留良宝诰堂《朱子遗书》本、上蔡县祠张仕可刻本、张伯行正谊堂书院三个系统。

（一）吕留良宝诰堂《朱子遗书》本系统

1. 清康熙八年御儿吕氏宝诰堂刻本

康熙八年（1669年），张履祥到访浙江桐乡吕留良家族刻书场所天盖楼。经张氏建议，以吕氏宝诰堂的名义刊刻《朱子遗书》初刻七种，《上蔡先生语录》为其中之一。① 《朱子遗书》的丛书封面刻有"御儿吕氏宝诰堂重刊白鹿洞原本"牌记，今海内外各大图书馆多有馆藏。从内容来看，与上海辞书出版社所藏明刻本应出一源，均出自王畴，也都删去王畴所附录的诸儒语。两本之间在文字上有着沿袭关系。例如，卷上"问庄周如何"条，其中"问"字由上海辞书社本增录，亦见于《朱子遗书》本。又如，上海辞书社本卷上"孟子曰养心莫善于寡欲"章，其中"吾皆亦曾问伊川先生"一句，"皆"字为"昔"之讹。② 在宋、明诸本中，这是上海辞书社本所独有的错误，该字在《朱子遗书》本中作"皆"，吕留良在本章最后用小字校注云"皆疑作昔"。可见，吕留良在刊刻的时候，也做了一定的校正。

至此，《上蔡先生语录》中小字校注有朱熹校注语（可据《诸儒鸣道集》判别）、王畴校注语（可据明正德八年本、正德九年本、万历四十三年本辨别）、吕留良校注语（可据《朱子遗书》本辨别）三种，在点校本、四库本等后世通行本中不易区分，引用时需仔细加以分辨。有学者因将《上蔡先生语录》三种校注语的归属全部混淆为朱熹在南宋时的校注语，使得其论证《诸儒鸣道集》

---

① 参见徐德明：《吕留良宝诰堂刻书考述》，《上海高校图书情报学刊》，2001第4期。
② 参见［宋］谢良佐：《上蔡语录》卷上，《朱子全书（外编）》第3册，第9页。

成书时间的结论变得难以令人信服。①

吕氏宝诰堂将《上蔡先生语录》收入《朱子遗书》，证明了上蔡之学在清代的流传同样以朱子学为其根底。宝诰堂《朱子遗书》本经过初编、续编两次刊刻，将朱熹有关的著作逐渐补齐，极大推动了朱子学在清代的发展。借此丛书的传播，上蔡学亦得到了新的流传。朱子遗书本《上蔡先生语录》先被《四库全书》作为底本，又随书商舶入日本，对于传播上蔡学起到了重要作用。借着《朱子遗书》的重刻，该本《上蔡先生语录》在清代有多次重刻，收入各种丛书之中。光绪初年，陕西三原的朱子学者贺瑞麟在陕创办正谊书院，亲任主讲二十年，其间陆续编刻《西京清麓丛书》，凡三编，自同治至民国陆续刊印，共161种（附8种），其中也收刻了《上蔡先生语录》三卷，今上海图书馆等各大馆藏有全套丛书，齐鲁书社在2018年曾有影印本。

2. 清乾隆四库全书本

四库全书本题名"上蔡语录"，与此前诸本均不同。据《四库全书总目》所云，四库本《上蔡语录》底本为"浙江巡抚采进本"②，经过核查，其底本实为吕留良宝诰堂《朱子遗书》本。四库全书由馆臣抄写七种分藏各处，现存文渊阁、文津阁、文澜阁本三种有影印本流传。其中，文渊阁本《上蔡语录》在抄录时，由于馆臣校勘不精，竟漏抄了《朱子遗书》本卷上第八、九两页，造成了文字脱落共计979字。③

由于文渊阁四库全书被开发成了数据库，检索方便，在当下学界使用最广，以致学界据此本《上蔡语录》得出了许多错误的结论。笔者曾核查文津阁四库本《上蔡语录》，并未脱此两页；可知四库馆臣绝非出于任何编撰目的而删去相

---

① 例如，吕留良小字校注语："'仰'下原有'观'字，今从《言行录》"，是吕氏根据李幼武《宋名臣言行录·外集》所收《上蔡语录》校对，有学者误将吕留良此处校语判为朱子语。又如，卷上"仁者天之理"条，吕留良校注云："'语'原本作'行'。"此处校注也被误判为朱熹在南宋乾道四年再编《上蔡先生语录》时的校语。进一步的，这些被误判归属的吕留良校语还被当作推定《诸儒鸣道集》成书年代的关键证据，这极大削弱了相关论证结果的可信度。关于《诸儒鸣道集》的确切成书年代，尤待重新考察。参见田智忠：《〈诸儒鸣道集〉研究——兼对前朱子时代道学发展的考察》，第44页。

② ［清］永瑢等撰：《四库全书总目》卷九十二，北京：中华书局，1965年，第779页。

③ 由于文渊阁四库本抄录时，卷上"古诗即今之歌曲"章下脱漏两页，以至于出现了"子思之言上下察也，犹孟子所谓必……盖世底功业，如太空中一点云相似"此类句子，文意扞格不通。《朱子遗书》本第七页以"所谓必"结束，第八页以"有事焉而勿正"开始，语意衔接完整，原本不误。遗书本第九页以"盖世底功业"起首，与馆臣误抄内容一致。可证，四库全书本确采自吕氏《朱子遗书》本。

275

关内容,实为文渊阁本的馆臣抄写时候疏漏所致。有学者未留意四库本与《朱子遗书》本之间的版本联系,误将四库馆臣漏抄近千字当作朱熹有意删去的内容。① 还有学者据此处脱文,误以为四库本是一种与王畴本并行独立全新版本。② 文渊阁四库本《上蔡语录》错陋至几乎不可用,然而由于其流传最广,在学界广为使用,其所造成的误读值得警惕。

(二) 上蔡县祠堂刻本系统

道光二十九年(1849年),清廷诏敕谢良佐从祀孔庙,列在东庑第五十三位,排在杨时之后一位。这次从祀既反映了清代官方褒崇朱子学的意识形态特征,也离不开上蔡县地方士绅的极力推动。与明代类似,清代上蔡县刊刻《上蔡先生语录》也很频繁,几乎每次刊刻都与地方官员主持的祠堂、书院、县学的重修有关,这是谢良佐对上蔡县地方政教持久影响的生动体现。

1. 清康熙二十九年上蔡书院舒逢吉刻本

康熙二十八年(1689年),在河南巡抚阎兴邦、河南佥事俞森、河南上蔡知县杨廷望的主持下,改建上蔡书院并从原来的城南旧址迁到县城西门。杨廷望,字兢如,初名廷鐺,康熙二十五年以国子监选生授上蔡知县。杨廷望《重修上蔡书院记》记载:"上蔡书院……自康熙二十七年戊辰,至今康熙二十八年己巳,门室大小共六十三间落成。经师为楚黄贡生舒逢吉,庠内外生徒若干人。"③ 不仅扩大了上蔡书院的规模,还延请了专门的教师。经师舒逢吉,字康伯,广济人,时任上蔡书院教授。上蔡书院落成后,随即重刻《上蔡先生语录》。据《上蔡县志》载杨宏《书谢显道先生语录后》:

> 予年少才知读书,得闻谢显道先生名,与杨龟山游定夫尹和靖颉颃于程氏夫子之门。丙寅岁,从家君宦游上蔡,得先生《语录》一编。

丙寅即康熙二十五年。该本得于上蔡县,或与上蔡县学旧藏刻本有关。康熙二十九年(1690年)四月,舒逢吉《重刻谢显道语录序》更清楚地交代了此本来历:

> 戊午过上蔡,得拜上蔡祠,匆匆又不得访其子孙,觅其遗书,为深憾。

---

① 田智忠:《〈诸儒鸣道集〉研究——兼对前朱子时代道学发展的考察》,第43页。
② 李根德:《谢良佐〈上蔡语录〉研究》,北京大学哲学系硕士论文,2001年。
③ [清] 杨廷望纂修:《(康熙) 上蔡县志》卷十五《艺文志》,清康熙二十九年刊本,第52b页。

步驾鸳店，晤周元佩，言此间有张仲诚，衣服饮食俱慕古人，思一见得觅上蔡书，或未可知，于斯者十年。至戊辰，流寓西平，故人武进杨兢如为上蔡令，特筑上蔡书院。延余训蔡之子弟，遂与仲诚交。累年居上蔡，问所藏《上蔡语录》。曰："此增与删，皆本朱元晦先生真善本也。"余原而读之，更校一二字之误者，初欲托之梓人，附《上蔡志》后。已而思，余既居其地，交其士大夫，又训其子弟，自当尚交乎先贤，则上蔡一录，更宜梓诸书院，以征上蔡之教之不自今日也。……康熙庚午四月初四日书于善下斋。①

其中张仲诚即清初朱子学者张沐，字仲诚，号起庵，河南上蔡人，顺治十五年进士，出知直隶内黄县，跟从夏峰先生孙奇峰问学。清初的著名朱子学者汤斌称赞张沐"脚踏实地"，学者因此尊称张沐为"上蔡夫子"，相关事迹见《洛学编》。舒逢吉序称该本得于张沐，仅说是"朱元晦先生真善本"，该本今佚，无法得知具体内容款式，大概仍属于王畴一系。

2. 清康熙三十七年河南提学道张仕可上蔡祠堂刻本

张仕可（字惕存，1650—1706），江苏镇江京江人，康熙三十六年（1697年）任河南按察司佥事、提学道，次年重刻《上蔡先生语录》。据张仕可《重刻上蔡先生语录序》云：

《上蔡谢先生语录》刻既成，所司请余数言弁首，盖以序重刻是书之由，与董是役者之姓氏及始终，是书之年月，将垂永久以志不忘。非敢序先生也。……《语录》一书经朱子之论定，世共宗之。其锓版于祠，屡易而辄败者，由岁久而尊信其书者之众也。余忝视中州学，过先生里门，谒其庙，奉祀者以是书进，而字迹磨灭，几有不可复辩者。因于校士之暇，取他家善本补其残缺，捐赀付刊。而上蔡令刘君国相署县事，西平令刘君斯蕃，博士韩君杲、魏君标实，共襄厥事。其奔走而承命者，则祠生谢永锡也。鸠工于丁丑十月，竣事于戊寅六月。②

此次重刻上距舒逢吉才过八年，而原版已至"字迹磨灭，几有不可复辩

---

① [清]杨廷望纂修：《（康熙）上蔡县志》卷十四《艺文志》，清康熙二十九年刊本，第60a至61b页。
② 该序见同治十二年癸亥孟秋重锓《重刻上蔡谢先生语录》，北京师范大学图书馆藏上蔡学署刻本（125.3/621，506375）。

277

者"，反映出版木被多次重复印刷的盛况。此次重刻的参与者有刘国相、刘斯蕃、韩杲、魏标、谢永锡等人。刘国相，镶黄旗人，康熙三十四年任上蔡县令。刘斯蕃，江西金溪人，康熙三十二年任西平县令。韩杲、魏标，生平不详，校刻事。谢永锡，谢良佐后人。以上诸人的生平均见《河南通志》。据张序可知，该本由张仕可出资，刘国相、刘斯蕃统筹，韩杲、魏标校刻，谢永锡负责刊刻工事的联络，于康熙三十六年丁丑（1697年）十月谋刻，至康熙三十七年戊寅（1698年）竣刻。

该本今佚，同治十二年上蔡学署刻本基本保留了张仕可本的原貌，文字内容与明万历四十五年上蔡县令郎兆玉刻本较为接近。每卷首题"上蔡先生语录卷×"，次列"豫古桧韩杲若木、豫古共魏标麟臣重校"。书末列有韩杲、魏标所谓"考证"一卷，实即王畴校增朱子后序、胡宪跋、朱子后记和诸儒语录等，与字句考证无关。

3. 清咸丰七年潘铎京师重刻本

道光二十九年（1849年），潘铎向清廷上书请谢良佐配享孔庙，得到批准。此后，咸丰二年（1852年），潘铎迁湖南布政使；三年，以病乞罢，居山西。其间，潘铎着力校勘《上蔡先生语录》。据同治二年金宝符《重刻上蔡先生语录跋》，潘铎最终将此本在北京刊版"板存北平"。咸丰七年（1857年），由初仕上蔡的金宝符携带二十本送上蔡学署。咸丰七年四月，祁寯藻为潘铎作《谢文肃公语录跋》：

> 《谢文肃公语录》三卷，曾天隐胡文定公所录，朱子据括苍吴任写本、吴中刊本与胡文定家写本参校删定者也。《钦定四库全书》所载浙江采进本，坊间罕见传刻，惟上蔡祠有重校本上、中、下三卷，后附以《考证》《传》《跋》，京江张氏仕可序而刻之，盖已非宋本之旧矣。潘木君中丞官河南时……欲为精校重刻，以广其传。

祁寯藻，字叔颖，一字淳甫（避同治讳改为实甫）、春阳，号春圃、息翁、间叟，山西寿阳人，嘉靖十九年甲戌科进士，道光间入军机处，官至大学士，咸丰四年致仕归乡，谥文端。据祁跋，潘铎本以京江张仕可刻本为底本重刻。

周祖培《上蔡先生语录跋》云：

> 是编已采入《钦定四库全书》，惟坊间无刊本，莫广其传。培生于是邦，去先生知之世远，而去先生之居近，于先生之遗书未能刊布，余之愧

抑亦中州士人之愧也。木君中丞从而表章之先有从祀文庙之请，复将乡祠藏本重校付梓，其所以尊先儒而兴后学者，人心风化维系深矣。

此本今佚，祁寯藻、周祖培跋语并见同治十二年上蔡学署刻本卷末附录。周祖培，原名之翔，字淑滋，号芝台，河南商城人，嘉庆二十四年进士，选庶吉士，咸丰年间由刑部尚书任实录馆总裁等职，咸丰六年加太子太保，调吏部。周祖培也说据此本"乡祠藏本"。通过祁、周二人之语，可发现朱子遗书本、四库全书本在清代士人群体中罕见流传，上蔡学的传承与地方县学的屡次重刻息息相关。

4. 清同治二年金宝符安阳刻本

清咸丰七年（1857年），山东历城金宝符初仕上蔡县，到任次年，重修上蔡祠堂。金宝符《重修宋儒谢上蔡先生祠堂记》云："邑南郭外，旧有宋儒谢上蔡先生祠，即旧碑所称'元代就其居址建置书院'者也。……丁巳冬，宝符筮仕兹土，……当即有意修葺之。"金宝符《重刊谢上蔡先生语录跋》又云："咸丰丁巳，符之官上蔡……越明年戊午，捐廉为先生重新祠堂。祠成，率邑认识成礼焉。"① 修祠之余，金宝符谋划重刻《上蔡先生语录》。

同治二年（1863年）七月，金宝符回到河南安阳县任官，其《重刊谢上蔡先生语录跋》：

> 《谢上蔡先生语录》卷上、中、下三卷，潘木君中丞在京所刊本也。咸丰丁巳，符之官上蔡瑛兰坡，方伯出是编二十本付符，携至蔡散其后裔绅士。……爰念木君中丞刻本板存北平，决意就近重刊以广其传。……始检先生语录刊本，细加校雠，付诸枣黎。刻既竣，备公牍移送上蔡学宫，庶几先生桑梓之邦永远传布。②

既然潘铎本的版木存在北京，上蔡县祠上次刊刻已在康熙三十七年戊寅（1698年），这是此次重刻的主要原因。此本刻成后，金宝符又在次年以所刻《上蔡先生语录》三卷邮寄景其濬，请景其濬作序，并将版木移交上蔡县学，景序今以行草增刻板片列于《语录》书前。景序云："癸亥之冬，安阳金大令西农

---

① 《重刻上蔡谢先生语录》附录，清同治十二年上蔡学署刻本，北京师范大学图书馆藏（登记号：506375）。
② 《重刻上蔡谢先生语录》附录，清同治十二年上蔡学署刻本，北京师范大学图书馆藏（登记号：506375）。

邮寄所刊《谢上蔡语录》三卷，问序于予。"景《序》作于同治三年，与金《跋》并见上蔡学署刻本。

5. 清同治十二年上蔡学署重刻本

清同治十二年，上蔡学署重刻《上蔡先生语录》。该本没有新增序跋，内容应当与金宝符本一致。此本所存较多，笔者所见为北京师范大学图书馆藏。该书原藏北平大学附属中学图书馆，由学生王世威在民国十七年（1928年）六月一日寄赠北京师范大学附属中学图书馆。此本收录张仕可、潘铎、祁寯藻、周祖培、金宝符、景其濬序跋，校刻者题名"豫古桧韩杲若木、豫古共魏标麟臣重校"，实仍张仕可本之旧。

综上，张仕可本在清代分别有咸丰七年、同治二年、同治十二年三次重刻，对上蔡之学在河南、京师的推广起到了重要作用。张仕可本《上蔡先生语录》在清代的流行，一方面可能是因为宝诰堂以吕留良牵涉文字狱之故被清廷禁毁，《朱子遗书》的刊印流传中止；另一方面，四库本在清时仅有七种抄录的复制本，藏于秘阁之中，非坊间普通士人可以目睹。就此而言，张仕可在上蔡县祠的刻本对于《上蔡先生语录》在清代的传播与流传功不可没。

（三）张伯行《正谊堂全书》刻本系统

康熙四十八年（1709年），河南仪封张伯行（1651—1725）在闽期间建鳌峰书院，主持刊刻《正谊堂全书》，收录了《上蔡先生语录》。该本卷前有张伯行原序一篇，次载汪正、许河两序，可知源于明嘉靖徐中行刻本。将正谊堂丛书本与内阁文库藏万历本（据徐中行本重刻）对比，凡万历本的文字特点基本上都保持，如卷上"问太虚无尽"条，"如此却何故被一句转却"处，"何故"二字，鸣道本、明刻本、遗书本、四库本、和刻本皆作"何故"，正德八年本缺叶，而正德九年本、万历本作"何如"，而正谊堂本作"如何"，更为相近。此本似曾据《诸儒鸣道集》本校对，如卷上"苗履见伊川"条，"饱则扬去"一句的"扬"字，诸本作"扬"，唯有鸣道本、正谊堂本作"颺"。卷上"事父母有轻重否"条，"予曰亲之心"处之"予"字，诸本中仅鸣道本、正谊堂本脱"予"字。此外，该本与上海辞书社藏明刻本也有相似处，如卷上"问太虚无尽"条，"如射弓到满时便难开"一句，诸本作"射弓"，而明刻本、正谊堂本均作"挽弓"。

正谊堂本《上蔡先生语录》在清代、民国时多次补修、重刻，至少有4种衍生版本。其一，道光年间，歙县洪锡谦翻刻张伯行遗书，道光二十六年，阮亨刻为《洪刻五种》，《上蔡语录》为其中之一。其二，同治五年，左宗棠在福建重设正谊堂书局，访求张伯行原书，重新刊刻《正谊堂全书》，同样收录《上蔡语录》。其三，1930年代，商务印书馆编撰《丛书集成初编》，也据正谊堂本排印为铅字。其四，1940年代，浙江马一浮在四川乐山建复性书院，1941年停课后转向刊书事业，马一浮《复性书院丛书》一共刊书30余种，《上蔡语录》为其中之一，也用正谊堂本。

与吕留良、张仕可相比，张伯行在闽刊书时更加注重上蔡学之思想。他将谢良佐与闽学联系起来，视上蔡为闽学渊源之一。其序称：

> 余读《上蔡语录》，其理本身而具，其教即世而兴，小而名物之陈，大而纲常之纪，开之尽其物，而充之有以达其材，防之多其途，而养之有以全其性。……胡文定公一见而执弟子之礼，厥后闽学渊源半归文定，则上蔡之为也。①

所谓"闽学"，其实即朱子学。由于注重上蔡之于朱子学的影响，张伯行在刊刻《上蔡先生语录》时对书中涉及佛、老、心学的章节进行了极大的改变。其一，调整章节次序，淡化佛、老之学的痕迹。例如，将卷上第一章"问学佛者"挪到卷上第四章。其二，调整章节结构，并有据意增字的情况。如卷上"庄周如何"一章，旧本多混入朱子语中，张氏改为"问庄周如何"，并在其上加"○"号区别。其三，删去《上蔡先生语录》中与心学思想相近的文本。如卷上"凡事只是积其诚意，自然动得"一章，被张伯行在正谊堂本中完全删去。正谊堂本《上蔡先生语录》经过张伯行的改动，已经与谢良佐《上蔡先生语录》之原貌有了极大差别。此本之刊刻与杨廉、王畤、汪正相似，皆以朱子学为尺度大幅肢解了上蔡学，可谓清代朱子学视野下的上蔡学。

（四）其他版本

清代还有一些《上蔡先生语录》在各地单独刊刻，不属于上述三大版本系统，今据清人文集可见至少尚可发现2种。例如，清康熙三十六年襄城县令刘子章刻本。该本今佚，仅存序言一篇。刘青霞《重刻谢上蔡先生语录序》：

> 余儿时先大人尝手一编，示小子曰："此《谢上蔡语录》也，其详玩之。"……《语录》为紫阳子朱子所编定，分为上、中、下三卷。明正德间刻于南都者，岁久渐就模糊。今康熙丁丑，邑令豹南刘公慨然出资以雕，

---

① ［清］张伯行：《上蔡语录序》，《上蔡先生语录》卷前，日本内阁文库藏清康熙正谊堂刻本《正谊堂全书》第58册。

工既竣，命霞为之序。霞追忆庭训，深愧服膺之未能也，聊识授书巅末，以冠其首云。①

丁丑即康熙三十六年。刘青霞（字啸林，1660—1717），襄城人，有《慎独轩文集》八卷。刘子章，字道闇，贵州贵筑人，康熙辛酉科以第一举于乡，任镇远教授，擢襄城令，擢山西道御史河东巡盐，有《豹南诗集》。襄城在河南许昌，此是河南首次在上蔡县之外的地方刊刻《上蔡先生语录》。从刘青霞序言看，该本出自王畴本系统。

此外，清光绪十八年江夏陈氏亦有《上蔡先生语录》刻本。《诸儒鸣道集》在清初有影宋抄本1种，其中包括了《上蔡先生语录》三卷，今藏国家图书馆。

三、朝鲜、日本《上蔡先生语录》版本与东亚上蔡学

除了中国之外，《上蔡先生语录》还对东亚地区的理学发展有着较为重要的影响，在朝鲜、日本两国各有抄本、刻本。以下分别考察。

（一）李氏朝鲜的《上蔡先生语录》

《上蔡先生语录》之传入朝鲜时间不可考，据著录，李氏朝鲜有《上蔡先生语录》写本一种，今佚；刻本一种，今存日本东京尊经阁文库。先说其中的写本。约在朝鲜纯祖二十四年（1824年）甲申，朝鲜儒者柳健休校刻《上蔡先生语录》，以金宗德抄本、李象靖的标识重加校勘，作《语录考疑》《书上蔡语录后》。

柳健休《大埜文集》卷九《书上蔡语录后》：

《上蔡先生语录》三篇，曾经朱文公订定，而明儒崇阳王氏已叹其板本讹舛，不能尽得其旧。况今五六百年之后乎？健休自蚤岁闻先生之风而慕之，恨无由获见其遗书以资警发。日，族君晦则寄示川沙金公写本，其间颇有阙误。辄不揆僭越，谨因大山李先生标识而重加勘核。质以他书，凡得若干条。王氏增录，亦往往有疏漏处，并亦收补一二。名曰《考疑》，附于篇末，以备遗忘。至于博考精雠，尽复其旧，则留竢后人。呜呼！先生尝言："语录才转了一字，便失了他意思。"是录也，盖未必其尽发先生之蕴，而闳肆之论，犹足以使人兴起，若先生真可谓百世师矣。学者诚能求

---

① ［清］刘青霞：《慎独轩文集》卷一，页5至页6a，《四库存目丛书》第277册，济南：齐鲁书社，1997年，第403页。

其是处，去其不合做之训，而养之于非着意、非不着意之间，则庶几因此而得其蕴也。愿与同志者勉焉。①

按，柳健休（1768—1834），字子强，号大埜，著有《东儒四书解集评》《大埜文集》等。柳致明《定斋先生文集》三十二有《大野柳公行状》。金宗德（1724—1797），号川沙，著有《川沙先生文集》。李象靖（1712—1781），号大山，学者称"小退溪"，岭南派学者。柳鼎文（字晦则，1782—1839），又字耳仲，初讳齐文、字晦则，以旧字行，曾从金宗德学，著有《寿静斋集》。该书卷十二《附录》有柳致明撰《行状》。据柳健休《跋》，他从族侄柳鼎文处获得的乃是金宗德写本。该本以崇阳王畤为底本，并由李象靖在书上施加标识，柳健休重新校勘，作《考疑》附书后。《跋》中未言刊行，殆未付梓。今查阅韩国文库目录，已经不见著录，似已经亡佚。②

柳健休《书上蔡语录后》具体年月不知，考《大埜文集》卷之五《答族侄晦则（甲申）》：

近因看《后山集》，有论及《近思录》处，仍欲整顿前日乱纸所抄诸说，以便考阅，而才过一行数行，辄欠伸思睡而罢，乃蒙寻数在何书之问，不觉骇然，此向来师友所痛戒者，而一向不知止，病根之未易拔如此，幸时有以警策之也。③

疑此信当作在甲申年，《大埜文集》《寿静斋集》有二人往返书信各五通，在甲申至甲午十年间，要当不出此十年。

此外，日本东京尊经阁文库前田育德会藏有《上蔡先生语录》朝鲜刻本三卷，《尊经阁文库汉籍分类目录》著录，但没有版式、行款、序跋的有关信息。④ 由于近年来中、日通航困难，笔者至今尚未有机会检阅此书，未详是否由金宗德、柳健休的写本刊刻而来。

---

① ［韩］柳健休：《大埜文集》卷九，《韩国历代文集丛刊》第110册，第505页c至d。
② 据韩国目录学者统计的，目前韩国仅涧松文库藏张伯行重订《上蔡先生语录》一部，属正谊堂全书本。见［韩］全寅初主编：《韩国所藏中国汉籍总目》第3册，首尔：学古房出版社，2005年，第47页。
③ ［韩］柳健休：《大埜文集》卷五，《韩国历代文集丛刊》第110册，第421页d。
④ ［日］尊经阁文库编：《尊经阁文库汉籍分类目录·子部》，东京：秀英舍，1934年，第318页。

（二）德川日本的《上蔡先生语录》

日本今存《上蔡先生语录》共三种，其中和刻本两种、写本一种。

第一种和刻本于日本宝历六年（1756年，清乾隆二十一年）在江户（今日本东京）刊刻。此本由《朱子遗书》本流入日本之后而来，经过藤原明远校勘，在江户崇文堂刊刻，可能是域外第一次刊刻《上蔡先生语录》。藤原明远《上蔡语录跋》云：

> 《上蔡语录》，凡三卷，定于朱子所编次而施于世也久矣。但皇朝不锓诸木，而其行为希。故书肆崇文堂欲重新剞劂，以广其传，乞善本焉。因为是正以授之。亥豕之谬，犹未能免，幸世之君子再加考订，是则可也。

按，藤原明远，即德川日本时期的汉学家中村兰林（1697—1761），著有《读诗要领》《孟子考证》等书。该本以吕留良《朱子遗书》本为底本，栏框上有藤原明远校语，据《伊洛渊源录》《宋名臣言行录》《性理大全》等书校勘，偶有理校，虽出校记，然未径改原文。该本最末页有本书的刊刻牌记：

> 宝历六年丙子九月，东都，日本桥南二町目，前川六左卫门。

可知崇文堂的地址在江户日本桥。该本有浅草文库本，今藏日本国立公文书馆。此外，荒木见悟先生曾于1971年在中文出版社影印该书。

第二种和刻本与九州的楠本家族有关。日本崎门朱子学派的晚期代表人物楠本硕水，藏有和刻本《上蔡先生语录》一部，今藏于九州大学附属图书馆"硕水文库"[1]。根据《硕水文库目录》著录，此本为3卷1册，未写刊刻地点，封面题签"上蔡先生语录全"，尾题"上蔡先生语录"，书高26.7cm×18.1cm，内框高21.0cm×14.9cm，有片假名训点符号，书内有朱子、墨字圈批，版心书名"上蔡语录"，四周双边，单鱼尾，半页10行，行20字。钤刻印章2枚，一枚残损不明，一枚"硕水藏书"。此外，九州大学的硕水文库还同时藏有《朱子遗书》本《上蔡先生语录》二部。[2]

除了两种和刻的刊本之外，位于东京的日本国立国会图书馆藏有江户时期

---

[1] 藏书号：硕水文库/シ/163。书志ID：1001172629。网页地址：http://hdl.handle.net/2324/1001172629（查询时间：2022-8-23）

[2] [日]九州帝国大学付属図書館编：《硕水文库目录》，福冈：九州帝国大学附属图书馆刊，1934年，第46页。

写本《上蔡先生语录》1册,该本高28厘米,题名宋谢良佐撰、宋朱熹辑,也属于朱子三卷本的系统。①

四、结语

本章详细考察了近世东亚地区《上蔡先生语录》的传抄、刊版与流传,发现宋刻本1种,明刻本7种,清刻本11种,清写本2种,李氏朝鲜写本、刻本各1种,德川日本刻本2种,写本1种,共计26种。其中,明代正德八年南京刻本是历代诸本之源头,此本从南京流传至河南上蔡县,使得已在北方中绝的上蔡学得以重新恢复传承。最终,在清代形成了《朱子遗书》《正谊堂全书》与上蔡县祠三大主流版本系统。还传入李氏朝鲜和德川日本,吸引了李象靖、金宗德、柳健休、中村兰林、楠本硕水等东亚儒者也参与到了《上蔡先生语录》的传抄、刊版过程中。《上蔡先生语录》历经朱熹、王畴、吕留良、张伯行、中村兰林等儒者的校勘,其校注语多以小字釐入正文,有一定的辨识难度,学者在使用后期的版本中,尤其要注意分辨,避免出现相关校注语的"张冠李戴"。

《上蔡先生语录》等宋、元儒理学家的著作在元、明初期长期未版,但在明代中叶开始大量重新刊刻,这与正德、嘉靖年间阳明心学思潮的兴起有一定联系。以罗钦顺、杨廉、王畴、汪正为代表的一批南京国子监朱子学者在抄写、刊刻《上蔡先生语录》的过程中,增入朱熹、黄榦、真德秀、胡居仁等正统朱子学者对谢良佐的评语,使得《上蔡先生语录》的有关思想被转化为一种朱子学视野下的上蔡学。王畴补入的朱子学评语随着《上蔡先生语录》一起在明、清两代广泛流传,使得上蔡学与朱子学始终处于交织难离的状态。汪正将谢良佐的学术定位为"传古圣贤之心学",带有以朱子学批判上蔡学的心学色彩的目的。其流风之所及,清代朱子学者张伯行将谢良佐视为"闽学"的渊源之一,因此以朱子学为标准的尺度而大幅删除、调整谢氏著述中与佛、老、心学有关的内容。这些篇中文字的调整、删除,不得不说都是以朱子学为根本的问题意识。总之,通过系统考察近世东亚《上蔡先生语录》的版本与流传,厘清其间的文本变化过程,可令我们更加深切、全面地看待朱子学与上蔡学的关系。

---

① [日]國立國會圖書館編:《國立國會圖書館漢籍目錄》,第335页右。國立國會圖書館请求记号:153-22。网页:https://id.ndl.go.jp/bib/000007540714(查询日期:2022-8-23)

五、附：《上蔡先生语录》抄写刊刻流传图

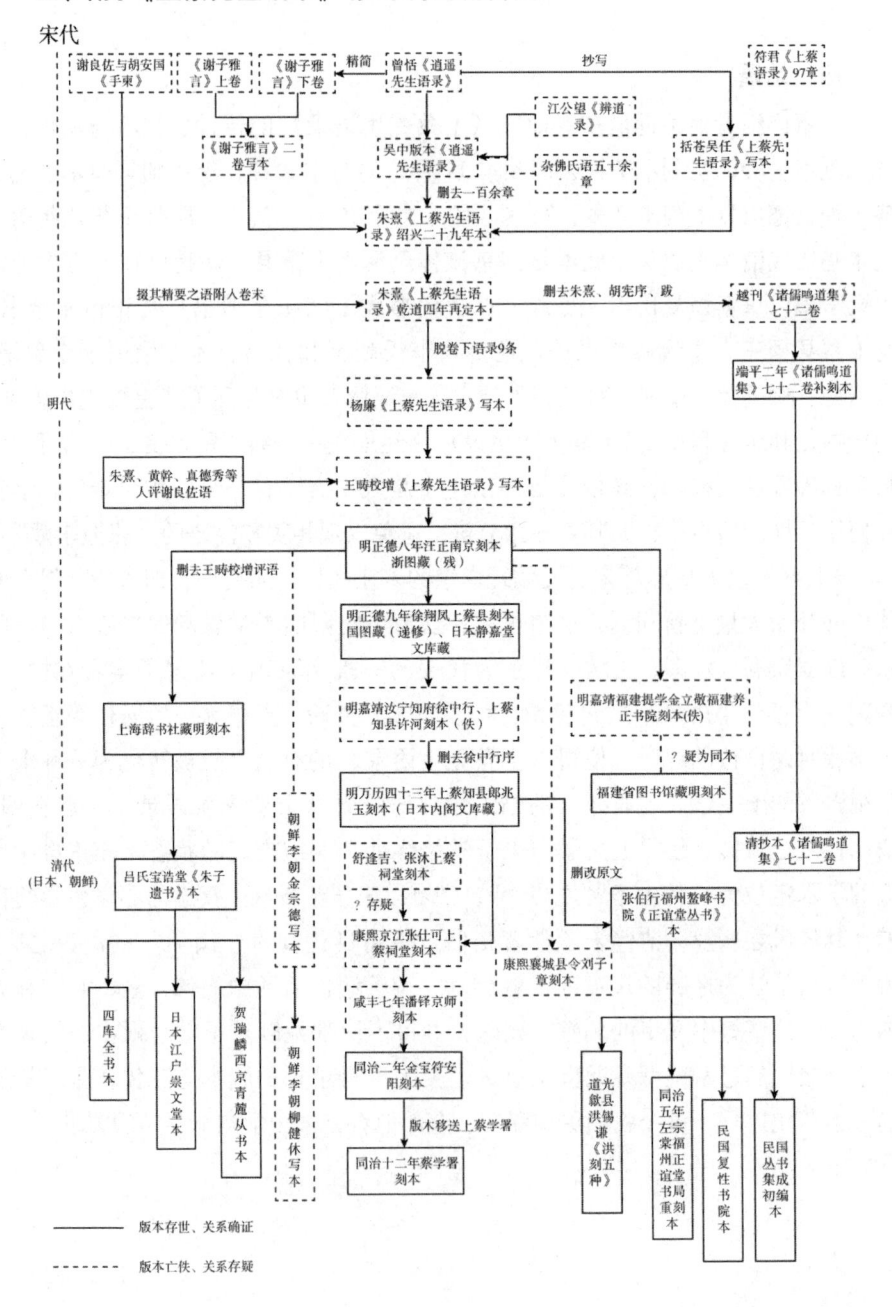

参考文献

古籍

［唐］韩愈：《韩愈文集汇校笺注》，刘真伦、岳珍校注，中华书局，2010年。

［宋］孙应时：《（宝祐）重修琴川县志》，清道光影元钞本。

［宋］曾敏行：《独醒杂志》，朱杰人整理，大象出版社，2019年。

［宋］晁公武：《郡斋读书志校证》，张猛校证，上海古籍出版社，1990年。

［宋］晁以道：《嵩山文集》，四部丛刊续编本；文渊阁四库全书本。

［宋］车若水：《脚气集》卷上，李伟国、田芳园整理，大象出版社，2019年。

［宋］陈均编：《皇朝编年纲目备要》，许沛藻、金圆、顾吉辰、孙菊园点校，中华书局，2006年。

［宋］陈亮：《陈亮集》，邓广铭点校，中华书局，1987年。

［宋］陈祥道：《论语全解》，《儒藏·精华编》第105册，北京大学出版社，2008年。

［宋］戴复古：《戴复古诗集》，金芝山点校，浙江古籍出版社，2012年。

［宋］范成大《（绍定）吴郡志》，择是居丛书景宋刻本。

［宋］费衮：《梁溪漫志》，上海古籍出版社，1985年。

［宋］龚明：《中吴纪闻》，张剑光整理，大象出版社，2019年。

［宋］龚昱：《乐庵语录》，文渊阁四库全书本。

［宋］韩元吉：《南涧甲乙稿》，清武英殿聚珍版丛书本。

［宋］洪迈：《容斋随笔》，孔凡礼整理，大象出版社，2019年。

［宋］胡宏：《胡宏集》，中华书局，1987年。

［宋］胡铨：《胡澹庵先生文集》，哈佛大学藏清刊三十二卷本。

［宋］胡寅：《斐然集》，尹文汉点校，岳麓书社，2009年。

［宋］黄震：《黄氏日抄》，王廷洽等整理，大象出版社，2019年。

［宋］金履祥：《仁斋集》，中华书局影印丛书集成初编本。

［宋］黎靖德：《朱子语类》，王星贤点校，中华书局，1986年。

［宋］李焘：《续资治通鉴长编》，上海师范大学古籍整理研究所、华东师范大学古籍整理研究所点校，中华书局，2004年。

［宋］李心传：《道命录》，朱军整理，上海古籍出版社，2016年。

［宋］李幼武：《宋名臣言行录外集》，文渊阁四库全书本。

［宋］李埴：《皇宋十朝纲要校正》，燕永成校正，中华书局，2013年。

［宋］刘时举：《续宋中兴编年资治通鉴》，王瑞来点校，中华书局，2014年。

［宋］楼钥：《楼钥集》，顾大朋点校，浙江古籍出版社，2010年。

［宋］陆九渊：《陆九渊集》，钟哲点校，中华书局，1980年。

［宋］吕本中：《吕本中全集》，中华书局，2019年。

［宋］吕祖谦：《吕祖谦全集》，黄灵庚点校，浙江古籍出版社，2017年。

［宋］吕祖谦：《宋文鉴》，齐治平点校，中华书局，1992年。

［宋］邵博：《邵氏闻见后录》，李剑雄、刘德权点校，中华书局，1983年。

［宋］施德操：《北窗炙輠录》，虞云国、孙旭整理，大象出版社，2019年。

［宋］石介：《徂徕石先生文集》，中华书局，1984年。

［宋］司马光：《司马光集》，李文泽、霞绍晖校点，四川大学出版社，2010年。

［宋］王柏：《鲁斋集》，民国金华丛书本。

［宋］王明清：《挥麈录·后录》，上海书店出版社，2009年。

［宋］王苹：《王著作集》，《全宋文》第一百六十一册。

［宋］王应麟：《困学纪闻》，大象出版社，2019年。

［宋］韦骧：《钱唐韦先生文集》，李玲玲、郜同麟整理，浙江古籍出版社，2019年。

［宋］卫泾：《后乐集》，文渊阁四库全书本。

［宋］谢伋：《四六谈麈》，《丛书集成初编》第2615册。

［宋］谢良佐：《上蔡先生语录》，《儒藏·精华编》第186册，北京大学出版社，2014年。

288

［宋］谢良佐撰，［宋］曾恬、［宋］胡安国辑录，［宋］朱熹删定：《上蔡语录》，朱杰人、严佐之、刘永翔主编：《朱子全书外编》第3册，华东师范大学出版社，2010年。

［宋］谢良佐：《上蔡先生语录》（宋端平二年刻《诸儒鸣道》丛书本，上海图书馆藏，《中华再造善本》影印）

［宋］谢良佐：明正德八年刻《上蔡先生语录》（浙江省图书馆藏）

［宋］谢良佐：明正德九年刻《上蔡先生语录》（中国国家图书馆藏）

［宋］谢良佐：明万历四十三年郎兆玉刻《上蔡先生语录》（日本国立公文书馆藏，旧题"嘉靖龙湾徐氏刻本"，误）

［宋］谢良佐：清康熙年间御儿宝诰堂吕氏刻《上蔡先生语录》（《朱子遗书》初刻本）

［宋］谢良佐：清康熙十八年刻《上蔡先生语录》（张伯行《正谊堂全书》本）

［宋］谢良佐：日本宝历六年（清乾隆二十一年）刻《上蔡先生语录》（江户崇文堂刻本，内阁文库藏）

［宋］谢良佐：清乾隆年间刻《上蔡语录》，文渊阁四库全书本

［宋］谢良佐：清同治十二年上蔡学署刻本《上蔡先生语录》（北京师范大学图书馆藏）

［宋］徐光溥：《自号录》，清嘉庆宛委别藏本。

［宋］徐自明：《宋宰辅编年录校补》，王瑞来校补，中华书局，1986年。

［宋］杨时：《杨时集》，林海权整理，中华书局，2018年。

［宋］杨万里：《杨万里集笺校》，辛更儒笺校，中华书局，2007年。

［宋］杨仲良：《皇宋通鉴长编纪事本末》，李之亮校点，黑龙江人民出版社，2006年。

［宋］叶梦得：《避暑录话》卷上，徐时仪整理，大象出版社，2019年。

［宋］叶适：《叶适集》，刘公纯、王孝鱼、李哲夫点校，中华书局，2010年。

［宋］佚名：《近思后录》，顾宏义校点，华东师范大学出版社，2015年。

［宋］佚名：《宋史全文》，汪圣铎点校，中华书局，2016。

［宋］尹焞：《和靖尹先生文集》，《儒藏·精华编》第221册。

［宋］游酢：《游定夫文集》，《儒藏·精华编》第221册。

[宋] 詹大和等撰：《王安石年谱三种》，裴汝诚点校，中华书局，1994年。

[宋] 张栻：《张栻集》，杨世文点校，中华书局，2015年。

[宋] 章如愚：《群书考索》，文渊阁四库全书本。

[宋] 真德秀：《西山读书记》，刘光胜整理，大象出版社，2019年。

[宋] 周敦颐：《周敦颐集》，陈克明点校，中华书局，1990年。

[宋] 周行己：《周行己集》，陈小平点校，浙江古籍出版社，2015年。

[宋] 朱弁：《曲洧旧闻》，张剑光整理，大象出版社，2019年。

[宋] 朱熹：《论孟精义》，朱杰人、严佐之、刘永翔主编：《朱子全书》（修订本）第7册。

[宋] 朱熹：《伊洛渊源录》，朱杰人、严佐之、刘永翔主编：《朱子全书》（修订本）第12册，上海古籍出版社、安徽教育出版社，2010年。

[宋] 朱熹，朱杰人、严佐之、刘永翔主编：《朱子全书》（修订本）第13册，上海古籍出版社、安徽教育出版社，2010年。

[宋] 朱熹，朱杰人、严佐之、刘永翔主编：《朱子全书》（修订本）第20册，上海古籍出版社、安徽教育出版社，2010年。

[宋] 朱熹，朱杰人、严佐之、刘永翔主编：《朱子全书》（修订本）第21册，上海古籍出版社、安徽教育出版社，2010年。

[宋] 朱熹，朱杰人、严佐之、刘永翔主编：《朱子全书》（修订本）第24册，上海古籍出版社、安徽教育出版社，2010年。

[金] 李纯甫：《鸣道集说》，影印日本享保四年（1719）刊本，中文出版社，1977年。

[元] 马端临：《文献通考》，上海师范大学古籍研究所、华东师范大学古籍研究所点校，中华书局，2011年。

[元] 脱脱等：《宋史》，中华书局，1985年。

[元] 王恽：《玉堂嘉话》，杨晓春点校，中华书局，2006年。

[元] 袁桷：《袁桷集校注》，杨亮注，中华书局，2012年。

[明] 陈道监修、[明] 黄仲昭编纂：《（弘治）八闽通志》，明弘治刻本。

[明] 陈相修、[明] 谢铎纂：《（弘治）赤城新志》，明弘治刻嘉靖递修本。

[明] 明邹守愚修、[明] 李濂纂：《（嘉靖）河南通志》，明嘉靖三十五年刻本。

[明] 韩国藩修；[明] 侯袞、[明] 吴起龙等纂：《（万历）邵武府志》，

明万历四十七年刻本。

［明］陈邦瞻：《宋史纪事本末》，中华书局，2015。

［明］陈献章：《陈献章集》，孙通海点校，中华书局，1987年。

［明］方弘静：《千一录》，上海古籍出版社，2002年。

［明］冯汝弼修、邓韨纂：《（嘉靖）常熟县志》，明嘉靖刻本。

［明］顾应祥：《静虚斋惜阴录》，《四库全书存目丛书子部》第84册，齐鲁书社，1995年。

［明］过庭训：《本朝分省人物考》，《续修四库全书·史部》第535册，上海古籍出版社2002年。

［明］何景明：《雍大记》卷二十四，明嘉靖刻本。

［明］黄虞稷：《千顷堂书目》，上海古籍出版社，2001年。

［明］李东阳：《李东阳集》，周寅宾编，岳麓书社，2008年。

［明］李诩：《戒庵老人漫笔》，魏连科点校，中华书局，1982年。

［明］罗汝芳：《罗汝芳集》，方祖猷等编校整理，凤凰出版社，2007年。

［明］施沛：《南京都察院志》，日本内阁文库藏明天启刻本。

［明］宋濂等：《元史》，中华书局，1976年。

［明］唐顺之：《唐顺之集》，马美信、黄毅点校，浙江古籍出版社，2014年。

［明］王守仁：《王文成公全书》，王晓昕、赵平略点校，中华书局，2015年。

［明］阳思谦修：《（万历）泉州府志》，明万历刻本。

［明］杨守陈：《杨文懿公文集》，明弘治十二年杨茂仁刻本。

［明］周汝登：《圣学宗传》，张梦新、张卫中点校，浙江古籍出版社，2015年。

［清］罗湘、［清］陈豪主修；［清］王承禧纂：《（光绪）应城志》，清光绪八年蒲阳书院刻本。

［清］杨廷望纂修：《（康熙）上蔡县志》，清康熙二十九年刊本，

［清］舒成龙纂修；［清］李法孟、［清］陈荣杰纂：《（乾隆）荆门州志》，清乾隆十九年刻本。

［清］《（乾隆）梧州府志》，清同治十二年刊本。

［清］《（台州临海八叠）谢氏宗谱》

[清]李可寀纂修：《（雍正）应城县志》，清雍正四年刊本。

[清]《（永嘉蓬川）谢氏宗谱》

[清]清黄廷金修、[清]萧浚兰等纂：《（同治）瑞州府志》，清同治十二年刊本。

[清]陈邦瞻：《宋史纪事本末》，中华书局，2015年。

[清]丁丙：《善本书室藏书志》，清光绪刻本。

[清]何文焕辑：《历代诗话》，中华书局，2004年。

[清]黄以周等辑注：《续资治通鉴长编拾补》，顾吉辰点校，中华书局，2004年。

[清]黄宗羲：《明儒学案》，沈芝盈点校，中华书局，2008年，第2版。

[清]黄宗羲原撰，[清]全祖望补修：《宋元学案》，陈金生、梁运华点校，中华书局，1986年。

[清]康有为：《万木草堂口说》，楼宇烈整理，中华书局，1988年。

[清]刘青霞：《慎独轩文集》，《四库存目丛书》第277册，齐鲁书社，1997年。

[清]陆心源：《皕宋楼藏书志》，许静波点校，浙江古籍出版社，2016年。

[清]莫友芝撰，傅增湘订补，傅熹年整理：《藏园订补郘亭知见传本书目》，中华书局，2009年。

[清]全祖望：《全祖望集汇校集注》，朱铸禹汇校集注，上海古籍出版社，2000年。

[清]孙奇逢：《理学宗传》，万红点校，凤凰出版社，2015年。

[清]王夫之：《张子正蒙注》，王孝鱼点校，中华书局，1975年。

[清]王懋竑：《朱熹年谱》，中华书局，1998年。

[清]王士禛：《池北偶谈》，靳斯仁点校，中华书局，1982年。

[清]王轩等纂修：《（光绪）山西通志》，三晋出版社，2015年。

[清]王梓材、[清]冯云濠编撰：《宋元学案补遗》，沈芝盈、梁运华点校，中华书局，2012年。

[清]徐松：《宋会要辑稿》，刘琳、刁忠民、舒大刚、尹波等校点，上海古籍出版社，2014年。

[清]张伯行：《近思录集解》，罗争鸣校点，华东师范大学出版社，2015年。

[清] 张夏：《龟山先生年谱》卷上，清康熙刻本。

[清] 朱彝尊：《经义考新校》，林庆彰等主编，上海古籍出版社，2010 年。

[清] 诸星杓：《程子年谱·明道先生》，《儒藏·精华编》第 160 册（上），北京大学出版社，2016 年。

喻长霖、柯华威：《（民国）台州府志》，1936 年版。

曾枣庄、刘琳主编：《全宋文》，上海辞书出版社、安徽教育出版社，2006 年。

李修生主编：《全元文》，江苏古籍出版社，1998 年。

王水照主编：《王安石全集》第九册，复旦大学出版社，2016 年。

詹宣猷修、蔡振坚纂：《建瓯县志》卷三十二，1929 年铅印本。

现代著作

陈来、杨立华、杨柱才、方旭东：《中国儒学史·宋元卷》，北京大学出版社，2011 年。

陈来：《仁学本体论》，生活·读书·新知三联书店，2014 年。

陈来：《宋明理学》，华东师范大学出版社，2003 年。

陈来：《早期道学话语的形成与演变》，安徽教育出版社，2007 年。

陈来：《朱子书信编年考证》（增订本），生活·读书·新知三联书店，2007 年。

陈来：《朱子哲学研究》，生活·读书·新知三联书店，2010 年。

陈来：《中国近世思想史研究》，商务印书馆，2003 年。

陈植锷：《北宋文化史述论》，中华书局，2019 年。

程鹰、张红均：《二程故里志》，河南大学出版社，1992 年。

程元敏：《王柏之生平与学术》上册，华东师范大学出版社，2011 年。

邓小南：《宋代文官选任制度诸层面》，河北教育出版社，1993 年。

董平：《王阳明的生活世界》，中国人民大学出版社，2009 年。

杜海军：《吕祖谦年谱》，中华书局，2007 年。

方诚峰：《北宋晚期的政治体制与政治文化》，北京大学出版社，2015 年。

冯友兰：《中国哲学史》，中华书局，2014 年。

傅璇琮主编：《宋登科记考（上）》，江苏教育出版社，2005 年。

高令印、高秀华：《朱子事迹考》，商务印书馆，2016 年。

龚延明：《宋史职官志补正》，中华书局，2009年。

顾宏义：《朱熹师友门人往还书札汇编》，上海古籍出版社，2017年。

胡适：《中国哲学史大纲（上）》，商务印书馆，1926年。

黄觉弘：《唐宋〈春秋〉佚著研究》，中华书局，2014年。

季卫平：《中国教育制度通史》第3卷，李国钧、王炳照总主编，山东教育出版社，2000年。

姜鹏：《北宋经筵与宋学的兴起》，上海古籍出版社，2013年。

孔凡礼：《苏轼年谱》，中华书局，1998年。

李裕民：《宋人生卒行年考》，中华书局，2009年。

林海权、胡鸣：《杨时故里行实考》，福建人民出版社，2008年。

刘师培：《刘申叔遗书》，江苏古籍出版社，1997年。

刘京菊：《承洛启闽：道南学派思想研究》，人民出版社，2007年。

马宗霍：《中国经学史》，上海书店出版社，1984年

牟宗三：《心体与性体》，台北正中书局，1968年；吉林出版集团，2015年。

漆侠：《宋学的发展和演变》，河北人民出版社，2002年。

钱穆：《朱子新学案》第5册，九州出版社，2011年。

申绪璐：《人能弘道：二程语录与洛学门人研究》，上海古籍出版社，2022年。

束景南：《朱熹年谱长编》（增订本），华东师范大学出版社，2014年。

束景南：《朱子大传》，福建教育出版社，1992年。

宋代官箴研读会编：《宋代社会与法律——〈名公书判清明集〉讨论》，东大图书公司，2001年。

唐圭璋编：《词话丛编》，中华书局，2005年。

田智忠：《〈诸儒鸣道集〉研究：兼对前朱子时代道学发展的考察》，中国社会科学出版社，2012年。

王承略、杨锦先：《李焘学行诗文辑考》，上海古籍出版社，2004年。

王巧生：《二程弟子心性论研究》，湖北人民出版社，2016年。

翁连溪编校：《中国古籍善本总目》第三册，线装书局，2005年。

吴国武：《两宋经学学术编年》，凤凰出版社，2015年。

吴雁南、秦学颀、李禹阶主编：《中国经学史》，福建人民出版社，2001

年。

向世陵：《理气性心之间：宋明理学的分系与四系》，人民出版社，2008年。

向世陵：《宋代经学哲学研究·基本理论卷》，上海科学技术出版社，2015年。

徐远和：《洛学源流》，齐鲁书社，1987年。

严绍璗：《日本汉籍善本书录》，中华书局，2007年。

杨周靖主编：《上蔡先生语录译注》，中州古籍出版社，2021年。

叶纯芳：《中国经学史大纲》，北京大学出版社，2016年。

余英时：《朱熹的历史世界》，生活·读书·新知三联书店，2004年。

曾枣庄主编：《宋代序跋全编》，齐鲁书社，2015年。

张立文：《宋明理学研究》（增订版），中国人民大学出版社，2016年。

张永俊：《二程学管见》，东大图书公司，1988年。

朱伯崑：《易学哲学史》，昆仑出版社，2009年。

诸葛忆兵编著：《宋代科举资料长编》，凤凰出版社，2017年。

祝尚书：《宋代科举与文学》，中华书局，2008年。

［比］魏希德：《义旨之争·南宋科举规范之折冲》，浙江大学出版社，2015年。

［德］马克思·韦伯：《学术和政治》，钱永祥译，上海三联书店，2019年。

［韩］柳健休：《大埜文集》，《韩国历代文集丛刊》第110册。

［韩］全寅初主编：《韩国所藏中国汉籍总目》第3册，学古房出版社，2005年。

［美］John Chaffee, "Huizong, Cai Jing, and the Politics of Reform." in Emperor Huizong and Late Northern Song China: The Politics of Culture and the Culture of Politics, pp. 31—77.

［美］Patricia Buckley Ebrey, "Huizong's Stone Inscriptions," in Emperor Huizong and Late Northern Song China: The Politics of Culture and the Culture of Politics, pp. 241—248.

［美］Thomas W. Selover, Hsieh Liang-tso and the Analects of Confucius: Humane Learning as A Religious Quest, New York: Oxford University Press, 2005.

［美］刘子健：《中国转向内在：两宋之际的文化内向》，赵冬梅译，江苏

人民出版社，2002 年。

［美］孙康宜、［美］宇文所安主编：《剑桥中国文学史》上卷，生活·读书·新知三联书店，2013 年。

［美］田浩：《朱熹的思维世界》（增订版），江苏人民出版社，2009 年。

［美］伊沛霞：《宋徽宗：天下一人》，韩华译，广西师范大学出版社，2018 年。

［日］《内阁文库汉籍分类目录》，东京：内阁文库，1956 年版。

［日］荒木见悟：《上蔡语录解题》，唐文编译所译，中文出版社，1979 年。

［日］平田茂树：《宋代政治结构研究》，林松涛、朱刚等译，上海古籍出版社，2010 年。

［日］松川健二编：《论语思想史》，万卷楼，2006 年。

［日］土田健次郎：《道学之形成》，朱刚译，上海古籍出版社，2010 年。

［日］小岛毅：《宋学の形成と展開》，東京：創文社，1999 年。

［日］尊经阁文库编：《尊经阁文库汉籍分类目录·子部》，东京：秀英舍，1934 年。

［新］王昌伟：《中国历史上的关中士人：907-1911》，浙江大学出版社，2017 年。

期刊论文

［美］田浩：《评余英时的〈朱熹的历史世界〉》，载《世界哲学》2004（04）。

［日］佐藤仁：《朱子と謝上蔡（一）》，广岛哲学会：《哲学》（31）友枝竜太郎教授御退官记念特集，1979 年。

陈来：《略论〈诸儒鸣道集〉》，载《北京大学学报（哲学社会科学版）》，1986（01）。

陈立胜：《仁·识痛痒·镜像神经元》，载《哲学动态》，2010（11）。

陈乐素：《桂林石刻〈元祐党籍〉》，载《学术研究》，1983（06）。

陈忻：《宋代理学家谢良佐的文学思想》，载《长江师范学院学报》，2013（06）。

方旭东：《〈诸儒鸣道集〉再议》，载韩国首尔成均馆大学儒教文化研究所编：《儒教文化研究》国际版第十三辑，2010 年 2 月。

金晓刚：《两种〈宋元学案〉黄璋校补稿抄本再认识》，载《文献》，2019（06）。

李敬峰：《谢良佐对二程思想的继承与开新》，载《江淮学刊》，2019（04）。

林京海：《〈元祐党籍〉石刻考》，《碑林集刊》，2001（03），第106页。

唐明贵：《谢良佐〈论语解〉的诠释特色》，载《社会科学战线》，2017（06）。

王立新：《谢良佐及其影响》，载《朱子学刊》，1998年。

徐德明：《吕留良宝诰堂刻书考述》，载《上海高校图书情报学刊》，2001（04）。

徐晓军、李圣华主编：《浙学未刊稿丛编》第一辑，第64册，国家图书馆出版社，2018年。

张剑：《晁说之年谱》，载《淮阴师范学院学报》，2004（05）。

张新国：《〈二程遗书〉"昨日之会"考释》，载《安徽师范大学学报（人文社会科学版）》，2015（04）。

赵铁寒：《宋代的州学（上）（下）》，《大陆杂志史学丛书》第一辑第五册《宋辽金史研究论集》，大陆杂志社编印。

赵振：《二程语录的文献误入问题辨析》，载《图书馆杂志》，2006（07）。

钟彩钧：《谢上蔡、李延平与朱子早年思想》，《清华学报》三十七卷第一期，2007（06）。

朱汉民、汪俐：《"常惺惺"的儒学化演变》，载《孔子研究》，2016（02）。

朱军：《从谢良佐到张九成：洛学心本体的建构》，载《科学经济社会》，2013（2）。

朱维铮：《杂忆跑上图》，载《新民晚报》2002年7月17日。

学位论文

陈利娟：《谢良佐哲学思想研究》，南昌大学2010年硕士论文。

常慧敏：《谢良佐〈论语说〉思想研究》，陕西师范大学硕士论文，2015年。

黄继新：《真我之觉——谢上蔡哲学研究》，中山大学哲学系博士论文，2009年。

李根德：《谢良佐〈论语解〉的解释特点》，北京大学哲学系博士论文，2006年。

李根德：《谢良佐〈上蔡语录〉研究》，北京大学哲学系硕士论文，2001年。

杨玉成：《二程弟子研究》，台湾政治大学中国文学研究所硕士论文，1986年。

游蕙双：《谢良佐〈论语解〉思想研究》，台湾师范大学硕士论文，2008年。

王光红：《谢良佐仁学思想研究》，湘潭大学硕士论文，2008年。

后　记

本书的选题、研究与成稿，得益于我在中国人民大学哲学院、日本爱知大学中国研究科的学习。2015年，我考到中国人民大学攻读博士研究生，跟随向世陵教授从事宋明理学研究。读书期间，经由林美茂教授介绍，了解到日本爱知大学的双博士学位项目。经过申请与考试，我被该项目录取。2016年9月，我与中国人民大学的陈斌、庞景超、王鲁亚一起踏上前往名古屋的飞机，到达之后，还与张婷、吴杰华、高韵茹等同学一起攻读双博士学位课程。大家先后在车道、名古屋、丰桥校区一起学习，还曾一起前往长野、京都等地游学，得到了诸多日本师友的接待。

多年研习东亚儒学，能够亲赴日本切身地学习与体会东亚各国文化，是我的机遇。周星教授、黄英哲教授、荒川清秀教授、木岛史雄准教授、李春利教授、松冈正子教授、唐燕霞教授等诸位老师的课程极大地开阔了我的学术视野。村田安、中村真美、高井胡昆、原田直子、伊藤孝司等诸位事务课的老师，也提供了耐心、细致的帮助。

在日期间，中国研究科的木岛史雄老师开设了多门关于中国哲学、经学的课程，我皆选修或旁听。其中有门博士课程仅我一人选课，师生便有了充分交流的机会。木岛史雄老师多次引领我到庆应大学图书馆斯道文库、驹泽大学图书馆、京都大学附属图书馆等地阅读古籍，教会我如何与日本的图书馆"打交道"。木岛史雄老师还向我引介了桥本秀美教授、宇佐美文理教授等日本学界的老师，使我有机会亲自感受日本中国研究学界的多样学风。此时，我根据《内阁文库汉籍分类目录》等日藏汉籍目录书，留意到日本图书馆收藏许多中国已经失藏的珍本古籍。

回国以后，我继续在中国人民大学追随向世陵教授学习。在《伊川易传》读书会上，接触到许多有关北宋理学家谢良佐晚年学术活动的记载，与《宋史·道学传》的记录有所冲突。在史料批判的过程中，我开始了对谢良佐的研究，并发现了内阁文库收藏的《上蔡先生语录》（著录为"明嘉靖刻本"），我请东京大学的松本洵博士、常潇琳博士前往日本国立公文书馆代我拍摄了照片！通过核查，我确定这应当是明代万历四十三年上蔡知县郎兆玉的刻本，而不是嘉靖刻本。同时，这部书的内容与《四库全书》收录的《上蔡语录》也有诸多不同。此后，我到中国国家图书馆、南京图书馆、上海图书馆、浙江省图书馆、北京大学图书馆、北京师范大学图书馆等地查阅各版本《上蔡先生语录》，得以明了该书在近世东亚的刊刻与流传过程。国家图书馆陈虹、郭一臻和诸多未及询问姓名的各大图书馆朋友给予了许多支持与帮助。与此同时，东吴大学的高韵茹同学也从台湾地区帮我复印了相关的研究论文，受限于新冠疫情无法快递，亲自帮忙把文件扫描成图片，这样的友情很珍贵。

2019年，我在爱知大学的指导老师周星教授调往神奈川大学工作，周老师始终关心我的学业，但按学校规定，我必须更换导师。此时，黄英哲老师恰好从日本来到南开大学参加学术会议。那时，在南开大学哲学院单虹泽老师的邀请下，我也撰写了以"上蔡先生语录"为主题的论文到南开大学参加另一场会议。会议期间，我与黄英哲老师和师母见面，幸运地得蒙黄老师允许指导论文，让我顺利地完成在爱知大学的学业。本书的初稿正是提交日本爱知大学中国研究科的博士论文《谢良佐的理学世界》。论文答辩中，黄英哲、宇佐美一博（爱知大学）、三好章（爱知大学）、桥本昭典（奈良教育大学）、木岛史雄（爱知大学）、福谷彬（京都大学）诸位审查老师提出了许多宝贵的建议。三好章教授在答辩中以森鸥外晚年小说《涩江抽斋》为例提出勉励，虽不敢担，但自当不懈努力。

本书有幸获批2020年度教育部人文社科基金青年项目"谢良佐著作整理与研究"（20YJC720002）的赞助，得到了进一步完善提升的机会，进行了大量修改，最终形成了摆在诸位读者面前的此书。离开了师友、家人们多年来的帮助与支持，本书绝对无法完成，对此我始终铭记与感激！尽管如此，限于作者的学力，书中仍存在着许多不成熟与错误之处，有请读者给予批评指正！

2022年8月20日，福州紫阳讲堂前初稿
2023年9月，北京体育大学改定